"城市更新与人文遗产"
上海系列

码头与源头

苏州河畔的北站街区

马学强　张秀莉　李东鹏　等·著

上海社会科学院出版社

主　编

马学强　简　军

副主编

张秀莉　张　颖

编委会成员

（按姓氏笔画为序）

朱璇笠　汤　琰　李东鹏

吴　越　张　纬　张　豪

金　晶　蓝　天

马学强　张秀莉　李东鹏　等 / 著

鲍世望　等 / 摄影

目　录

导　读	1
第一节　地图中的变迁	3
第二节　北站街区演变的脉络	21
第三节　北站街区研究的价值与样本意义	29

第一章　北站地区的"前世" …… 33

第一节　从吴淞江到苏州河	34
第二节　老闸与新闸	45
第三节　苏州河畔的民情风俗：关于天后宫等的考察	50

第二章　华洋之间与水陆枢纽的形成 …… 64

第一节　租界的拓展与繁忙的苏州河	66
第二节　上海北站变迁与"北区"的繁荣	82
第三节　中西司法博弈的前沿：上海公共租界会审公廨	101

第三章　集聚与辐射　　111

第一节　"中国第一商会"：上海总商会　　112
第二节　北市钱业会馆与钱庄北移　　132
第三节　汇业公所　　143
第四节　金融仓库　　153
第五节　荣家企业在上海创办的第一工厂：福新面粉一厂　　160

第四章　海派文化的源与流　　166

第一节　吴昌硕与海上画派　　168
第二节　徐园与海派文化的传播　　174
第三节　出版印刷业重镇　　187

第五章　时局动荡中的北站街区　　201

第一节　闸北光复之战　　202
第二节　上海工人第三次武装起义的闸北决战　　209
第三节　"一·二八"与八一三：两次淞沪抗战中的北站　　218
第四节　四行仓库保卫战　　233
第五节　解放战争中的重要一役　　245

第六章　社会变革与街区更新　　255

第一节　街区的调整与发展　　257
第二节　大规模的街区更新　　272
第三节　绘制北站街区的文化地图　　286

附录1　北站街区口述资料选　　306

1. 四行仓库抗战纪念馆筹建与北站街区文化遗产的保护　　307
2. 一位街道老干部的街区记忆　　312
3. 从练江牧场到上海北站：关于码头、车站和街区的记忆　　318
4. 我与北站地区弄堂旅馆的30年　　327

附录2　图片目录索引　　332

附录3　主要参考文献　　344

后　记　　350

导 读

苏州河——上海的母亲河——见证了这座城市的变迁。在上海城市演变的脉络中，位于苏州河畔的北站街区因具有独特的空间基因、文化基因而备受各界关注。

北站街区，位于今上海市区中部，苏州河北岸，因北火车站（习称"北站"）在此设立而得名。历史上这一带的区划沿革、辖区变迁非常复杂。该区位于老闸、新闸之北，原多为农田，散落着一些村庄、市集、庙宇。上海开埠以后，随着租界的不断扩张，这里的部分地区成为公共租界的一部分，处于华洋之间，造桥、筑路、建房、开店、设厂，近代街区逐渐成型。区里有码头，有火车站，以其独特的地理位置，成为上海水陆交通枢纽，繁盛一时。先后有北站区、北站街道之设。其范围屡有变化，面积或大或小。1945年，设置北站区。1956年撤销建制，辖地划归闸北区。1962年11月，从虹口区划

图 0-1　北站街道航拍图。摄于 2020 年 10 月 23 日，由北站街道提供

1

入武进路以北、罗浮路以西地区，加上天目路、宝山路街道办事处划出的部分地区，环绕北火车站设立北站街道办事处。[①]此后，北站街道又经历了多次撤并组合，但一直隶属闸北区。2015 年 11 月，经国务院批复同意上海市委、市政府实施闸北、静安两区行政区划调整，"撤二建一"，成立新的静安区，北站街道归属静安区。

从农耕时代的滨水地带，到工业化的开启、城市化的推进，苏州边的这一区域逐渐成为上海乃至整个长三角地区重要的交通运输与物流仓储中心、工业基地、金融重镇，如今伴随着城市更新，又成为国际知名的城市滨水地带。在上海"一江一河"的大格局中，北站街区位居上海城市发展战略的重要地带，沿岸一带是苏河湾功能区的重要组成部分，这一地带的空间格局，从景观到形态，从功能到结构，都将面临着重新调整、重新规划。

---

① 《关于做好调整北站地区的区划和单独建立北站街道行政机构的通知》，1962 年，上海市静安区档案馆藏，档号：049-01-0001。

第一节

地图中的变迁

以往对街区的研究，主要依据文献资料，利用文字论述者居多。然而，要深入探讨一个街区的形成与演变以及其空间的延伸，文字的表述终究有其局限性。须知，街区的形成与铺展，是有许多维度的，可以通过平面，也可以通过立体，其构图也异常复杂，只有通过对各种空间构图的解析，其功能结构才能充分显示出来。

要了解北站街区的前世今生，可以有多种路径、多种表达。其中借助不同时期、不同类型的地图，结合一定区域内、较长时段里的景观、空间演变，来解析这一地区的演变，就是一种很好的研究路径。近年来，我们从海内外陆续搜集到这一区域的地图近百幅，这些地图绘制的时间跨度很大，类型也不同，有古旧地图，也有当代航拍图、卫星图，体现了多种维度、多种视野，内容丰富，且有不同的构图特点。通过对不同空间构图的解析，这一带的景观状况、形态形制、功能结构得以充分显示。

一、早期的图景

明弘治十七年（1504年）所修《上海志》附有一幅《上海县地理图》，这是上海的早期地图，从绘制的地图来看，无比例尺之设，也无方位之定，所以看到的只是大致轮廓，该图主要沿黄浦（江）展开，虽标注了"吴淞江"，但位于边缘位置。

清代所修的几部方志，保存了这一带的乡保图、河流图、镇市分布图等。图0-3为清嘉庆《上海县志》中的《乡保区图图》，反映的是上海县城北、吴淞江一带的乡保区图。图0-4是清同治《上海县志》中的《浦西乡保区图图》，这一带的乡保图分布更加清晰，吴淞江沿岸一带已标注老闸、新闸。从嘉庆到同治年间，这一带乡、保、区、图的分布基本保持不变。从辖区来说，主要属高昌乡二十五保一图、二十七保十一图等，"二十五保领图十六：一图，老闸北。二图，老闸南。三图，军工厂。四图，晏公庙头。……"[①]二十七保领图十四，具体为：

[①] 清嘉庆《上海县志》卷一"乡保"。

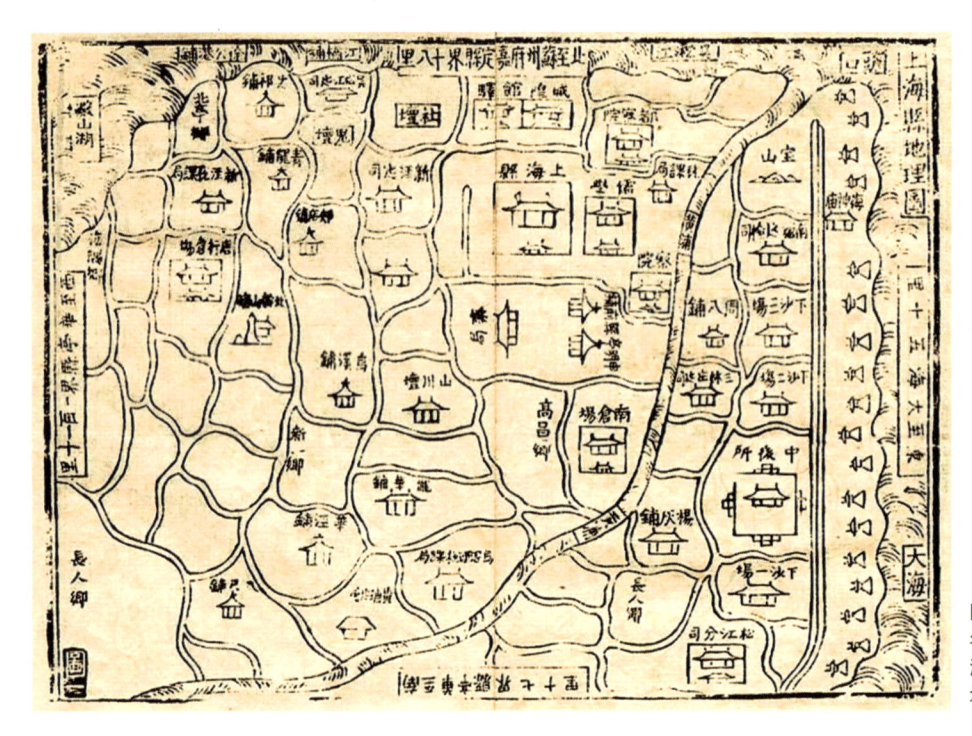

图 0-2 明弘治十七年（1504年）《上海志》所附《上海县地理图》

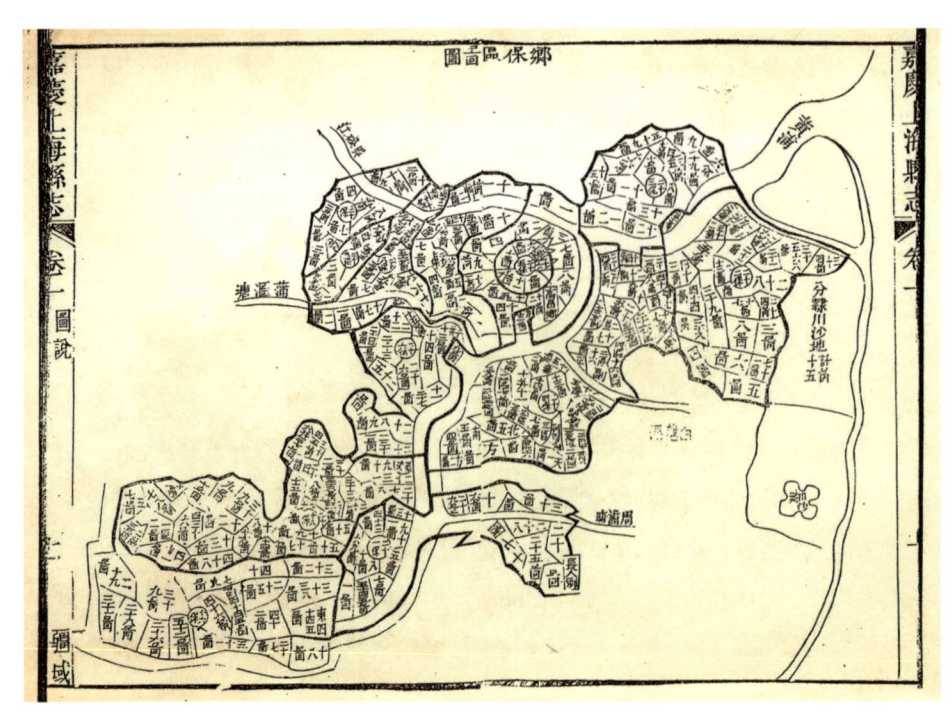

图 0-3 清嘉庆《上海县志》，《乡保区圖图》

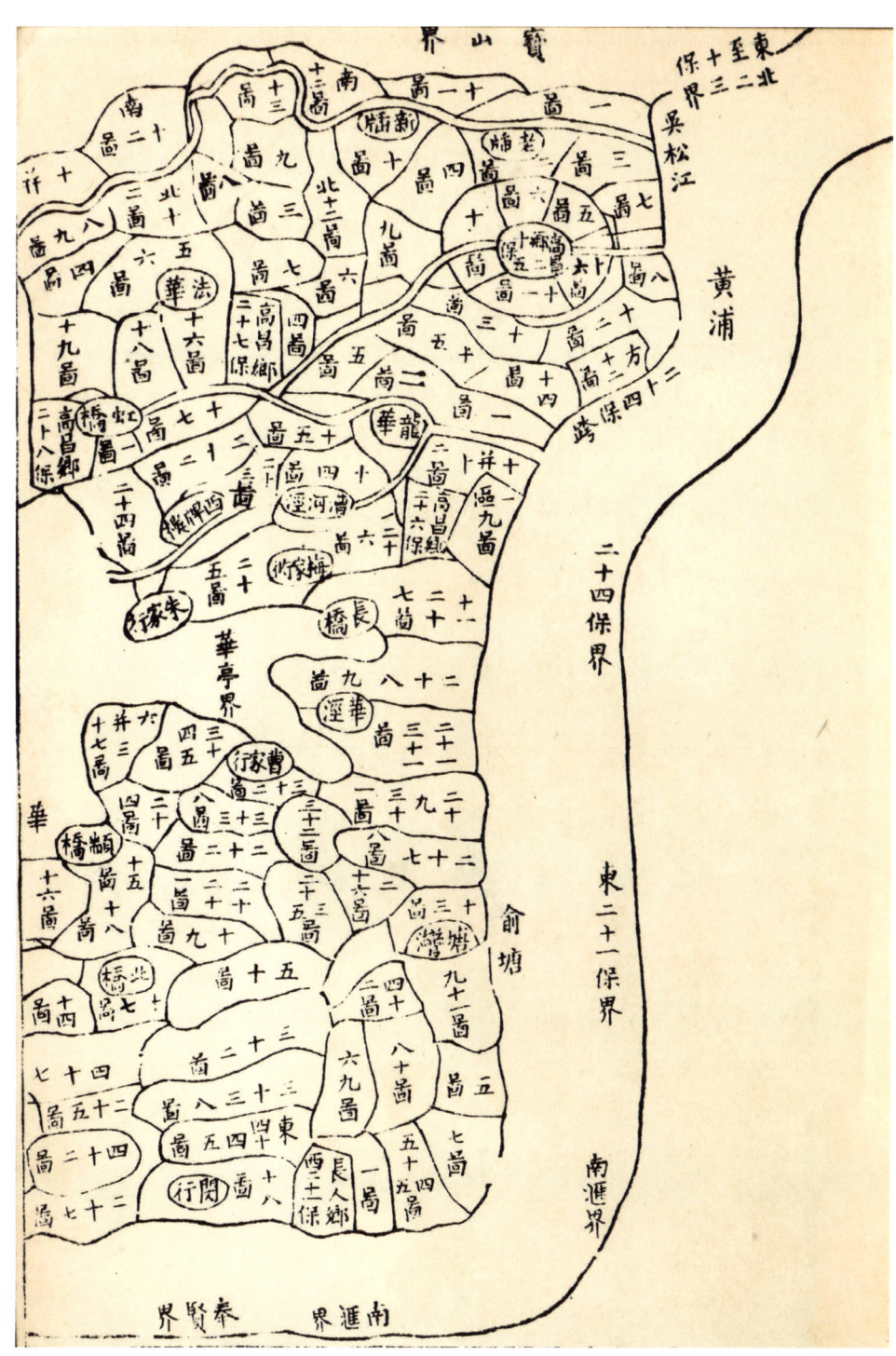

图 0-4 清同治《上海县志》,《浦西乡保区啚图》

一图百步桥东北，二图小马桥西北，三图陆家观音堂，四图陈泾庙前后，五图淡井庙头，六图淡井庙北，七图八字桥，八图静安寺，九图芦花荡，十图新闸，十一图梅园头，南十二图宁喜庙，北十二图薛家厍，十三图姚家浜。[1]

新闸、梅园头、宁喜庙，在地籍上属于上海县二十七保十图、十一图、南十二图。新闸跨吴淞江，新闸以东即为老闸（参见图1-19、图1-20）。

位于苏州河北岸的这一带早年河流纵横，地势开阔，村落、古桥、寺庙、宗祠、墓地散落其间。一些老地名充满着浓郁的乡村气息，有些是村落名，有些是河流名，有些是古桥名，有的还是当地的庙宇名。从方志与一些文集记载来看，这一区域人口稀落，民居皆傍水而立。一些出自不同背景的姓氏，从不同时期开始，迁居于此，部分村落即以姓氏命名。占野分圃，散为村墟，家给人足，鸡犬相闻。

二、关注街区成型后的景观与空间变化

自1843年上海开埠以来，城市快速成长，各个区块的景观与空间都发生了令人眼花缭乱的变化，"四围马路各争开，英法花旗杂处来。怅触当年丛冢地，一时都变作楼台"。[2]这是《上海洋场竹枝词》中的一段，形象展现了近代上海的发展。随着华界闸北的兴起与公共租界的拓展，在多重因素的促成下，苏州河两岸也迎来了发展期。这里地处江海通津，水陆要冲，拥有得天独厚的地理优势，在快速的工业化、城市化进程推进下，景观大变，地图变迁形象地反映了这一点。

图0-5为清光绪二十一年（1895年）《江苏全省舆图》中的《上海县图》，标示"老闸""新闸"等，出现了几座桥梁。

这一区域的开发与英美租界扩张有着直接的关系。1848年的英租界地界，西以周泾浜（今西藏路）为界，北以苏州河为界。1863年，美租界与英租界合并，称英美公共租界。从1895年开始，英美租界谋求扩充，1899年，实行扩张计划，并正式改称国际公共租界。[3] 1915年，英国领事团与平民政府商定公共租界的北部地区，拟扩展至虹口（今虹口公园）一带、闸北铁路沿线以南、苏州河以北的地带。随着租界的扩张，自南而北，由东向西，这一带事实上已纳入公共租界的新版图。

图0-6、图0-7、图0-8、图0-9分别为《上海公共租界西区及闸北分图》《上海南北市全图》《上海英租界分图》《上海美租界分图》，均绘制于1917—1918年间。

---

[1] 详见清同治《上海县志》卷一"建置·乡保"。
[2] 葛其龙：《前后洋泾竹枝词》，参见顾柄权编著：《上海洋场竹枝词》，上海书店出版社1996年版，第356页。
[3] 详见徐公肃、丘瑾璋：《上海公共租界制度》，上海人民出版社1980年版，第74、75页，并参见1899年《工部局报告》。

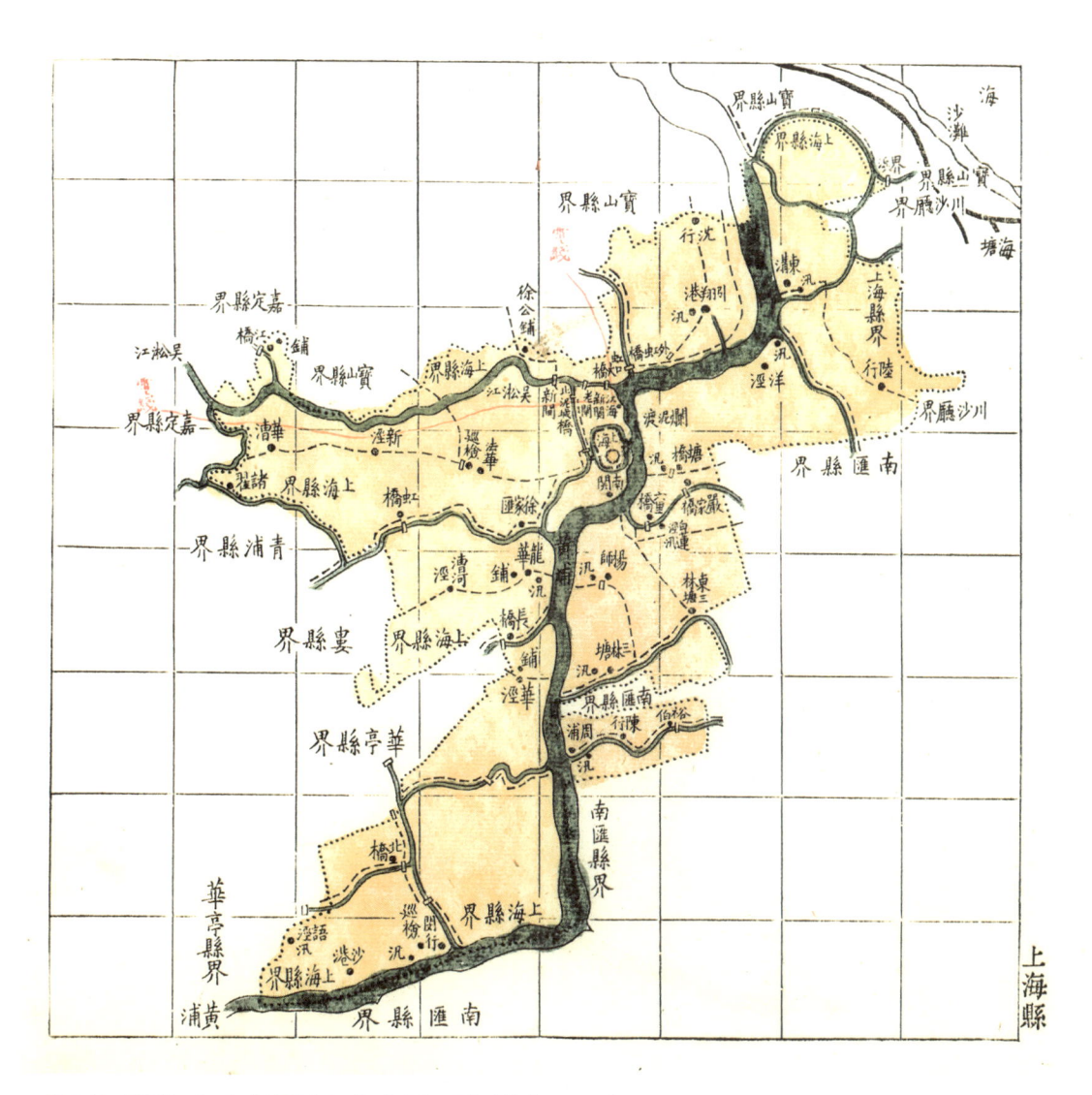

图 0-5 清光绪二十一年（1895 年）《江苏全省舆图》中的《上海县图》

将这几幅地图拼接起来进行解读，可以发现此时的公共租界在不断推进，苏州河北岸地带作为公共租界的"北区"，与华界的闸北相连，几个区块彼此交错，但街区的格局已然成形。

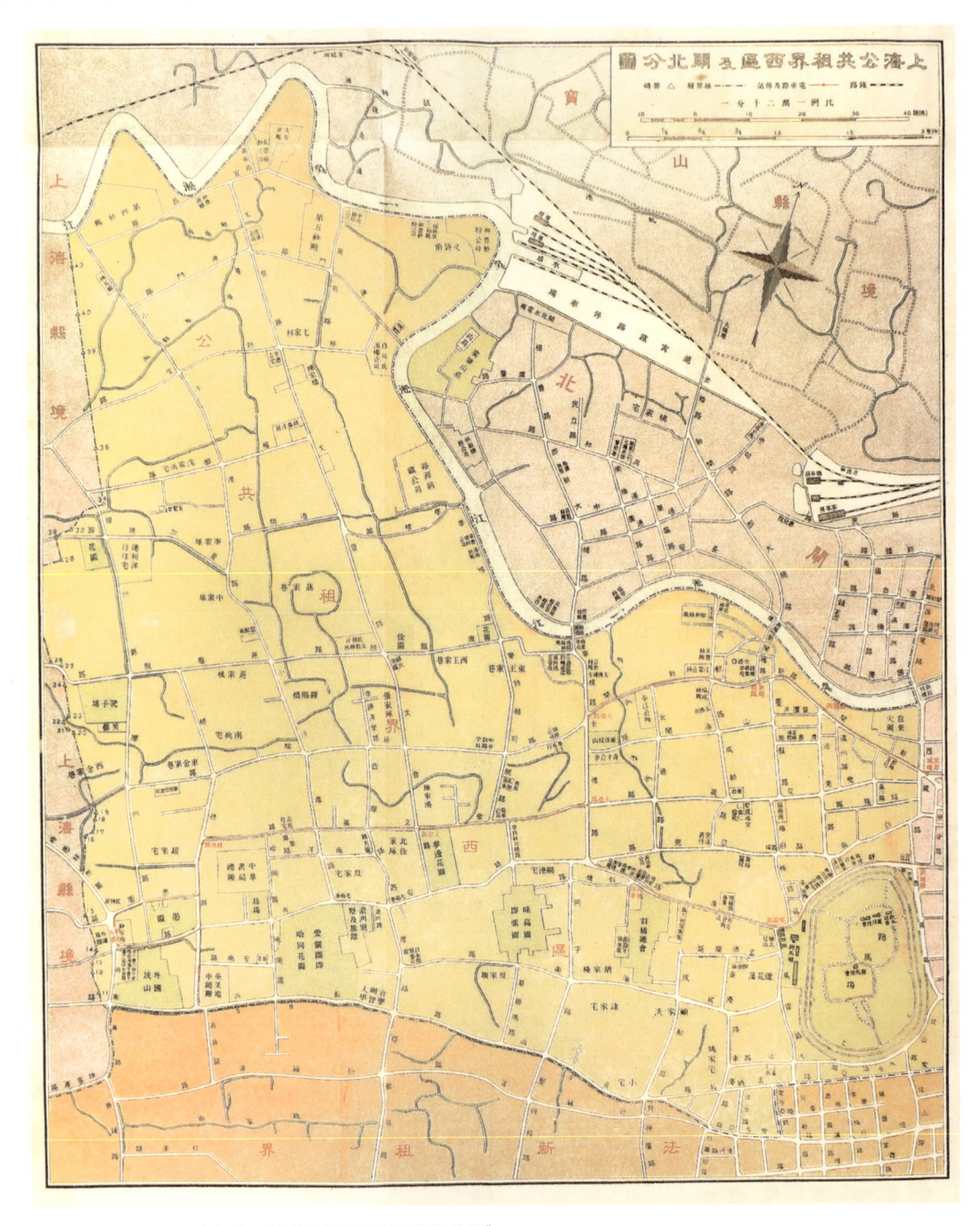

图 0-6　1917—1918 年间，《上海公共租界西区及闸北分图》

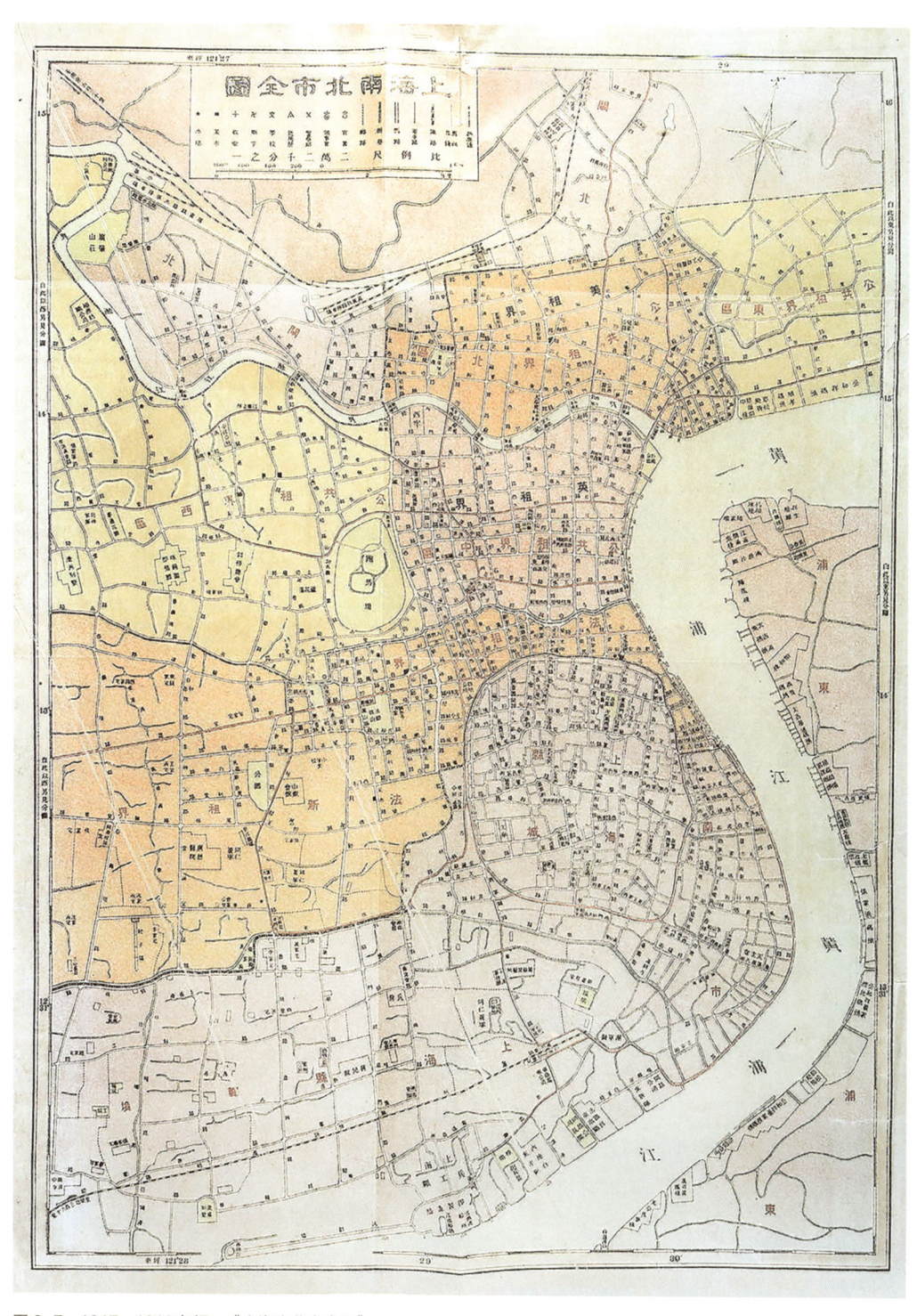

图 0-7　1917—1918 年间，《上海南北市全图》

码头与源头——苏州河畔的北站街区

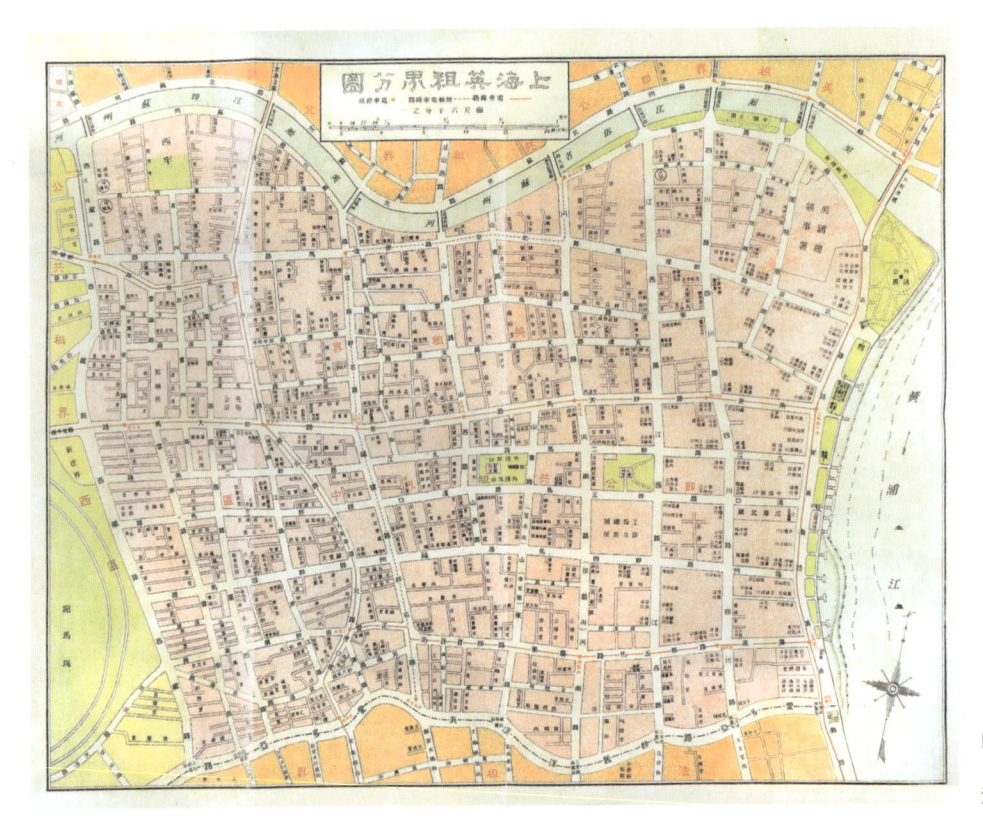

图 0-8 1917—1918年间,《上海英租界分图》

图 0-9 1917—1918年,《上海美租界分图》

下面的几幅地图，从不同的视角反映了这一带的格局状况。

图0-10为《租界略图》，清晰标注着公共租界的中区、东区、西区与北区，有各自的分区线，还有沪宁铁路。

图0-11为1910年苏州河两岸区域图（局部），今北站一带已有了街区雏形，出现了几条主干道路。

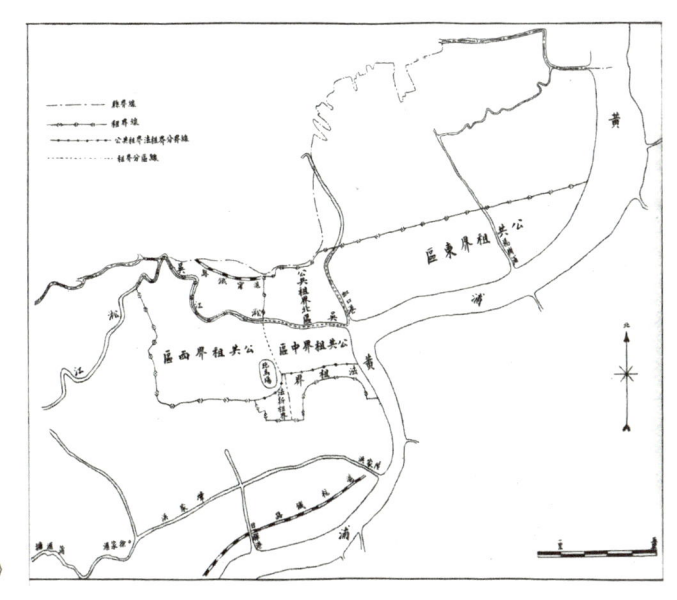

图0-10 《租界略图》，选自民国《上海县续志》

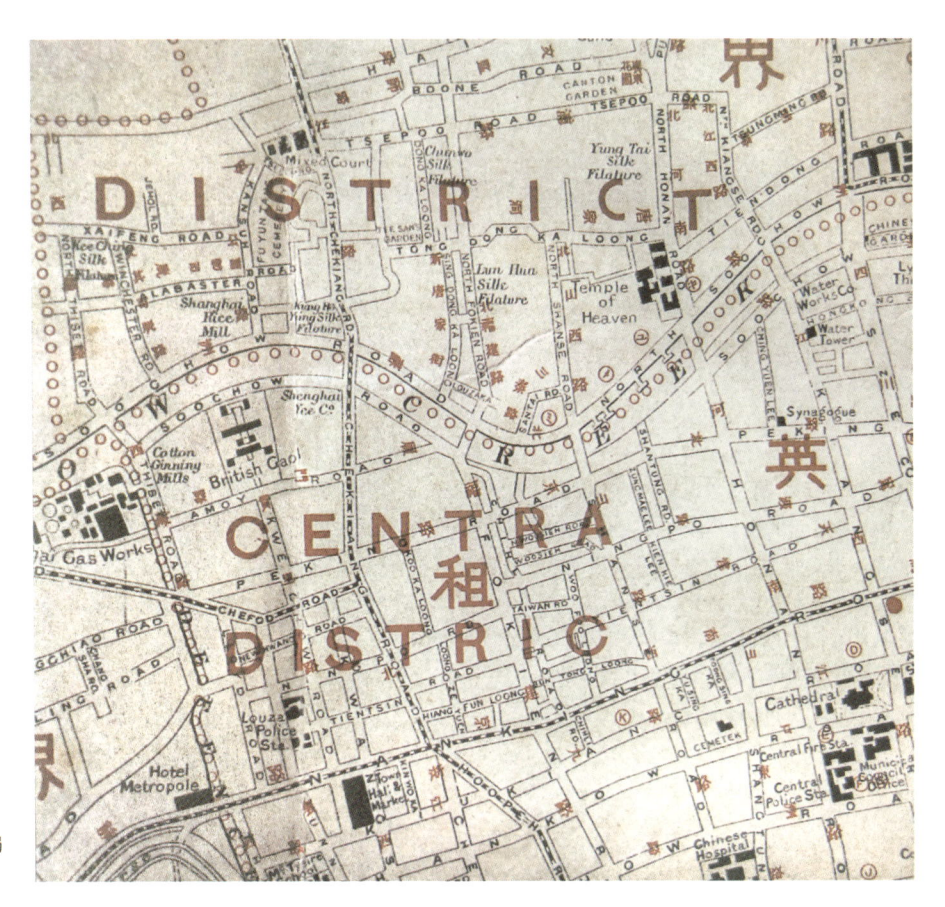

图0-11 1910年，苏州河两岸区域图（局部）。由张秀莉提供

图0-12为1921年外文地图《黄浦指南图》,主要是围绕黄浦江,但标注了苏州河、沪宁铁路、北段、闸北,以及一些道路,体现了当年的"一江一河"状态与上海城市格局。

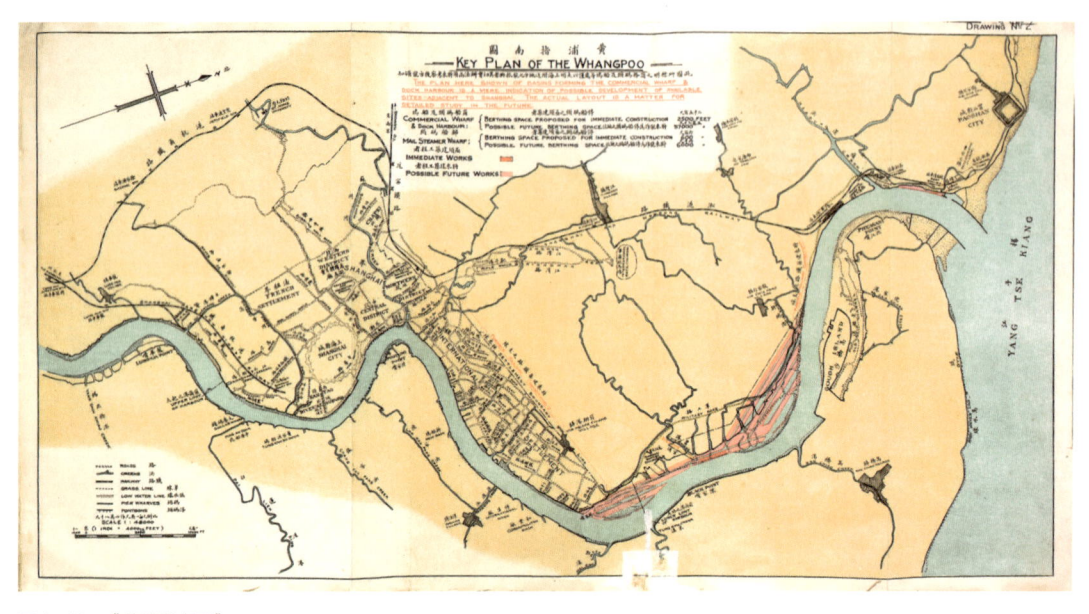

图0-12 《黄浦指南图》

图0-13、图0-14分别反映的是1928年、1931年上海主要地段的地价情况,尽管今北站一带街区的地价还不能与公共租界内中区、西区与法租界的一些地段相比,但也已经处于被关注的区域,部分地块的价格处于快速上升阶段。

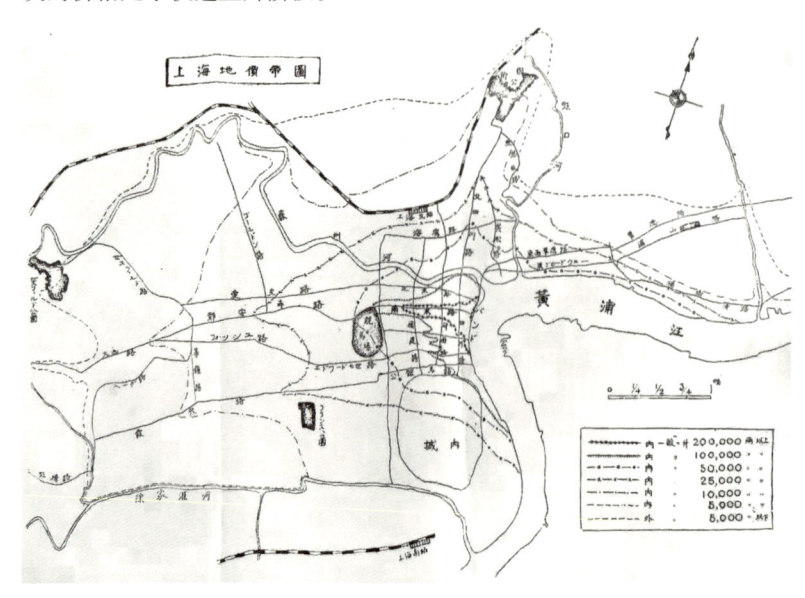

图0-13 《上海地价带图》,选自东亚同文书院编、大谷孝太郎著《外滩南京路的土地房屋经济》(东亚同文书院中国研究所出版,1928年刊印),由张智慧提供

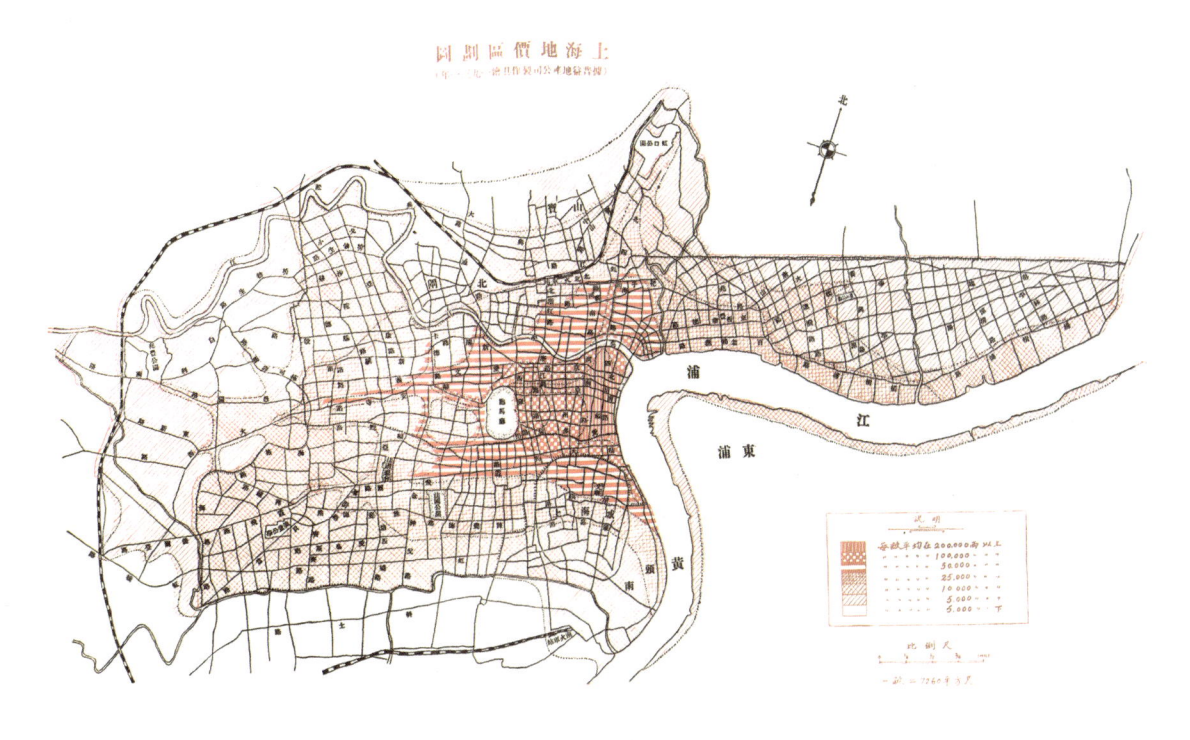

图 0-14　1931 年，《上海地价区划图》，出自张辉：《上海市地价研究》，正中书局 1935 年版

到 20 世纪 30 年代，公共租界区域内中区、西区、北区一带有大小马路并已呈网格状分布，市政建设、交通线路均自成体系。在 1937 年绘制的《上海市区域现状图》中，苏州河以北出现了大片的建筑群。

苏州河北岸北站一带的城市化进程在 20 世纪 30 年代被日本人的两次侵略打断，日本军国主义先后发动了 1932 年"一·二八"事变与 1937 年八一三事变，两次战事将炮火投向北站及其周边街区，狂轰滥炸使区域发展遭受重创。

码头与源头——苏州河畔的北站街区

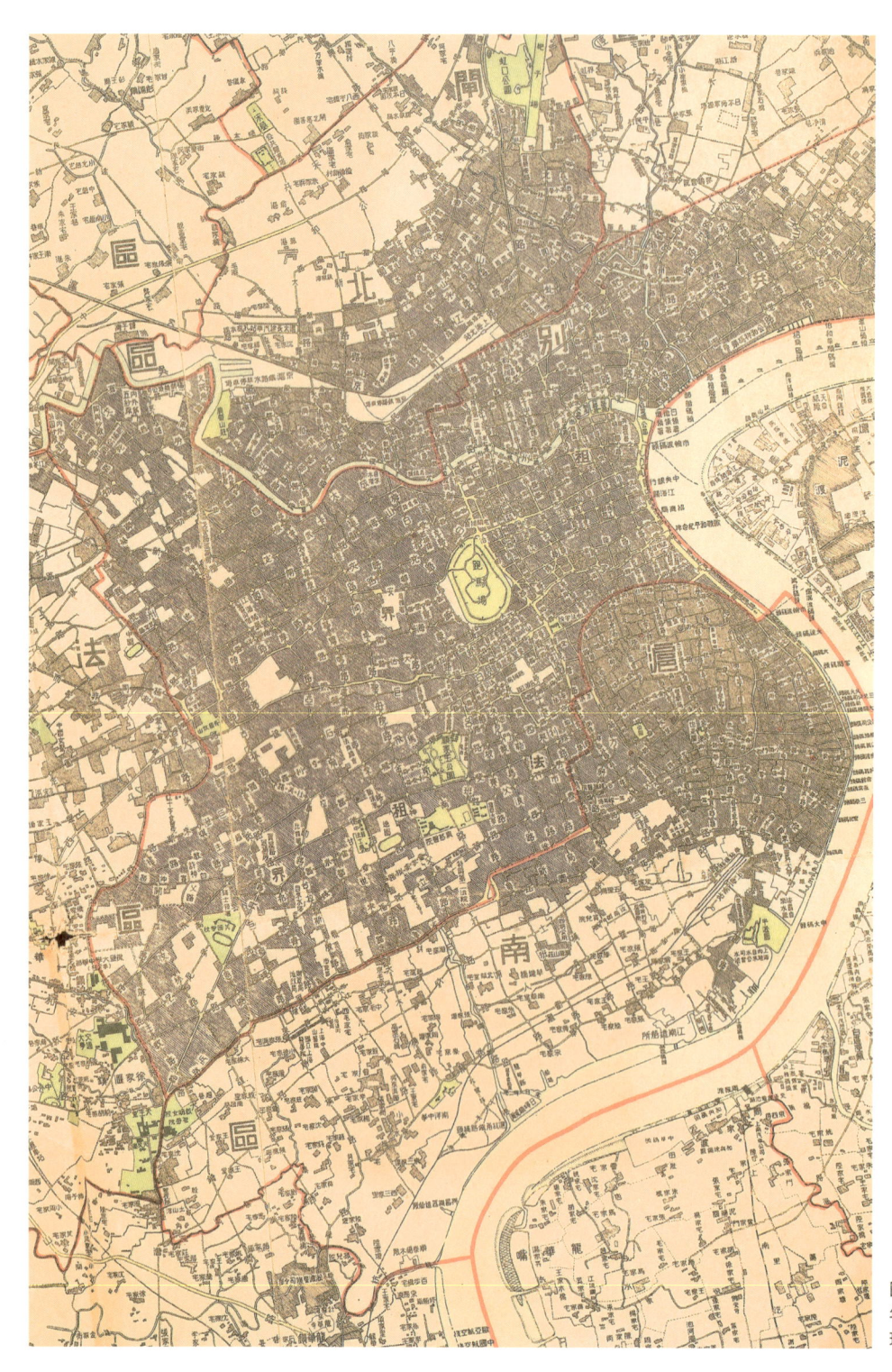

图 0-15 1937年，《上海市区域现状图》（局部）

图 0-16 是 1941 年《最新大上海地图》（局部），涉及苏州河沿岸与北站街区。此图由日本人绘制，按二万四千分之一缩尺。初版发行于昭和十四年（1939 年），昭和十六年（1941 年）订正再版，由日本堂书店发行。这反映了在经历日军轰炸后北站一带的景观变化以及日军占领时期的状况。图 0-17 火车站被日军轰炸后的场景。

这一带街区的复兴，经历了一段很长的过程。

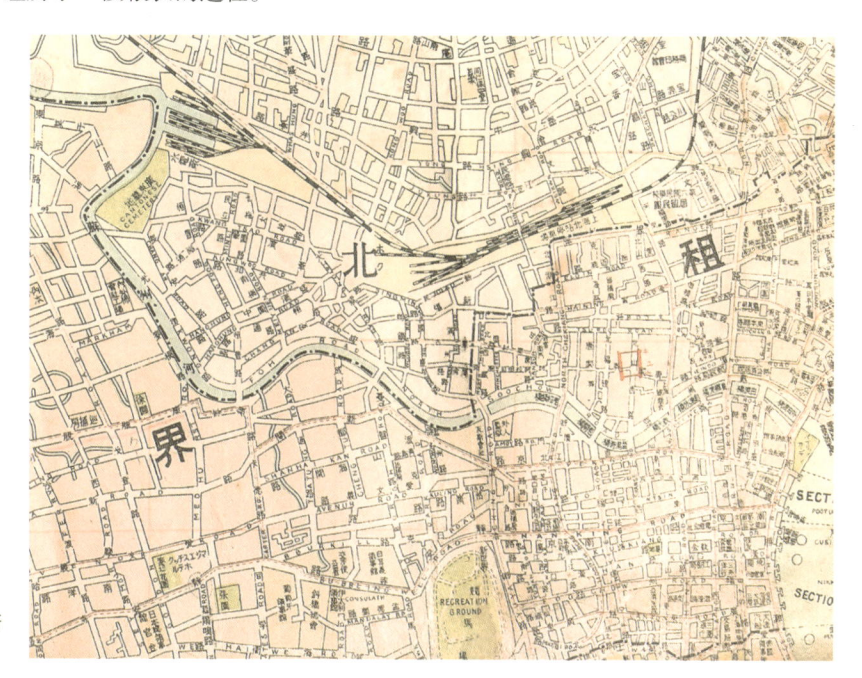

图 0-16　1941 年，《最新大上海地图》（局部）

图 0-17　火车站——上海北站被炸成废墟（1937 年）

三、1949 年以后的变迁

1949 年 10 月 1 日中华人民共和国成立后，北站一带的隶属关系及其管理形式都发生了较大变化，这里选取一些地图予以说明：

图 0-18 是 1950 年的《上海市行政区划图》（北站区），选自《上海解放一年》，由解放日报社出版。

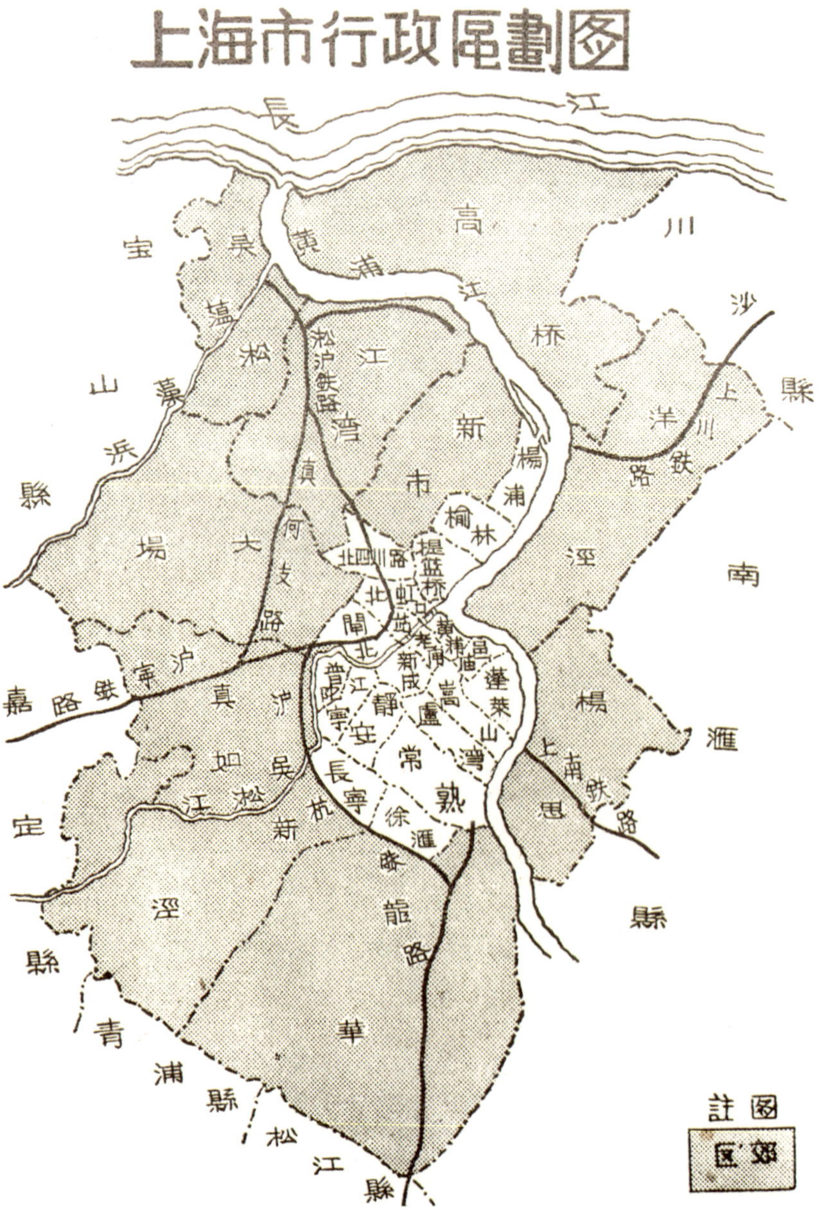

图 0-18 1950 年，《上海市行政区划图》（北站区），选自《上海解放一年》，由解放日报社出版

图 0-19 是 1953 年的《上海分区街道图》（北站区）。

1956 年 2 月，闸北、北站两区合并为闸北区。北站一带此后属闸北区管辖。

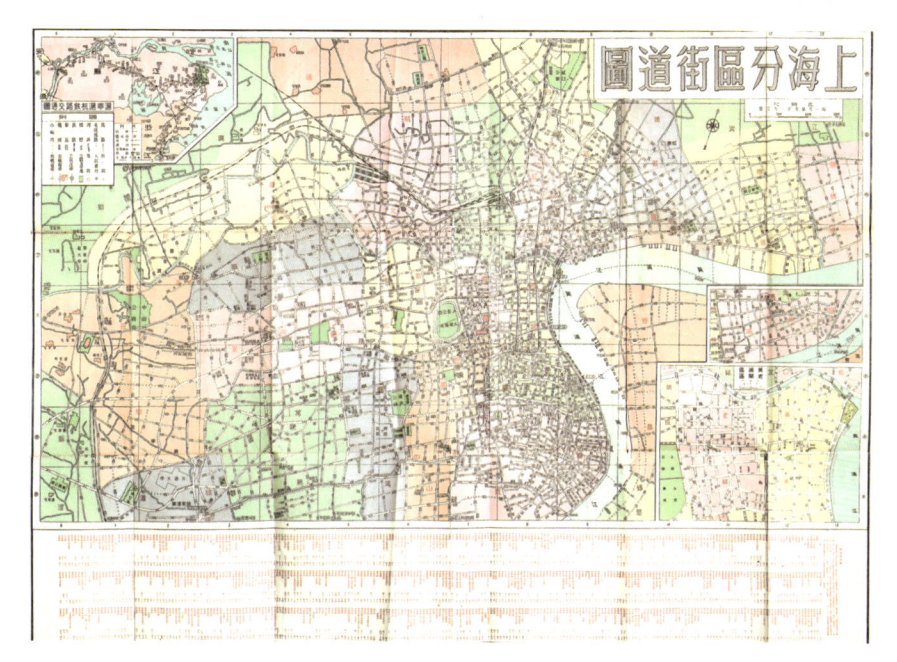

图 0-19 1953 年，《上海分区街道图》（北站区）

图 0-20 是 1968 年的《上海市简图》（属闸北区）。

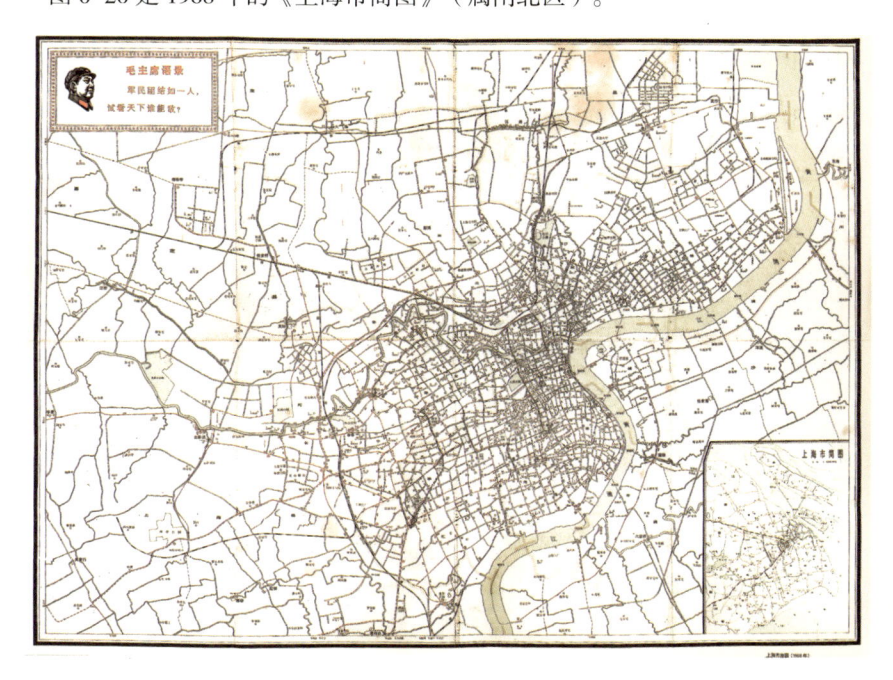

图 0-20 1968 年，《上海市简图》

图 0-21 是 1971 年的《上海交通简图》（属闸北区）。

图 0-21 1971 年，《上海交通简图》

图 0-22 是约 2010 年的《闸北区北站街道区域图》

图 0-22 约 2010 年，《闸北区北站街道区域图》。由北站街道提供

图0-23是2015年的《闸北区图》（北站街道）。

2015年11月4日，中共上海市委、市政府举行撤销闸北区、静安区，设立新的静安区工作大会，宣布国务院批复同意市委、市政府实施闸北、静安两区行政区划调整，"撤二建一"。[1]北站街道此后成了静安区的一部分。

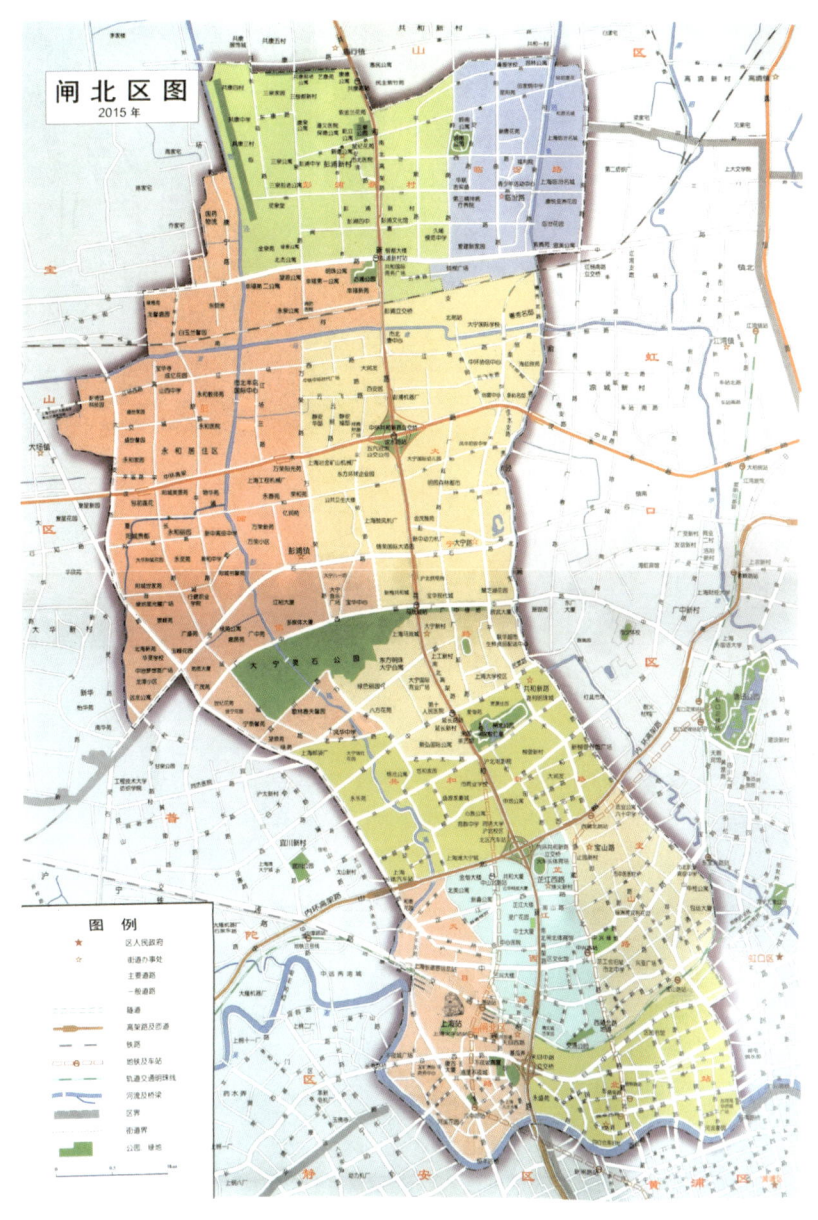

图0-23 2015年，《闸北区图》，涉及北站街道区域。由北站街道提供

---

[1] 上海市静安区地方志编纂委员会编：《静安年鉴（2016）》，上海社会科学院出版社2016年版，第18页。

图 0-24 是 2018 年绘制的《（静安区）北站街道区域图》。

透过对不同时期、不同类型地图的解读，我们可以从不同的视角透视北站一带街区的行政区划变化、空间拓展与景观变迁。

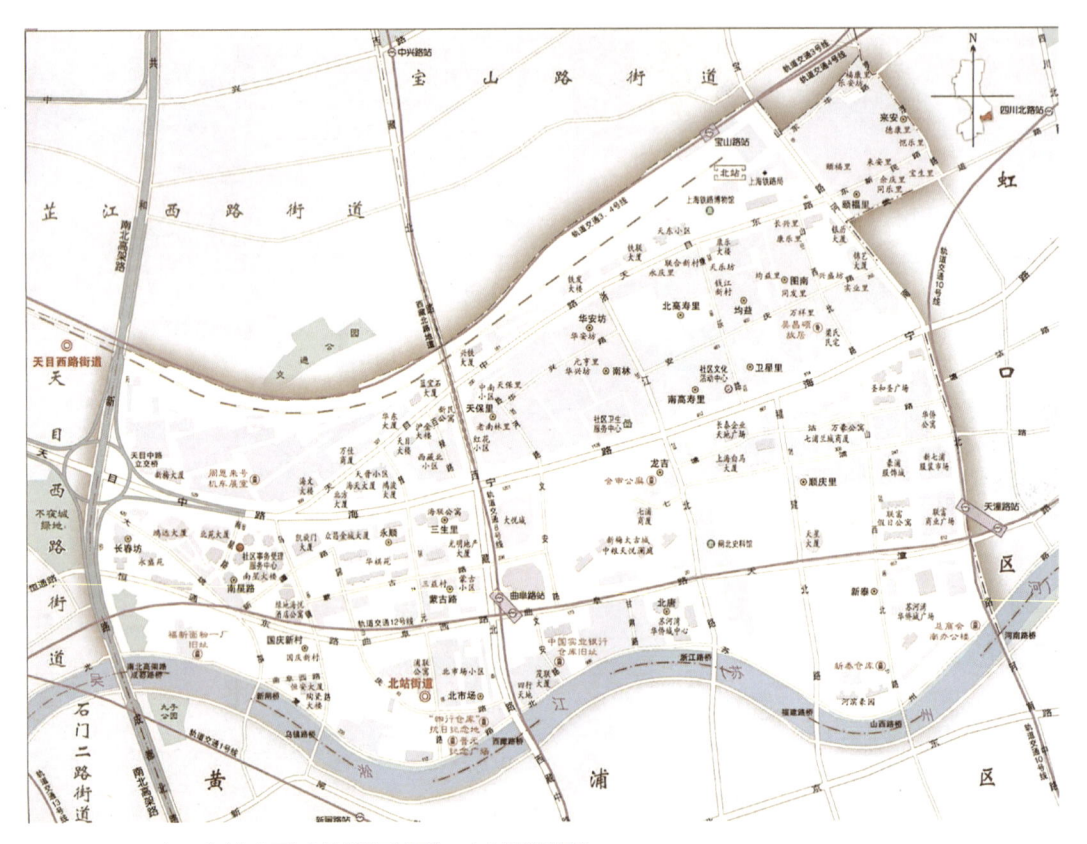

图 0-24　2018 年，《（静安区）北站街道区域图》。由北站街道提供

第二节

北站街区演变的脉络

自1843年上海开埠以来,吴淞江作为上海与江南联通的重要通道,其地缘优势与商贸地位逐渐显现,上海浚浦局编写的 The Port of Shanghai (译为《上海港口大全》)曾多次提到该河道,并重点突出了上海那一段——苏州河:"吴淞江(即苏州河)在公共租界之中区,最为重要。低潮时,直至苏州之河面,统阔一百英尺,统深四五英尺;在苏州与运河相会,而通杭州,镇江。"[①] 从上海出发,沿着苏州河,可通达苏州、杭州、镇江等地,继而与整个江南内河水网相连,水路、商道互联互通,在区域内外的商贸发展中发挥着重要作用。

作为苏州河核心区域的那一段河流位于公共租界的中区、北区,随着苏州河沿岸的开发,从最初的码头林立,到后来成为仓储中心、工厂重地,"苏州河(即吴淞江)下游七英里两岸备极繁盛。面粉丝纱等厂栈鳞次栉比,惟货物上落,则须借助驳船耳"。[②] 从中可知,当时江南乃至更广泛区域所产的大量货物都是通过苏州河转输,沿岸"七英里两岸备极繁盛",丝绸、茶叶、米粮等集散于此,出现了专用码头,并设立大量厂区与栈房。沪宁、沪杭甬等铁路开通后,这些码头连同苏州河航道,与铁路上海北站(当时北站被称为"京沪交通之总枢纽"),形成了水陆互动的格局,更有力地推动了这一区域的城市化进程。

在近代上海独特的口岸制度导引下,来自各地的商家、工厂主乃至钱庄老板、银行家,与外国的商行、银行,在上海苏州河沿岸奇妙地结合在一起,由此,一个与世界市场有着广泛联系的加工业、仓储—金融体系也在这里逐渐建立起来,这使苏州河两岸的街区格局发生重大变化。

[①] 《上海港口大全》,上海浚浦局陆续刊印。The Port of Shanghai (《上海港口大全》)是上海浚浦局对上海港口各方面情况的考察报告,初版于1920年3月,编撰的目的是为各国专家组织考察上海港务、拟订上海港务发展计划提供参考,故而其搜罗统计材料、历举数字图表,以标明上海港之商务性质及范围。其数据资料来源,部分为浚浦局自行考察所得,其他或由海关税务司、船舶司等各局提供,或采自海关档案、徐家汇天文台气象气候记录、租界工部局年报等。1920年3月初版后,几年间连续修订增补再版,1921、1924、1926、1928、1930、1932、1934年依次出版至第八版。

[②] 《上海港口大全》,上海浚浦局刊印,1934年版。

图 0-25　20世纪40年代末苏州河鸟瞰图。由张秀莉提供

对街区的关注，首先要加强对"过程史"的研究。这主要是从交通史、筑路史切入，包括交通网络的构建、主干道路的修筑、桥梁的建造等。就北站区域而言，苏州河航道在街区形成中发挥着独特的作用。水道的畅通吸引了诸多厂房、货栈、仓库、码头选址于此，集聚了诸多工业设施和一些民族企业，这也是当时上海主要的交通运输、物流仓储和工业生产基地，由此也使这里成为孕育20世纪中国民族工业的摇篮之一。1908年沪宁铁路的建成通车则更具有现代意义。沪宁铁路干线由上海北站至南京江边（南京客站在下关，货站在江边的煤炭港），均单轨，共设车站40个。1927年，国民政府定都南京，沪宁铁路改称京沪铁路。沪宁车站位于今天目东路、宝山路口，1907年开始筹建，由德和洋行设计，于1909年7月建成启用。1916年，为使沪宁、沪杭甬两路接轨，又筑一条线，该线路由新龙华站起绕过上海西郊与沪宁线相接，又自上海北站至麦根路间铺置第二轨道，以便沪杭甬线旅客以上海北站为起讫点，北站因此改称"京沪、沪杭甬路总车站"，管理局并设于此。因位于上海北部又称北站。随着北站的建设，除了铁路线，与之相伴而生的是陆路交通的形成，彼时北站周边已形成完整的交通网络。此外，苏州河上桥梁的变化也值得研究。我们在外文档案中找到了大量有关苏州河桥梁兴建的资料，并附有一些原始照片，此在具体章节中有详细论述。

建造铁路，开辟码头，构架桥梁，修筑道路，设立工厂，一个生机勃勃的近代街区快速成型。从19世纪后期到20世纪二三十年代，不同时期的地图可清晰地反映出这一区域已从原先的江南水乡、滨江地带逐渐演变为繁华市区，位于华洋之间，从"生地"变为"熟地"。可惜，这一进程到20世纪30年代被日本的两次侵略打断。

其次，要探讨街区的内部构造。这就需要掌握更详细、更复杂的街区图，近代上海的一些街区图大多绘制于20世纪20—40年代。这里介绍其中的几种：如鲍士英测绘、顾怀冰等编辑的《上海市行号路图录》，由福利营业股份有限公司出版，于20世纪三四十年代陆续刊印。涉及苏州河两岸区域的地图包括第4、5、6、13、14、21、22、23、24、25、26、32、55、56、57等十多幅，其中有多幅是关于苏州河北岸的街区图，分别是：

第22图，浙江北路至西藏北路，苏州河沿岸分布着大量的银行仓库，还有成片的住宅区。

第25图，河南北路至浙江北路，弧形的河道、北岸的街区形态和形制更加清晰。

第56图，光复路以北，有福新面粉厂、中国粮油厂，以及大量的民居。

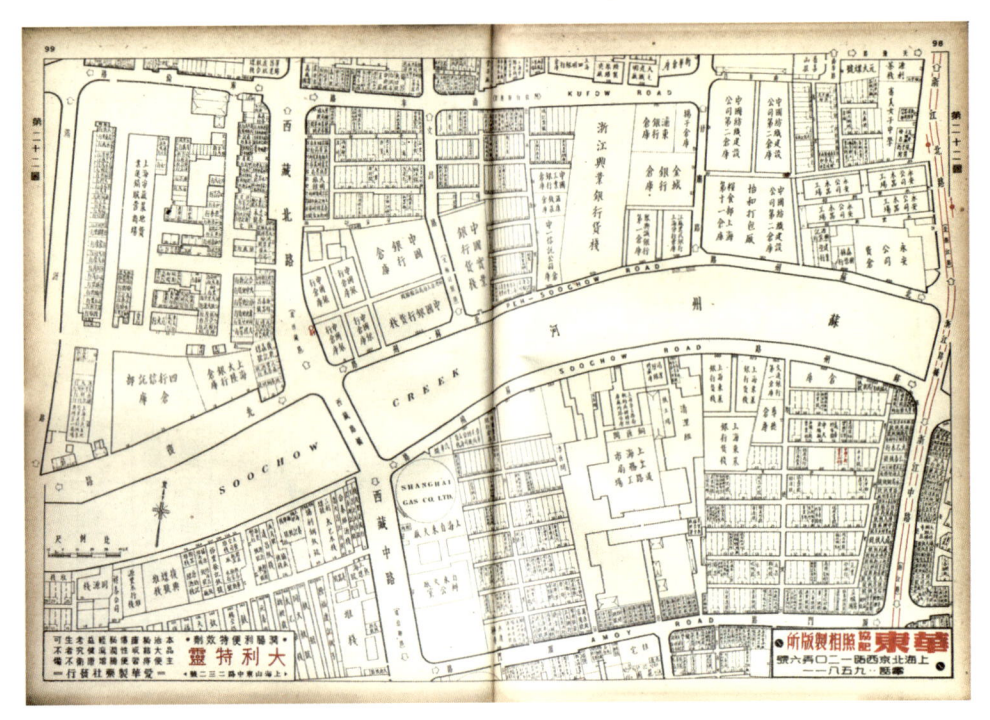

图 0-26 苏州河北岸街区图，选自《上海市行号路图录》第 22 图

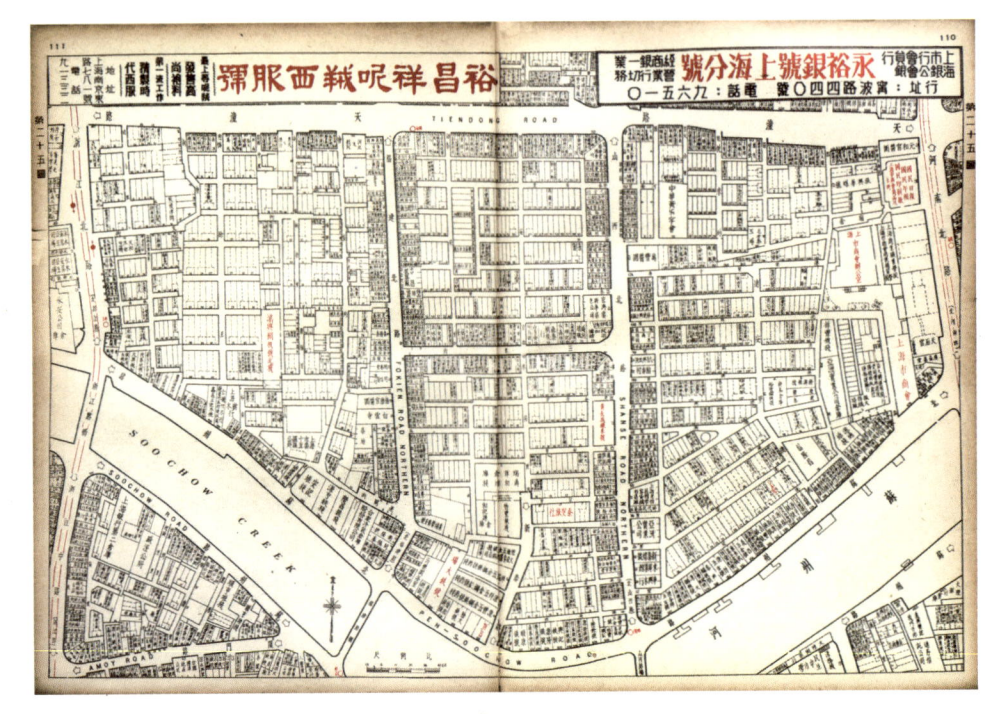

图 0-27 苏州河北岸街区图，选自《上海市行号路图录》第 25 图

图 0-28 苏州河北岸街区图，选自《上海市行号路图录》第 56 图

另如葛石卿等编纂绘制的《袖珍上海里弄分区精图》（国光舆地社 1946 年版），其他重要图册还有中外文地图、道契所附图纸、地籍图、保甲图等，这些都是街区研究的重要资料。

图 0-29 《袖珍上海里弄分区精图》封面，1946 年刊印

图 0-30　上海里弄分区地图今昔路名对照图（局部），选自葛石卿等编纂绘制：《袖珍上海里弄分区精图》

　　结合这一带街区功能与空间的变迁，透过更深层的经济结构、社会文化发展可以揭示苏州河两岸、北站街区与近代上海城市崛起的内在联系。对于街区构造来说，就是要研究推动街区成型的背后力量：谁在主导街区的形成以及具体是哪些因素。我们将以专题形式考察租界、华界的权力结构及其运行，华洋工商势力的成长，其他不同的社会力量、文化动力，等等。这些力量共同作用，相互交织，影响与推动着该区域的空间格局，加快了这一带的城市化、工业化进程。

　　再次，结合苏州河沿岸的"码头"考察，通过对大量贸易数据与工商活动的解读，了解苏州河北岸区域的经济形态与产业变化。从苏州河沿岸的码头，到北火车站的兴起，这里成为上海乃至整个长三角地区的水陆枢纽。拥有"大码头"是这个街区的主要特点与独特优势。围绕"码头"进行研究，需要有更丰富的内容作为支撑，包括：（1）关于苏州河河道区位与优势的分析和水陆通道格局的形成，苏州河码头与铁路总站的交汇。(2)沿岸商贸基地形成的几个阶段的考察。(3)华洋势力在沿岸码头的消长及各时期的演变。(4)沿岸工商业的发展,码头资本的集聚程度以及主要是金融资本的活跃,钱庄、银行等的设立。(5)码头等级评估,及其在上海城市与区域经济中的地位。(6)码头能级的考察,分析其辐射能力,以及对上海及更大范围产生的影响。

最后,大码头为苏州河沿岸、北站街区一带带来了庞大的人流、物流、资金流,五方杂处,文化多元,成了海派文化的重要发源地之一。一时间,工商人士、社会名流云集,这里还拥有上海总商会、公共租界会审公廨等重要机构。在这里集聚了一批在上海乃至中国近代史上著名的工商人物,如盛宣怀、严信厚、周晋镳、徐润、祝大椿、朱葆三、聂云台、宋汉章、虞洽卿、王晓籁、冯少山、林康侯、沈联芳、傅筱庵、秦润卿、陈笙郊、谢纶辉、陈炳谦等;以及那些被社会各界广泛关注的文化名人,如吴昌硕,据其后人吴越介绍,他是1913年从苏州迁居到上海北站的山西北路吉庆里的,被誉为"海派"领袖,陆续培养了一批弟子,蜚声中外。曾经在这里生活的名人究竟有哪些,他们为什么会来到这里,主要从事哪些活动,值得深入探讨。

西方城市学研究中的社区、街区理论的形成,以及空间概念的出现,源于一定的背景,自有其内在的发展理路。我们在借鉴相关理论、研究方法的同时,应花更多的精力去了解、调查分析生活在一定

图0-31 苏州河北岸一带金融仓库旧址。摄于2016年3月3日

图 0-32　上海总商会旧址。摄于 2018 年 6 月 21 日

区域内的那部分人群，他们的籍贯、身份、家庭结构、职业状况，以及在时局变动中的境遇。这里，我们要引入一个概念，就是寻找"权利人"。街区作为城市空间的重要组成部分，无论从哪一种维度来讲，都与权利有关，而这个权利由多个层次、不同人群构成，组合在一起，制约着不同街区的形成与演变。我们通过查阅大量的户籍、房地产、市政、保甲和其他文献档案，剖析北站街区内部的权属构成。不同的人群、不同的阶层，从各地汇聚而来，沿着苏州河，聚集到北站一带，于是有了丰富多彩的街区生活。

第三节

北站街区研究的价值与样本意义

我们以位于苏州河畔的北站街区为研究对象,考察这一街区成长的过程,关注其形成脉络、演变肌理与功能特点,以及深层的经济结构、民情风俗、社会生活,尝试以内涵与空间相结合的形式,展现北站街区所蕴含的独特内涵。我们依据大量原始档案文献,结合社会调查、口述访谈,对北站街区进行全面、系统的梳理,通过深入的"细部"研究,考察这一街区的内部构造。我们紧扣北站街区在形成与发展中的特点,突出商贸活动中的"码头"角色,社会演进中的"源头"地位,进而解析这一区域特有的人口结构、经济样态与功能嬗变,从中彰显北站的文化内涵与街区特色。

与那些历史悠久的传统中国城市相比,上海是一座在近代崛起的都会。近代上海的城市格局非常奇特,实际上是一个集合城市,分为三大区域,均受治于各自分离而彼此独立的三个机构,这几个机构"又按照其自有之特殊法规而行使职权"。[①]这三区分别是公共租界、法租界、华界,也被称为"三界"。华界中又分南市、闸北,所以形成了所谓的"三界四方"格局。北站长期处于华界的闸北与公共租界之间,华洋交错,是特殊的区域,加之其拥有的水陆交通之便,由此决定了苏州河北岸的北站一带在近代街区的形成中有着独特的路径与肌理。多种因素交织使北站在上海街区变迁史上具有样本研究的价值。

在街区的形态、形制与结构方面,北站一带的道路系统、街区规划、市政管理以及内部构造、社区状况,均可作为某一方面的案例与类型来分析,其样态极为丰富,同时又兼具一般城市化、工业化所有的特质,在结构和功能上都能突破传统中国城镇的样式,构造出不同类型的街区形态,演绎着不同方式的社会生活。

另一个特殊性还表现在北站一带的城市化进程在近代的特殊时局中被打断,两次遭受侵华日军的进攻。1932年"一·二八"事变爆发后,日本侵略军向闸北华界发起进攻,中国军队奋起抗击,闸北成

---

① 工部局华文处译述:《费唐法官研究上海公共租界情形报告书》(第一卷),第二编,1931年版,第25页。

为主战场，战争持续一个多月，日军在闸北肆虐28天，总计103条里弄街坊、数万间房屋被毁，火车站、商务印书馆多次被炸，东方图书馆被烧，商号损失4204家，工厂损失841家。闸北被破坏得惨不忍睹。仅据来自商务印书馆的报告，损失情形如下：“本馆总厂、编译所、东方图书馆、尚公小学等既于一月廿九及二月一日先后被毁……本馆总厂中的第一、第二两印刷所为两层楼长屋两大排，中有机器数百架，为本馆主要印刷部分，均与房屋同归于尽。”第三印刷所、第四印刷所或“焚毁无余”，或“亦无不全毁”。“至于总厂以外之东方图书馆、编译所及其附设之各杂志社、函授学社、尚公小学，以及厂外书栈房等，均仅余断壁颓垣与纸灰瓦砾云云。”[1]全部损失数目造具清册，长达数页，共计16330504元。[2]那些中外古籍善本等，无法以钱款计算，这是人类文化的巨大损失。1937年发生八一三事变，日军再次侵犯上海，闸北又首当其冲。这次损失更为惨重。工商企业几乎全部被毁，40余所中小学被炸，95%以上的建筑物成为废墟。闸北华界的元气丧失殆尽。作为闸北重要组成部分的北站街区损失惨重。战争使一个区域的近代化进程被迫中断，甚至出现严重倒退。北站作为一个街区，经历了破坏、重建，再破坏、再重建的过程。

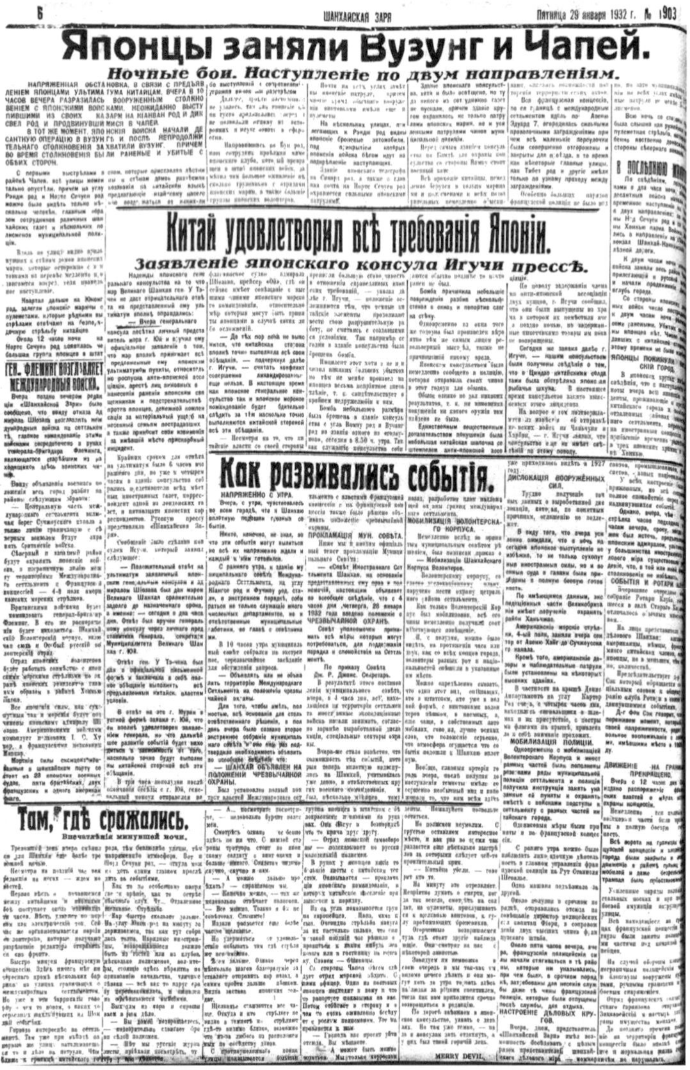
6 ШАНХАЙСКАЯ ЗАРЯ Пятница 29 января 1932 г. № 1903

Японцы заняли Вузунг и Чапей.

Ночные бои. Наступление по двум направлениям.

Китай удовлетворил всѣ требованія Японіи.

Заявленіе японскаго консула Игучи прессѣ.

Как развивались событія.

Там, гдѣ сражались.

Впечатлѣнія минувшей ночи.

图0–33 Японцы заняли Вузунг и Чапей，（《上海柴拉报》），1932年1月29日报道：日本人占领了吴淞口和闸北

① 商务印书馆善后办事处编：《上海商务印书馆被毁记》，商务印书馆2016年版，第55、56页。

② 商务印书馆善后办事处编：《上海商务印书馆被毁记》，商务印书馆2016年版，第56—60页。

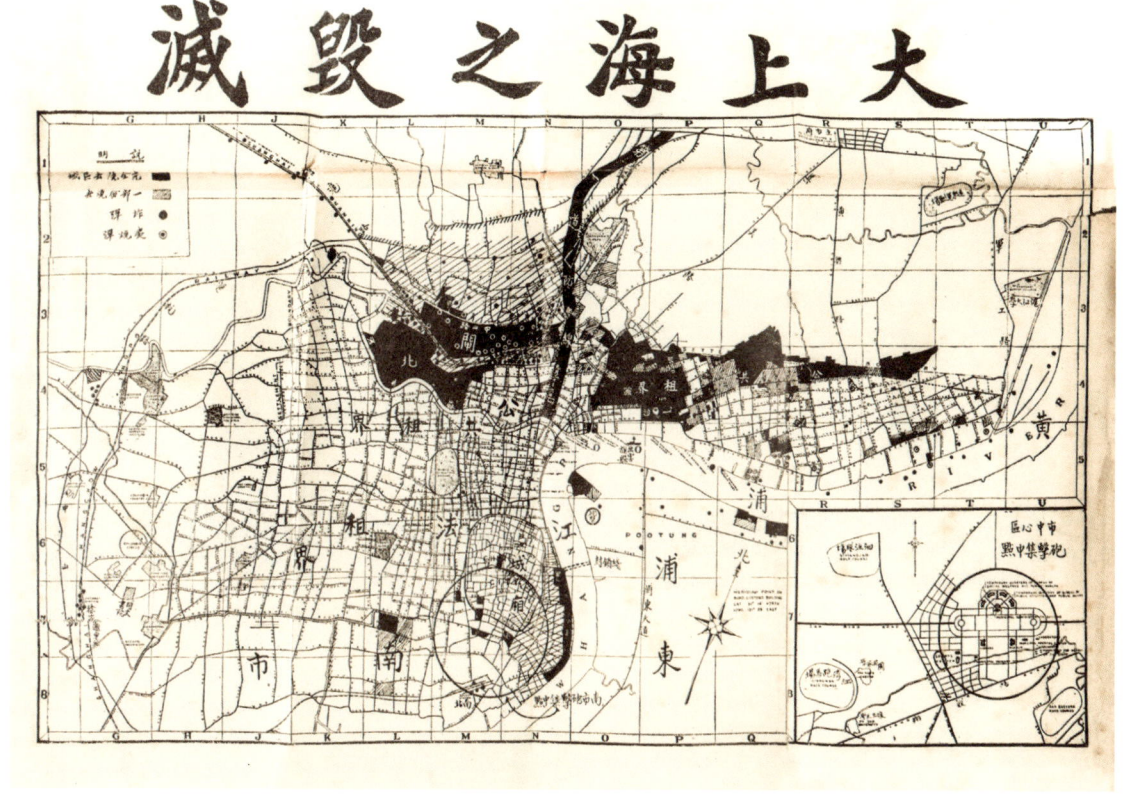

图0-34　《大上海之毁灭》，北站街区遭受重创，选自《中国的抗战》

另一方面，街区史研究必须与城市的人文遗产研究相结合，必须与城市的历史空间保护相结合，在"城区更新"的视域中，赋予其新的内容、新的内涵，这也是当下研究街区史所要揭示的题中应有之义。

北站作为近代形成的街区，其价值意义还表现在当代所发生的变迁。随着租界的收回，华洋的界限逐渐模糊，1949年5月上海解放，10月1日中华人民共和国成立，北站地区在行政上成了一个区辖的街道。历史上的北站街区，位于华洋交界，分属于不同的城市系统，街区内部构造差异极大，区域自身的整合经历了较长时间。另一方面，任何一个历史街区的演变都具有动态性、复杂性、多样性和时空连续性的特征，这是一个有机体，而这个有机体是需要新陈代谢的。随着时间流逝，北站一带的居民住宅区、街道系统、基础设施逐渐陈旧老化，一些历史建筑也无法再保持原有的功能，街区本身需要更新。

在过去的数十年间，尤其是1978年改革开放以来，北站街区的市容市貌、经济结构、社会生活方式都发生了重大变化。这种变化的背后，可以探讨的问题很多，在建设现代街区的进程中，北站经历了

图 0-35　北站街区航拍图。摄于 2021 年 8 月 5 日

多次产业结构调整，在市政建设、旧区改造等方面也在不断探索新的做法。在推动街区的更新中，如何协调社会经济发展和历史文化遗产保护之间的矛盾，以及面对"留、改、拆"存在的诸多困惑，这里的一些做法值得关注。研究者需要结合人文遗产的保护，结合原有生活方式的传承，结合街区的有机更新，给北站街区研究注入新的内容，赋予新的价值。

　　北站是一个值得深入探究的街区。

第一章
北站地区的"前世"

苏州河畔的北站街道位于今上海市静安区中南部，东靠河南北路、武进路、罗浮路、虬江路，与虹口区乍浦路街道相连，西沿共和新路、南北高架路与天目西路街道为邻，南隔苏州河同黄浦区南京东路街道相望，北以铁路为界与芷江西路、宝山路街道接壤。历史上，这里曾有老闸和新闸。在上海开埠以前，多为农田，或为河滩，散落着一些村庄，还有庙宇，一派江南水乡风光。

余槐青撰《上海竹枝辞》有一首"吴淞江"："吴淞江上泊舟齐，潮去潮来浪拍堤。毕竟沟通文化地，一衣带水贯中西。"①并作注曰：吴淞江长二百余里，上海一段俗名苏州河，贯通华租两界。这是开埠以后的情形。

要了解北站街区的"前世"，还得从吴淞江说起。

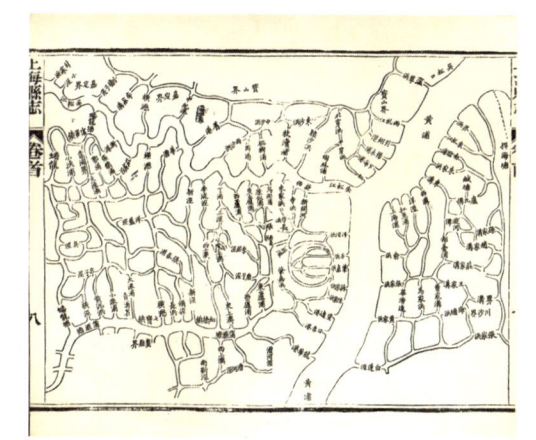

图 1-1 清同治《上海县志》卷首，"上海县北境水道图"，吴淞江北岸河道，并标注新闸等

图 1-2 吴淞江（苏州河）

---

① 余槐青：《上海竹枝辞》，选自顾炳权编：《上海洋场竹枝词》，上海书店出版社1996年版，第260页。

第一节

从吴淞江到苏州河

吴淞江古称松江,又名松陵江、笠泽江,长期以来一直是太湖地区排水出海的主要干道。吴淞江流经上海县境北。关于吴淞江,清同治《上海县志》是这样记载的:

> 在县北,一名笠泽。《水经注》曰,松江上承太湖,东迳笠泽,流七十里,江水奇分,谓之三江口。《吴越春秋》称,范蠡去越,乘舟出三江之口,入五湖之中者也。此亦别为三江五湖,虽称相乱,不与职方同。庚仲初《扬都赋》注曰,今太湖东注为松江,下七十里,有水口分流,东入娄江,东南入海为东江,与松江而三是也。其源自太湖分流,出吴江东南之长桥,合庞山湖折东南流,经淀山湖入府境,合赵屯、大盈、顾会、崧子、蟠龙五大浦,流入县西北之宋家桥。经县东北三十六里,与黄浦合流,出吴淞口(今属宝山县)。东北入于海。[1]

上海市通志馆于1935年刊印的《吴淞江》,详细梳理了吴淞江的变迁,考察了水道、水文等情况。

早期的吴淞江河道宽广,水势广泛而强大,皮日休在《吴中苦雨因书一百韵寄鲁望》中曾言:"全吴临巨浸,百里到沪渎。海物竞骈罗,水怪争渗漉。"可见其浩瀚无涯。郏侨亦言:"吴淞古江,故道深广,可敌千浦。"[2]青龙镇也因此成为当时太湖地区最为重要的港口。

但是到了唐以后,情况发生变化。吴淞江水系的总体演变趋势与海平面上升作用下的太湖流域地貌的演变密切相关,首先,太湖地区特殊的碟形洼地地貌形态导致吴淞江河流坡降很小。尤其在涨潮时,潮水位往往反而超过淡水径流水位,因此如果没有水闸阻挡,潮水势必倒灌,这使得吴淞江水系排水存

---

[1] 清同治《上海县志》卷三"水道上·江"。
[2] 〔宋〕范成大:《吴郡志》卷一九"水利下",江苏古籍出版社1999年版,第282页。

图1-3　上海市通志馆于1935年刊印的《吴淞江》封面

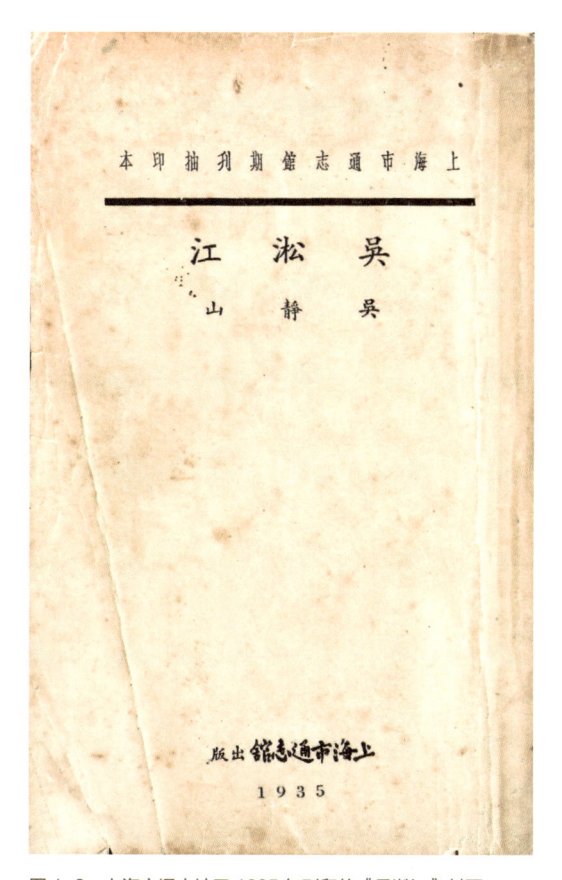

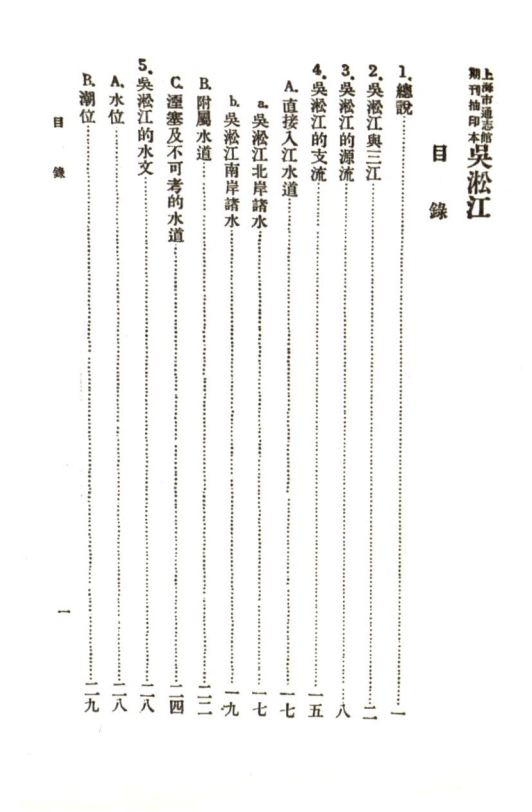

图1-4　上海市通志馆于1935年刊印的《吴淞江》目录（部分）

在天然困难。其次，上海地区的海岸线一直不断向外伸涨，尤其是2000年前到200年前的推移速度明显比其他历史时期的海岸线推移速度要快得多。据谭其骧先生的研究，从8世纪起至12世纪，上海地区的海岸线向外伸涨20多公里，到达川沙、南汇县城以东一线。[①]随着海岸线的伸展，吴淞江河线也不断延长，河床比降越来越平，流速越来越小，冲淤能力也越来越弱。再次，长江口在此时也日益南移，由此带来的大量泥沙又大大加速了吴淞水系的淤塞。[②]这一积淤过程从宋代开始逐步发展，到元代时期已经相当严重，元代以后这里开始了大规模的水利治理工程，但是由于整个吴淞江的积淤形势已经不可逆转，明代初年，夏原吉提出了日后影响深远的"掣淞入浏"和"黄浦夺淞"计划，吴淞江最终转化成黄浦江的支流，而到了近代，它更成了上海重要的内港，对近代上海的繁荣起到了重要的作用。

[①] 谭其骧：《上海市大陆部分的海陆变迁和开发过程》，《考古》1973年第1期。
[②] 参见郑肇经主编：《太湖水利技术史》，农业出版社1987年版，第37页。

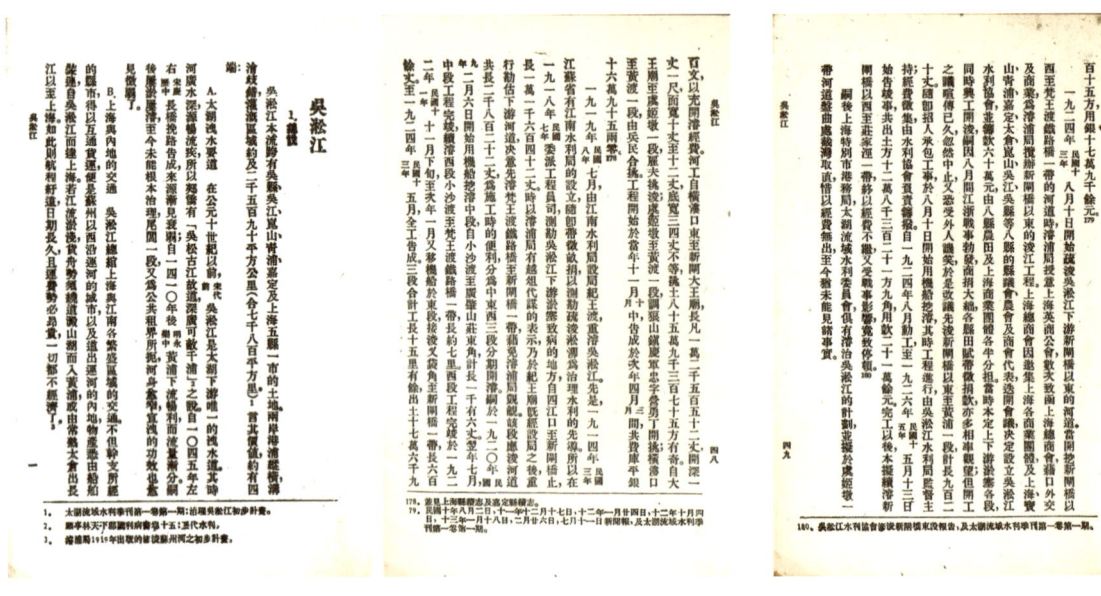

图 1-5 上海市通志馆于 1935 年刊印的《吴淞江》内页

一、吴淞江的积淤与早期治理

根据今天历史地理学者的研究,吴淞江下游在宋代以前始终是与陆境同步东移的河口段,在北宋初为一个宽阔的江面,宽"可敌千浦",能畅通地宣泄上游太湖来水。吴淞江正源在古代原出今吴江以南的太湖口,下游自今黄渡以下原经旧江(今称虬江)道入海。唐时河口当已至今江湾以东,旧志称唐时河口的宽度达二十里,其海口称华亭海。此时由于当时河口出海较近,吴淞江的积淤问题尚不严重,再加上五代吴越时期圩田制度完善,又于吴淞水系专设一路撩浅军,进行经常的撩淤养护,[①]延缓吴淞江的淤狭过程,保持了较为通畅的局面。然而到宋代,吴淞江淤塞的进程迅速加剧,北宋初期在吴淞江入海口形成清洲,清洲将吴淞江的入海口分隔成二支。东支入海口遗迹即今浦东新区老界港和东虬江、北虬一线,北支入海口即今吴淞口。到北宋末南宋初,吴淞口成为吴淞江的主要入海口。此时吴淞江江口段已经由唐代的阔 20 里变为 9 里,缩狭了一半多,而且生态环境的破坏更导致了水灾频仍。郏侨曾言:"钱氏百年间,岁多丰稔,唯长兴中一遭水耳。暨纳土之后,至于今日,其患方剧。"[②]单锷亦称:"窃观三州(苏、常、湖)之水,为患滋久,较旧赋之入,十常减五六,以日月计之,则水为害于三州逾

[①] 〔宋〕朱长文:《吴郡图经续记》卷下"治水",江苏古籍出版社 1999 年版,第 52 页。
[②] 〔宋〕范成大:《吴郡志》卷一九"水利下"江苏古籍出版社 1999 年版,第 281 页。

五十矣。"①当时从官员到学者已经提出了一系列治理吴淞江的方案，但或是未能付诸实施，或是仅能治标而不能治本。

虽然宋代吴淞江的积淤加剧，但此时这里的水环境仍称丰富，任仁发便称："亡宋时吴淞一江，水势浩渺，绵绵不息，传送入海，狭处尚二里余之宽，犹不能吞受太湖之巨浸。"②而到了元代之后，随着吴淞江河口段继续向东延伸，上游进水口萎缩阻塞，整个江淤狭的情形日益恶化。一方面湖田坝田围垦继续加剧，有增无减，杨维桢便称至元二十八年（1291年）时，"有淀山湖者，富豪之家占据为田，以致湖水涨漫，损坏田禾"。③《元史·河渠志》也载：吴淞江下游河口湖荡被"势豪租占为荡为田"，而"州县不得其人，辄行许准，以致湮塞不通，公私俱失其利久矣"。④另一方面，地方政府还曾"将太湖东岸水出去处，或钉木榅为栅，或壅土草为堰，或筑狭河身为桥，置为驿路。及有湖泖港汊，又虑私盐船只往来，多行栅断，所以水脉不通，沙泥日积，而吴松（淞）日就淤塞也"。⑤由此在吴淞江下游出现一些沙洲，河床被一分为二，日趋狭窄，主泓在任仁发修浚时只有约25丈左右。

图 1-6 志丹苑元代水闸遗址全景。位于普陀区志丹路和延长西路交界处。其于 2001 年被发现，2006 年被评为中国十大考古新发现。该水闸由元代著名水利专家任仁发主持建造，是中国古代水利工程的杰作。由上海博物馆提供

---

① 〔宋〕单锷：《吴中水利书》，《景印文渊阁四库全书》第 576 册，台北商务印书馆 1986 年版。
② 〔元〕任仁发：《水利集》卷五，《四库全书存目丛书》史部 221 册，齐鲁书社 1997 年版。
③ 〔元〕杨维桢：《淀山湖志》，〔明〕张国维《吴中水利全书》卷一八，《景印文渊阁四库全书》第 578 册，台北商务印书馆 1986 年版。
④ 〔明〕宋濂等：《元史》卷六五"河渠志"，中华书局 1976 年版，第 1636 页。
⑤ 〔元〕任仁发：《水利集》卷二"水利问答"。

至元三十年（1293年）以后，元廷曾对吴淞江在嘉定、上海两县的下游河道进行疏阔，但由于解决不了围田问题，吴淞江淤塞的问题仍然无法根治，"稍得丰稔，比年又复壅闭，势家愈加租占，虽得征赋，实失大利"。[1]另一方面，根据现代学者的研究，元代太湖流域由于水文环境和气候的变化，属于相对湿润的时期，[2]由此出现了涝灾频繁的现象。由于太湖流域是赋税重地，为了尽可能地减少水利灾害所造成的损失，也为了确保海运粮食运输顺畅，元廷又专门设立了相关的水利机构，任用水利专家

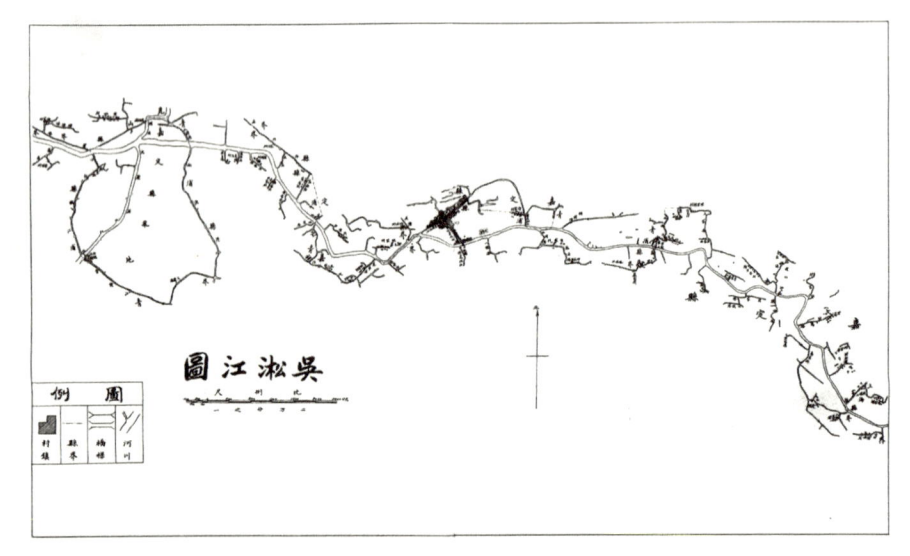

图 1-7 《吴淞江图》，选自民国《嘉定县续志》

图 1-8 元志丹苑水闸遗址，由上海博物馆提供

---

[1] 《元史》卷六五"河渠志"，第1636页。
[2] 陈家其：《太湖流域南宋以来旱涝规律及其成因初探》，《地理科学》1989年第1期。

任仁发等人，力图解决吴淞江问题。任仁发采取的方针略而言之便是集中力量浚治吴淞江，并设闸随潮启闭，抑潮冲淤；开浚淀泖淤塞，疏治千墩、赵屯、大盈等浦，导水北出吴淞江；在与黄浦相通的乌泥泾、潘家浜、南北俞塘等河口设置堰闸，拒潮蓄清，使清水归于吴淞江。①

经过专家考证，2001年5月发现的位于大场浦、彭越浦之间的志丹苑元代水闸遗址即为任仁发于泰定二年（1325年）所建的赵浦闸。其是已发现同类遗址中规模最大、做工最好、保存最完整的一处。它是宋代《营造法式》总结之后官式工程在长江三角洲特殊地貌环境下的水利工程发展的实例。②水闸平面呈对称"八"字形，总面积1 500平方米，东西长42米、进水口宽32米、出水口宽33米。河水由西北流向东南，水闸主体由闸门、闸墙、底石、夯土层等几大部分组成。③

元代地方政府对吴淞江治理不可谓不重视，任仁发等人也是治理吴淞江的一时之选，然而根据王颋的研究，元代整治吴淞江的基本目的仍然在于确保漕运通航之便，因此致力于开拓吴淞江分流娄江及其支浦刘浜，殊不知支流变阔恰恰意味着吴淞江主泓流量的减少，只会进一步推动浑潮的倒灌和泥沙的沉积。另一方面，设置堰闸虽然能够防止浑潮进入闸门内的河道，却不能阻止闸门外近段河道的迅速沉积。④所以到了元末，吴淞江下游河段的淤塞益发严重，从江口河沙汇嘴到赵屯浦约七十里，"地势涨涂，积渐高平"。⑤

图1-9 志丹苑遗址木桩文字，由上海博物馆提供

---

① 郑肇经主编：《太湖水利技术史》，农业出版社1987年版，第40页。
② 何继英：《志丹苑元代水闸遗址与元水利专家任仁发》，《上海博物馆集刊》第12期，上海书画出版社2012年版。
③ 上海博物馆考古研究部：《上海市普陀区志丹苑元代水闸遗址发掘简报》，《志丹苑：上海元代水闸遗址研究文集》，科学出版社2015年版，第31—53页。
④ 王颋：《元代吴淞江治理及干流"改道"问题》，《中国历史地理论丛》2003年第4期。
⑤〔元〕周文英：《论三吴水利》，〔明〕姚文灏编《浙西水利书》，农业出版社1984年版，第87—88页。

二、"黄浦夺淞"与吴淞江的改道

明初对吴淞江影响最为巨大的事件是高淳境内五堰改筑东坝。春秋时,为沟通太湖和青弋江、水阳江流域而在高淳开胥溪运河,后又为防止汛期西水东泄,在胥溪上修筑土堰五道,分级节制水流,是即五堰。明洪武二十五年(1392年)重新开浚胥溪河,以保障漕粮西运金陵。不久永乐迁都北京,胥溪河不再担任漕河功能,为了防止江水泛涨对苏松地区遭受损害,又将五堰河闸改筑为东坝。东坝筑后,苏松地区水势基本稳定,不再有大规模的水灾,但与此同时,太湖流域与青弋江、水阳江流域基本隔绝,太湖流域不再有西来之水,水势遂减。东坝的兴筑使得太湖入水量比宋元时减少了近七成,这也将宋元时期解决吴淞江积淤仅有的一点成效也化为乌有,前功尽弃,吴淞江积淤之势已经不可逆转。吴淞江的问题既然无力回天,唯一的办法就是找到其他水道缓解其积水,并承担太湖诸水入海的重担。

早在元代,人们已经发现每当汛期来临之际,浅狭的吴淞江下游河道已经不足以排出积潦,只能依赖两翼疏导,而这两翼便是浏河和黄浦。任仁发便很清楚地指出:"东南有上海浦、新泾泄放淀山湖三

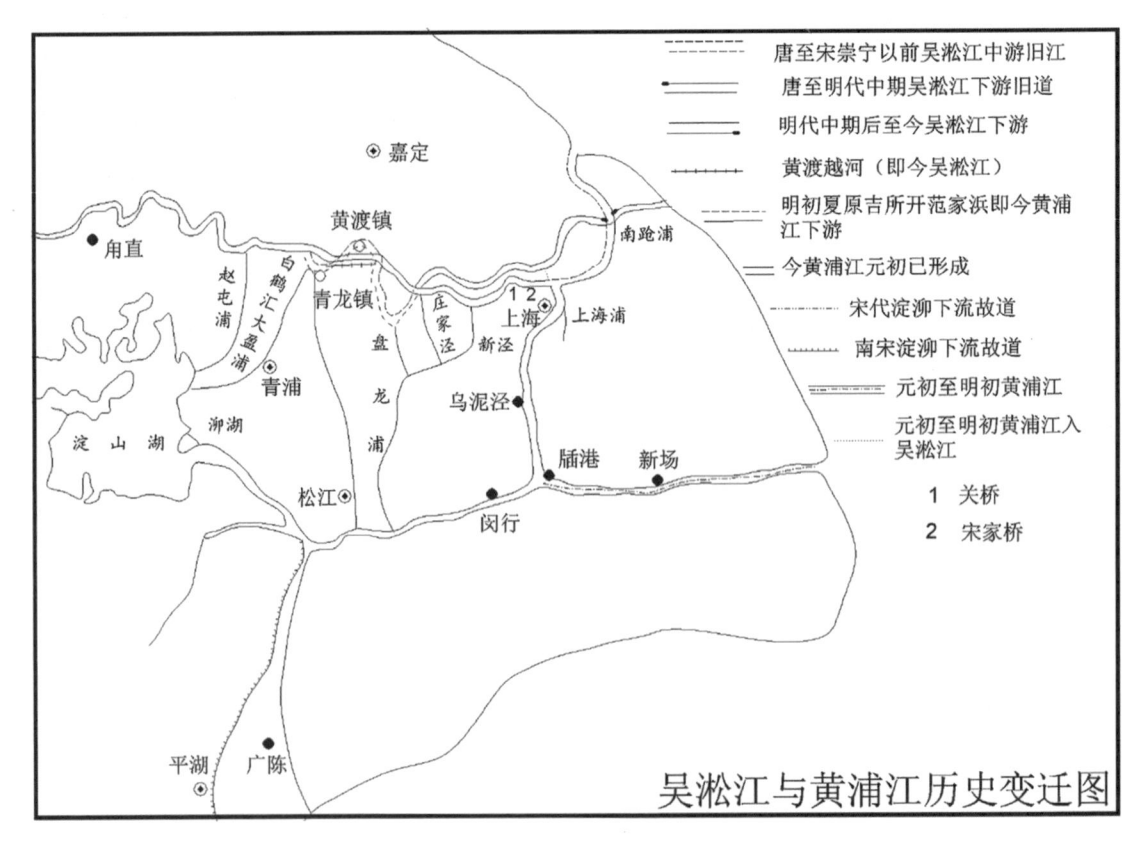

图1-10 吴淞江与黄浦江历史变迁图
说明:该图由李甜绘制,原图见王文楚:《史地丛稿》,上海人民出版社2014年版,第6页。

泖之水，东北则刘家港、耿泾疏通昆承等湖之水。"①元都水庸田使麻合马嘉也指出："今太湖之水不流于江，而北流入于至和等塘，经由太仓出刘家等港，注入大海，并淀山湖之水，东南流于大曹港、柘泽塘、东西横泖，泄于新泾，并上海浦，注江达海。"②可见，随着吴淞江的日渐淤塞，太湖和淀泖之水纡回宛转，分道宣泄，正如任仁发所言，一路由刘家港北出长江，一路由新泾、蒲汇塘，经黄浦出海。于是，获得淀泖水势而日益壮大的黄浦逐渐发展成为相当宽广的大浦，为日后发展创造了重要的条件。

明永乐元年（1403年），负责钦差江南治水的户部尚书夏原吉上疏治水策略，正式提出了日后影响深远的"掣淞入浏"和"黄浦夺淞"计划：

> 自吴江长桥至夏驾浦，约百二十余里，虽云通流，多有浅狭之处，自夏驾浦抵上海县南跄浦口，可百三十余里，潮沙涨塞，已成平陆，欲即平浚，工费浩大，滟沙泥淤浮泛动荡，尚难施工。臣因相视，得嘉定之刘家港，即古娄江，径通大海，常熟之白茆港径入大江，皆系大川，水流迅急，宜浚吴淞南北两岸安亭等浦，引太湖诸水入刘家、白茆二港，使直注江海。又松江大黄浦乃通吴淞要道，今下流壅遏难疏，旁有范家浜，至南跄浦口，可径达海，宜浚，令深阔。上接大黄浦，以达湖泖之水。③

关于夏原吉治水情况的研究很多，此处仅简单作一概括。首先，夏原吉放弃积重难返的吴淞江下游，通过夏驾浜导吴淞江中游入刘家河出海。其次，他又听从华亭人叶宗行的主张，开凿范家浜，引流直接黄浦，使其深阔畅泄，以解决淀泖泄水问题。此后黄浦江发展成为太湖下游"雄视各渎"的唯一大河，吴淞江反变为其支流，最终导致了上海港的崛起，由此改变了整个上海地区乃至长江三角洲的政治、经济格局。

对夏原吉治水的评价，历代都褒贬不一。褒者以为夏原吉治水摈弃了大多数人关于"吴淞江是太湖排水正脉"的观念，放弃吴淞江出海段，另辟他道，是转变思路、顺应客观规律之举。但贬者则认为吴淞江壅塞而产生的水旱灾害远不是单开一条大黄浦可以解决的。正如明代水利学家沈启所言："谓黄浦通利，势足代淞，似矣。夫水势自西南而东北者，古也。数年来，水势日徙而南，盖似黄浦在南，日决而大；吴淞在北，日垫而微。去水之缓急，因之而迁徙，固有由耳。"④因此，谢湜等研究者认为"黄浦夺淞"的实质其实是反映了太湖泄水方向整体东南移的趋势，可谓势所必然。⑤

---

① 〔元〕任仁发：《水利集》卷二"水利问答"。
② 〔元〕任仁发：《水利集》卷八"大德三年六月都水庸田使麻合马嘉议讲议吴淞江堙塞合极治方略"。
③ 〔明〕夏原吉：《浚治娄江白茆港疏》，张国维编《吴中水利全书》卷一四"章疏"。
④ 〔明〕沈启：《吴江水考》卷一"水道考"，《四库全书存目丛书》史部第221册，齐鲁书社1997年版。
⑤ 谢湜：《高乡与低乡：11—16世纪江南区域历史地理研究》，生活·读书·新知三联书店2015年版，第150页。

但是另一方面，此举让吴淞江来水被两岸支流分去，其下游淤塞情况愈加严重。归有光便认为夏原吉舍本求末，贪图一时便利，最后得不偿失，"昔人不循其本，沿流逐末，取目前之小快，别凿浦港，以求一时之利，而淞江之势日失。所以沿至今日，仅与支流无辨，或至指大于股，海口遂至湮塞。此岂非治水之过与？"①顾祖禹也说："（夏原吉）不知白茆势高于湖，终不泄震泽之水，又凿夏家浦，掣吴淞江水达北娄江，不知娄江虽通，仅自复故道，而新泽、夏驾二浦横冲松江之腹，是反为之害也。其后三吴多水患，实原吉创垂未善云。"②所以此后明代历任地方官仍多次对吴淞江进行疏治。其中主要有正统六年（1441年）巡抚周忱浚治吴淞江，天顺四年（1460年）巡抚都御史崔恭开吴淞江，成化八年（1472年）水利佥事吴瑞浚吴淞江，弘治七年（1494年）工部侍郎徐贯疏吴淞江并白茆河，嘉靖元年（1522年）巡抚兼工部尚书李充嗣浚吴淞江，隆庆四年（1570年）巡抚都御史海瑞疏浚吴淞江。

也正是在这一段时间内，吴淞江放弃了原有的旧江，即后来人们所称的虬江，而从潭子湾处循宋家港，再接已经深阔的范家浜（黄浦江的一段），由此进黄浦江而入海，这就是日后人们所称的"苏州河"，此后吴淞江变成了黄浦江的支流。关于吴淞江何时由虬江改道走苏州河一线，历来有多种说法，基本上都将其与明代历次重要的疏浚联系在一起，包括夏元吉说、李充嗣说和海瑞说。傅林祥最早指出这是自然演变的结果，并不存在明初的人工大改道。明代的数次治江只是确认了这个自然发展的结果。③而满志敏则根据傅林祥的研究进一步分析了苏州河形成的时间线：天顺四年（1460年），崔恭主持吴淞江工程时，吴淞江下游主道在孙基港一带向北，走虬江河道，在潭子湾一带继续走虬江一线出海。成化至弘治初年，吴淞江主道又回到天顺四年（1460年）之前的位置。直到弘治年间，吴淞江主道"徙而东南"，借宋家港河道直入黄浦江，即今天的苏州河，由此奠定了今天吴淞江主道走向的基本格局。这并不是哪次水利工程的结果，而是水流自然冲刷的后果。形成如此主道改流的效应，实际上与当时的黄浦江发育有密切关系。此时黄浦河道已经自然拓宽成一条大河，这条线也是吴淞江最便捷的泄水通道。④

三、苏州河的兴盛：吴淞江近代功能的演变

进入清代，由于吴淞江仍然是青浦、松江等县的排洪要道之一，因此对于它的疏浚依然没有停止。其中最主要的工程是康熙雍正年间的下游建闸，以及乾隆二十八年（1763年）的开凿黄渡越河。直到这时，吴淞江的主要作用体现在水利方面，它的功能一是太湖的重要泄水通道，二是重要的漕粮运输线路。而到了近代，随着上海发展成为一个通商口岸，城市范围开始迅速扩大，吴淞江的功能也开始变化，航运

---

① 〔明〕归有光：《震川先生集》卷三"水利论"，上海古籍出版社2007年版，第61页。
② 〔清〕顾祖禹：《读史方舆纪要》卷一九"江南一"，第908页。
③ 傅林祥：《吴淞江下游演变新解》，《学术月刊》1998年第8期。
④ 满志敏：《推测抑或明证：明朝吴淞江主道的变化》，《历史地理》第26辑，2012年。

职能逐渐后来居上，成为其地位提升的关键。在近代档案文献中，已将吴淞江的上海段普遍称为"苏州河"。

早在1861年，英租界初步稳定下来之后，租界工部局就已经着手处理吴淞江的通航事宜，通过建设直达吴淞江畔的马路，进而建设了一批公共码头，拟采取适当步骤开放苏州河的航运。之后随着英租界不断向西发展，郊区逐渐开始城市化进程，吴淞江逐渐增添了港口的功能，其标志是大批码头的兴建。与此同时，吴淞江的航道疏浚问题开始凸显出来，公共租界和华界地方政府随即着手处理吴淞江航道事务。这为吴淞江日后靠泊内河轮船提供了有利条件。

1874年12月，工部局工务委员会一致认为需要将吴淞江变成一条宽阔的河流，"考虑到维持河南路下方的苏州河航道以前的宽度"，需要"竭力劝使当地政府着手把泥滩除掉"。[1]

此后，1887—1891年对吴淞江疏浚进行规模相当庞大，当时海关税务司曾担心"其结果并不会带来永久性的利益"[2]，不过吴淞江的作用没过几年就日益凸显出来，工部局也由此获得了向吴淞江沿岸发展的机会，并日益向西扩展自己的势力，甚至多次欲将整个吴淞江纳入租界管辖范围。《上海港口大全》就提及"修浚苏州河之初步计划"。[3]

图1-11 《上海港口大全》，1921年译件

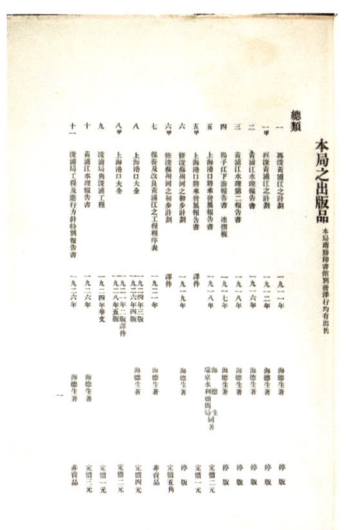

图1-12 《上海港口大全》（1928年）提及"修浚苏州河之初步计划"

图1-13 《上海港口大全》，1934年英文版

---
[1] 上海市档案馆编：《工部局董事会会议录》第六册，上海古籍出版社2001年版。
[2] 上海市档案馆编：《工部局董事会会议录》第七册，上海古籍出版社2001年版。
[3] 详见《上海港口大全》，上海浚浦局刊印，1928年版，"修浚苏州河之初步计划"。

甲午战争后，随着内河轮船的发展，吴淞江获得了新的发展机遇，开始成为沟通上海与长三角地区非常重要的航道，从这里出发连接上海与内地的航线逐渐遍布长三角地区。"走吴淞江者，由苏州而上达常熟、无锡，或达南浔、湖州。"[1]吴淞江内河港区逐渐形成，"拓展了港口岸线和吞吐能力，加速了进出货物的集散流通，成为近代上海港崛起的重要一翼，并成为近代上海城市与经济发展的另一个强大动力。"[2]此后吴淞江日益繁盛。时人评论吴淞江的地位，"江小于浦，亦关系商埠之盛衰"，"沿江两岸工厂林立，轮运利便，端赖此江"。[3]可见经过近代数十年的发展，吴淞江在上海城市发展中的地位已经确立。

图1-14 《秦锡田修治吴淞江之意见》，《申报》1922年9月19日第13版

---

[1] 民国《上海县志》卷二"交通"。
[2] 戴鞍钢、张修桂：《环境演化与上海地区内河航运的变迁》，《历史地理》第18辑，2002年。
[3] 《秦锡田修治吴淞江之意见》，《申报》1922年9月19日第13版。

第二节

老闸与新闸

接下来，继续考察吴淞江上海县境一段。吴淞江两岸的正城中很多原为滩地、芦苇荡。明隆庆四年（1570年），巡抚都御史海瑞疏浚吴淞江，于多处建挡潮石闸。此次疏浚吴淞江，除嘉定外，"上海实开长六千五百三十一丈八尺余，面阔一十五丈，底阔七丈五尺，深一丈五尺六寸余，共计用工食

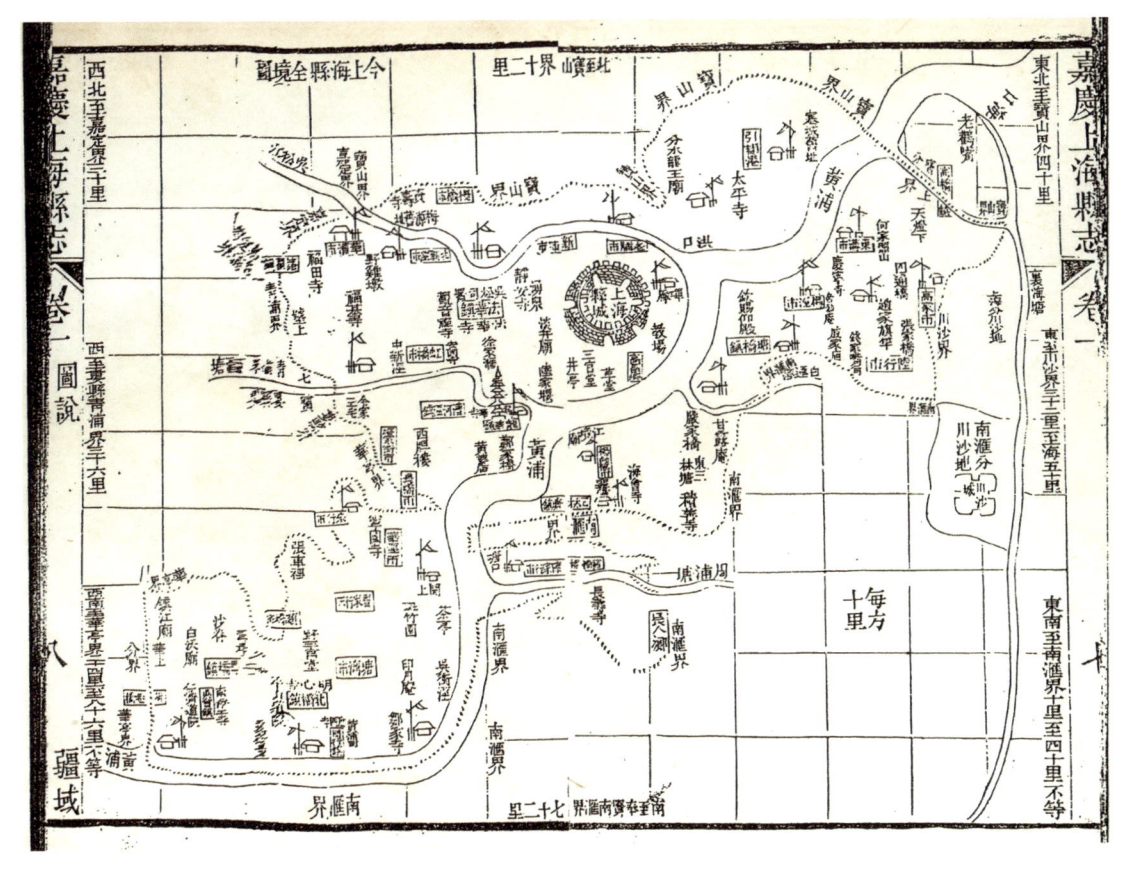

图1-15 清嘉庆《上海县志》中的"上海县全境图"，吴淞江北岸

银五万余两，不两月而工告成"。①大规模的修浚，不仅在水利方面发挥了功效，也使吴淞江航道有了很大改善，在一些闸的附近设的渡口，成为水上要津。有关在吴淞江建闸，地方志书中屡有记载。乾隆十五年（1750年）《上海县志》记曰：

> 吴淞江旧石闸，在北门外吴淞江二坝。康熙十一年，苏松常道韩佐周筑。今已废。
>
> 吴淞江新石闸，在北门外金家湾。旧闸近浦，易于裂陷，今移远三里，水势迂缓，可以永久。雍正十三年建，水利通判徐良模董其役。乾隆二年十月讫工。②

这段记载清楚表明，始筑于康熙十一年（1672年）的石闸，到乾隆年间已废，成了"老闸"。为何要建新闸，原因就是旧闸太靠近黄浦江，容易裂陷，所以要向西移三里，如此"水势迂缓，可以永久"。

图1-16 同治《上海县志》卷一"镇市"记载的老闸市、新闸市

这座新闸于雍正十三年（1735年）兴建，到乾隆二年（1737年）完竣。该闸兴筑以后，设渡口，逐渐成为南北的一大通道。附近也有一些居民陆续迁入。随着人口的增多，出现了集市。嘉庆《上海县志》中有一幅"上海县全境图"，涉及吴淞江。

在上海县城北面出现了"老闸市""新闸市"。这是值得留意的信息：

> （县之北）老闸市，在二十五保二图，城北三里。
>
> 新闸市，在二十七保十图，城西北五里。③

在老闸、新闸各形成了集市。到了同治年间，这两个集市得到发展，继续名列上海的"镇市"之列。④

这一时期吴淞江近黄浦江段的堰闸状况，同治《上海县志》记载如下：

---

① 明万历《上海县志》卷二"水利（闸堰附）"。详见海瑞《开吴淞江疏》。
② 清乾隆十五年《上海县志》卷二"水利（闸堰附）"。
③ 清嘉庆《上海县志》卷一"镇市"。
④ 清同治《上海县志》卷一"镇市"。

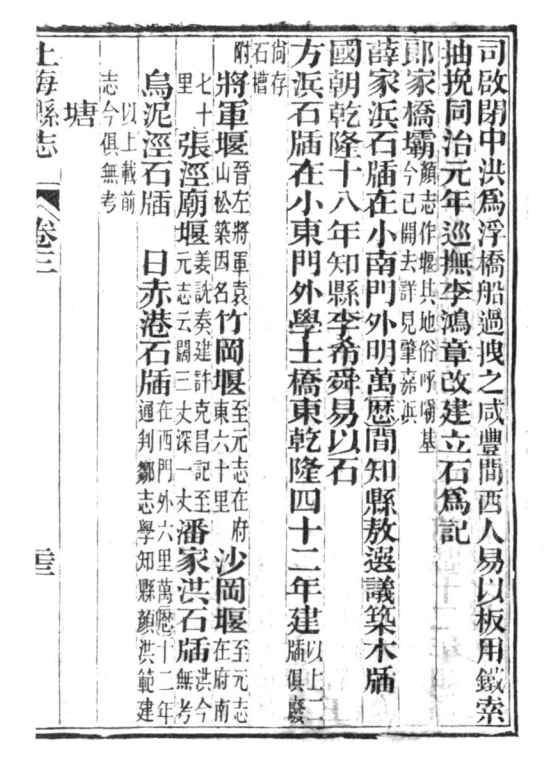

图1-17 同治《上海县志》卷三"堰闸"中关于"老闸""新闸"的记载

　　吴淞江石闸……康熙十一年，苏松常道韩佐周筑三洞石闸，旋为海潮冲坏。十四年，知县任辰旦复建（毛奇龄有碑记），俗呼"老闸"（《大清一统志》作黄浦口闸），久之亦废。雍正十三年，移建于金家湾，去老闸三里，水利通判徐良模董其役，乾隆二年十月竣工，俗呼"新闸"。原制设闸夫以司启闭，中洪为浮桥，船过拽之。咸丰间，西人易以板，用铁索抽挽。同治元年，巡抚李鸿章改建，立石为记。①

　　此段描述甚为详尽，除回溯历史，还增加了一些新内容。位于黄浦口的闸，原来被海潮冲坏，复建后又废，此为"老闸"。位于金家湾的新闸，"设闸夫以司启闭，中洪为浮桥，船过拽之"，成为沪北吴淞江一景。咸丰年间，外国人还进行了改良，用木板铁索。同治元年（1862年），巡抚李鸿章又进行改建。而彼时，吴淞江的黄浦口，西人已建起了桥梁。②

---

① 清同治《上海县志》卷三"水道上·堰闸"。
② 在吴淞江（苏州河）靠近黄浦口，原有船渡，称外摆渡。1856年，英商韦尔斯建造木桥，称"韦尔斯桥"。桥建成后，规定凡过桥者，须付过桥费，车马加倍。1863年，英美租界合并，过桥费又翻了一倍，引起市民抗议。1873年，由耶松船厂于韦尔斯桥东侧另建一座木质浮桥，名"公园桥"，免收费用。上海人因过桥不再付钱，可以"白渡"苏州河，又因近邻原先的外摆渡处，谐称"外白渡桥"。

图 1-18　1876 年苏州河上新建的韦尔斯桥

清末民初，这一带辖属区域，可参见图 1-19、图 1-20，其分别为《老闸图》和《新闸图》。

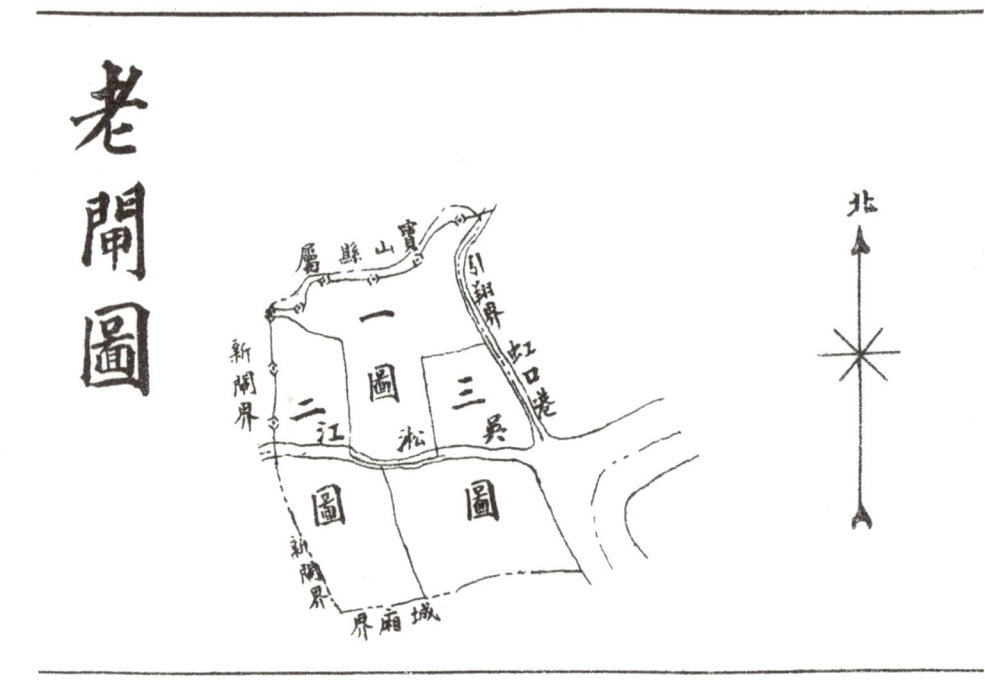

图 1-19　《老闸图》，选自《上海县续志》

到了近代，随着租界的扩张与闸北华界的发展，苏州河北岸的这一区域开始受到更多的关注。我们曾专门梳理了《申报》《上海新报》《新闻报》等近代报刊关于这一带的记载，内容极为丰富，下列部分标题：《新闸记事》(《字林沪报》1896年4月9日第3版)；《新闸挑河》(《上海新报》1872年2月20日第2版)；《新闸琐事》(《字林沪报》1896年4月12日第3版)；《新闸闲谈》(《新闻报》1897年2月19日第9版)；《新闸街谈》(《新闻报》1897年3月6日第3版)；《新闸赛会》(《申报》1903年4月17日第3版)；《新闸平粜开办》(《新闻报》1906年8月15日第17版)。作为吴淞江（苏州河）的老闸、新闸，在清末发生了很多的故事，有很多的回忆。此后，由于建造的北火车站成为近代上海的水陆枢纽，这里人口、物资汇聚，工商业日益发达，有关报道内容更多了。关于这一区域的城市化、近代化进程，下面将有章节详细论述。

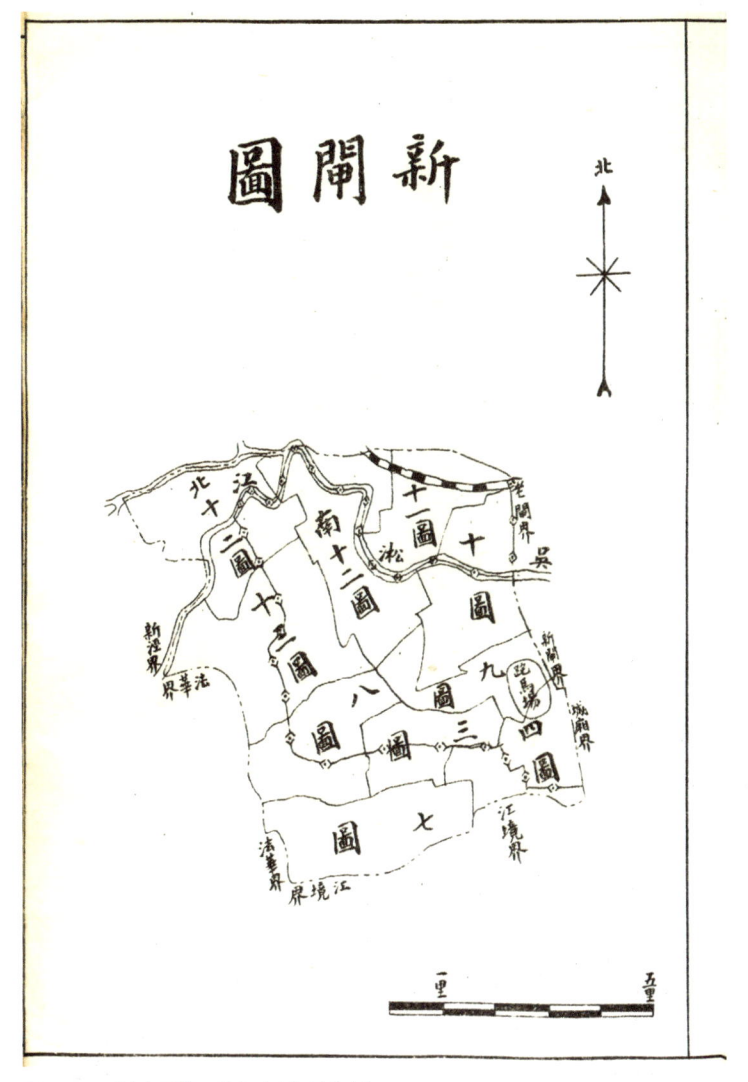

图 1-20 《新闸图》，选自《上海县续志》

第三节

苏州河畔的民情风俗：关于天后宫等的考察

近代苏州河作为沟通上海与江南腹地的重要河流，在上海的崛起过程中扮演了重要角色，而其沿岸民俗信仰的历史其实也可以被视为苏州河两岸乃至近代上海地域开发进程的一面镜子，同时也是民众日常生活的重要组成部分，本节拟以近代苏州河沿岸北站地区的天后宫及其他相关信仰的变迁为例加以阐明。

图1-21 吴淞江（苏州河）老照片

一、苏州河畔天后宫的变迁

（一）小东门天后宫的兴衰

现有的文献和考古资料都已经证明，宋代上海地区以青龙镇为中心，以吴淞江为主要通道的海外贸易十分发达。彼时的上海镇"蕃商辐辏"，并设有市舶提举司和榷货场，因此天后信仰应该也很早就通过吴淞江传播到了上海，"邦君邑人奔走之祠，享神血食东南，人所信向，若验符契有年矣"。[①]

根据明正德《松江府志》的记载，宋末咸淳年间，当时上海镇供奉天后圣妃的顺济庙已经"岁久且圮"，于是时任华亭市舶司提举的福建三山人陈珩动议改建，并由其从事费榕具体擘画。但不久适逢宋元鼎革，未能及时缮完，后来又有天台人赵维良代领舶务，继续加以推动，前后历时数十年，直至至元二十七年（1290 年），也就是上海建县前的两年方才得以完成。[②]

元朝定都北方，需要南漕北运，因此重视海运，比如上文提及的费榕在归顺元朝后，便曾经"以市舶漕运功"，管领海船万户，获授为怀远大将军、浙东道宣慰使，其子费拱辰也受封武德将军、平江等处运粮万户。毫无疑问，元初以费氏为代表的豪族为了保佑海运平安，积极参与了顺济庙的重建，进一步推动了天后信仰在上海的发展。鼎新后的顺济庙有田数百亩，便分别由邑豪钱氏等捐助而来。[③]元人成廷圭曾有《题上海天妃宫》诗一首，描摹了元代海运漕粮前祭祀天后的情景："昔年漕运开洋日，御赐香来动杳冥。真箓九朝连昼夜，斋厨一月断荤腥。祠光赤现天妃火，云气黄占使者星。沉璧丽牲严祀典，至今神肃在宫廷。"

此后，顺济庙便一直位于上海县城小东门，不过在明代的大部分时间里，出于海禁的缘故，这里显得比较落寞，而且"屡遭兵火"，仅存荒址。嘉靖倭乱后，有道士钱韫贞重建庙宇，但根据嘉靖《上海县志》的记载，当时也仅是"草创"而已，想来庙宇的规模并不大。[④]倒是原先从属顺济庙的丹凤楼在万历间被改建于东北城楼之上，可以俯瞰黄浦江，后来成为"沪城八景"之一。[⑤]

清代前中期，随着海关的设立和上海港的逐步崛起，上海县城内各地商帮云集，会馆林立，其中来自南洋的闽粤等地的商帮和北上从事豆货贸易的江苏青口等地的商人都特别崇信天后，在潮州会馆、建汀会馆、泉漳会馆、祝其公所等商人会馆中都供奉有天后圣母。[⑥]

由于商人们的推动，再加上天后于雍正十三年（1735 年）被列入祀典，因此上海城内的天后崇拜

[①] 《正德松江府志》卷一五《坛庙》，引宋渤《庙记》，《上海府县旧志丛书·松江府卷》，上海古籍出版社 2011 年版，第 244 页。
[②] 明正德《松江府志》卷十五"坛庙"。
[③] 明正德《松江府志》卷十五"坛庙"，引宋渤《庙记》。
[④] 明嘉靖《上海县志》卷三"祠祀"。
[⑤] 明万历《上海县志》卷一"地理志·古迹"。
[⑥] 参见上海博物馆图书资料室编《上海碑刻资料选辑》相关碑刻，上海人民出版社 1980 年版。

图 1-22 吴友如绘《丹凤楼》，选自《申江胜景图》

十分兴盛。每年三月二十三日天后诞辰时，黄浦江边海舟张灯结彩，"市人敬礼倍至，灯彩辉煌，笙歌箫聒，虽远乡僻处，咸结对往观"。[①]道光六年（1826年）、道光二十八年（1848年）以及咸丰二年（1852年），上海县天后又因为阴佑海运有功，叠次获得加封。

直至咸丰三年（1853年），上海小刀会起义爆发，起义军占据城墙，丹凤楼毁损大半，天后宫亦被毁，紧接着又逢太平军进攻苏常，重建之事一再耽搁。到了咸丰十年（1860年），随着法租界的第一次扩张，小东门外靠近黄浦江的天后宫基地也被划入租界，后来旗昌洋行又在该处建设金利源码头，于是其恢复更是遥遥无期。同样位于小东门的商船会馆始建于清代康乾时期，也一直供有天后神像，就暂时被当成了天后行宫，供官方和民众祭拜。

---

① 王韬：《瀛壖杂志》卷二。

（二）苏州河北岸开发与天后宫重建

天后宫重建的契机出现于光绪五年（1879年），当年出使俄国的全权大使崇厚奏请在上海重建天后宫，并建出使行辕，后来选址于苏州河北岸的三摆渡桥（今河南路桥）堍，并请总理衙门等在"出使经费下均摊款项，相度地势，修复旧规，以其余屋作出使大臣公所"。① 而总理衙门虽然同意重建天后宫，但却拒绝拨款，于是开工日期一再延宕，直至光绪十年（1884年）在各方襄助下，重建工程才得以完成，当年闰五月二十四日，城内举行盛大仪式将天后神像从小东门行宫中移出，安置于新的天后宫内。②

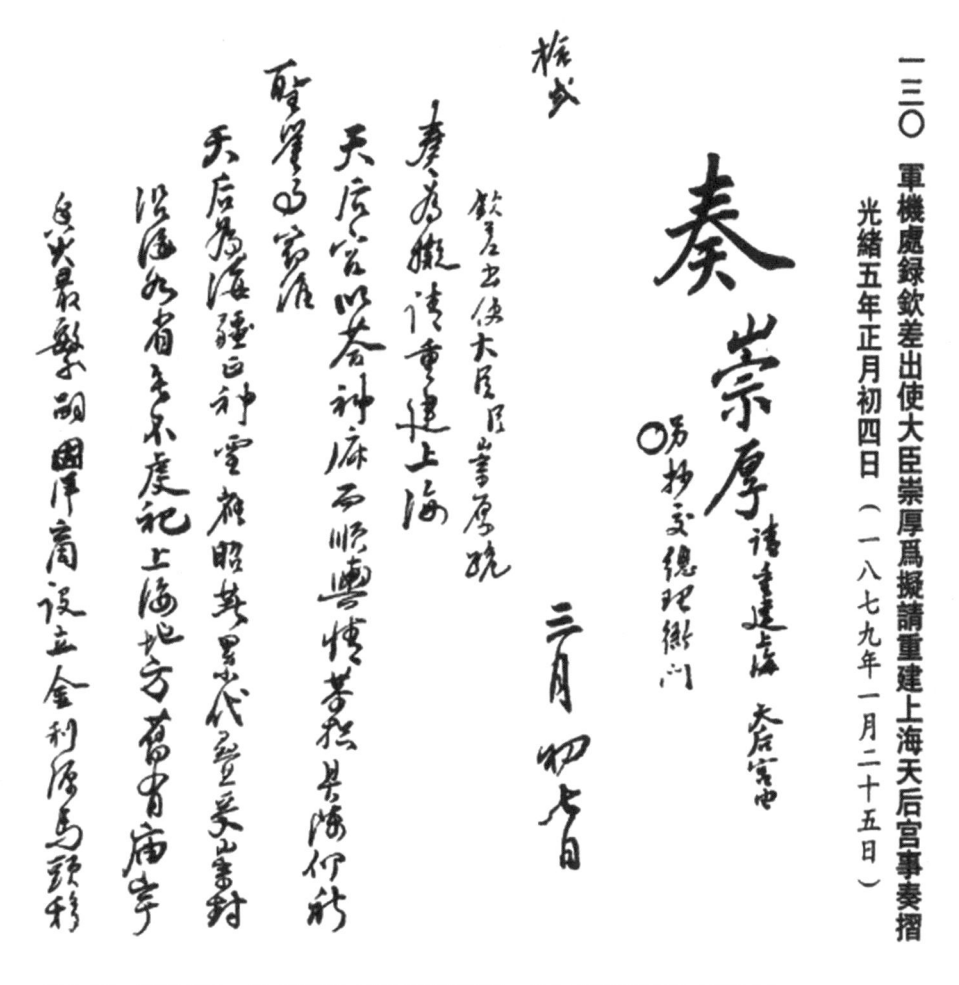

图1-23 〔清〕崇厚：《为拟请重建上海天后宫事奏折》，选自《清代妈祖档案史料汇编》

---

① 〔清〕崇厚：《为拟请重建上海天后宫事奏折》，收录在蒋维锬、杨永占主编《清代妈祖档案史料汇编》，中国档案出版社2003年版。
② 参见吴友如绘《迎神入庙》，收录在《点石斋画报》第7期。

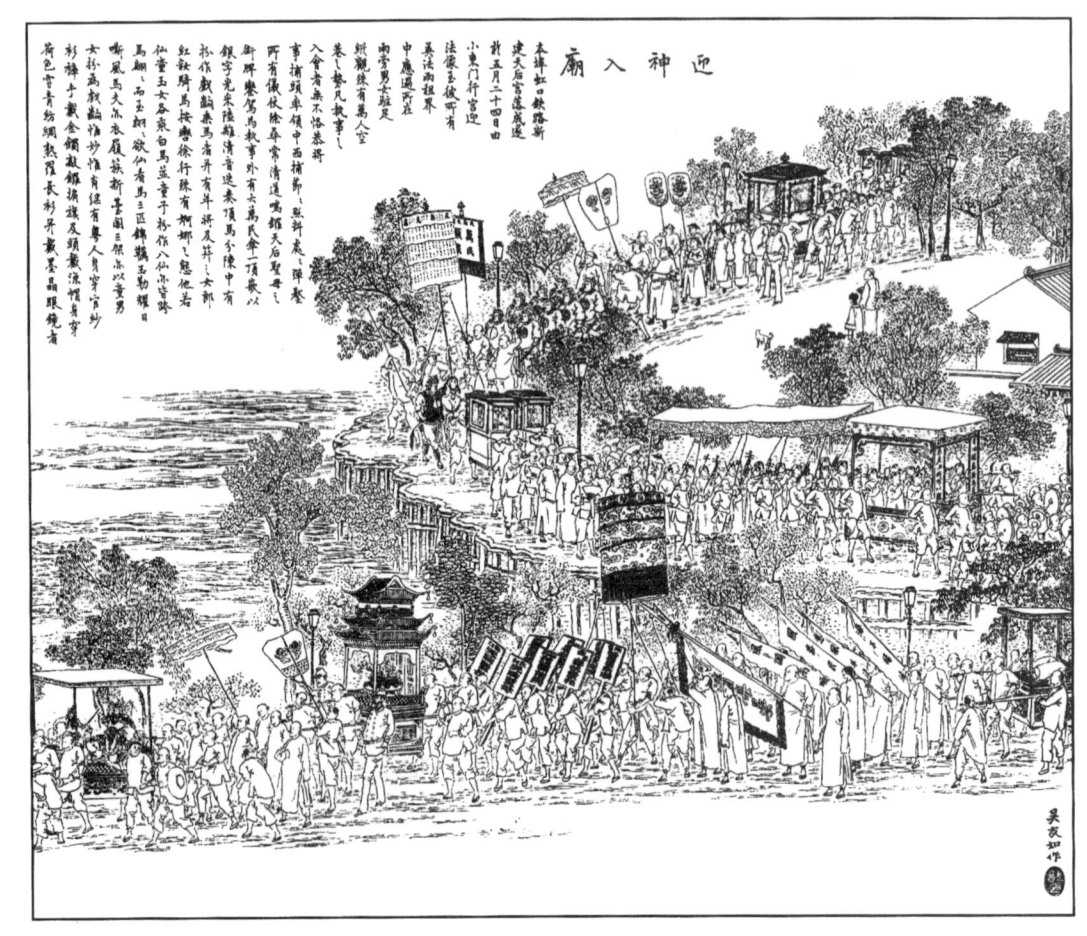

图 1-24　吴友如绘《迎神入庙》，选自《点石斋画报》第 7 期

那么，重建后的天后宫又为何会择址于苏州河北岸的三摆渡桥堍呢？一方面，从表面上看，是因为该地是"吴淞铁路案内官地"，彼时刚刚由清政府赎回不久，铁轨和车站被拆除，比较空旷，适宜展开建设。但另一方面，更深层的原因则还是与地域开发的程度相关。

在近代上海发展的历史上，毫无疑问，苏州河北岸的开发晚于南岸，特别是靠近黄浦江的下游段更是如此。桥梁的修筑往往可以被看作是区域开发成熟度的一个重要指征。在苏州河下游，近代最早建造的桥梁之一便是靠近黄浦江与苏州河交汇处的"韦尔斯桥"（即第一代外白渡桥），它于 1856 年由英商韦尔斯等建造，联通了外滩和虹口，为当时租界向苏州河以北发展提供了交通便利。1872 年，工部局又另建新桥，也就是第二代外白渡桥，因为连接着外滩公园，又被称为花园桥。1873 年，第一代木制乍浦路桥又在苏州河上兴建，位于外白渡桥以西。1875 年，苏州河原第三摆渡口修建了第一代木桥，故名三摆渡桥，又称铁木桥。

这些桥梁修建时间的先后反映出苏州河北岸下游的开发实则有一个由东往西逐步推进的过程，19世纪70年代这一进程更显著加快，在19世纪60年代至80年代的几幅地图上也明显可以看出这一点。而且三摆渡桥修建后，从北河南路一带也很容易过河进入南岸的租界。①所以，在该桥修建后的第四年，天后宫选址于其北块，其实并非偶然，因为只有交通的便利和周边地域的相对开发完善才能保证宫庙香火的旺盛。

有意思的是，正如我们在上文已经提及的，天后信仰在宋代最初其实正是通过吴淞江进入上海的，而在数百年后天后宫又从小东门外移徙至苏州河畔，这或许也可以被视为一种历史的机缘与巧合。

图 1-25　《中国东海岸吴淞江上海港图》局部（1866 年）

---

① 参见图 1-25、图 1-26、图 1-27，均选自孙逊、钟翀主编《上海城市地图集成》，上海书画出版社 2017 年版。

码头与源头——苏州河畔的北站街区

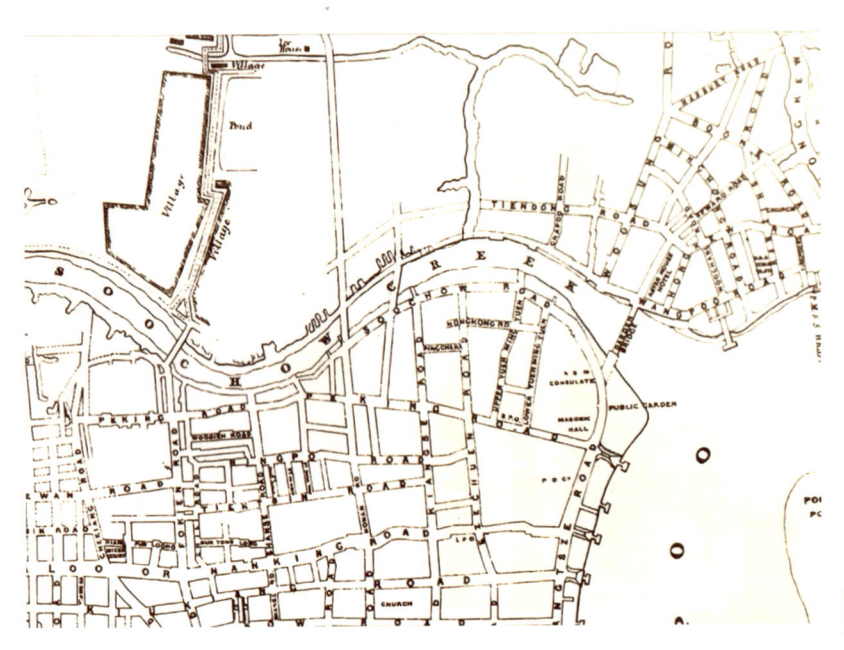

图 1-26 《上海英法美租界街道图》局部（1876 年）

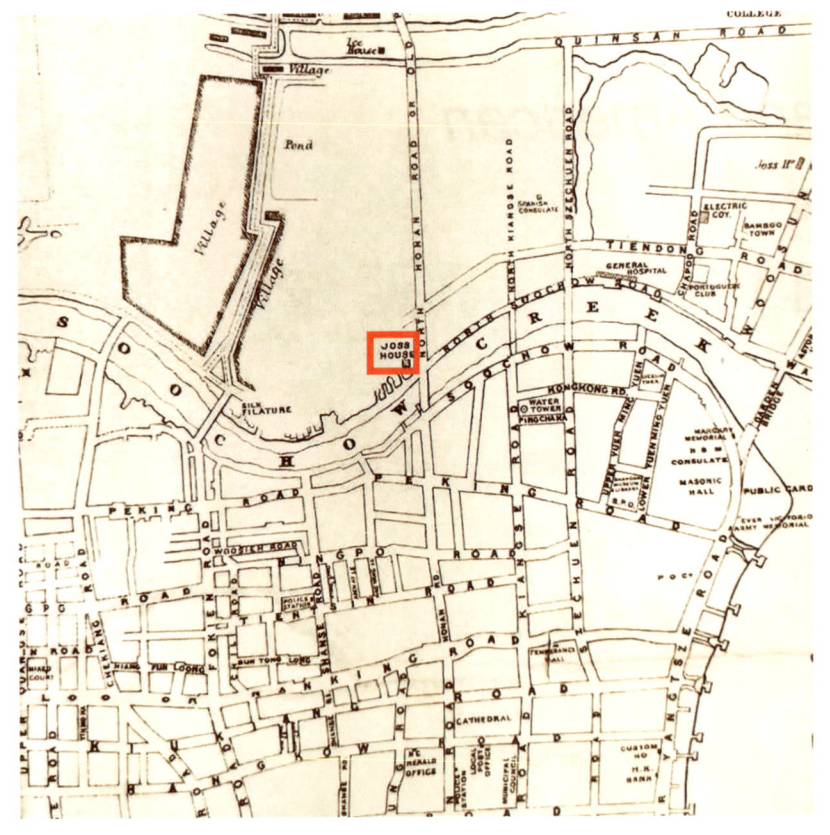

图 1-27 《上海英法美租界街道图》局部（1899 年）
说明：图中所示 Joss House 即指天后宫，应该说这是较早被标注于近代地图上的天后宫。

（三）沙船商人是天后宫重建的主要资金来源

民国《上海县续志》说光绪十年（1884 年）天后宫的重建为官商助捐而成，但事实究竟如何呢？该志引用道署档案，详细列出了重建天后宫和出使行辕所花费的 54213 两白银的具体来源，根据这一档案，当时的一些重要官员如崇厚、李鸿章等确实捐出了一些经费，比如崇厚及其参赞随员共捐银 1264 两，李鸿章捐银 1096 两等。另外，还有筹防捐局亦拨银 6313 两，但两者全部相加也只占总数的 20% 左右。

而绝大部分的捐款其实还是来自沙船商号和轮船招商局，根据道署档案，当年江苏承运海运漕粮的商船捐银共计 14365 两，浙江承运漕粮的宁船和入股宁船的南浔富商顾寿松个人捐银 7000 两，当时已经介入漕粮运输的轮船招商局捐银 5795 两。根据倪玉平的研究，光绪九年招商局运漕占江浙海运比例为 36%。[①]而上海、浙江地区有名的沙船家族郁氏和郭万丰、李慎记等沙船商号也都各自捐资数千两。[②]

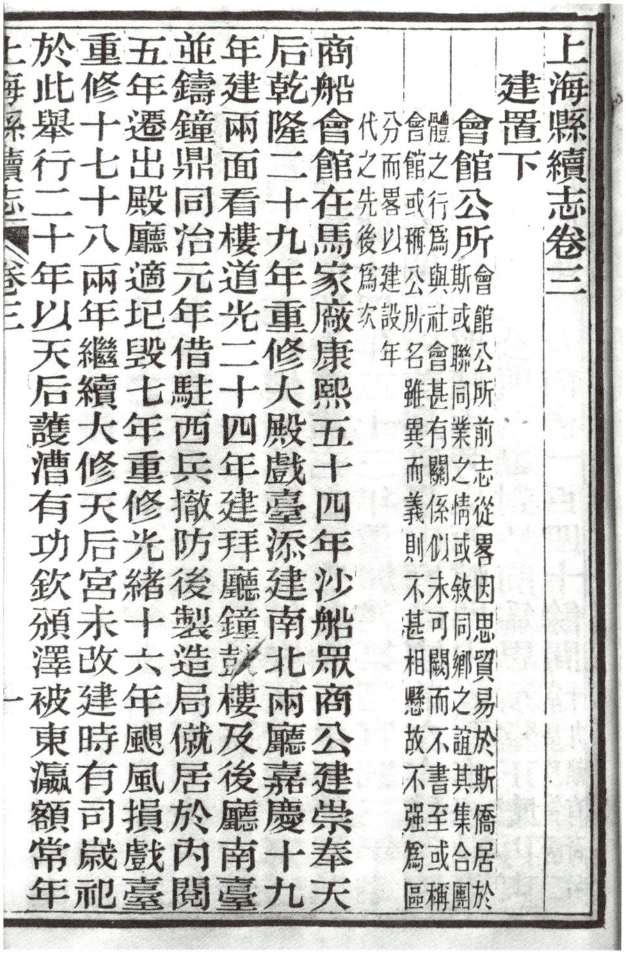
上海縣續志卷三
建置下
會館公所
會館公所前志從署因思貿易於斯僑居於斯或聯同業之情或敘同鄉之誼其集合團體之行為與社會甚有關係似未可闕而不書至或稱會館或稱公所名雖異而義則不甚相懸故不强爲區分而署以建設年代之先後爲次
商船會館在馬家廠康熙五十四年沙船眾商公建崇奉天后乾隆二十九年重修大殿戲臺添建南北兩廳嘉慶十九年建兩面看樓道光二十四年建拜廳鐘鼓樓及後廳南臺並鑄鐘鼎同治元年借駐西兵撤防後製造局僦居於內閱五年遷出殿廳適圮毀七年重修光緒十六年颶風損戲臺重修十七十八兩年繼續大修天后宮未改建時有司歲祀於此舉行二十年以天后護漕有功欽頒澤被東瀛額常年
上海縣續志　卷三

图 1-28　商船会馆，民国《上海县续志》卷三“建置下·会馆公所”

可见，虽然总体而言，由于轮船业，特别是鸦片战争后进入中国的外国轮船业的竞争，光绪初年上海地区的沙船业正在逐渐走向衰落，但是那些从事漕粮海运和沙船贸易的商人们仍然具有很强的实力，为了保佑海上航运与贸易的平安，出于对天后的信仰，他们成了当时出资兴建天后宫的主要力量。

另外，在天后宫建成后，船商还曾多次为天后请封。比如光绪十年（1884 年），上海地区的海运绅董郁熙绳“以神护漕有功，呈请奏加封号”，光绪十七年（1891 年），又有海运绅董王宗寿以办理漕粮海运“又及二十届，历邀

① 参见倪玉平：《清代漕粮海运与社会变迁》，上海书店出版社 2005 年版，第 513 页。

② 民国《上海县续志》卷二“建置上·衙署”。

图 1-29 《上海栖流局同仁堂育婴堂商船捐征信录》　　图 1-30 《沙船停泊图》，选自《江苏海运全案》卷十二

神功，呈请奏颁匾额"。[①]而郁氏、王氏均为近代上海影响力巨大的沙船大族。

关于重建天后宫的资金来源，在民间还另有一种说法。1945年抗战胜利后，政府曾经在全国范围内推进寺庙普查登记工作，天后宫亦不例外，在当时填具的文件中，天后宫的住持是这样描述光绪初年那次重建的：天后宫"于光绪元年春由道士李朝真、刘庆安二人奔走江浙闽粤四省船帮善士，经六载之募化所得之资，计购地九亩之多，在光绪六年间开始兴工，起造宫殿三进，……当时规模宏大，香火极盛，可称全沪之冠"。[②]尽管在时间等具体的细节上与官方的说法有出入，但这里所谓的"船帮善士"，其实也正可以被理解为当年的那些沙船商人与商号。当然，民间叙事中的主角已经变成了积极募资的道士，在特定的语境下，这自然也是可以理解的。

---

① 民国《上海县续志》卷十二"祠祀·秩祀"。
② 《天后宫略史》，《上海市社会局关于天后宫注册登记等文件》（1946年1—12月），上海市档案馆藏档案，档号：Q6—10—180。

（四）重建后的天后宫及其周边区域

光绪十年（1884年）重建后的天后宫规模宏大，整座庙宇"面宽五间，进深四间，高六丈"，"前有头门、戏楼，东西有看楼，后有寝宫楼"，①除大殿外，共有房屋五十余间。所以在清末，它除了作为信仰空间而存在，实则也和毗邻的出使行辕一起，承担起了为当时往来沪上、出使西洋的官员提供居住与活动空间的功能。

更值得注意的是，由于香火的旺盛，游客众多，清末的天后宫在某种程度上还发挥着"因庙兴市"的功能，造就了附近区域的繁荣景象。事实上，早在天后宫新建之初，原来在十六铺一带设摊的商户便已经全部迁入，到了1900年前后，据当时的《申报》记载，天后宫内"各小贩设摊贸易，密若繁星"，宫前庙场更是人流密集，以致有地方势力向各摊贩强行索取保护费用。②此外，根据民国初年的《上海指南》记录，天后宫内一度还曾设有米业商会。③

辛亥革命后，天后宫的信仰色彩有所削弱，主要是因为在实践民族国家理念的背景下，民国政府主导推行反迷信运动，天后亦被归入迷信之列，基本属于失语状态。在这样的情况下，天后宫作为地方公产与公共空间，不

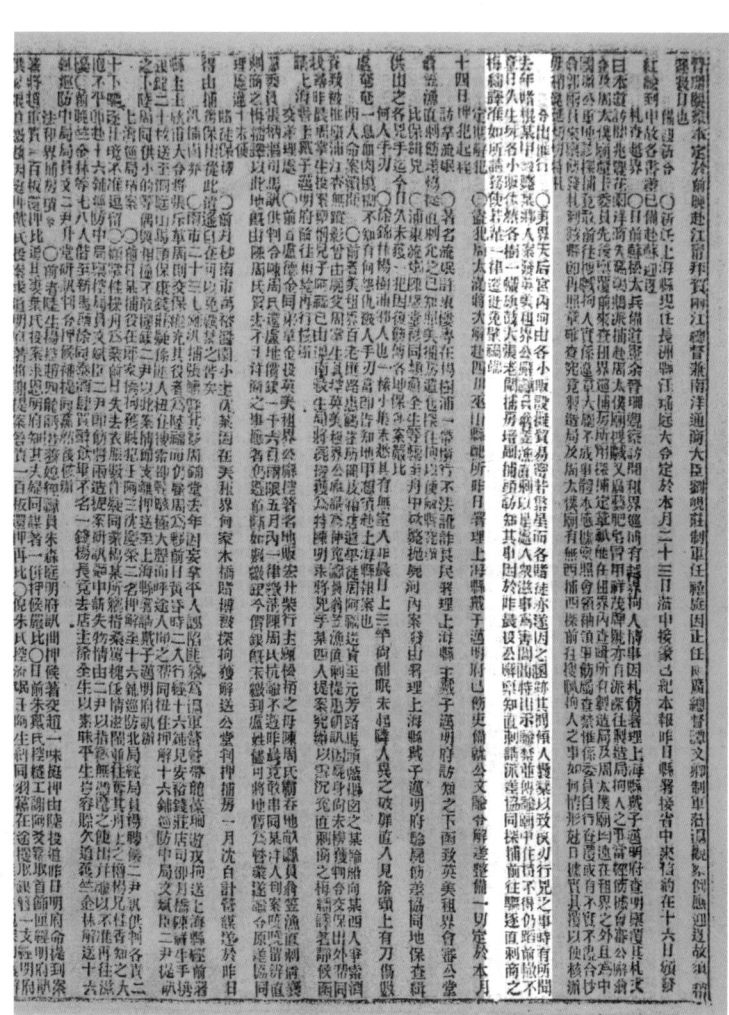

图1-31　天后宫内各小贩设摊贸易情形，《申报》1900年5月12日第3版

---

① 民国《上海县续志》卷十二"祠祀·秩祀"。
② 《申报》1900年5月12日第3版。
③ 参见《上海指南》，商务印书馆1926年发行。

断受到各方势力的争夺,根据相关档案记载,从民国十二年(1923年)上海县立第三小学首次入驻开始,直到上海解放前相继有中华职业教育社、树基小学、国民党上海市第三区党部、国术馆、日伪时期的上海慈善团体联合救灾会残废收容所、天后小学等不同的机构出现在这一空间中。①

而他们觊觎天后宫,其实还有另外一个重要原因,那就是当时的天后宫周边地区已经是繁华之地。1941年,伪上海市立天后小学意图迁入天后宫内办学,当时上文提及的残废收容所有难民1200余人,他们拒绝搬离,给出的理由便是该地"居近市区","易资募集捐款,中外人士参观亦可得交通上之便利"。②

在这里,一座宫庙的历史与苏州河畔一个区域的变迁其实是可以互相观照的。

图1-32 民国时期的天后宫外墙,上海市档案馆藏

---

① 参见上海市档案馆藏相关档案。如《日伪上海特别市政府关于整理天后宫的文件》(R1—17—112)、《日伪上海市教育局关于天后小学迁移校舍问题的文件》(R48—1—415)、《调查树基小学请将天后宫大殿援案拨归该校以资扩充案报告》(R23—1—2221)等。
② 《日伪上海市教育局关于天后小学迁移校舍问题的文件》(1941年),上海市档案馆藏档案,档号:R48—1—415。

二、其他相关地方信仰

（一）新闸附近的大王庙与金龙四大王信仰

苏州河下游沿岸地区由于航运的发达，一直以来都有大量来自各地的船民寄居于此，作为航业中人，他们有着自己特定的信仰对象，而金龙四大王则是其中之一，所以在他们定居的地方出现供奉该神灵的庙宇也就不足为奇了，近代上海新闸地区的大王庙就是这样一座庙宇。

该庙位于新闸桥西苏州河畔，金龙四大王本名谢绪，原为漕运神灵，有着保佑江上行船平安的功能。1897 年《申报》的一则记载就说，新闸有大王庙供奉“金龙四大王偶像”，“惟承运粮米之人每于开行或回埠时竭诚酬谢”。[①]这一信仰的生命力十分顽强，直到 1927 年的一篇文章中也说，“本埠新闸路大王庙，供祠龙王四太子，航业中人，咸叩祷神前”。[②]

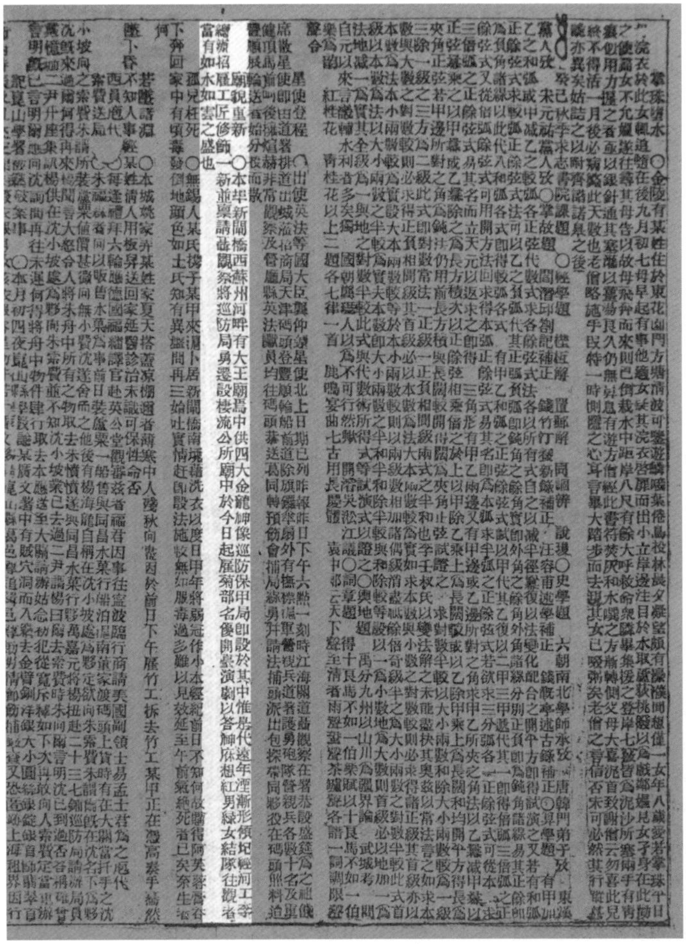

廟貌重新○本埠新閘橋西蘇州河畔有大王廟焉中供四大金龍神像巡防保甲局即設於其中惟歷代遠年湮漸形傾圮經河工李總辦招雇工匠修飾一新並稟請聶觀察將巡防局勇遷設棲流公所廟中於今日起雇菊部名優開臺演劇以答神庥想紅男綠女結隊往觀者當有如水如雲之盛也

图 1-33　《庙貌重新》，《申报》1893 年 10 月 29 日第 3 版

1893 年，新闸大王庙还经历过一次重修，当时庙宇“渐形倾圮”，“河工李总办招雇工匠修饰一新”，并且请时任上海道台的聂缉椝将原来设立于庙中的巡防保甲局迁设于栖流公所，并于当年 10 月 29 日“雇菊部名优开台演剧，以答神庥”，“红男绿女结队往观”。[③]

① 《赛会逢雨》，《申报》1897 年 5 月 18 日第 2 版。
② 陈叔平：《大王庙中之活龙》，《申报》1927 年 4 月 9 日第 17 版。
③ 《庙貌重新》，《申报》1893 年 10 月 29 日第 3 版。

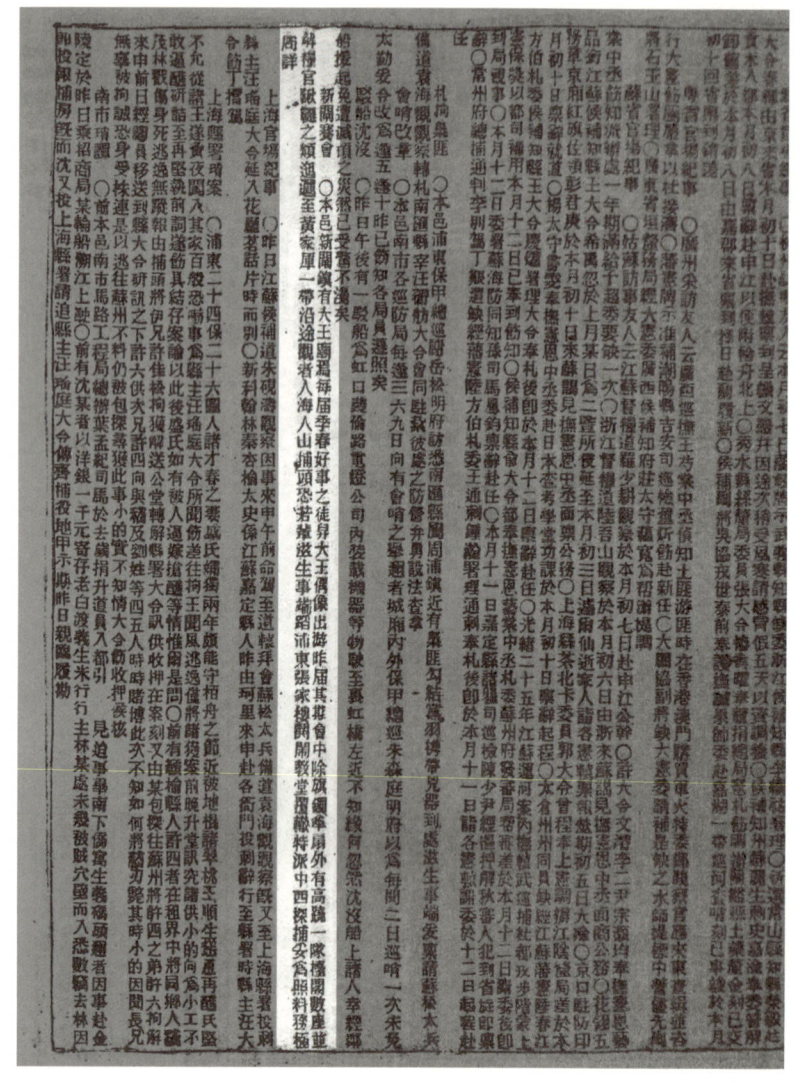

图 1-34　《新闸赛会》，《申报》1903 年 4 月 17 日第 3 版

围绕着新闸大王庙，近代以来每年还有非常盛大的庙会活动，一般在每年的 3 月间，即所谓季春时节"赛会一次"。每当赛会之时，信众昇神灵偶像出游，"除旗锣伞扇外，有高跷一队，抬阁数座，并解粮官、秋千之类，迤逦至黄家库一带，沿途观者人海人山"。①

由于庙会参与人数众多，在 1907 年时还发生了一次惨祸，当时"以观会被挤落河几至百人，溺毙三十余名之多"。这件事情甚至惊动了时任两江总督端方，下令称由于新闸大王庙"赛会溺毙多命，立案永禁，并照会各领事一体查照"。②

不过，时值清季，这样的禁令已经很难被严格执行，特别是进入民国以后，其香火之盛，仍然"不亚于天后宫庙"，每年的巡神赛会也都是照常举行。

---

① 《新闸赛会》，《申报》1903 年 4 月 17 日第 3 版。
② 《禀请永禁迎神赛会之督批》，《申报》1907 年 6 月 23 日第 3 版。

（二）照天侯杨老爷信仰

清末以降，新闸附近还有照（昭）天侯杨老爷信仰的存在。根据学界已有的研究，杨老爷本来也是苏州、松江等江南地区普遍存在的渔民信仰之一。[1]但在近代苏州河下游地区，其形象却逐渐发生了变化。

比如苏州河下游沿岸老闸附近珊记码头附近有福寿庵，其中便供奉有照天侯杨老爷。该庙原来位于老闸地方珊记码头，"先有毛姓道士借民房"创建，"供奉昭天侯杨大神香火"，附近居民"又设立斗坛，藉伸报赛"。有趣的是，在时人看来，此地的杨老爷相传为"北阴正掌财神"，每年进香者络绎不绝，这无疑是与当时老闸、新闸地区商业的繁盛有关。根据1885年《申报》的记载，当时该"地方舟车行旅往来，实为自省至申水陆要道，兼毗连租界，号商铺户亦复日盛"，[2]人们还有"借银获利赛杨侯"的习俗，[3]另外，珊记码头为茶丝吞吐口岸，周边商铺林立。因此，本来为渔民信仰对象的杨老爷在此地化身为财神其实并不奇怪。

1878年，由于时任苏松太道员褚兰生下令查禁所谓"佛店"，于是当地民众公议将神像移至老大王庙中，当时"舁神出巡，尤形热闹，彩旗、硬牌、提炉等各仪仗色色鲜明，并有对马前导，计排列约有一里之长"。[4]

除了福寿庵，正丰街大悲庵中也供奉有杨老爷，增塑于1876年10月，也颇受附近商民的信奉，香火十分旺盛。[5]

应该说，老闸、新闸一带，苏州河两岸有着相同的民间信仰和民情风俗。

---

[1] 参见王健：《利害相关：明清以来江南苏松地区民间信仰研究》，上海人民出版社2010年版，第210—236页。
[2] 《上海县示》，《申报》1885年8月30日第3版。
[3] 参见李行南：《申江竹枝词》，收录在顾炳权编：《上海历代竹枝词》，上海书店出版社2001年版。
[4] 《杨公胜会》，《申报》1878年5月6日第2版。
[5] 《杨元帅开光》，《申报》1876年10月30日第3版。

第二章
华洋之间与水陆枢纽的形成

　　近代之前，苏州河沿岸为水乡地带，依赖舟楫，而陆地运货，常用人力，历来无车。这样的交通格局到了近代才得以改变，随着公路、铁路的建设，尤其是沪宁等铁路的开通，苏州河北岸的交通条件发生了重大变化，与长三角地区的联系快捷便利，有一首诗中写道："沪宁昔日仗航行，

图 2-1　苏州河沿岸景象

一日两宵八百程。铁路通车如缩地，半天即可到南京。"①新式交通的出现以及水陆并举，深刻影响到这一区域社会经济的构造。发达的水路运输，与新的公路、铁路网络相结合，使这里成为上海的水陆大码头。位于华洋之间，因沪宁铁路而兴的北站区域，带动了整个闸北的变迁。彼时，有文人记述闸北之繁盛：

> 闸北一隅，毗连租界，昔年市廛寥落，荒芜殊甚，令人见之有满目苍凉之慨。
> 比年以来，市房渐见兴筑，道路亦较前平坦。宝山路一带商店林立，人烟稠密，为闸北最繁盛之点。虬江路亦设有广东梨园、上海大戏园等，市面益见兴旺。此外更有救火会，对于消防事宜多所尽力，警察四布，尤为缜密。较之租界虽不能望其项背，然亦蒸蒸日上矣。②

文中提到了闸北的宝山路、虬江路一带。苏州河沿岸，位于公共租界的北区，此时更是热闹繁华。

---

① 李右之：《六十年来上海地方见闻纪事诗》，选自顾炳权编：《上海洋场竹枝词》，上海书店出版社1996年版，第307、308页。
② 陈伯熙编著：《上海轶事大观》，上海书店出版社2000年版（据1924年上海泰东图书局印本），第39页。

第一节

租界的拓展与繁忙的苏州河

苏州河北岸北站一带的城市化历程是在上海开埠通商以后开启的。

1843年上海开埠，1845年英国据《上海土地章程》划定洋泾浜（今延安东路）、李家厂（今北京东路）之间的830亩土地为英租界。后经扩张，面积增至2 820亩，范围北抵苏州河，西至泥城浜（今西藏中路）。1848年美国将虹口一带据为租界，1863年正式划定界址。后英、美租界合并，称英美公共租界，又称洋泾浜北首外人租界。1893年借口重新划定北界，将面积扩至10 676亩。1899年再度扩张，面积又增至33 503亩，改称上海国际公共租界，简称公共租界。公共租界贯通吴淞江南北两岸，吴淞江以北、西藏路以东的老闸以北地区已被划入，与东面相连的虹口同属于公共租界北区。今北站街区的西藏北路以东部分就被划入了公共租界的范围。之后，租界当局又通过越界筑路，向西、北方向进一步延伸。图2-2为《租界略图》，其中标注了公共租界的"北区"范围。

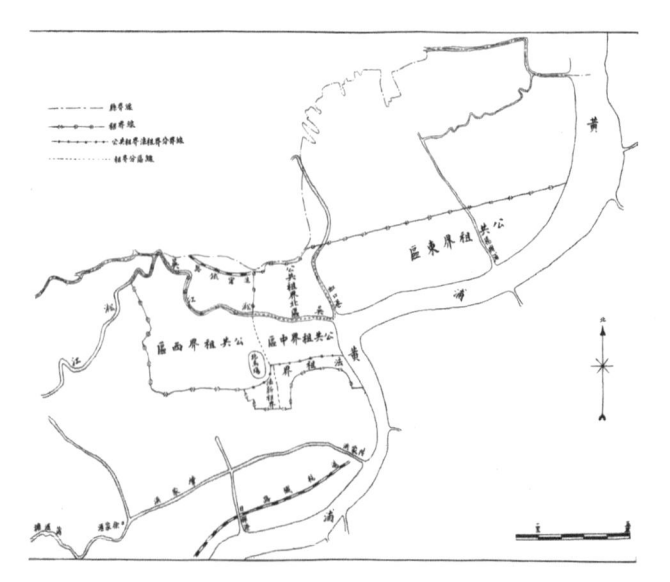

图2-2 《租界略图》，选自民国《上海县续志》

随着苏州河北岸英美租界的拓展，各地移民不断流入。与此同时，华界方面也为了提高市政建设水平，抵御租界扩张，寓沪绅商创办地方自治机构闸北工程总局，也开始推动城市化进程，造桥、铺路、开店、设厂。[①]位处华洋交界的今北站这一区域进入了一个新的发展时期。

与苏州河南岸的一些区域相比，北岸的发展相对滞后。但随着租界的扩张，北岸地带因交通便捷、地价低廉，对工商界也有很大的吸引力。在铁路尚未开通之前，这一带的发展很大程度上是依靠苏州河（吴淞江）的水路。为了更好地解读这一过程，我们将从更开阔的视野进行分析。

一、开埠初期的上海贸易

近代上海的贸易兴起，主要是通过长三角地区（即传统意义上的江南）出口大量物产起步的，上海一埠，"论其商品，进口货以棉纱棉布石灰为大宗，出口货以丝茶为大宗，上海集印度、日本、英国之棉纱，销售于沿江沿海各埠，集全国之棉花土布，销售于国内外，……集苏闽皖浙赣湘鄂等省之茶，销售于英、俄、法、德、奥、美及日本、朝鲜，故江苏各地商人，无不与上海有关系。"[②]在滚滚的物流后面，挟裹着大量来自江浙一带的商人。这是整体性的描述，其具体表现还是要通过一组商贸数据进行解析。

在上海开埠之初20年的贸易中，从上海出口货物的品种、数量、价值（详见表2-1）中，我们能十分清楚地看到长江三角洲地区的经济资源在其中所起的作用。

表 2-1 上海出口主要中国货物的品种、数量和价值（1844—1864 年）

年份	丝 重量（包）	丝 价值（镑）	茶 重量（磅）	茶 价值（镑）	棉花、棉布 重量（担）	棉花、棉布 价值（镑）
1844	5 087		1 558 453			
1845	10 027	836 082	938 422	499 242	南京布 227	2 406
1846	16 356	945 915	12 798 433	550 296	南京布 188	1 960
1847	18 032	1 026 855	15 863 482	449 919	南京布 467	4 862
1848	16 054	763 225	15 729 255	514 842		11 517
1849	18 045	1 023 080	20 398 037	628 967	南京布 60 450	6 194

---

① 清宣统三年（1911年）设闸北自治公所，辛亥革命后建闸北市，设闸北市政厅。1928年上海特别市政府将所属17市乡改为区，闸北始为行政区。以后区域屡有变化，1947年曾与北站地区分立为闸北区与北站区，1956年两区又合并为一，仍称闸北区。
② 柳肇嘉：《江苏人文地理》，大东书局1930年版，第33页。

续表

年份	丝 重量（包）	丝 价值（镑）	茶 重量（磅）	茶 价值（镑）	棉花、棉布 重量（担）	棉花、棉布 价值（镑）
1850	14 402	1 311 612	26 999 870	1 006 114		
1855	55 537	3 568 906	76 711 659	3 413 584		
1858	72 729	5 541 416	45 465 702	2 774 394		
1864		7 322 332		12 161 699		6 568 901

资料来源：李必樟译编：《上海近代贸易经济发展概况（1854—1898）》（英国驻上海领事贸易报告汇编），上海社会科学院出版社1993年版，第51、79、94页等；黄苇：《上海开埠初期对外贸易研究（1843—1863）》，上海人民出版社1961年版，第150—153页。

说明：两书数据如有所出入，则据《上海近代贸易经济发展概况（1854—1898）》（英国驻上海领事贸易报告汇编）。

1864年，蚕丝、棉花、茶叶、杂货诸项出口总值为26 256 484两（按每两兑6先令8便士折计，为8 752 161镑）。据海关报告，在当时上海的整个贸易中，英国占了7/8以上。值得一提的是，棉花与棉布的出口与美国内战有密切关系。1863年，由于美国内战的延长而产生的原棉出口贸易值达到8 267 788两；而随着美国恢复和平，1864年棉花的贸易量大减，降至6 568 901两。[①]这说明上海市场开始与国际市场发生密切联系。

丝和茶叶是上海的主要出口商品，但其货物来源主要是长江三角洲地区。以生丝为例，有辑里丝、大蚕丝之分，辑里丝中又细分1号、3号、3号普通、4号普通、4号中级、4号低级、4号捻丝等，其价格不等，按1855年国际市场上的行情，辑里丝1号每包在330—350元，而4号低级丝在215—290元，大蚕丝中的2号绞丝最低仅售165元。[②]这里所说的"辑里丝"，主要产地在以湖州为中心的南太湖地区。清代前期，由于受清廷的贸易限制，湖丝主要经广州出口。上海通商以后，湖丝大量经上海出口，其贸易量逐年上升，据马士（Hosea Ballou Morse）在《中华帝国对外关系史》第二卷所统计的数据：1845年，6 433包；1846年，15 192包；1848年，18 134包；1858年，达到85 970包。上海开埠

---

① 参见李必樟译编：《上海近代贸易经济发展概况（1854—1898）》（英国驻上海领事贸易报告汇编），上海社会科学院出版社1993年版，第76、79页。
② 据李必樟译编：《上海近代贸易经济发展概况（1854—1898）》，第8页。

初期，湖州商人依靠经营丝绸累积起万千财富，出现了所谓“四象八牛七十二条小狗”的称号。[①]他们在上海也是一股重要力量，像“八牛之一”的陈煦元：“我国出口以丝为大宗，而洋商来华贸丝实繁有徒。煦元侨沪数十年，为丝业领袖，能通译西语而出于诚笃，中西丝商倚之为长城”。[②]之后，无锡商人也大量经销丝业，他们常常在春夏二季，于当地设行收买鲜茧，烘焙至干，售于丝厂，再由丝厂缫丝，销运出口，“其集散之场，亦在上海”。[③]在上海口岸的早期贸易中，来自长江三角及附近地区所产的丝、茶在出口中占据重要地位，并被认为是最好的平衡，“对于上海贸易最好的衡量可以求之于我们现所研究时期中（从一八四三年到一八五五年）的那些大宗商品——进口货中的鸦片和出口货中的茶和丝”。[④]

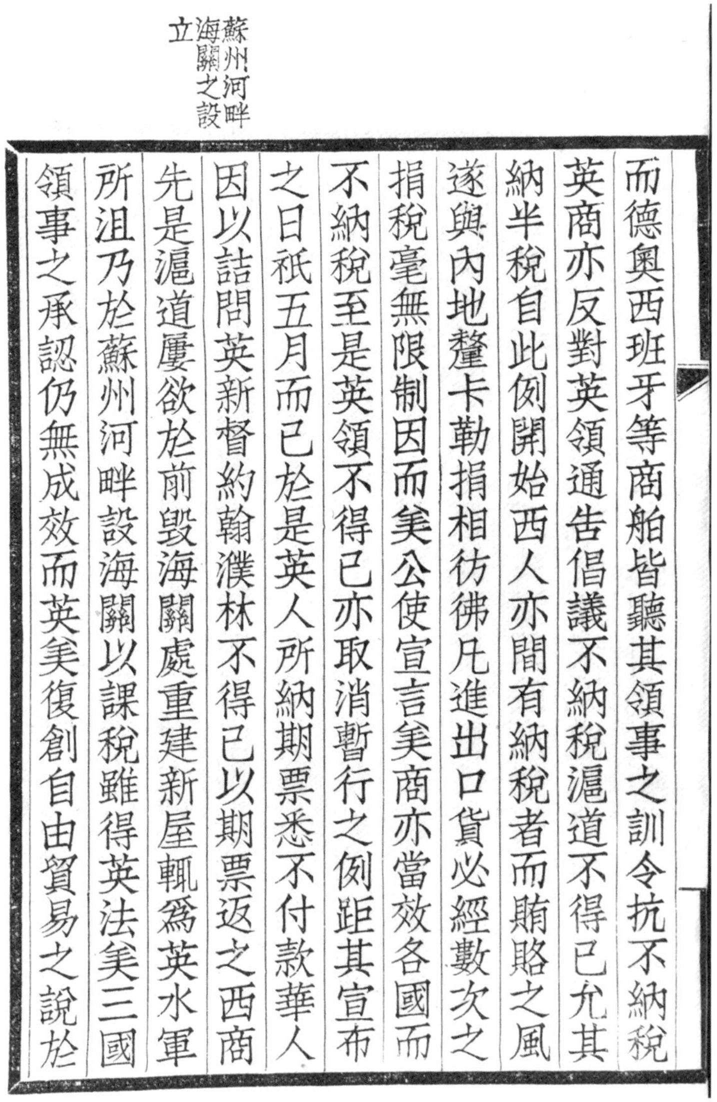
蘇州河畔海關之設立

而德奧西班牙等商船皆聽其領事之訓令抗不納稅英商亦反對英領通告倡議不納稅滬道不得已允其納半稅自此例開始西人亦間有納稅者而賄賂之風遂與內地釐卡勒捐相彷彿凡進出口貨必經數次之捐稅毫無限制因而美公使宣言美商亦當效各國而不納稅至是英領不得已亦取消暫行之例距其宣布之日祇五月而已於是英人所納期票悉不付款華人因以詰問英新督約翰濮林不得已以期票返之西商先是滬道屢欲於前毀海關處重建新屋輒爲英水軍所沮乃於蘇州河畔設海關以課稅雖得英法美三國領事之承認仍無成效而英美復創自由貿易之說於

图 2-3　《上海租界问题》中记载了“苏州河畔海关之设立”

① 刘大钧在《吴兴农村经济》记曰：“南浔以丝商起家者，其家财之大小，一随资本之多寡及经手人关系之亲疏以为断。所谓‘四象八牛七十二狗’者，皆资本雄厚，或自为丝通事，或有近亲为丝通事者。财产达百万以上者称之曰‘象’。五十万以上不过百万者，称之曰‘牛’，其在三十万以上不达五十万者则譬之曰‘狗’。所谓‘象’、‘牛’、‘狗’，皆以其身躯之大小，象征丝商财产之巨细也。”

② 李经芳：《陈公行状》，载民国《南浔镇志》，民国二十五年（1936 年）铅印本，卷二十一“人物”。

③ 柳肇嘉：《江苏人文地理》，大东书局 1930 年版，第 33 页。

④ [美] 马士著，张汇文、姚曾廙、杨志信、马伯煌、伍丹戈合译：《中华帝国对外关系史》第一卷，上海书店出版社 2000 年版，第 403—404 页。

二、20世纪二三十年代的市场数据

到了20世纪二三十年代，相关数据更为详细。这里，要感谢当年的上海市地方协会[①]，该协会统计委员会曾编辑《上海市统计》，分土地、人口、行政、司法、金融、商业、工业、劳工、农业、交通、公用事业、文化事业、教育、社会、卫生等十六门，所选材料以迄1932年年底，以1928—1932年的材料为主，该书由商务印书馆于1933年印制出版。全书中、英双语，对20世纪30年代上海的市情进行了全面翔实的统计。最近，我们在编辑整理《近代上海口岸社会经济史料汇编》时，即引用了上海市地方协会编辑的《上海市统计（1933年）》采集的大量数据。在此，根据"上海对外贸易出口重要商品货值表(1928—1931年)"，以丝（表2-2）、茶（表2-3）、棉花等为例，摘引如下：

表2-2 上海对外贸易出口重要商品货值表(1928—1931年)

（丝）

单位：海关两

货别（Goods）	1928年	1929年	1930年	1931年
家蚕茧（Silk cocoons, domestic）	1 924 919	2 136 195	1 163 809	1 227 756
烂蚕茧（Silk cocoons, refuse）	1 361 888	1 139 203	471 844	874 305
丝绣货（Embroidery）	159 088	305 211	1 232 369	2 597 513
绸缎（Silk piece goods）	23 245 663	13 575 993	11 079 874	7 734 808
茧绸（Silk pongees）	6 385 727	6 733 013	6 952 591	9 312 814
白丝（Silk, raw, white, not re-reeled & not steam filature）	1 224 536	1 245 124	756 631	493 493
白丝经（Silk, raw, white, re-reeled）	7 393 372	8 171 666	4 396 194	1,759 222
白厂经（Silk, raw, white, steam filature）	58 315 189	57 708 686	41 137 252	25 585 352
黄丝（Silk, raw, yellow, not re-reeled & not steam filature）	4 684 556	4 346 039	3 802 840	2 745 691
黄丝经（Silk, raw, yellow, re-reeled）	426 167	349 370	406 167	201 212
黄厂经（Silk, raw, yellow, steam filature）	15 626 454	11 303 110	8 940 927	10 052 520
灰厂经（Silk, raw wild filature）	3 019 832	4 278 607	3 962 724	1 795 365
同宫丝（Silk, raw, reeled from doupions）	1 332 180	3 381 495	1 495 693	1 067 220

[①] 1932年"一·二八"事变期间，上海金融工商文化各界领袖人物发起成立"上海市民地方维持会"，1932年6月7日，地方维持会改组为上海市地方协会，"以协力图谋本市市民之福利与各项地方事业之举办及改进为宗旨"。

续表

货别（Goods）	1928 年	1929 年	1930 年	1931 年
乱丝头（Silk waste）	6 049 513	9 071 931	3 842 188	3 674 175
乱丝纱（Silk waste yarn）	702 742	622 843	1 242 892	1 071 720
其他（Other kinds）	1 973 227	2 400 155	912 700	841 018
总计（Total）	133 825 053	126 768 641	91 796 695	71 034 184

资料来源： 选自《上海市统计（1933年）》，上海市地方协会编辑，商务印书馆1933年版，（商业）第9页。

说明： 根据历年江海关中外贸易统计年刊。

表2-3 上海对外贸易出口重要商品货值表(1928—1931年)

（茶） 单位：海关两

货别（Goods）	1928 年	1929 年	1930 年	1931 年
工夫红茶（Tea, black, congou）	1 600 510	1 974 311	3 890 266	1 068 980
其他红茶（Tea, black, other）	6 488 890	6 593 932	3 749 263	4 989 958
小珠绿茶（Tea, green, gunpower）	4 512 000	6 564 115	3 233 240	5 067 681
熙春绿茶（Tea, green, hyson）	1 860 930	1 676 909	1 420 649	2 292 813
雨前绿茶（Tea, green, "Yue Chen"）	6 029 936	7 544 308	5 747 606	9 536 575
其他绿茶（Tea, green, other kinds）	1 553 961	1 550 123	1 149 493	761 073
红砖茶（Tea, brick, black）	7 739 130	7 637 057	1 066 711	2 411 500
绿砖茶（Tea, brick, green）	1 758 619	1 758 538	1 530 534	1 440 795
毛茶（Tea, leaf, unfired）	2 880 298	953 129	833 850	1 075 926
花薰茶（Tea, scented）	1 191 090	115 361	134 775	94 545
茶片（Tea, siftings）	175 779	49 752	52 108	74 472
茶末（Tea, dust）	435 695	204 273	167 649	306 118
茶梗（Tea, stalk）	103 138	64 596	59 128	57 147
总计（Total）	36 329 976	36 686 404	23 035 272	29 177 583

资料来源： 选自《上海市统计（1933年）》，上海市地方协会编辑，商务印书馆1933年版，（商业）第9页。

说明： 根据历年江海关中外贸易统计年刊。

关于上海对外贸易出口重要商品货值表(1928—1931年)(棉纱),此略。

根据生丝、茶叶、棉纱等价格表重新绘制为3张图,分别见图2-4、图2-5、图2-6:

(17) 上海生絲市價表（十七年一月至二十年十二月）
Wholesale Prices of the Raw Silk at Shanghai (Jan., 1928-Dec., 1931)

年 月 Year and Month	頭二號 白廠經 高等 Steam filatures (1st & 2nd choice)	山東黃廠經 Shangtung filatures	四川黃廠經 Minchew filatures	灰廠經 Tussah filatures	七里乾經 Tsatlee rereels new style	七里大經 Tsatlee rereels ordinary
	兩 Tls.	兩 Tls.	兩 Tls.	兩 Tls.	兩 Tls.	兩 Tls.
民國十七年 1928 一月 January	1240.000	970.000	—	445.833	740.000	—
二月 February	1300.000	972.500	960.000	434.167	767.500	—
三月 March	1290.000	982.500	960.000	420.000	767.500	—
四月 April	1310.000	977.500	960.000	405.000	737.500	—
五月 May	1310.000	—	950.000	390.000	—	—
六月 June	1330.000	—	920.000	—	750.000	—
七月 July	1250.000	—	820.000	375.000	—	—
八月 August	—	935.000	—	362.500	—	—
九月 September	—	970.000	970.000	370.000	710.000	—
十月 October	—	—	—	368.125	787.500	—
十一月 November	1335.000	1027.500	1040.000	362.500	—	—
十二月 December	—	960.000	—	365.000	780.000	—
民國十八年 1929 一月 January	1323.000	985.000	940.000	346.000	770.000	695.000
二月 February	1313.000	990.000	943.000	350.000	765.000	700.000
三月 March	1298.000	988.000	935.000	368.000	761.000	698.000
四月 April	1287.000	970.000	921.250	363.750	731.250	675.000
五月 May	1257.500	970.000	918.750	381.250	746.250	667.500
六月 June	1275.000	992.500	931.250	441.250	755.000	683.750
七月 July	1300.000	1046.000	956.000	467.000	735.000	670.000
八月 August	1290.000	1045.000	968.750	460.000	741.250	680.000
九月 September	1296.000	1071.000	1048.000	475.000	766.000	699.000
十月 October	1295.000	1093.000	1070.000	478.000	695.000	704.000
十一月 November	1258.000	1060.000	1035.000	435.000	673.000	678.000
十二月 December	1200.000	1613.000	976.000	400.000	656.000	681.000
民國十九年 1930 一月 January	1237.500	1072.000	1081.250	1012.500	442.500	668.750
二月 February	1280.000	1123.333	1090.000	1043.333	455.000	688.333
三月 March	1280.000	1110.000	1090.000	1046.000	470.000	699.000
四月 April	1270.000	1085.000	1160.000	453.333	730.000	715.000
五月 May	1246.000	1132.000	1034.000	417.000	754.000	712.000
六月 June	1335.000	1086.000	1000.000	475.000	860.000	777.500
七月 July	1295.000	1045.000	949.000	473.000	880.000	800.000
八月 Augnst	1290.000	1020.000	943.000	490.000	880.000	800.000
九月 September	1264.000	1000.000	922.000	422.000	880.000	800.000
十月 October	1157.500	898.750	867.500	390.000	855.000	762.500
十一月 November	1106.250	835.000	772.500	353.750	810.000	702.500
十二月 December	1106.000	830.000	771.000	373.000	777.000	—
民國二十年 1931 一月 January	1266.667	963.333	970.000	390.000	811.667	—
二月 February	1280.000	980.000	1020.000	420.000	815.000	—
三月 March	1268.000	964.000	950.000	446.000	862.000	—
四月 April	1196.667	896.667	883.333	393.333	840.000	—
五月 May	1142.500	869.500	828.750	380.000	840.000	—
六月 June	1172.000	912.500	836.000	388.000	762.500	—
七月 July	1175.000	977.000	862.500	405.000	766.250	—
八月 August	1158.000	972.000	900.000	404.000	767.000	—
九月 September	1152.500	965.000	935.000	395.000	780.000	—
十月 October	1135.000	947.500	897.500	370.000	753.750	—
十一月 November	1082.500	922.000	822.000	332.000	742.000	—
十二月 December	1045.000	900.000	770.000	320.000	722.500	—

附註:根據上海貨價季刊。
Note: The material in this table is adopted from "The Shanghai Market Prices Report."
表中數字為每担價銀數。
The figures denote prices per bale.

[商業 Commerce]

— 16 —

图2-4 上海生丝市价(1928年1月—1931年12月)

说明:此资料根据《上海货价季刊》(*The Shanghai Market Prices Report*)整理。表中数字为每担价银数。选自《上海市统计(1933年)》,上海市地方协会编辑,商务印书馆1933年版,(商业)第16页。

(18) 上海紅茶綠茶市價表（十七年一月至二十年十二月）
Wholesale Prices of Tea at Shanghai (Jan., 1928-Dec., 1931)

年月 Year and Month	紅茶 Tea, black 祁門上等 1st. grade Keemun	紅茶 湖南上等 1st. grade Honan	紅茶 湖北上等 1st. grade Hupeh	綠茶 Tea, green 婺源珍眉 Chun mee Wu Yuan	綠茶 婺源貢熙 Kung si Wu Yuan	綠茶 溫州蝦目 Hsia mee Wenchow
民國十七年 1928 一月 January	兩 Tls. 77.000	兩 Tls. 37.000	兩 Tls. 34.000	兩 Tls. 98.000	兩 Tls. 71.000	兩 Tls. 49.000
二月 February	74.500	34.500	33.000	97.000	69.000	47.000
三月 March	77.000	35.000	33.000	95.000	66.000	44.000
四月 April	79.000	34.500	33.000	96.000	68.000	44.000
五月 May	84.000	42.500	40.500	132.000	75.000	58.500
六月 June	84.500	39.000	38.000	137.500	84.000	55.000
七月 July	83.500	38.000	37.000	114.000	84.500	53.000
八月 August	76.000	31.000	29.000	126.000	84.000	52.000
九月 September	73.000	34.000	31.000	117.500	83.000	48.000
十月 October	72.000	34.000	33.000	112.000	76.000	48.000
十一月 November	59.000	37.000	33.000	108.000	67.000	45.000
十二月 December	58.500	31.000	29.000	102.000	60.000	43.000
民國十八年 1929 一月 January	69.000	29.000	28.000	99.000	67.000	45.500
二月 February	69.000	35.000	33.000	107.500	67.000	44.000
三月 March	61.000	34.500	33.000	99.000	66.000	44.500
四月 April	65.500	34.000	33.000	97.000	65.000	45.000
五月 May	111.000	41.000	39.000	127.500	85.500	71.000
六月 June	93.000	57.000	51.000	121.000	89.000	72.000
七月 July	78.000	38.500	35.500	107.000	79.000	52.000
八月 August	73.500	32.500	31.000	108.000	72.500	58.000
九月 September	72.500	34.000	22.000	104.000	65.500	49.000
十月 October	67.000	33.500	32.000	103.500	64.000	45.000
十一月 November	60.000	28.000	27.000	103.000	57.000	45.500
十二月 December	56.500	31.000	30.000	93.000	57.000	45.000
民國十九年 1930 一月 January	57.000	31.000	28.000	92.500	50.000	34.000
二月 February	63.500	28.000	27.000	84.000	43.000	47.000
三月 March	62.500	31.000	29.000	88.000	57.000	44.000
四月 April	59.500	33.500	31.000	78.500	57.000	43.000
五月 May	56.500	34.500	32.500	81.500	49.000	37.500
六月 June	177.500	74.500	67.000	172.500	71.500	64.000
七月 July	161.000	45.000	42.500	152.500	77.500	50.500
八月 August	154.000	44.000	41.000	133.000	72.500	57.000
九月 September	122.500	35.000	34.000	132.500	74.000	54.500
十月 October	87.500	34.000	29.000	127.500	70.500	38.500
十一月 November	68.500	33.000	29.000	111.500	68.500	37.000
十二月 December	64.500	31.000	28.000	108.500	65.000	35.000
民國二十年 1931 一月 January	52.500	—	—	106.000	42.500	33.500
二月 February	53.500	—	—	98.000	46.500	—
三月 March	57.500	—	—	96.000	39.000	—
四月 April	60.000	—	—	81.500	—	—
五月 May	320.000	—	—	84.000	—	—
六月 June	245.000	—	—	202.500	95.500	72.000
七月 July	210.000	—	—	165.000	90.500	53.000
八月 August	202.500	—	—	175.000	117.500	52.500
九月 September	195.000	—	—	172.500	102.500	54.500
十月 October	170.000	—	—	145.000	64.000	48.000
十一月 November	152.500	—	—	127.500	51.000	46.000
十二月 December	150.000	—	—	132.500	50.000	41.000

附註：根據上海貨價季刊。
Note: The material in this table is adopted from "The Shanghai Market Prices Report."
表中數字為每担價銀數。
The figures denote prices per bale.

[商業 Commerce]

图 2-5　上海红茶绿茶市价（1928年1月—1931年12月）

说明： 此资料根据《上海货价季刊》（*The Shanghai Market Prices Report*）整理。表中数字为每担价银数。选自《上海市统计（1933年）》，上海市地方协会编辑，商务印书馆1933年版，（商业）第17页。

(19) 上海棉紗價格表（十七年一月至二十年十二月）
Wholesale Prices of Cotton Yarn at Shanghai (Jan., 1928-Dec., 1931)

年 月 Year and Month		標紗（十六支人鐘）Standard Yarn (16's Chen Tson)			現紗 Market Yarn			
		最高 Highest	最低 Lowest	標準 Standard	人鐘 Chen Tson	地球 The globe	水月 Water moon	藍鳳 Rampo
		兩	兩	兩	兩	兩	兩	兩
民國十七年 1928	一月 January	155.10	146.60	150.93	151.00	153.25	155.50	152.25
	二月 February	156.70	146.30	152.45	151.75	152.00	155.00	154.46
	三月 March	162.80	153.80	158.03	157.75	159.00	162.50	160.10
	四月 April	161.70	156.20	158.73	159.75	161.50	162.75	161.15
	五月 May	165.90	157.50	161.89	164.38	168.75	170.25	164.68
	六月 June	162.40	158.10	159.64	161.75	165.75	163.00	160.00
	七月 July	165.40	158.90	161.63	162.75	167.00	166.50	160.42
	八月 August	160.60	146.90	151.99	161.88	164.25	158.00	155.13
	九月 September	161.40	147.20	153.38	162.00	164.88	157.75	156.12
	十月 October	166.90	155.20	159.44	169.88	173.50	160.25	162.25
	十一月 November	169.00	158.50	162.74	173.50	174.50	159.00	163.63
	十二月 December	165.30	158.90	161.99	175.25	174.88	157.50	162.00
民國十八年 1929	一月 January	163.90	157.70	160.82	173.25	172.00	160.75	159.50
	二月 February	173.00	158.00	165.44	171.00	171.50	160.50	159.75
	三月 March	184.60	158.30	167.48	174.50	175.75	162.50	161.00
	四月 April	169.90	155.10	161.80	174.50	174.50	—	164.63
	五月 May	159.60	148.20	164.50	170.25	—	162.50	158.00
	六月 June	158.60	148.20	152.54	164.75	164.50	159.50	155.00
	七月 July	166.20	151.70	159.57	164.50	166.00	164.75	161.75
	八月 August	175.10	161.60	168.98	169.00	170.50	171.25	170.50
	九月 September	178.00	164.60	170.54	178.00	179.25	180.00	178.00
	十月 October	173.90	160.80	165.72	175.13	174.00	180.50	175.50
	十一月 November	166.90	153.90	158.81	172.50	—	171.00	171.00
	十二月 December	163.30	153.90	158.39	166.50	165.25	164.55	164.50
民國十九年 1930	一月 January	166.60	157.30	162.09	166.50	164.00	166.50	163.88
	二月 February	162.20	150.30	155.65	164.88	165.00	168.50	165.75
	三月 March	158.00	147.80	152.84	162.38	161.38	164.00	162.50
	四月 April	155.50	148.30	152.75	161.75	161.00	162.50	161.50
	五月 May	158.90	151.20	154.00	159.75	159.75	162.50	160.88
	六月 June	163.80	152.60	157.37	162.25	161.50	163.25	162.75
	七月 July	158.50	153.60	156.15	161.75	158.88	162.75	158.38
	八月 August	160.80	152.60	156.92	162.63	—	165.00	159.25
	九月 September	154.50	147.40	151.55	159.25	158.75	160.00	157.00
	十月 October	154.40	146.00	150.10	157.25	156.25	160.00	159.00
	十一月 November	151.40	142.60	146.91	155.00	155.00	157.00	157.75
	十二月 December	149.10	135.50	143.37	155.00	—	155.50	156.38
民國二十年 1931	一月 January	163.60	144.30	153.41	159.00	154.75	172.75	169.25
	二月 February	182.50	155.00	169.24	175.00	174.00	188.00	184.25
	三月 March	177.80	159.80	168.93	176.75	173.75	188.50	185.25
	四月 April	169.80	155.25	164.38	173.75	—	—	—
	五月 May	162.60	153.30	159.15	170.88	168.75	171.50	—
	六月 June	169.20	158.10	163.08	172.50	170.50	176.00	176.50
	七月 July	166.50	157.10	162.12	173.00	170.50	176.00	175.75
	八月 August	162.40	148.90	155.00	174.00	172.50	174.25	—
	九月 September	167.10	149.50	156.96	170.75	170.63	167.50	163.25
	十月 October	166.10	157.90	161.63	177.00	178.50	—	—
	十一月 November	161.40	145.20	154.54	175.63	177.25	—	—
	十二月 December	157.00	148.70	153.64	170.00	170.75	—	—

附註：根據經濟統計。
Note: The material in this table is adopted from the "Economic Statistics"
表中數字為每包價格。
The figures denote prices per bale.

[商業 Commerce] — 18 —

图 2-6 上海棉纱市价（1928 年 1 月—1931 年 12 月）

说明：此资料根据《上海货价季刊》（The Shanghai Market Prices Report）整理。表中数字为每担价银数。

选自《上海市统计（1933 年）》，上海市地方协会编辑，商务印书馆 1933 年版，（商业）第 18 页。

除了生丝、茶叶、棉纱，还有米、小麦、面粉等大量商品的交易情况，透过这些数据，可以看到一个庞大的市场。这个市场呈现网络性，可划分为几个层次（或层级），大而言之，分国内、国际，但细分之，国内可分为沿海（北洋、南洋）、沿江以及长江三角洲地区。丝、茶等是长江三角洲及邻近地区的主要物产，自晚清以来直到20世纪30年代，一直是重要的出口货物，在中国的出口贸易中始终占据重要份额，这在相关专题中已有讨论，研究成果也不少。[①]这里，需要指出的是，随着上海开埠，整个长三角地区商业网络格局大变，由原来以运河为主而转向以海运为主，上海口岸成为这一区域货物集散、贸易的中心，"小贾收买交大贾，大贾载入申江界。申江鬼国正通商，繁华富丽压苏杭"。[②]上海迅速成为中西商人云集的地方。上海市地方协会编辑的《上海市统计（1933年）》（*Statistics of Shanghai*,1933）专门列有"上海市航业同业公会各会员所有船只吨数及航线"，涉及江南内运部分的详见表2-4。

表2-4 上海市航业同业公会各会员所有船只吨数及航线表

各公司船名 (Name of Vessels)	总吨数 (Gross Tonnage)	净吨数 (Net Tonnage)	航线 (Shipping Line)
招商内河轮船局经理处（China Merchants Inland S.S.Co.）			
利亨（Lee Heng）		19.42	沪苏（Shanghai-Soochow）
利源（Lee Yuan）		15.94	沪湖（Shanghai-Huchow）
恒昇（Heng Sung）		22.23	沪杭（Shanghai-Hangchow）
恒吉（Heng Chi）		18.82	沪湖（Shanghai-Huchow）
恒仁（Heng Jen）		20.21	沪杭（Shanghai-Hangchow）
公茂轮船局（Kung Mao S.S.Co.）			
大利（Dah Lee）	29.54	18.01	
汇利（Hui Lee）			
大吉（Dah Chi）		17.33	
春申（Chun Sun）		28.90	

[①] 此仅举部分研究成果。刘大钧《吴兴农村经济》，中国经济统计研究所发行，文瑞印书馆1939年版；黄苇：《上海开埠初期对外贸易研究（1843—1863年）》，上海人民出版社1961年版；上海社会科学院经济研究所编《上海对外贸易》，上海社会科学院出版社1989年版；徐新吾主编：《近代江南丝织工业史》，上海人民出版社1991年版；李明珠著、徐秀丽译：《中国近代蚕丝业及外销（1842—1937年）》，上海社会科学院出版社1996年版；陶水木：《浙江商帮与上海经济近代化研究（1840—1936）》，上海三联书店2000年版。

[②] 民国《南浔镇志》卷三十一"农桑二"，民国二十五年（1936年）铅印本。

续表

各公司船名 （Name of Vessels）	总吨数 （Gross Tonnage）	净吨数 （Net Tonnage）	航线 （Shipping Line）
瑞生祥轮船局（Sui Sung Chien S.S.Co.）			
新振兴（Hsin Chen Shin）	31.21	13.00	
新利泰（Hsin Lee Tai）	28.70	9.50	
福星（Fu Sin）		25.89	
协兴轮船转运公司（Hsueh Shin Transportation Co.）			
协丰（Hsueh Fung）	28.60	13.72	沪锡（Shanghai-Wusih）
协裕（Hsueh Yui）	35.77	14.20	沪锡（Shanghai-Wusih）
协茂（Hsueh Mao）	24.40	99.90	沪锡（Shanghai-Wusih）
协盛（Hseh Sung）	24.44	8.44	沪锡（Shanghai-Wusih）
华安（Hua An）	32.63	15.06	沪锡（Shanghai-Wusih）
泰昌盛记轮船局（Tai Chang Hui Kee S.S.Co.）			
永泰（Yung Tai）	34.45	14.89	沪锡（Shanghai-Wusih）
新大兴（Hsin Dah Shin）			
永惠（Yung Hui）	34.45	14.89	沪锡（Shanghai-Wusih）
源通轮船局（Yuan Tung S.S.Co.）			
源祥（Yuan Hsian）	26.87	12.44	
源吉（Yuan Chi）	33.93	19.68	
源丰（Yuan Fung）	36.29	13.72	
源余（Yuan Yui）	37.86	22.29	
源发（Yuan Fah）	32.16	13.80	
源通（Yuan Tung）	30.93	13.73	
太湖轮船公司（Tai Hu S.S.Co.）			
新太湖（Hsin Tai Hu）	178.66	107.01	锡湖（Wusih-Huchow）
太湖（Tai Hu）	140.00	88.68	
飞云（Fei Yün）	12.16		锡渲（Wusih-Dashuen）

续表

各公司船名 (Name of Vessels)	总吨数 (Gross Tonnage)	净吨数 (Net Tonnage)	航线 (Shipping Line)
同济和商轮局(Tung Chi Ho S.S.Co.)			
同兴(Tung Shin)			
福兴(Foh Hsin)			

资料来源：根据《航业月刊》（第二卷第二期）（*Navigation Monthly*）整理。选自《上海市统计（1933年）》，上海市地方协会编辑，商务印书馆1933年版，（交通）第12页。

此后，尽管近代的交通运输条件发生了重大变化，出现铁路、公路等运输方式，但航运在长江三角洲地区货物转运中一直占据重要地位。与江南内河联通的苏州河，则担负着比例很大的运输量。上海浚浦局编写的《上海港口大全》有关于苏州河的不少记载，其中提及："吴淞江（即苏州河）在公共租界之中区，最为重要。低潮时，直至苏州之河面，统阔一百英尺，统深四五英尺；在苏州与运河相会，而通杭州，镇江。"①苏州河可直通苏州、杭州、镇江等，继而与整个长三角内河网络相连。另有一段记载："苏州河（即吴淞江）下游七英里两岸备极繁盛。面粉丝纱等厂栈鳞次栉比，惟货物上落，则须借助驳船耳。"②从中可知，当时长江三角洲所产的大量货物是经苏州河而来，沿岸"七英里两岸备极繁盛"，丝绸、茶叶、米粮

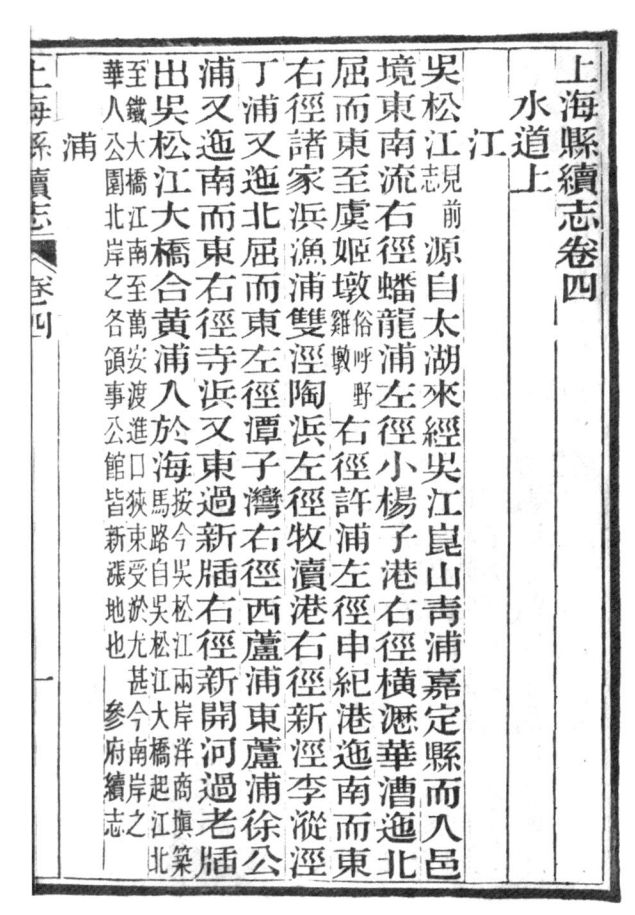

图 2-7 民国《上海县续志》卷四"水道上"中记载了"吴松（淞）江"

---

① 《上海港口大全》，上海浚浦局刊印1934年版，第52页。
② 《上海港口大全》，上海浚浦局刊印1934年版，第94页。

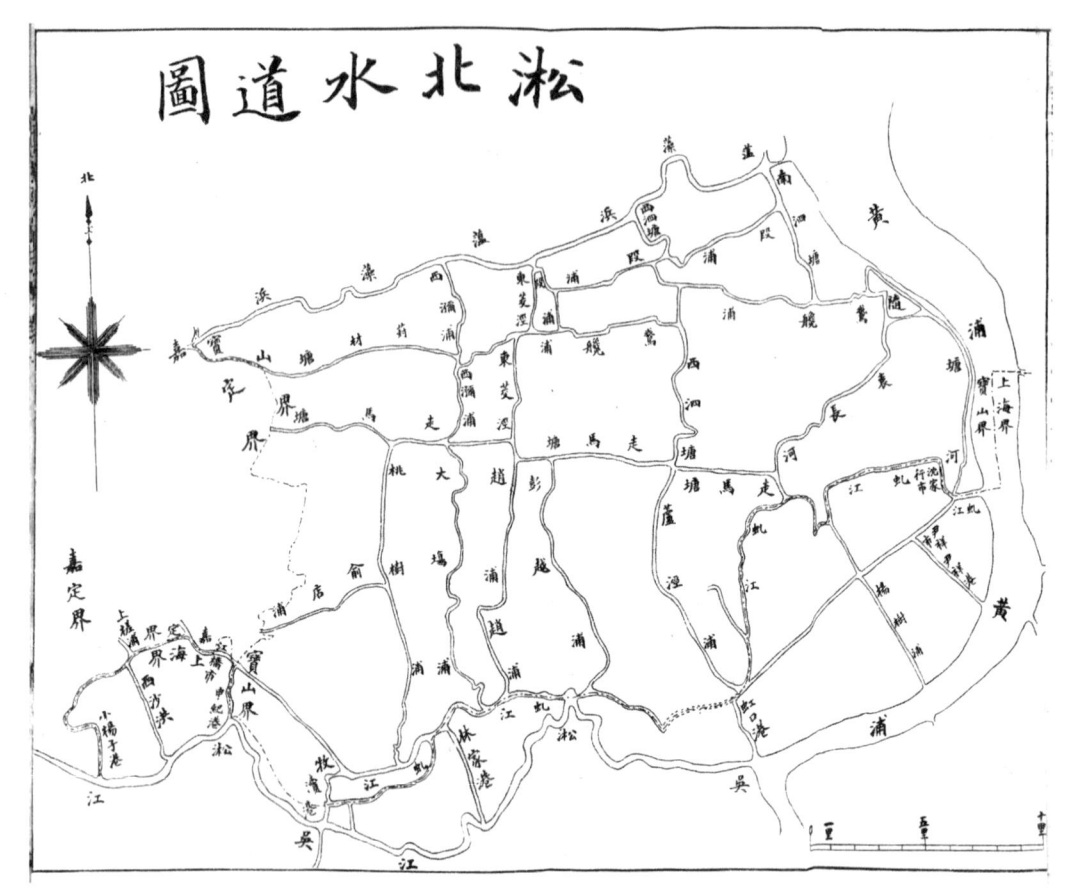

图 2-8 《淞北水道图》，选自民国《上海县续志》

等集散于此，出现了专用码头，并设立了大量厂区与栈房。鉴于苏州河的重要性，20世纪二三十年代，有关方面也重视起苏州河的浚治：

> 吴淞江，一名苏州河，为苏沪及上海与苏镇段运河航行之要道。历年以来，因两岸农田泥土为雨冲刷入河，加以太湖之水挟泥沙而流入，以致西段情形逐渐窳劣。极东一段，流经上海市区，亦复淤浅日甚。揆厥原因，则黄浦浊流之随潮而入也；堤岸之被潮冲削，而形成河湾与浅滩也；沿岸居民，河中船户之任意倾倒垃圾污物也；房屋，桥梁，驳岸之建筑，使河身日狭，潮流难畅也；凡此诸端，俱足使淤积情形，每况愈下。昔年老闸上游，亦曾经周期之浚治。其法于河上筑闸，以抽水机抽出河水，再用人工掘起淤泥。……[1]

---

[1] 《上海港口大全》，上海浚浦局刊印1934年版，第147—148页。

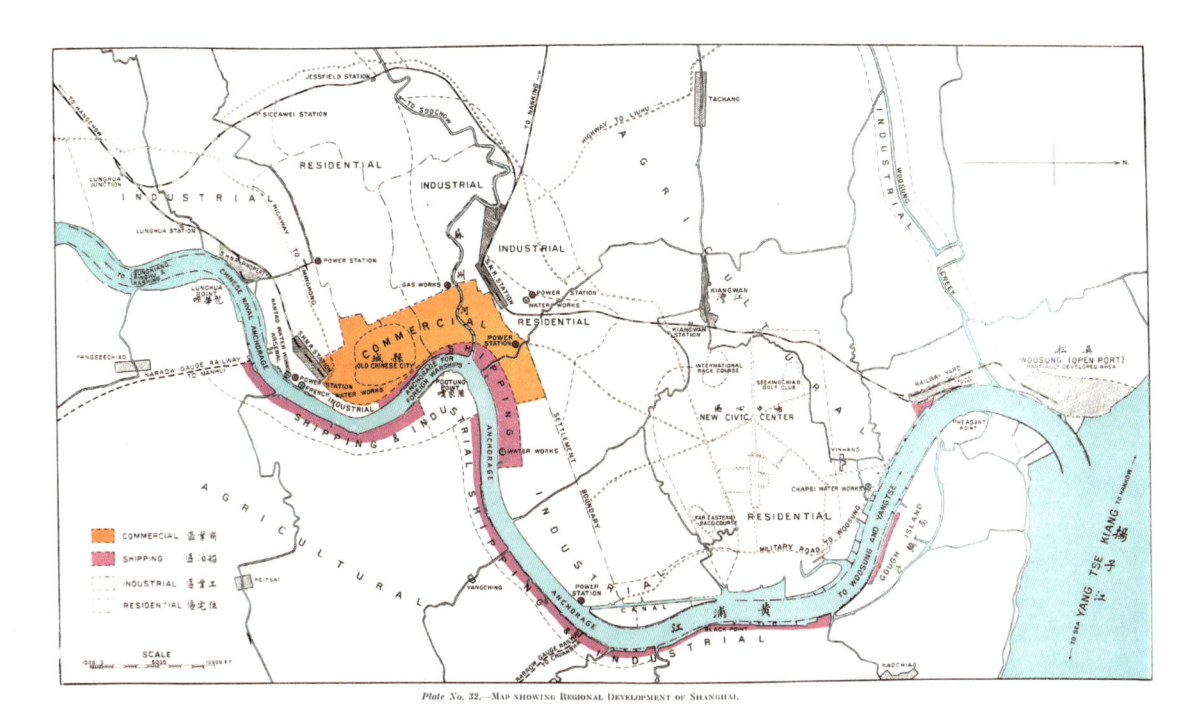

图 2-9　图中的"苏州河"是水路、铁路联通区域，选自《上海港口大全》1934 年英文版

苏州河屡经疏浚，效果却并不理想，但浚浦局方面始终坚持，不断提议，反复浚治，这进一步说明苏州河对于上海港及其城市发展的重要性。

吴淞江（苏州河）航运，为苏州河两岸的繁荣奠定了基础，沿线航运条件便利，虽然开发晚于浦江沿岸的租界地区，但上海港整体的发展使其迅速成为上海著名的工业区。沪西曹家渡地区之前"地甚荒僻，绝少行人"，光绪十八年（1892 年），"有人购地建筑油车，是为成市之始"，"衣于斯，食于斯者，不下数千人"。更因优越的航运条件，"面临吴淞江，帆樯云集，富商巨贾莫不挟重资设厂经商，除蚕丝、面粉两厂外，若洋纱厂、织布厂、鸡毛厂、牛皮厂、榨油厂、电灯厂，不数年间相继成立，市面大为发达，东西长二里。鳞次栉比，烟火万家，火车站在其西，轮船埠在其东，交通之便，本乡首屈一指"。周家桥一带，"本一小村落"，因"傍吴淞江"，荣家企业于此建筑纺织厂，之后"地价骤贵，亩值万金，百工庙集，遂成市面"。①潭子湾"在彭浦镇西南方四里许，地濒吴淞江，又为彭越浦出口处，从前只有村店数家，今则厂栈林立，商铺日增，居屋多系新建，帆樯往来，运输便利，商业之进步，远逾

---

① 民国《法华乡志》卷一"沿革"。

图 2-10 苏州河鸟瞰图（20 世纪 30 年代）

本镇而上之矣"。① 因此，江海关税务司曾在 1922 年称："过去三年里（1918—1921 年），各类工厂像雨后春笋般开设起来，厂址大多在公共租界西北区，沿苏州河的两岸分布。本省的水路运输费用最便宜。可以说，哪里有宽阔的通往江河的水道，哪里就会有工厂。"② 这些街区的发展生动揭示了苏州河对沿岸地区经济的带动作用。可以说，正是由于苏州河内河港区的存在，苏州河沿岸工业带的产生才成为可能。20 世纪 20 年代的苏州河北岸闸北一带，兴起了大量的工厂企业。新闸桥以北一带，日到米船百余艘，沿街的米行、米店近百家，成为沪上著名的米业北市场所在地。

公共租界的西进、北扩，闸北华界工商业的兴起，苏州河的繁忙，造就出北岸一片繁华的新街区。

---

① 民国《宝山县续志》卷一"舆地·市镇"。
② 徐雪筠、陈曾年等译编：《上海近代社会经济发展概况（1882—1931）：〈海关十年报告〉译编》，上海社会科学院出版社 1985 年版，第 208 页。

图 2-11　长三角位置图，《淞浦源委暨江海分关合图》，选自民国《上海县续志》

第二节
上海北站变迁与"北区"的繁荣

图 2-6 清晰地显示：沿着黄浦江，进入苏州河，通往苏州；在苏州北岸有铁路站，通往南京。这里是上海水路、铁路联通的重要区域，因而成为近代上海的水陆交通枢纽。

清光绪二年（1876 年），英商在上海建造了第一条铁路——吴淞铁路。此路于次年即被拆毁。光绪二十四年（1898 年），清政府重建吴淞铁路（改称淞沪铁路）。光绪三十年（1904 年）淞沪铁路与新建的沪宁线并轨，上海车站设于今北站街道区域内，地名就源于此。民国《上海县志》是这样记载这条铁路的：

> 沪宁铁路。光绪二十九年二月，署总督张之洞奏准建筑沪宁铁路，督办盛宣怀与英商银公司订借英金二百二十五万镑作为资本。先是二十二年南洋大臣奏办吴淞至江宁铁路，估银七百万两，以瑞记借款所余二百五十万两及两淮盐务拟筹之一百万两为资本，其余概招商股。王文韶、张之洞请拨直隶海防银五十万两，合成三百万两，先造淞沪，续造沪宁，奉旨允准。时德筑山东路，俄筑东三省路，英政府大为垂涎，遂乘淞沪未竣之时，实行经营扬子江手段。二十四年闰三月，电驻京公使，向总理衙门索办沪宁，政府命盛宣怀与银公司订草约于上海。
>
> 适英以特战，吾以拳乱，彼此迁延。二十九年二月订定正约，借款三百二十五万镑，江苏官绅纷纷力争，始图收回自办，继因约不能废，乃谋减轻成本，冀早赎回，取销百万镑，仅借二百二十五万镑，九折交付，周年行息五厘，限五十年还清。年限内银公司有总揽之权，如届期本或息不完，全路所有产业统归公司管理。又银公司承办各项材料，每百抽五。行车以后，营业所入纯利，银公司得五分之一，即照借款五分之一之数预先给发，余利凭票综计。银公司为我国借款，可不费一文，坐获百分之三十五分之大利，而周息五厘之付于资本家者又在其外通盘核算。我国名虽借九折之款，实乃过于六折。购地款二十五万镑，六厘行息，无论何时可赎还，然以淞沪铁路作抵。
>
> 八月开办。三十二年五月沪锡线工竣。十月总办唐绍仪又借英金六十五万镑。九五折交付，

图2-12 民国《上海县志》卷十二，"交通"（航运、铁路等）

年息五厘，限二十五年，以我国政府之铁路财产作保证。此路用费之巨，数倍于他路。三十三年正月锡常线竣。八月常镇线竣。三十四年三月镇宁线竣。全路共长六百三里。

本路前设总管理处，凡事取决会议，洋员每占多数。宣统元年更订办事章程，撤废总管理处，以华人为总办兼议员领袖，主权始渐收回。[1]

这就是沪宁铁路修筑的详细经过。1908年，沪宁铁路全线通车，车站正式投用，时称沪宁铁路上海站，亦称北站。1916年，沪杭甬铁路（后改名沪杭铁路）与沪宁线接轨，与铁路沪宁上海站合站，易名铁路沪宁沪杭甬两路总站，仍习称上海北站。

---

[1] 民国《上海县志》卷十二"交通·轨"。

关于沪宁、沪杭甬铁路的修筑有很多故事，有一首竹枝词曰："建筑何当丧利权，沪宁铁路贷金钱。余波莫润苏杭甬，手障狂澜汤蛰仙。"①讲的就是清季盛宣怀筹借外款筑沪宁铁路，并想筑苏杭甬铁路，后改为沪杭甬。于是，江浙人大哗，举汤寿潜为苏杭甬总理，筹款自筑。

关于铁路兴筑与上海北站的落成及其演变，已有大量的档案披露，也有一些研究成果。但如何及时了解北站发生的种种？我们还是以近代报刊中的报道为例予以解读。

近代期刊有关"上海北站"的记载很多，我们研究小组做了一些梳理，很多内容以前并没有被关注，在此摘引部分内容目录：

图2-13 20世纪初的北站，来自纪录片 A BIT OF OLD CHINA，上海音像资料馆藏

---

① 余槐青：《上海竹枝辞》，选自顾炳权编：《上海洋场竹枝词》，上海书店出版社1996年版，第260、261页。

图 2-14　上海北站。由岳钦韬提供

（1）沪杭甬铁路行车时刻表：自上海北站至闸口各站开车时刻，《广益杂志》1919 年第 3 期。

（2）上海北站电机房 [照片]，《铁路公报·沪宁沪杭甬线》1920 年第 4 期。

（3）上海北站 [照片]，《铁路公报·沪宁沪杭甬线》1920 年第 1 期、1921 年第 19 期。

（4）上海北站 [照片]，《铁路协会会报》1920 年第 99 期。

（5）沪杭甬铁路事务处 R 字第十七号通告（三月十四日）：为通告事自即日起凡乘特别快车由上海北站至梵王渡徐家汇及新龙华各站，《铁路公报·沪宁沪杭甬线》1921 年第 20 期。

（6）上海北站到，《新闻报》1923 年 3 月 8 日。

（7）火车时刻表沪杭甬路沪杭段，《新闻报》1923 年 3 月 8 日。

（8）贺电：上海北站李屋身电（三月二十九日）：驻宁办事处转送工商部孔部《工商公报》1928 年第 1 卷第 3 期。

（9）新近落成之上海北站 [照片]，《东方画报》1930 年第 30 卷第 18 期。

（10）京沪沪杭两路管理局为总理建树遗像之上海北站基地 [照片]，《中央画刊》1931 年第 75 期。

（11）金融商业：第四表：上海现银经由京沪沪杭甬两路运出入数目总表：附表二、由京沪铁路各站运送银两银元至上海北站数目表（民国十八年一月至民国二十年十月），《统计月报》1932年第3—4期。

（12）暴行：（上）沪宁铁路上海北站被日机掷弹中火后正在焚烧中之情形：[照片]，《上海战影》1932年第一集。

（13）沪战写真：日寇攻沪每派飞机四出掷弹毁我商区杀我人民闸北一区完全被焚损失达数万万员：右为闸北民房被毁之情形，左为上海北火车站被日机炸毁之情形，按北站为京沪交通之总枢纽……[照片]，《商报画刊》1932年第2卷第28期。

（14）灾后之闸北——日军施用达姆弹上海北站被日机轰毁之情状[照片]，《时事月报》1932年第6卷第4期。

（15）本局训令通字第七三七号(二十二年九月七日)令各处署查本路上海北站业经修建落《京沪沪杭甬铁路日刊》1933年第768期。

（16）重修上海北部记要，上海北站透视图[照片]，《中国建筑》1933年第1卷第5期。

（17）重修上海北部记要，上海北站修复后布置图[画图]，《中国建筑》1933年第1卷第5期。

（18）国内时事·新近落成之上海北站[彩照]，《东方杂志》1933年第30卷第18期。

（19）京沪沪杭甬铁路上海北站修复后摄影[照片]，《工程周刊》1933年第2卷第16期。

（20）救路即是救国，上海北站修复后劝勉同人一致努力，《京沪沪杭甬铁路日刊》1933年第770期。

（21）外人目光中之上海北站（一）：通达中国内地的繁忙门户（待续），《京沪沪杭甬铁路日刊》1936年第1636期。

（22）我军坚守上海北站：北站附近，我军防御物前之作战部队[照片]，《战事画刊》1937年第1卷第4期。

（23）路界纪闻：上海北站举行落成典礼，《铁路月刊·津浦线》1933年第3卷第8期。

（24）上海北站将重建，《东南风》1947年第36期。

刊登有关"上海北站"报道的刊物很多，内容也极为丰富，且时间连续。当然，记载"上海北站"最多的还是《申报》。《申报》是清同治十一年（1872年）由英商安纳斯脱·美查（E.Major）等在上海创办，为近代上海的一份重要报纸，也为近代中国发行历史最久之报纸。《申报》不仅限于上海，在江浙乃至全国也广有影响，江南一带的人们一度把《申报》当作"报纸"的同义词，老报人徐铸成在《谈老〈申报〉》中就写道："别的地方我不清楚，在我的幼年的江南穷乡僻壤，都是把《申报》和报纸当

作同义语的。"①《申报》中有大量关于"上海北站"的报道。我们系统梳理了这方面的资料,此按时间顺序摘录数段:

沪宁铁路西冬至暨年节特别来回票广告

启者:自阳历民国三年十二月二十四号起,至正月四号止,本路特在上海北站及苏州、无锡、常州、镇江、南京各站发售头二等来回票。按例价七五折收费,往来一律,此票来回两程,只可于十二月二十四号至正月四号之限期内用之,过期作废。惟本路夜车座位有限,贵客乘夜车,欲定座位,务请预早向上海北站稽查员订定。其电话第九百号。此布,署理车务总管烈德谨启。②

通车由沪至京之快疾

沪宁铁路上海北站至津京通车之行车时刻自缩改加快以来,旅客无不赞誉,将来由铁路旅行之搭客可必其日增,现在旅客由该路上海北站乘上午七点五十五分开之上行完备特别快车,其时刻系与津浦铁路每日开驶之邮快车互相接合,次日下午五点另五分到天津,七点五十分到北京。按自开行至毕程仅需三十六小时。其由京下行客车之完备快捷,亦与上行车无异。似此进步,非但节省光阴,所有从前之种种障碍,亦悉归消灭矣。③

联运货物办法

沪杭甬铁路运输总管通告各转运公司云:凡联运货物目前暂照本路定价收

图2-15 《通车由沪至京之快疾》,《申报》1916年9月23日第10版

---

① 徐铸成:《谈老〈申报〉》,《报海旧闻》,上海人民出版社1981年版,第8页。
② 《申报》1914年12月22日第4版。
③ 《申报》1916年9月23日第10版。

费,在麦根路站之搬费并归沪宁铁路担任。惟应注意者,本路货物章程所载之特价以及特准各转运之特价,自南站及本路各站往返者,不得施行于麦根路站或上海北站,并现今本路与沪宁所订与各商家及转运之特价,概不得适用于联运之货物。

例如有米三十吨自无锡运至闸口,其计算方法如下:无锡至上海北站或麦根路运费二十一元,上海北站或麦根路至闸口照货章四等甲加五成收费,其里程自一百零四里或一百二十五里每吨应收费一元五角另加五成,即须净收每吨洋二元二角五分,而三十吨则应共收洋六十七元五角。也是以三十吨米自无锡至闸口,照现在运价,除装卸归商人自理外,应共收洋八十八元五角。

再如生丝十包重十担自杭州运至南京,计算运价方法如下:查杭州至麦根路其里程为一百十七英里,照货章为一等乙加五成即五角三分加五成,每担为七角九分五厘,十担共应收七元九角五分。麦根路至南京每包九角,十担则应收九元。故如生丝十包重十担者自杭州至南京,通共应收运价十六元九角五分。①

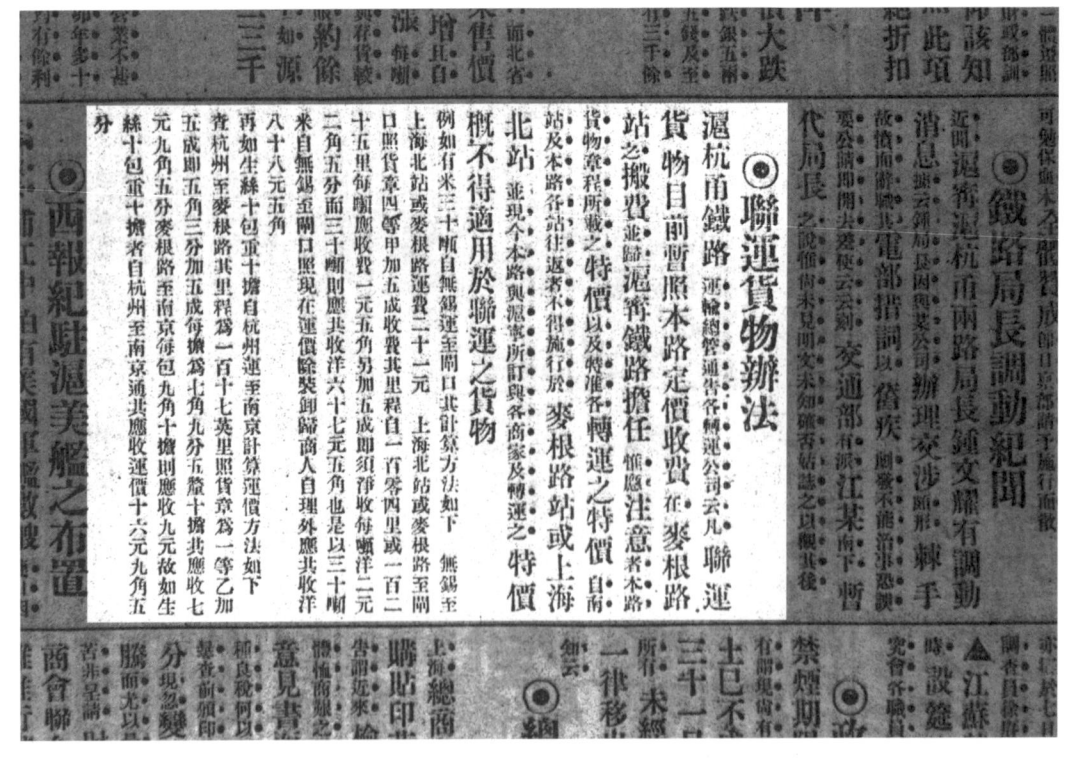

图2-16 《联运货物办法》,《申报》1917年2月6日第10版

---

① 《申报》1917年2月6日第10版。

火车运来之鲜茧

浙省各属鲜茧，业由沪杭甬铁路之汇通转运公司向拱宸、长安、许村等站分批报运来沪，至五月底止，运抵上海南站之数已达三千九百余包，兹悉上海北站连日由杭、拱宸、硖石、临平、枫泾等站先后运到，至昨日（三号）止，其数如下：长安站运到一百二十二包，拱宸站运到三千一百零八包，硖石站运到四百零七包，临平站运到一百包，枫泾站运到一百五十二包，共三千八百八十九包，均运至上海北站卸存货栈，由江海关洋员按批查验后，即由洽兴公塌车公司派车运送各茧厂检收。

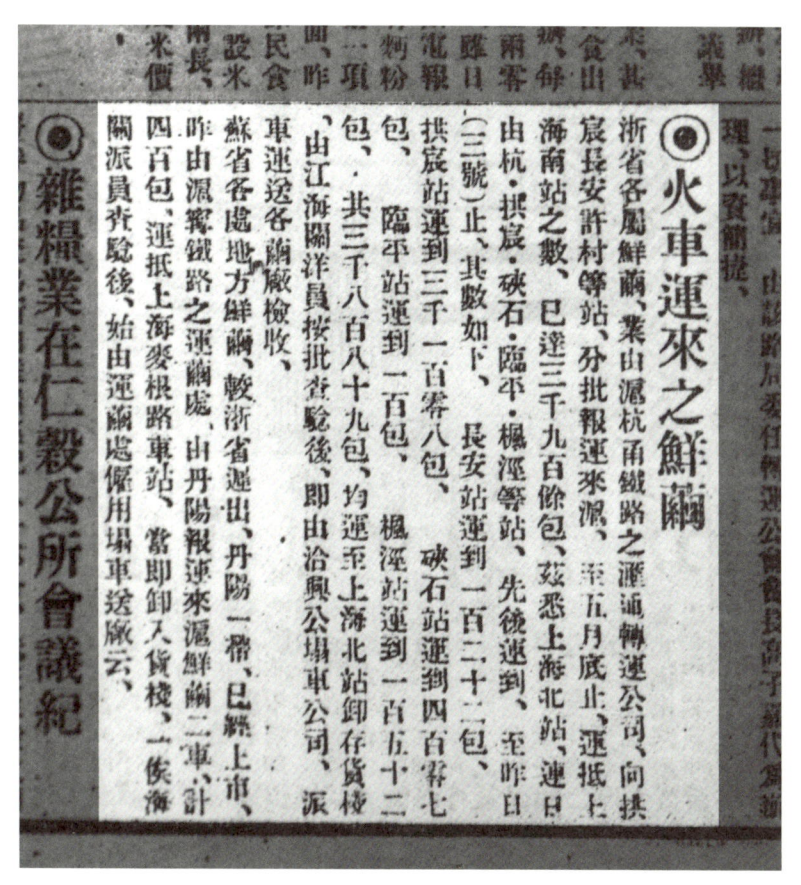

苏省各处地方鲜茧较浙省迟出，丹阳一带已经上市，昨由沪宁铁路之运茧处，由丹阳报运来沪，鲜茧二车计四百包，运抵上海麦根路车站，当即卸入货栈。一俟海关派员查验后，始由运茧处雇用塌车送厂云。[1]

图 2-17　《火车运来之鲜茧》，《申报》1920 年 6 月 5 日第 10 版

---

[1] 《申报》1920 年 6 月 5 日第 10 版。

转运业公会联合会议纪

沪宁、沪杭甬两路各转运公司，因货客反对铁路所设之货税征收专局新一案，特召集两路各站代表来沪，公同会议，于昨日（二十七）下午二时半，在转运同业公会开联合会议，计两路各代表到者如下：杭州江干过塘公会代表徐楚贤，杭站代表沈问樵、胡岷江、贾乐山、杨学渊，闸口站代表李功叔，南星站代表沈松年，艮山代表传德宝，拱宸代表何信法，嘉兴代表姚兰亭、宋景濂，硖石代表张钧麟，斜桥代表朱文祺，上海南站代表孙少卿、葛莱池、沈惠泉、李厚斋、顾梓安、李钱秋、董子华，沪宁路上海北站代表何秉香、孙海旭、程衡周、李慕连、浦澄熙、周仁卿、吴星南，镇江代表姜蟾香……今日乃沪宁、沪杭甬两路各站代表到沪，特开联席会议，对于各站所设专税新章，亦非反对，无如客商深虞担负之重，亦感手续繁难，颇有改运输舶之动机，殊与同业妨害，须急谋挽救之方。旋经公决，既经征得两路各站代表之同意，当取一致行动，并向客商方面竭力疏通，请勿改运。……劝告各客商暂勿改运，函请总商会出为维持，请愿江浙两省省议会，函请公司调停。①

京沪铁路工务处招标通告

本路招人投标承包装置上海北站二三两层楼办公室洋台门窗等工程，定于十九年三月二十四日下午三时在上海北站总务处当众开标。如已经登记之包工中，有愿承包者，可自三月十七日起备具保证金洋十元至上海北站工务处领取图样及说明书等查阅，并将标函于开标日前投送总务处。若投标人于投标时缴还图样及说明书等，得将保证金领回。特此通告。②

上海北站动工修建 赵深建筑师协同设计中南建筑公司承建
上海北站修建后之焕然新气象（华益建筑事务所设计科绘图）

京沪、沪杭甬两路，前拟建筑新站一事，因时局关系，暂缓进行，而原有北站地方，颓垣残壁，非但有碍观瞻，且乏乘客待车休息之所。该路车务处因须管理行车事务，亦有驻站办公之必要。新站既暂不建筑，旧站之修建实不容缓。经该局呈奉铁道部核准后，即行登报公开招标承建，当由该局于五月一日下午当众开标，计得十七标，结果以中南建筑公司为最宜，即将此项工程交与中南建筑公司承办。闻此次该局改建旧站目标，全在利用原有底脚及石墙，而构成一较为新式之车站。全部分三层，一、二两层全为车务处办公室，下层则兼供旅客待

---

① 《申报》1924年4月28日第13版。
② 《申报》1930年3月23日第6版。

图 2-18 《上海北站动工修建》,《申报》1933 年 5 月 30 日第 23 版

车之用,入门即为一大厅,大厅左右有候车室、行李存放室、饭厅、衣帽室、盥洗室,等等,均极简单而美观,至为适用。此项工程计画,全由该局工务处主办一切,并聘华益建筑事务所建筑师赵深君担任,内外布置装修各项,建筑事宜,预计数月后即可完工,届时北站又将焕然一新矣。①

上海北站昨行落成礼

铁部派参事张慰慈启钥 局长黄伯樵亲行升旗礼

京沪沪杭甬铁路管理局上海北站之四楼大厦,于去岁"一·二八"事变时,为日机炸毁,仅存屋基。迨停战后,该路管理局即另觅房屋,暂为办公处所,并于八月中呈准铁道部改建上层,旋以市府提议迁移车站,修建之议遂以搁置。后又以国难严重,部令暂缓迁站,故即旧事重提,于六月初开工修筑,现已全部竣工,于昨午举行落成典礼,并招待各界前往参观,兹将各情

---

① 《申报》1933 年 5 月 30 日第 23 版。

详录如后：

工程纪要

京沪、沪杭甬铁路管理局局所在上海北站，原为四层楼大厦，长六〇·五公尺，宽二四·七公尺，共占地一·四九四·五五平方公尺，内分室七十六间，系照英国工程师西排立设计之图样建造，其墙角三面皆用青岛青石。第一层楼以上大墙，均用铁柱支架，横梁所有墙基柱脚及地板，概用洋灰三合土筑就，该屋落成于前清宣统元年五月二十日，总造价银三十二万九千四百四十八元，不特气象雄伟，所用材料亦极坚固，故历二十余年仍无改变原状之象。不意于"一·二八"事变之役，竟成为焦土，二十一年一月廿九日为事变之第二日下午，日本飞机盘旋于北站上空，掷弹轰炸，管理局办公大楼货栈及新建之办分室先后中弹起火，烈焰冲霄，历一尽夜而未已，所有图书、文卷、仪器、家具，悉成灰烬，损失达五十万元。五月二十三日，北站地方经本局接收，即由工务处将被毁站屋督工拆卸。初拟拆至三层为止，将二层修理应用，迨二层楼瓦砾拆清，细察砖石工程已属不堪修理。决定并予拆卸至其底层，虽有数处砖墙石拱及门窗地板，均有损坏，但尚无大碍，因拟修复应用，并再就上部加筑一层。此议经呈奉铁道部于二十一年八月十三日工字第三八八四号指令核准，唯时上海市政府提议迁移上海北站，俾可繁荣闸北市面，并促进市中心区之发展，当经铁道部规复京沪沪杭甬铁路建设委员会，迭次派员赴沪协商结果，以北站地位适在闸北区之中心，将来两路事业，既无开展余地，而于上海中心区全部计划关系尤切，乃决容纳上海市政府之建议，择定市达违路以南，翔殷路以北，沿中山路西南一千八百公尺一带地段为客运总站地点，中山路以西真如路以东沿现有铁路一带地段，为联运总站。修建上海北站之议，遂以搁置。二十二年三月，铁道部以国难严重，令将迁站停止进行。该局因念上海北站为中外观瞻所系，不宜令此残迹长留，予旅客以不良之影响，而旅客因乏待车休憩之所，平日麕集于票房一带雨棚下，亦甚感痛苦。乃重议将该屋下层大加修理，并重建上层中央一部份，使车务处得以迁入办公，旅客亦得待车休憩。经呈奉铁道部于二十二年四月十四日T字第一一五零六号指令照准，随即委托华益建筑事务所建筑师赵深将工务处原计划修正，供给图样，由工务处招标承办。五月一日下午三时、在本局当众开标，铁道部派黄专员闳道莅临监视，计投标者十七家，标价最低者为陶鸿泰营造厂，计国币四万七千七百五十元；次为乔雨与营造厂，计国币四万九千八百五十元；又次为中南建筑公司，计国币五万零一百四十六元。当以此项工程，虽非甚巨，但属公共场所，于观瞻及安全方面，不能不格外注意，则对于承造厂家之资格经验，均须加以慎重之考虑。在标价较低各家中，则中南建筑公司历年承接上海市工务局暨中国银行等伟大建筑工程，每次有达十万二十万元者，并有业主满意证明书，最为适当，且比较价格相差，亦尚非过大。故与部派监视开标专员协商结果，决以此项工程归该公司承

图 2-19 《上海北站昨行落成礼》,《申报》1933 年 9 月 11 日第 13 版

办,即于五月十七日正式签订合同。至工事上之监督指导,则请赵深建筑师担任,并呈奉铁部核准备案。此次修建上海北站房屋,大部份供车务处办公室、大厅中央设问事处及招待处,上置电气标准钟,其余供头二等旅客候车室、行旅存放室、饭厅等,与交通部上海电话局商洽,大厅南部设公共电话六处(亦可通长途电话),其西南角设模范书摊一处。以后其他站所,均仿此办理。同时将站之四周重行布置,以期造成整洁优美之环境。至建屋工程,系于五月十七日开始,中间为天雨延阻,至八月二十五日始全部完工。报奉铁道部派黄专员闳道于八月三十一日莅路,会同该局总务处处长莫衡及工务处处长德斯福验收,虽未能悉复旧观,而衡诸烬毁后满目疮痍之象,固不侔矣。[1]

---

[1] 《申报》1933 年 9 月 11 日第 13 版。

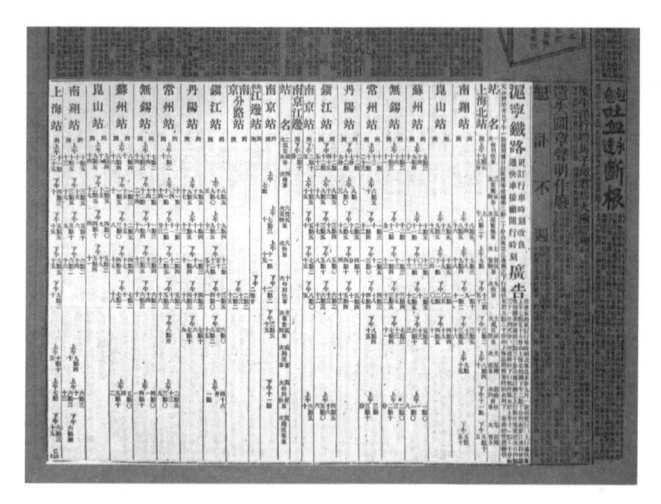

图 2-20 《沪宁铁路更订行车时刻改良通快车接续开行时刻广告》,《申报》1916 年 8 月 15 日第 9 版

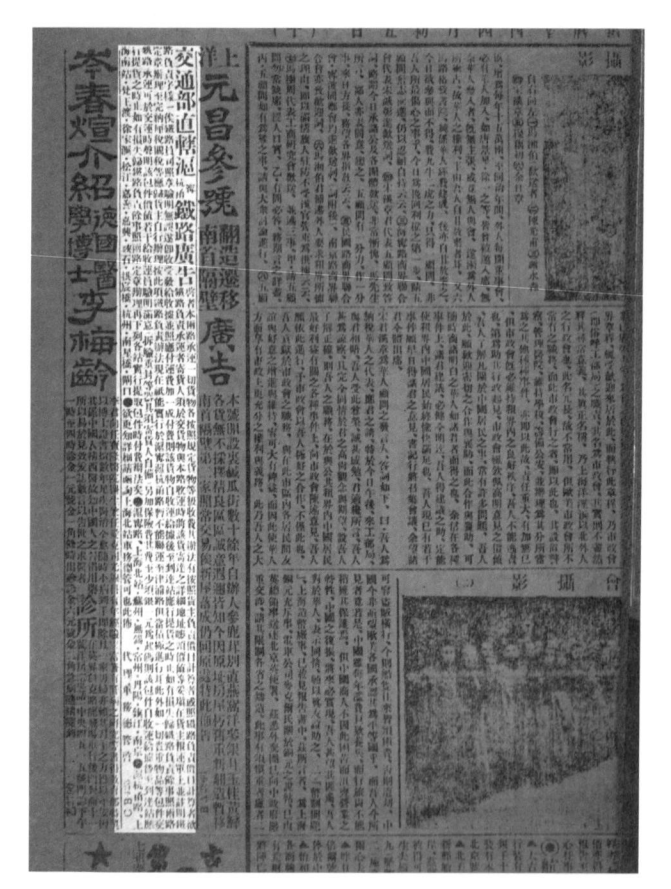

图 2-21 《交通部直辖沪宁沪杭甬铁路广告》,《申报》1921 年 5 月 12 日第 10 版

仔细翻阅、整理《申报》中的相关内容，逐条阅读，可以发现，自 1908 年沪宁线通车及上海火车站建成以来，北站一直是其关注的重点，所记载的内容非常丰富，从火车时刻表到铁路广告、通告，从客运到货物，以及铁路工务处招标、北站筹建总理铜像、两路管理局创设货等标本陈列室等，更有围绕北站的各类新闻的报道。如上海北站的多次修建也有详细的记录：京沪沪杭甬铁路管理局局所在上海北站，原为四层楼大厦；1932 年 "一·二八" 事变时，为日机炸毁，仅存屋基。1933 年 5 月开始，管理局对北站进行修复，9 月初全部竣工，并于 9 月 10 日举行落成典礼。

1937 年 8 月，淞沪会战爆发，北站再度沦为战区，遭到日军战机的狂轰滥炸，满目疮痍。此后，日军拆除上海南站及其附近一段铁路，同时修复上海北站。日本人占领期间，上海北站已被改为 "上海驿"。[①] 1945 年，京沪区铁路管理局接管上海北站，翌年开始对车站进行修复、扩建。1947 年 4 月，升上海北站为上海总站。

自沪宁铁路通车以来，今北站一带以其独特的地缘优势，迅速吸引了大量中外人士，一个个街区就在这一时期快速成型。

---

① 《申报》1938 年 10 月 15 日第 8 版。

图 2-22 人头攒动的上海北站。由岳钦韬提供

  引人注目的是贯通苏州河的那些桥梁，1917年《上海公共租界西区及闸北分图》中，标注了新垃圾桥、新闸桥等。在此前后，苏州河两岸架设起大量桥梁，联通南北，由东向西，有河南路桥、山西路桥、福建路桥、浙江路桥、西藏路桥、乌镇路桥等。关于这些桥梁的沿革与建造情况，上海市城市建设档案馆曾编《上海的记忆——桥》予以详细介绍。[①]我们在中外文献中也找到一些桥梁的老照片，可以看到这些桥梁当年的形态、形制。

---

① 上海市城市建设档案馆编：《上海的记忆——桥》，上海教育出版社2007年版，如：河南路桥（第79、80、81、82页），山西路桥（第83页），福建路桥（第84、85页），浙江路桥（第86、87页），西藏路桥（第88、89、90、91页），乌镇路桥（第92页）。

图 2-23 苏州河上的四川路桥

图 2-24 苏州河上的浙江路桥

图 2-25　苏州河上的西藏路桥

另一个现象是，一个与海内外市场有着广泛联系的加工业、仓储—金融体系也在这里逐渐建立起来，由此使苏州河两岸的街区格局发生重大变化。在苏州河北岸，因为与铁路庞大的运输体系相连，工商业蓬勃发展。在公共租界积极向北拓展时，"北区"日渐繁华。华商也因苏州河之北的这片区域，毗连公共租界北区而谋辟商埠，依托苏州河航运、

图 2-26　《汇通承运干茧之条款》，《申报》1922 年 5 月 21 日第 14 版

图 2-27 《上海市区域图》，出自张辉：《上海市地价研究》，正中书局印行 1935 年版

北站的铁路，开拓国内外市场。苏州河畔、上海车站区域的重要性日益凸显。

20世纪三四十年代，沿苏州河北岸，自西藏路桥的光复路195号向东，设立了大量银行、钱庄的仓库，其中银行仓库14家、钱庄仓库3家、信托仓库1家，总计18家。这些仓库的容量很大，面积在5000

图 2-28 中国银行办事处及堆栈

平方米以上的达 13 家,其中 4 家超过 1 万平方米。[1]物流的背后也是人口的大量集聚。结合这一带街区功能与空间的变迁,可以从更深层的社会经济结构中发现苏州河两岸与近代上海城市崛起的内在联系。

彼时这一带的市政建设,道路、水电设施等也快速推进,出现了大量公共建筑。在导读"地图中

---

[1] 张秀莉:《苏河湾北岸的金融功能与历史遗产》,"跨学科背景下的城市人文遗产研究与保护"国际学术研讨会会议论文,上海社会科学院于 2017 年 7 月主办。她主要依据的资料有中央银行经济研究处编《仓库经营论》,第 81—82 页,上海市档案馆藏档及《申报》《银行周报》《金融周报》等。

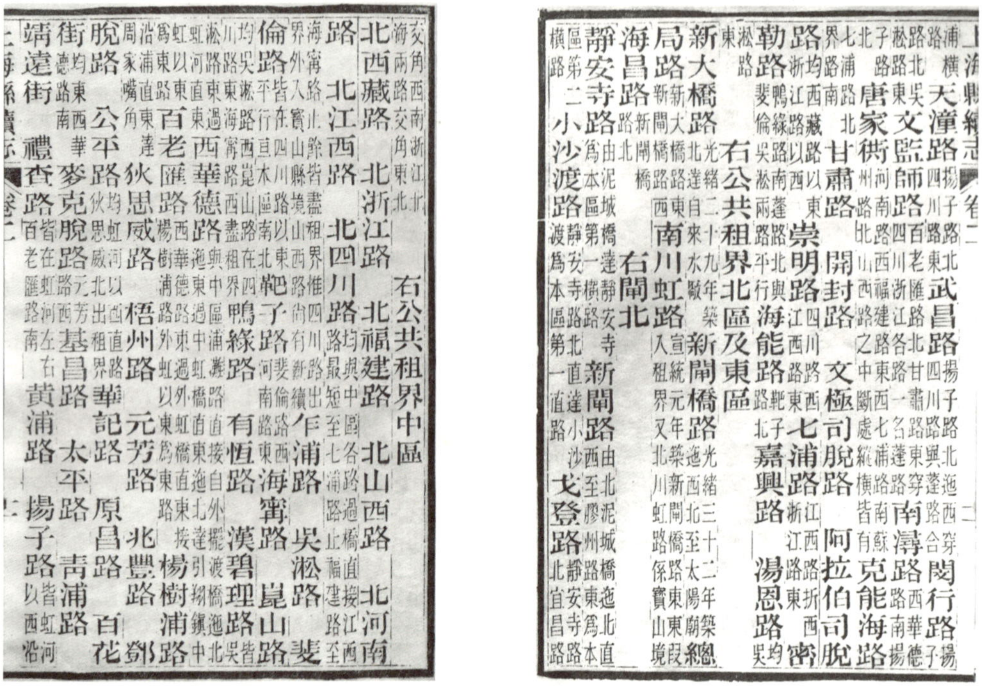

图 2-29　民国《上海县续志》卷二“建置上”街巷、道路（公共租界北区、闸北一带）

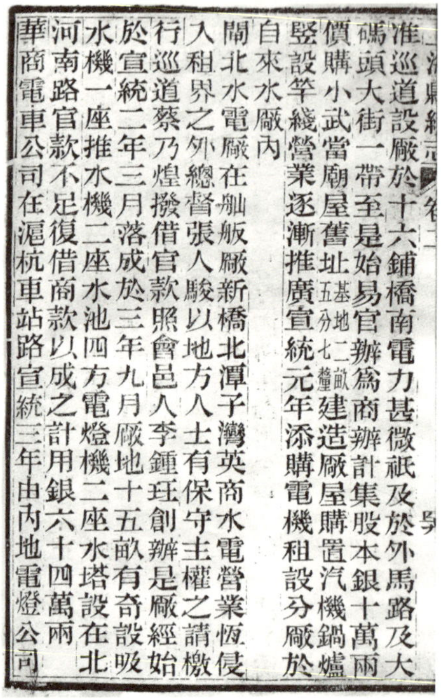

滙巡道設廠於十六鋪橋南電力甚微祇及於外馬路及大
碼頭大街一帶至是始易官辦爲商辦計集股本銀十萬兩
價購小武當廟屋舊址基地二畝五分七釐建造廠屋購置汽機鍋爐
豎設竿綫營業逐漸推廣宣統元年添購電機租設分廠於
自來水廠內
閘北水電廠在舢舨廠新橋北潭子灣英商水電營業侵
入租界之外總督張人駿以地方人士有保守主權之請檄
行巡道蔡乃煌撥借官款照會邑人李鍾珏創辦是廠經始
於宣統二年三月落成於三年九月廠地十五畝有奇設吸
水機一座推水機二座水池四方電燈機二座水塔設在北
河南路官款不足復借商款以成之計用銀六十四萬兩
華商電車公司在滬杭車站路宣統三年由內地電燈公司

图 2-30　民国《上海县续志》卷二记载了“闸北水电厂”

的变迁”一节，可以清楚地看到在 20 世纪的前二三十年这一带的城市化进程。在 1917—1918 年间《上海公共租界西区及闸北分图》（局部）中，苏州河北岸的恒丰路即新大桥路东侧，就有恒丰丝厂、协安丝厂等（见图 0–9）。到了 20 世纪 30 年代，公共租界区域内的北区一带有大小马路并已呈网格状分布，市政建设、交通线路均自成体系。在 1937 年绘制的《上海市区域现状图》中，苏州河北岸出现了大片建筑群，这一带街区的形态一目了然，功能亦日益完善（见图 0–15）。

也就在这时，日本侵略者发动的战争正在逼近，战火即将蔓延到这里。

第三节

中西司法博弈的前沿：上海公共租界会审公廨

北站街区一带位于华洋之间。在苏州河北岸，有一个特殊的机构值得关注。这就是上海公共租界会审公廨。

1843 年 11 月上海开埠，1845 年英租界设立，1848 年美租界设立。1863 年，英租界与美租界合并为公共租界。租界对近现代上海的影响深远，体现了中西制度与文化的冲突与融合。上海公共租界会审公廨是近代中国一个极其重要的机构，是东西方之间法律制度和司法、审判习惯差异的集中体现。①值得关注的是，近代上海有两个会审公廨，另一个就是法租界会审公廨，"从分配管理规定的结果来看，公共租界会审公廨的管辖范围远在法租界会审公廨之上。但是，其核心在于涉及法国人利益时，公共租界会审公廨是绝对无权过问的。依据世界各国的法律，不论民刑案件，以被告所在地定其管辖，为普通之法例。但是就以上所划分之权限而言，原告为法国人归法租界会审公廨审理，以被告就原告的办法，明显是袒护法国人的行为。"②

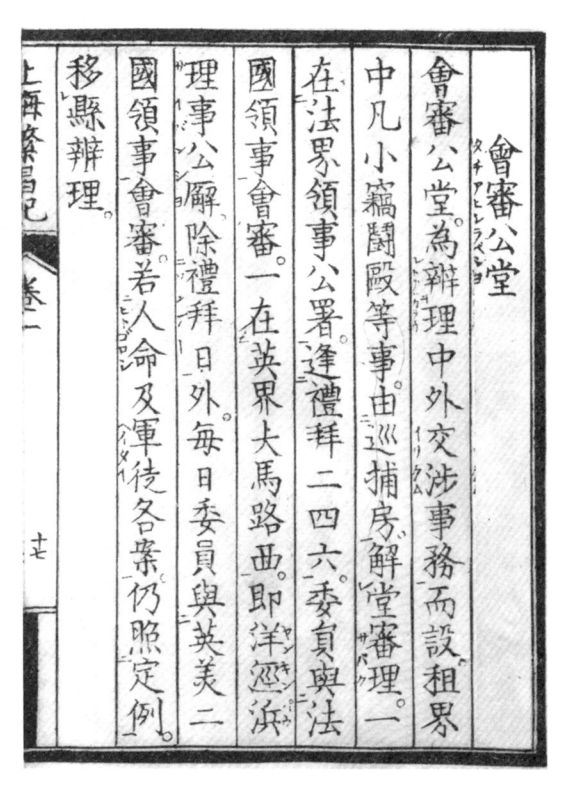

图 2-31 《上海繁昌记》，记载了"会审公堂"

---

① 关于上海会审公堂与工部局的研究，可参见郭泰纳夫著、朱华译：《上海会审公堂与工部局》，上海书店出版社 2016 年版。
② 王宗旦：《收回上海法租界会审公廨之研究》，《东方杂志》1930 年第 27 卷，第 13—22 页。关于法租界会审公廨的研究，详见马学强等：《近代上海城市的特殊记忆：法租界会审公廨、警务处旧址研究》，上海人民出版社 2015 年版。

上海公共租界会审公廨（简称“公共公廨”，亦称英美会审公廨、会审公堂），英文名为 The Mixed Court of International Settlement of Shanghai，成立于 1869 年 4 月，为中外混合法庭。说起公共公廨的前身，要追溯到 1864 年成立的洋泾浜北首理事衙门，起初设在英国驻沪领事馆内，首任华洋理事同知为陈福勋，首任外国陪审官为英国驻沪副领事阿查利。

1869 年 4 月 20 日，英国驻沪领事麦华陀奉英国驻华公使之命，公布《洋泾浜设官会审章程》。此章程按照时任上海道台应宝时提出的设立会审公廨草案 10 款订立，原定会审章程有效期为 1 年。理事衙门改组为公共公廨后，华洋理事同知的名称遂改为会审官，按中国习惯亦称“谳员”。公共公廨会审官为同知衔，职位不算高，却担负着极其重要的职责。

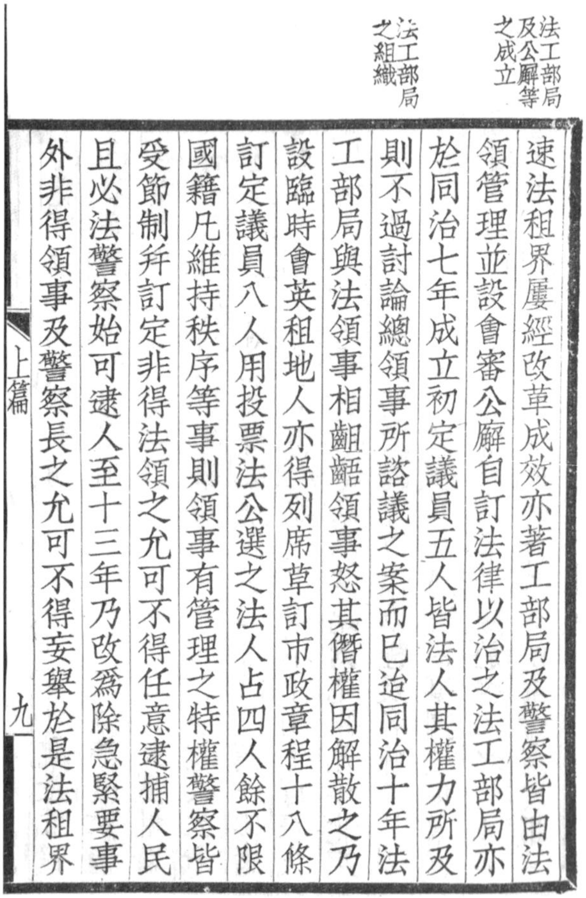
法工部局及公廨等之成立
法工部局之組織
逮法租界屢經改革成效亦著工部局及警察皆由法領管理並設會審公廨自訂法律以治之法工部局亦於同治七年成立初定議員五人皆法人其權力所及則不過討論總領事所諮議之案而已迨同治十年法工部局與法領事相齟齬領事怒其僭權因解散之乃設臨時會英租地人亦得列席草訂市政章程十八條訂定議員八人用投票法公選之法人占四人餘不限國籍凡維持秩序等事則領事有管理之特權警察皆受節制并訂定非得法領之允可不得任意逮捕人民且必法警察始可逮人至十三年乃改爲除急緊要事外非得領事及警察長之允可不得妄舉於是法租界
上篇
九

图 2-32 《上海租界问题》记载了“会审公廨”等

公共公廨原在公共租界大马路（今南京路）香粉弄，1882 年迁至南京路广西路口。1898 年，该地块售予英商新沙逊洋行，并委托通和洋行在北浙江路兴建新屋，1899 年 8 月落成，同年 9 月 18 日正式迁往北浙江路新址，即今浙江北路 191 号。梁元生认为上海道台为“转变社会中之联系人物（Linkage man）”，是近代中国非常关键的职位。[①]公共公廨可以说处于中西司法博弈的前沿，会审官则是以上海道台的“马前卒”身份来处理诸多棘手的涉外问题。在五方杂处的近代上海社会，特别是在前所未有的中西冲突与交融中，公共公廨有着特殊的地位与意义。

自近代开埠以来，上海为华洋杂处之地，一直是外交的前沿。上海租界为“国中之国”，公共公廨设在租界版图之内，如何在洋人主导管理权的租界社会中发挥作用，便成为历任会审官必须正视和谨慎对待的问题。

① 梁元生著、陈同译：《上海道台研究——转变社会中之联系人物，1843—1890》，上海古籍出版社 2003 年版。

自 1868 年《洋泾浜设官会审章程》订立，到 1927 年会审公廨收回，共有 18 任正会审官。历任正会审官中，有的前后任职几次，如陈福勋、翁延年、屠作伦均前后两次任职，关絅之则先后任职四次；有的任职时间极短暂，或调至法租界会审公廨，如张秀芝、谢国恩等。历任会审官中，声名最著的要数陈福勋与关絅之。二人任职时间最久，且皆以清正廉明、刚毅无私而深受官场及百姓所称道。

陈福勋，字宝渠，清浙江钱塘（今杭州）人。1868 年（同治七年），为会审谳员，驻扎上海公共租界新建理事衙门，办理华洋交涉事件。后禁娼、赌。1872 年，赴日本会同审办秘鲁船"玛也西"号拐卖华工事，带华工 226 人回沪。1875 年，随湖广总督李瀚章赴滇处理马嘉理案。1877 年，奉命与褚兰生赴英领事馆将价银交清，收回淞沪铁路。1879 年，参与筹建沪北栖流公所，收养失业贫病流民。1880 年，授为知府。1883 年，与美副领事会审上海公共租界捕房包探曹锡荣挟嫌报复杀人一案，开租界公廨实行预审程序之先例。

1905 年，我佛山人（即吴趼人）在《新小说》中曾讲述关于陈福勋任公共公廨会审官时的一个笑话："陈宝渠太守，杭州人，忘其为仁和籍、钱塘籍矣。为上海英租界会审委员时，捕役解小窃至，审为姓陈，辄颦蹙，操杭音曰：'我们姓陈的人，没有做贼的。'再审为杭州人，则又颦蹙，摇首曰：'唉，哪个许你做杭州人？'判罚毕，又谓之曰：'你下回做贼，到法租界去偷，不要到我这里英租界来偷。'"①从这诙谐言辞中，我们能感受到陈福勋作为杭州人的面子意识和风趣性格，读来令人忍俊不禁。

1899 年 9 月 18 日，公共公廨迁至北浙江路后，各方纷纷前往道贺。据《申报》报道，23 日，沪北栖流公所赠送匾额善政爱民德政牌，四面文曰："柔远能迩，除暴安良，恩周行旅，泽及穷黎"。②可见，上海社会各界对于公共

图 2-33　1899 年，已迁至北浙江路的上海公共租界会审公廨传票（时任正会审官翁延年签署）。由彭晓亮提供

---

① 我佛山人：《新笑史》，《新小说》第 2 年第 11 号，上海广智书局 1905 年版。
② 《上海官场纪事》，《申报》1899 年 9 月 24 日第 3 版。

公廨的期望值是极高的。1900年7月22日，适逢光绪皇帝三十寿诞。当日，上海道台余联沅在公共公廨洋务局内张灯结彩，准备西餐，举行中外联欢，并请天仙茶园名伶演剧助兴，电报局总办盛宣怀、上海知县汪瑶庭、公共公廨会审官翁延年、海关税务司安格联、南洋公学监院福开森、律师担文等中外名流出席，热闹不已。

在公共公廨历任会审官中，有的因贪污腐败而声名狼藉，如1904年任职的黄煊。虽然驻沪领事团听从外国陪审官的建议而极力担保，但因他营私舞弊，不能得到上级官员、公共租界工部局和民众的认可而被撤职。1904年，公共公廨谳员邓鸣谦办案不力，上海道袁树勋奉两江总督兼南洋大臣魏光焘之命将其撤职。在公廨案牍如山，上级暂时没有任命其他接任者的情况下，袁树勋任命年仅26岁的道署翻译关絅之代理会审官。关絅之从2月3日正式上任，至3月18日卸任。这短暂的一个半月，是他锋芒初试的一段时期。

1904年，公共公廨会审官更换频繁。当时的上海，苏报案、拒俄运动接连发生，正是民族主义浪潮风起云涌，外交冲突不断发生的时期。公共公廨是两江总督、上海道与驻沪领事团、公共租界工部局之间的关键连接点，许多重要案件和交涉都要通过公共公廨处理，所以公廨会审官便成为上海道台的倚重者。公廨会审官任命的恰当与否，与外交局势息息相关。

在领事团和各国副领事心目中，关絅之虽难缠，却又有令人佩服的才干。因此，"才能最著"四字，最能说明他屡次被委任为会审官的原因。1905年3月17日，袁树勋二次任命关絅之为谳员，至当年5月底。同年7月，袁树勋再次任命关絅之接替屠作伦为公共公廨会审官。7月7日，关絅之正式接印上任，这是他第三次任该职。

此时，正处于抵制美货运动的高涨时期，如果清政府官员对外交涉问题处理不当，将造成重大的外交冲突，这是清政府所不愿看到的。此时，上海道台袁树勋的压力非常之大，他迫切需要一个作风硬派，并得到租界的外国人认可的人，来辅佐他处理异常棘手的交涉问题。而这时的关絅之年仅27岁，年轻有为、极具魄力；已两任代理会审官，虽任期短暂，却赢得了各方的赞誉，尤其是各国领事的认可。因此，他便成为公共公廨会审官的最佳人选。

关絅之上任第二天，便与各国陪审官开庭审理各案。其雷厉风行的作风和办事效率之速，为道台及百姓所称道。此时的公共公廨腐败至极，差役冗员，并经常向商民索取贿赂，招致怨声载道。鉴于此，袁树勋令关絅之整顿公廨，严加裁汰差役。

关絅之领命后，为了不使司法机构继续成为腐败的温床，痛下决心整顿公廨秩序。其举措之一便是对公廨的押所进行大力整治。规定所有20间男女押所统一编号，每间只押4名罪犯，审判后应押的犯人由他亲自标明该押入几号间，这样就避免了差役向犯人及家属任意索贿。他还专门请来西医检查押所卫生状况，确保犯人在押所内得到应有的待遇。夏季炎热，他便捐出自己的廉银，为每个犯人配备扇子和凉席，并给囚犯增加伙食钱。这项措施表明，他对犯人一视同仁，并为他们提供人性化待遇。

7月9日，关絅之出示谕告，申明自己为官的原则是"廉洁矢守""言出法随"，以此防备公廨人员在外招摇，他还警告别有居心者，不要借自己的名义招摇撞骗，否则必严惩不怠。[①]7月11日，《申报》登载了关絅之为争取罪犯的发落权问题致英国驻沪副领事、公共公廨陪审官德为门（B.Twyman）的照会函，该函措辞严正，针锋相对，可以说是给德为门的严正声明。函中指出：中西法律不同，公共公廨审案应按照中国律例，同时参考西方法律，不能只按西方法律。关于公廨差役索费问题，属于公廨内部事务，德为门不应以此为借口而将公廨已判决释放的案犯带回捕房。关絅之指出当时的上海"民志颇齐"，驻沪副领事和工部局不能不顾及民众的情绪和反应而一意孤行。[②]

1905年12月，在黎王氏案庭审中，因中西法律习惯差异，公共公廨正会审官关絅之、副会审官金绍城与德为门之间的观点出现明显争议，以致酿成当面的严重冲突，史称"大闹会审公廨案"，从而引发上海各界民众数千人的大规模抗议。12月10日，《申报》发表措词严厉的社说《论会讯公廨哄堂事》。[③]以此社说为起点，上海各界掀起了声势浩大的集会演说潮，并很快转变为经济抵制和暴力运动。18日，公共租界的中国商铺开始罢市，民众游行示威并攻击巡捕房、工部局，巡捕实行武力镇压，导致华人死伤30多人的血案。最后，经两江总督周馥到沪与领事团协商，最终达成如下协议：（1）允许巡捕到公廨；（2）以后女犯押入公廨；（3）德为门不予撤换；（4）捕头木突生等不予惩罚。事后，清政府为息事宁人，又以上海道台袁树勋个人名义赔偿英方白银5万两。至此，"大闹会审公廨案"了结，因清政府的妥协退让，中国主权再受侵害。但由此案引发的上海地方官民向列强示威的运动，推动了中国民族主义的再次高涨。

1911年辛亥革命爆发。11月4日，上海光复，公共公廨正会审官宝颐与副会审官德胜臣闻讯潜逃，副会审官王嘉熙（字崧生）仍留廨内处理公事。6日，沪军都督府成立。逃往租界洋务局的道台刘燕翼于当日奉命将宝颐和德胜臣革职，同时委任关絅之为正会审官，主持公廨事宜，聂宗羲、王嘉熙为副会审官。在公共公廨暂时没有正式的上级管辖机关的情况下，驻沪领事团乘隙接管公廨，但仍承认关絅之等三位会审官。

此时，因局势激变，公共公廨一团乱麻。虽然王嘉熙与一班差役仍驻廨办公，此时却已是人心惶惶，全无秩序。关絅之临危受命，在公廨卷宗文牍内容极为纷杂，连年巨额罚款和缴款已被宝颐席卷一空的情况下，令书吏详列清单，以备查核。所幸的是，公廨男女押所关押的罪犯没有骚乱，否则后果不堪设想。

9日，关絅之下令公廨差役除去清服大帽，并将公廨所有公簿上的宣统年号删除，改用黄帝纪元，并毅然与聂宗羲、王嘉熙两位副会审官剪辫，以示拥护国家政体变更。

---

① 《关谳员关防示》，《申报》1905年7月10日第11版。
② 《关谳员致英美德副领事照会（为争发落事）》，《申报》1905年7月11日第4版。
③ 《论会讯公廨哄堂事》，《申报》1905年12月10日第1版。

11日，驻沪领事团以公廨已无上级管辖为由，宣布由领事团接管公廨，巡捕房接管公廨押所，暂时承认关絅之等三位会审官继续主持公廨事务。巡捕房总巡率众巡捕荷枪实弹准备接收时，恰逢关絅之外出，负责押所的委员谢树伯坚决抵制，但最终未能阻挡巡捕房的武力。关絅之回到公廨时，捕房收管已成事实，但他始终不肯签字承认，以示抵制。

公廨由领事团控制，中国主权被攫夺，此时的关絅之处于极其尴尬的境地。一方面，公廨事务大多由领事团接管，继续在公廨任职，必然处处受制；另一方面，如果辞职隐退，则公廨更为领事团和巡捕房完全占据，中国在公共租界内的司法主权必然全失。他进行了激烈的思想斗争，甚至一度提出辞职，在各界人士的极力挽留下，最终决定继续留任公廨会审官。

12月31日，关絅之命差役将原有宣统年号的传提票一律上缴，以待民国成立后更换民国年号。1912年元旦，公共公廨会审官至各国领事馆恭贺新年，不再穿清朝官服，改换西装。1月5日，沪军都督府正式任命关絅之为公共公廨正会审官。

关絅之在辛亥革命前夕，便与王一亭秘密加入同盟会，积极拥护革命。他在任会审官期间，多次援救革命志士，帮助他们脱离险境，继续从事革命事业。革命元勋孙中山、戴季陶、黄兴、陈布雷等均受其救命、保护之恩。另外，1913年宋教仁被刺案发生后，关絅之负责的七次预审，对于该案的最终结果起了关键作用。

1918年，第一次世界大战以协约国胜利而告终，各战胜国纷纷举行庆祝活动。中国亦是战胜国之一，公共公廨便悬挂起中华民国国旗——五色旗，以示庆祝。这次升旗却引起各国驻沪领事的非议，他们宣称公共公廨的性质属于混合法庭，不应只悬挂中华民国国旗。关絅之立即与驻沪领袖领事交涉，认为按照租界土地章程，公共公廨是完全的中国衙门，悬挂中华民国国旗名正言顺。各国领事因此事而有异议，有失公允。领袖领事为关絅之坚持民族大义的爱国热忱所感动，平息了各国领事的异议之说。公廨首次悬挂国旗，更是一个重要的象征。它是中华民国政府和人民尊严的象征，是国家主权的象征。以后，逢每年双十节，公廨都会升起庄严的国旗，这是关絅之力争的结果。

图 2-34　上海公共租界会审公廨正会审官关絅之。由彭晓亮提供

1919年，公廨检察处提议在公廨门口建造一个中西文并列的标志。关絅之坚决反对，极力与领袖领事和各国领事磋商。认为公廨已成立几十年，租界的中外人士都知悉公廨地点，不可能有打官司找不到处所之理，而且公廨外墙上有非常醒目的"会审公廨"四个大字，更不可能会找错，检察处此项建议纯属无理取闹。

1925年五卅惨案后，关絅之坚决顶住租界当局的施压，伸张正义，果断判定导致惨案发生的责任应归于无理开枪的巡捕，学生是无辜受害者。这样，便为中国政府在对外交涉此案时提供了确凿的法理依据。不久，北洋政府代表与"六国调查沪案委员会"赴沪调查，因英、美、日三方调查报告迥异、相互矛盾，最后不得不承认关絅之审判的结果为有效的法律依据。

"苟利国家生死以，岂因祸福避趋之。"林则徐此诗句，用在关絅之身上可谓恰如其分。关絅之从1903年任上海道署洋务翻译，并前后四任公共公廨会审官。他身处中外混杂的上海租界，从清末到民国，所经历的中外交涉、冲突无时不有。不论形势多么严峻乃至恶化，关絅之从来没有向敌对势力低头妥协，堪称一条硬汉。从有关史料分析可以得出，关絅之心

武装中之会审公廨

公共租界会审公廨，于廿九日上午初审南京路枪毙学生及监视闸北商团各案。未有此项之严厉戒备，上海万国商团之万国商团骑兵之浙江路之下级车、监狱路之步枪队、北四川路之巡捕大队、利海军

图2-35　1925年6月，五卅惨案后，戒备森严的上海公共租界会审公廨门口

图 2-36　上海公共租界会审公廨审案情景，中坐者为正会审官关䌹之。由彭晓亮提供

理素质非常好，遇事极其镇静，不易乱方寸。在复杂的对外交涉中，他并非盲目排外之辈。在与对手较量中，能做到正气凛然、有理有节，极力维护国家和民族利益。

1926 年，关䌹之在《会廨补阙记》一文中写道："弱国虽无外交之可言，然愚以为办理弱国之外交，亦自有道：开之以诚，布之以公，折之以理，动之以情，交际与手腕并用，彼方亦容有就范之时。"[①] 这"诚""公""理""情"四字，贯穿于关䌹之的外交思想中，在尽可能的范围内，最大限度地保全了国家权益和民众利益，是他一生的不懈奋斗。

关䌹之任公共公廨会审官前后十余年，与驻沪领事团和公共租界工部局斡旋，为挽回国家主权进行了不懈的努力。他时而巧妙地周旋于各国会审官之间，利用他们之间的矛盾；时而机智地比较中外法律的异同，依据法理展开雄辩；时而大义凛然地严词驳斥陪审副领事的无理纠缠。总之，在艰难困苦的环

---

① 关䌹之：《会廨补阙记》，《档案与历史》1988 年第 4 期。

境中，以大无畏的精神竭力捍卫国家司法主权、维护上海商民切身利益，是他司法实践中的重要特点。

1927年1月1日，《申报》第13版刊登"今日接收会审公廨"。公共公廨的历史使命终结，上海公共租界临时法院成立。1930年，该法院改组为江苏上海第一特区地方法院。但仍存有一些遗留问题，此后才得以解决，据《申报》记载：

> 【南京】外部以1902年公共租界会审公廨，与法租界会审公廨划分管辖办法，原属畸形制度，与普通法律原则大相径庭。十九年签订之《上海特区法院协议》，其附件第二项内声明："公共租界现有中国审判机关、与法租界现有审判机关划分管辖之现行习惯，在中国政府与关系国确定办法以前，仍照旧办

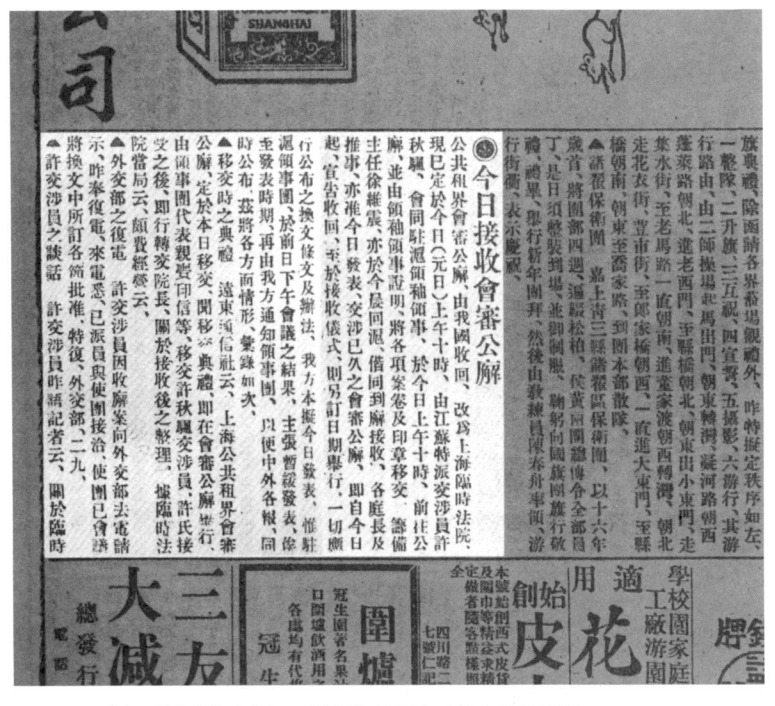

图2-37　《今日接收会审公廨》，《申报》1927年1月1日第13版

图2-38　《沪两租界法院管辖问题》，《申报》1931年8月19日第4版

理"等语,此次议订之《上海法租界内设置中国法院之协议》其第一条规定:"凡有关系之一切章程及惯例概行废止",是上项关于划分管辖之特殊办法,已在废止之列。又十九年协议附件第二项,原指公共租界现有中国审判机关,与法租界现有审判机关而言。现在法租界审判机关既已变更,此项声明,自应同时失其效力。……以后两租界法院之管辖,自应完全依照我国诉讼法办理,特咨请司法行政部,令饬江苏高等法院第二及第三分院,转饬所属一体知照,该部准咨后,十八已转令知照矣。①

上海两租界法院的管辖权至此收回。

2005年,公共公廨留存的建筑被上海市人民政府列为上海市优秀历史建筑。迄今,这幢1899年建成的折中主义风格建筑,已历经120余年的风雨沧桑,它在近代中国法制史以及上海城市史上的意义深远,值得铭记。

图 2-39　上海公共租界会审公廨大楼局部现状。摄于 2018 年 11 月 20 日

---

① 《沪两租界法院管辖问题,划分办法当然取消》,《申报》1931年8月19日第4版。

第三章
集聚与辐射

北站街区拥有航运、铁路等得天独厚的交通便利，加之地处华洋交界，这样独特的格局使之逐渐成为上海的一大工商业中心，工商业集聚，人员流动频繁。

这里有作为上海乃至全国商界领袖的上海总商会，有作为租界钱庄业领袖的北市钱业会馆，有作为票号业领袖的汇业公所。因为这些组织的存在，这里自然也成为近代上海商界名流出入的场所，盛宣怀、严信厚、周晋镳、徐润、祝大椿、朱葆三、聂云台、宋汉章、虞洽卿、王晓籁、冯少山、林康侯、沈联芳、傅筱庵、秦润卿、陈笙郊、谢纶辉、陈炳谦等叱咤于近代上海商界的代表人物都曾在这里活跃过，甚至可以说每一个行业的领袖和精英人物都与此地有关，因为上海总商会囊括了各行各业的领袖代表人物。与这些领袖组织相伴而生的，自然还有他们的住宅，盛宣怀、祝大椿、虞洽卿、徐润都曾在此置有产业，虞洽卿曾在此地长期生活。均益里、慎余里等石库门住宅区，也是商界和金融界从业人员的聚居区。从当时的报端记载中，我们似乎仍可感受到当年这一区域车马喧阗、觥筹交错的繁华盛况。

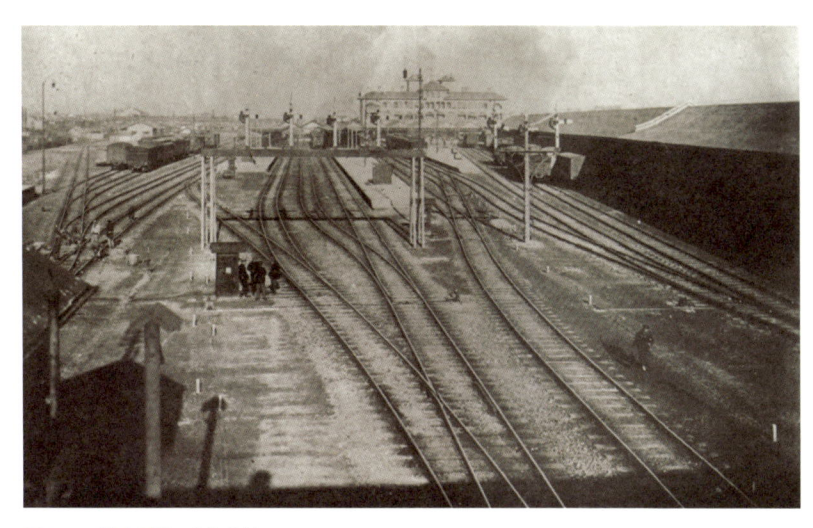

图 3-1　铁路沿线，上海北站

111

第一节
"中国第一商会":上海总商会

上海开埠以后,随着苏州河北岸的开发,河面上逐渐兴筑了跨度不同的桥梁,从黄浦江苏州河口的外白渡桥上溯至第四座桥梁——天后桥,即今天的河南路桥,桥的北堍即"中国第一商会"、有近代商业文明摇篮之称的上海总商会所在地。这座桥以天后命名,取自毗邻桥侧的天后宫。天后被视为船行江海的保护神,遍设于中国沿海地区。19世纪80年代,为适应出国使节越来越多的需要,清朝大臣崇厚奏准朝廷在今河南路桥的北岸建造出使行辕,作为出洋大臣的下榻之处,同时建造了天后宫,祈求平安无虞。

一、"中国第一商会"开风气之先

上海总商会的前身是上海商业会议公所。上海商业会议公所于1902年2月22日正式成立,会员70余人,由各帮董事充任。在全国出现商会之前,上海商业会议公所已活动一年,因此素有"中国第一商会"之称。上海商业会议公所自1902年经历了数次改组,1904年根据《商会简明章程》改组为上海商务总会。

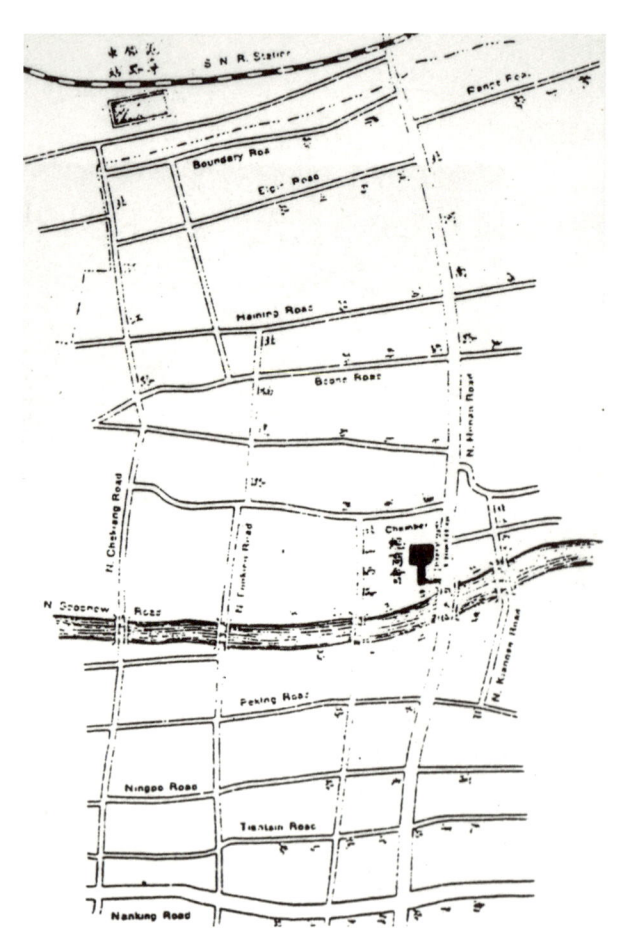

图3-2 上海总商会位置图

图 3-3 《上海指南》（商务印书馆版）封面

图 3-4 《上海指南》（商务印书馆版）记载了"上海总商会"

1911年辛亥革命后，上海部分商界人士以商务总会系前清农商部所设立为由，另组上海商务公所。但"公所"与"总会"名异而实同，无长期存在之理，各方几经磋商，一律赞成"归并"，并公定名称为上海总商会。1912年5月，上海总商会正式成立，直至1929年5月改组为上海市商会。

图 3-5 上海总商会，1930年

表 3-1 上海总商会历任领袖名录

机构	任期	会长（总理）	副会长（副总理、协理）
上海商业会议公所	1902—1904 年	严信厚	周晋镳
上海商务总会	1904 年	严信厚	徐雨之（润）
上海商务总会	1905 年	曾少卿	朱葆三
上海商务总会	1906 年	李云书	孙荫庭
上海商务总会	1907 年	周晋镳	李云书
上海商务总会	1909 年	周晋镳	严子均
上海商务总会	1910 年	周晋镳	邵琴涛
上海商务总会	1911 年	陈润夫	贝润生
上海总商会	1912 年	周晋镳	贝润生、王震
上海总商会	1914 年	周晋镳	朱葆三
上海总商会	1916 年	朱葆三	沈联芳
上海总商会	1918 年	朱葆三	沈联芳
上海总商会	1920 年	聂云台	秦润卿
上海总商会	1922 年	宋汉章	方椒伯
上海总商会	1924 年	虞和德（洽卿）	方椒伯
上海总商会	1926 年	傅筱庵	袁履登
上海总商会	1927 年	执行常务委员：冯少山、林康侯、穆藕初	
上海总商会	1928 年	主席委员：冯少山、林康侯、赵晋卿	

资料来源：上海市工商业联合会、复旦大学历史系编：《上海总商会组织史资料汇编》，上海古籍出版社 2004 年版。

我国商会创始人严信厚（筱舫）

徐润（雨之）　　　曾铸（少卿）

图 3-6　上海总商会人物（部分）

图3-7 上海总商会记

　　无论商业会议公所还是上海商务总会、上海总商会，都扮演着"中国第一商会"的角色，不仅代表上海工商界的利益，也是中国资产阶级利益的代言人。1916年中华全国商会成立，本会设总事务所，办理会中一切事宜，值得注意的是该会设于北京，但总事务所设在上海，而且开办之初总事务所的经费暂由上海总商会筹垫。[①]

　　上海总商会成立后，在为商民争利、争取裁撤厘金和关税自主方面做了持久的斗争。在上海总商会的推动下，北洋政府和南京国民政府先后制定颁布了一系列工商法规，相关的法规制定后，上海总商会继续推动这些法规的修订，使之更有利于经济的发展。上海总商会还承担了维持市场秩序的关键角色。1908年9月，上海人和永股票投机失败，负债达50万两之巨，稍后又发生纱商徐国祥、朱陈初伙同煤行老板刘伯森等人进行股票投机失败之事。上海各外商银行为免受倒账之累，纷纷收回前所拆放各钱庄之银，共约500万两，使上海金融业"银根奇紧"，恐慌遂起。为稳定人心，上海商务总会与上海道联合担保，向英商汇丰银行借银230万两，另向江苏藩库借银70万两，总计300万两，交北市钱业会馆，用以调剂市面，及时化解金融危机。1910年的"橡皮股票风潮"爆发后，上海商务总会召集各业领袖，召开特别大会，商讨救援办法，经过努力，由大清银行解银100万两，并由上海各业富商提供抵押担保向汇丰银行押借200万两，人心逐渐稳定，一场可怕的危机得以平息。

[①] 上海市工商业联合会、复旦大学历史系编：《上海总商会组织史资料汇编》上，上海古籍出版社2004年版，第215页。

此外，上海总商会在近代商业文明的传播和商业人才培养方面做了积极努力。1920年8月，上海总商会改组后，针对上海工商界大多数从业人员知识水平低下，难以适应近代化需要这一问题多方募集基金，1921年11月12日第23次董事会通过《图书馆规划案》和《阅览室章程》，由总商会筹集拨付21 800元开办费，另从基金生息内每年拨用3 500元作为常年经费。1922年6月26日，上海总商会商业图书馆正式开馆，地点即位于总商会议事厅二楼，由道契处、公断处、会计处、收掌处房屋拨用。①

中华书局、商务印书馆允诺每出一种新书，即捐助总商会一种。由于得到各书局、各机关团体和个人捐赠的图书，该馆的藏书日益丰富。据1926年统计，馆藏各类图书已达16 484册，而到1929年馆藏中西图书32 490册。总商会图书馆成立后，受到各界的欢迎，在知识传播方面发挥了很大作用。据1929年的统计报告，该馆全年开放283天，阅览人次38 706人，借出图书次数总计8 121次，共发出阅览证2 002张。②

表3-2 上海总商会图书馆阅览者职业分布

职业	人数	职业	人数	职业	人数
书局及报界	55	报关	19	政界	16
银行钱庄	207	银楼	10	交易所	17
保险	19	学界	652	交通	129
医业	8	工程	22	煤铁	32
印刷业	23	商业	108	会计书记	28
实业	40	烟纸业杂货	81	丝绸呢绒洋布	65
电业	23	典业	4	洋行	99
打字翻译	6	棉纱纺织	36	化学工业	60

资料来源：《上海总商会组织史资料汇编》下，上海古籍出版社2004年版，第771页。

---

① 上海市工商业联合会、复旦大学历史系编：《上海总商会组织史资料汇编》下，上海古籍出版社2004年版，第758—767页。
② 上海市工商业联合会、复旦大学历史系编：《上海总商会组织史资料汇编》下，上海古籍出版社2004年版，第771页。

图 3-8　上海总商会图书馆阅览室

图 3-9　上海总商会图书馆杂志阅览室

从阅览者的职业来看，已不仅限于商界，还有学界、报界和政界，其中学界人数最多，有 652 人。为开通商智，传播商业知识，上海总商会于 1921 年 8 月创办《上海总商会月报》，栏目内容包括国内外商情调查、国外贸易、欧美商业最新论说、最新发明、工商要闻、国外关于商业要义名著翻译。①月报的出版打开了国内了解世界的一扇窗口，为国内商业改良研究提供了借鉴，影响深远。

上海总商会不仅不遗余力地普及商学知识，而且联合中华职业教育社和上海商科大学，开办商业补习学校，直接培养商业人才。上海总商会商业补习学校于 1922 年 3 月开课，校址在上海总商会内，开办费用由时任会长聂云台②和副会长秦润卿捐助。学校面向整个社会，欢迎工商界人士及其子弟报名，受场地限制，商业夜校不得不对入学新生人数做出限制，但报名者十分踊跃，因此不断扩大招生人数。据统计，1922 年上海总商会商业夜校开办初期录取 94 名学生，1923 年下学期增至 221 人，1926 年最高达到 321 人。

---

① 上海市工商业联合会、复旦大学历史系编：《上海总商会组织史资料汇编》下，上海古籍出版社 2004 年版，第 773—774 页。
② 聂云台（1880—1953），祖籍湖南省衡山县，1880 年 10 月出生于长沙。其父亲聂缉椝（历任上海道台、安徽巡抚、浙江巡抚），母亲曾纪芬是曾国藩之女。聂云台排行老三。他于 1883 年移居上海。1893 年回湖南考取秀才。曾赴美留学。1904 年在上海组建复泰公司，承包华盛纺织总局。1909 年收购华盛全部股份，改名恒丰纺织新局，亲任总经理。1915 年赴美考察，约请美国棉业专家来华调查，协助改良中国的棉花种植。1917 年与黄炎培发起成立中华职业教育社。1920 年当选上海总商会会长。1921 年发起创办中国铁工厂，制造纺织机械。1922 年在吴淞建成大中华纱厂。1922 年 5 月以上海总商会会长名义组织"国是会议"，发表《国是会议宪法草案》。

为提高商业夜校的教学质量，总商会充分利用上海丰富的商学教育资源，为夜校配备了优异的师资，担任高级广告学课程教师的林振彬系留美经济学硕士、商务印书馆经济编辑，担任商业管理课程的教师为商科大学教师、留美经济学硕士刘树梅，其他教师大多具有留洋或执教于大学的经历，"凡商业上应有各科，收集既富，审择尤精，教授诸君又皆大学毕业者流，循序施教，成效因以大著"。

连续出版物是传播知识的重要媒介，颇受中国商会的青睐。1904 年广州总商会成立后即创办《广州总商会报》，天津商务总会创办了《天津商报》。上海商业会议公所因疏忽了商业刊物的出版，受到舆论的批评。1920 年改组后，上海总商会决心创办一本大型月刊，作为自己的喉舌。经一年筹备，上海总商会《商业月报》于 1921 年 7 月问世，编委会阵容强大，并拥有一支声望很高的固定作者队伍，其中不乏著名经济学家和企业家。创刊号发刊词强调杂志"面向全国工商界"，办刊宗旨"约有三端：曰指导商业社会，曰提倡学术研究，曰搜集参考资料"。辟有言论（专论）、译述、丛载、商学、国内外商情、调查、统计、通讯、工商新语、会务记载、名人传记等栏目。内容既有很强的专业性，也有现实针对性。如创刊伊始，总商会月报连续发表经济学家邓峙冰的《关税改正问题》，就为什么要实行关税自主，如何实行关税自主进行了全面的讨论，文章引导民众将对一般问题的关注转移到对影响一国经济发展的重大问题上。

20 世纪 20 年代初，证券交易所在上海迅猛增加，短时期内，暴增至 140 余家，信托公司十余家。由于缺乏正确的引导、完备的法规和有力的控制监督手段，很多交易所误入歧途，未及一年，大部分倒闭，引起巨大的市场波动。为遏制这场破坏性极大的证交狂潮，上海总商会除采取有力措施之外，还在月报上发表了马寅初撰写的《吾国信托公司前途之推测》，穆藕初的《论交易所之利弊》、聂云台的《论交易所之利弊与我国企业家今后应有之觉悟》等文，帮助读者了解交易所原理，认识盲目投机的危害，以避免类似风潮的发生。该刊还经常组织专号，就一些行业的发展提出指导意见。如 1923 年 5 月出版《棉业专号》，发表多篇很有见地的文章，就我国棉纺业的发展献计献策。

上海总商会还积极为工商阶层表达政治诉求。商人在中国传统社会中长期处于四民之末，受到歧视。在中国近代社会转型中，商人的地位逐步提高，至 20 世纪初，商人已成为社会精英阶层，"绅商"一词的流行反映了这一地位的变化。商人充分意识到这一点，期待像他们的西方同行一样，承担更多的社会政治责任。1902 年上海商业会议公所成立以后，在从事大量与经济相关的会务之外，外争国权，内求政治清明，成为推进近代中国政治变革的重要力量。

1905 年的反美华工禁约运动是近代中国外争国权的一项大规模政治斗争。自 19 世纪 50 年代起，为生活所迫的闽粤地区华工大批前往北美谋生，为美国经济的发展做出了巨大贡献。但华工的付出并没有得到公正的回报，一些政客为拉选票，利用白人劳工对华工的不满，制定了多个歧视华工的法规。1905 年是臭名昭著的《排华法案》到期之年，美国国会要求中国政府就延续这个法规进行谈判，在美华工强烈要求废除法案，这场斗争很快延续到国内。据记载，1905 年 5 月初，上海的《时报》连续刊登中美谈判续签新约的消息。5月10日，上海商务总会召开各帮商董特别大会，商讨抵制办法，会上福建帮领袖、上海商务总会议董曾少卿力主以两个月为期限，若到期"美国不允将苛例删改而强我续约，我华工应以不运销美国以为抵制。曾少卿的主张得到与会者的支持，会后通电全国21个重要商埠的商会，要求通力合作，共同抵制，一场由上海商务总会领导的全国性反美爱国运动由此展开。通电发出后的三天，上海广肇公所提出了具体的抵制办法：（1）中国无论公私一概不用美人。（2）华人受雇于美机构、企业者自行辞退。（3）华人相戒不用美货。

上海商务总会发出的强硬通电，以及中国各地即将出现的抵制美货行动引起了在华美商的深切关注和严重不安，他们致电美国政府尽快解决修约纠纷，美国政府通过驻上海总领事，一方面恫吓威胁上海地方官员，另一方面则与上海商务总会领导人接触会面，软硬兼施，希望上海商务总会放弃抵制美货的立场，但以曾少卿为首的上海商务总会部分领导人坚持不妥协立场，两个月期限届期之日，宣布正式实行抵制美货。号令一出，次日上海的印刷、钟表、航运、煤炭、报关等70多个行业相继宣布参加抵制美货。长沙、南昌、苏州、营口、镇江、安庆、澳门、芜湖、绍兴、嘉兴、扬州等地商会、商家纷起响应。中国人民在反对华工禁约中表现出来的巨大力量为美国政府始料不及，清朝政府怵于民众强烈的反美情绪，未敢同美国政府续签限制华工禁约，反美华工禁约运动取得了胜利。在评估这场运动的伟大意义时，梁启超盛赞上海商务总会及其领导人，指出能以"一二月间极短之晷刻，而能动世界两大国国际之关系，使地球诸国咸瞠目结舌奔走相告曰：中国不可侮！中国不可侮！"以后如能发扬民力，为国家之后援，所能实现之目标，"岂惟此区区一禁约而已"。

除外争国权，上海商务总会及总商会在国内重大的政治变革中也扮演了不可或缺的角色。1903年五大臣出洋考察宪政，归国后在奏折中详尽介绍了西洋的政治体制。1905年清朝政府颁布了预备立宪上谕，各地的立宪运动因此而起。

1906年12月，在对立宪的憧憬中，上海的华商领袖成立了国内第一个立宪团体——预备立宪公会，上海商务总会总理李云书、协理孙多森以及议董徐润、周晋镳、朱葆三、虞洽卿等分别担任预备立宪公会的会董或会员。

1908年8月，清政府颁布《钦定宪法大纲》，宣布以九年为预备立宪期，实际上并不打算真正推行立宪改制。各地要求立即开国会的请愿活动风起云涌，1910年5月，上海商务总会、华商联合会、预备立宪公会等诸多团体推举沈缦云为国会请愿代表，进京请愿。沈缦云在天津发表演讲，指出："若望商业发达，国家富足，非我国商民请愿速开国会不可。"6月13日，沈缦云与军机大臣会面，后又以上海商务总会国会请愿代表的身份，与首席军机大臣庆亲王奕劻直接会面，但谈话的结果令他大失所望。

1910年11月4日，清廷发布上谕，宣布原定九年后召开国会，提前至三年，否决了国民要求立即召开国会的要求。清廷的这一做法，使尚对清朝政府存有幻想的立宪派绅商彻底绝望，部分激进的领导

图 3-10　上海商务总会第三任总理李云书

图 3-11　朱葆三

图 3-12　虞洽卿

人开始投向推翻清朝政府的革命阵营。

1911年武昌起义爆发，11月3日，上海发动了光复起义。上海商务总会虽然并未直接以组织名义参与光复起义，但其重要骨干成员事前参与了起义的密谋，而且，光复的军事力量之一——上海商团就源于虞洽卿于1905年在租界发起组织的华商体操队。上海商团担任攻占上海道、县各公署的主力。在占领上海道后，商团还参加了攻打军事重地江南制造局的战斗，不少商团团员在战斗中表现了视死如归的精神，依靠顽强斗志终于攻克了清军在上海最后的堡垒，赢得了光复起义的胜利。

中华民国建立后，共和政体徒有其名，国内的政治状况依然如故。尤其是南北对峙，整个国家实际处于分裂，中华民族的复兴遥不可及。1919年北京爆发五四运动，上海总商会的表现不尽如人意，受到严词抨击。1920年8月，上海总商会改选，一批新生力量脱颖而出，取代了较为保守的议董。上海总商会发现北洋政府既不能为商民解除"外力压迫"的痛苦，又多为一己私利而互相争斗，抢夺地盘，陷国民于水深火热之中，因此，决心摒弃"在商言商"，联合全国商界人士，"用各种方法逼迫政府改良内政"。

1921年10月，上海总商会会长和江苏省教育会副会长联手合作，以高教联席会议的名义向各省议会、商会、教育会、农会、银行公会、律师公会、报界联合会发出通电，发起组织七团体国是会议，通电指出："我国民苦水火久矣，政治纠纷，法律失效，兵戈遍地，灾祲频仍，国命民生不如蟪，共和国家，主权在民，载在约法，乃竟听其摧残，不加督责，吾民其何以自解？"号召各团体"策群力以拯颠危，集众思以谋国是"。

1923年间，上海总商会先后提出裁兵、理财、制宪三项政治主张，并为此目标进行了不懈努力。1922年6月6日，总统黎元洪发出了"废督裁兵"的通电，蔡元培随即在北京组织"国民裁兵促进会"。上海成立的废督裁兵组织有"裁兵讨论会""裁兵促进会"。1922年12月15日，上海总商会针对国内局势，向全国各地商会发出一份快邮代电，提出了明确系统的政治主张：

（一）将现有之军队竭力裁减，以足敷维持治安为度。在实行裁减之际，由中央特派大员会同各省组织特别机关，将军队实数逐一检查，嗣后应行留存之军队名额，由国会另一法律规定之。

（二）整理财政，收支公开，公共之财源，应专以维持公共事业，绝对不许供一系一派之利用。

（三）迅速制定适合国情之宪法，并于宪法中列入专条，凡设置类似督军之军职，以及军人干涉政治，均为厉禁。

所祈全国商人一致主张，成为国论，务以百折不回之精神，挽此旷古未有之危局。

这实际上是一篇义正词严的声讨军阀祸国殃民、号召全国商民起来改造政府的檄文，也是上海总商会所代表的上海民族资本家为挽救中华民国提出的一个"政治纲领"。从上海商业会议公所、商务总会、总商会、市商会等机构的上述举动来看，"中国第一商会"、近代商业文明的摇篮实非虚言。而这一切震动宇内、影响海外的政策号令都发自坐落于苏河湾的这栋建筑中，这里当之无愧地是近代上海商界精英的集中之所。

二、上海总商会落户北站地区

上海总商会虽然名头很大,但是办公用房长期阙如。上海商业会议公所成立之初,设在大马路(今南京路)五昌里,办公用房是严信厚垫资租赁的。1903年《商会简明章程》规定,各地的商会办公用房由地方政府拨给。苏松太道为方便行事,将拨房改为年贴1800两,公所地址迁到爱而近路(今安庆路)。1911年上海商务公所成立后,上海军政府划定铁马路(今河南北路)天后宫旁的原清政府出使行辕为办公地址。1912年,上海总商会成立后即在出使行辕旧址办公。总商会以旧基朽败不敷使用,且"上海为商务总枢,凡遇商事关系之开会议事无正式厅事,奉准政府以出使行辕基址建造新会所,自1914年10月兴工至丙辰正月(1916年)建造议事厅,费银十万两,内议事厅费银六万八千两,辅助用房、花园及装饰,用去三万余两"。[①]

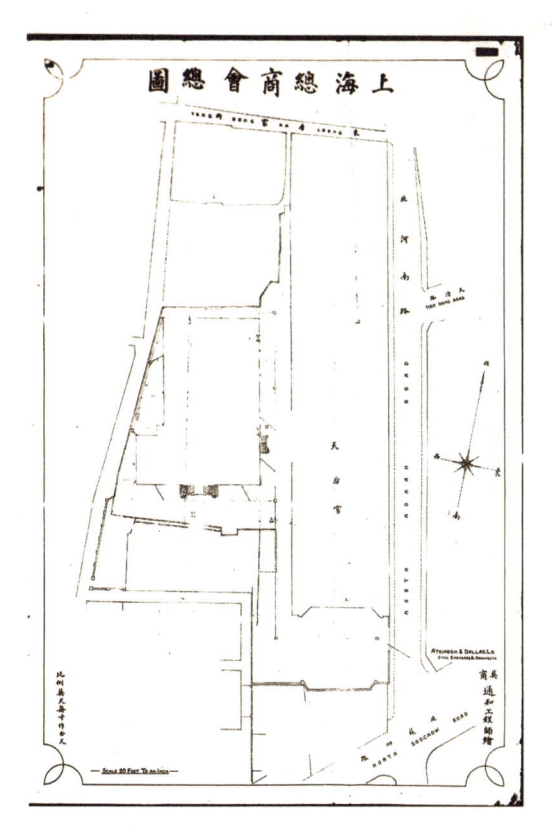

图3-13 上海总商会总图

图3-14 上海总商会界碑

---

① 《上海总商会新建议事厅开幕纪念》,1916年。

图 3-15　上海总商会议事厅

图 3-16　上海总商会议事厅（内部）

1916年3月议事厅正式开幕，大楼由外国建筑设计事务所通和洋行设计。其占地面积为1360平方米，建筑面积为4100平方米。整幢大楼高三层，从外墙立面、窗棂藻饰到内部结构均为文艺复兴式风格。外墙采用清水红砖，壁柱、门窗等处的装饰凸显了巴洛克风格。

　　一楼为接待区、会客室，会场两边为回廊及包厢，风格典雅，装饰精美。主要招待一般的商界代表；二楼为议事厅；三楼为中西贵宾活动场所各一，分为东西区。二楼的议事厅为整个建筑的核心，按照西方的议会厅建造，主席台下的座位呈扇形，议事长的讲台处于主席台的中心，背后是一排议董的座位。议事厅的布置力求气派、庄重，以彰显上海商界的地位。地坪用材高雅而无奢华，四墙的挂画和墙角花几的盆栽透出艺术的气息。

　　作为上海商界连接四面八方的枢纽，上海总商会为议事厅制订了详尽的使用规则，凡总商会下属各同业公会皆可借用议事厅，作为会议之所。上海各业同业组织曾在这里召集会议，会商推进整个行业进步的措施。议事厅也接待过来自国内各省的商会代表，共商振兴民族经济的大计。议事厅的三楼贵宾室还留下过上海总商会与西方商界代表团敞开心扉、共谋亚太经济互惠互补的身影。

　　建筑的落成为上海总商会开展会务奠定了基础，上海的商界领袖在这里做出过无数影响过中国近代化进程的决议，发出过抵御外侮、维护民族权益的正义之声，创造了无愧"中国第一商会"称号的业绩。这里也是上海总商会创办的《商业月报》、商业夜校、商品陈列所所在地，传播过近代商业文明。

图 3-17　上海总商会领袖摄于议事厅正门

图 3-18　上海总商会商品陈列所第二次国货专题展览会会场

在上海总商会的历史舞台上，有太多的商界弄潮儿发挥过影响，除早期的严信厚，担任过主要领导职务的有周晋镳、宋汉章、朱葆三、聂云台、虞洽卿、傅筱庵、冯少山、林康侯、赵晋卿。在中国第一商会这个重要的舞台，他们各自扮演过不同的角色，有的成了匆匆一现的过客，有的则留下了巨大的影响。总商会时而激进、时而颓唐，可从这些领导人不同的政治理想，对民族振兴之路的不同理念找到解释。

上海总商会的大门至今依然屹立，高大的仿罗马梯铎凯旋门式样，拱形的门洞旁分别矗立着两根花岗岩的石柱，虽历尽百余年的沧桑，精美的纹饰依然清晰可见。进入大门便是一条20多米长的甬道，甬道北端西侧曾是一个小花园。

上海总商会议事厅落成后，建造商品陈列所的提议进入议事日程。1902年，上海商业会议公所的章程即提出要设立商品陈列所，因没有合适场地，未能落实。1915年《呈请农商部备案并咨行各省文》中指出："今日之道以振兴实业为先，振兴实业以推广国际贸易为要，……上海为通商巨埠，我国输出品大都以此为荟萃之处。以交通未便，懋迁之道，有局于方隅，团结无力，聚合之区反疏于研究，甚至有天然特产足供世界之需要者，竟湮没而不彰，制作精良应备吾人之仿造者，又借镜而莫得……本应有鉴于此，迭经会董之再三讨论，皆主张举办商品陈列所，征集各省方物，陈列一堂，俾资比较，而全观摩，复求改良而供参考。"同年10月，上海总商会拟定了章程，11月劝募公债。1918年11月招工投标，

图 3-19　上海总商会商品陈列所第三次展览会化工演讲大会会场

（九）

图 3-20　上海总商会商品陈列所内景（部分）

1919年春庀材兴工，1920年夏竣工。商品陈列所也由通和洋行设计，整个工程费银68143两。陈列所位于议事厅北侧，层高三楼，外墙装饰与议事厅相似，占地面积520平方米，建筑面积3016平方米，内有商品陈列所、国货商场和商业夜校等。

由于向公众开放，整个设计注重满足大客流的需求，走道、楼梯、陈列所的空间力求宏敞，使观众能舒适地进行参观。由于总商会是一个封闭的空间，参观者须从总商会通过二道铁门，沿着议事厅旁的小道，步行数百米到达商品陈列所。从进门绕商品陈列场地一圈，约长2218英尺（约676.05米），置有甲乙丙三种柚木玻璃橱柜320个，分为12个展览部。

上海总商会随即成立了商品陈列所委员会，推举会董田时霖为委员长，延聘海内政、商两界著名人士为顾问，同时组织了一个募金团，筹得捐款164268元，作为陈列所和商业图书馆常年活动经费。

按陈列所章程，每年六七月征集各省商品一次，每年8月举行展览会一次，择优授予奖牌。

1921年12月1日，商品陈列所举办了第一次展览会，展品包括美术工艺品、饮食品、农民园艺产品、机械工业品、染织工艺品、制造工艺品、矿产品、水产品、化学工业品、药品、科学仪器、皮制品共12门类，展品33400件。

第一次商品陈列会取得了很大的成功，扩大了国货产品的影响，打开了工商界人士的视野。据统计，第一次展览期间参观者达到61000人次，展览结束后，商品陈列所组织的展品审查会对陈列商品进行了评比，将奖牌授予优秀展品。

1922年10月为参加翌年2月在美国纽约举办的丝业博览会，组织了以全国茧丝绸产品为主的第二次展览会（又称丝业专门展览会），展品来自江苏、浙江、湖北、湖南、山东、河南、四川、奉天、河北、福建、安徽、云南、吉林、江西、山西15个省的300余家工厂，共约2 000多种丝绸。

1923年10月10日举办了以化学工艺为主的第三次展览会，展出农艺化学类、工艺化学类、电气化学类等三大类化工产品。上海总商会在强调这次展览会的目的时指出："盖以吾国工业正在萌芽，全国所需日用之品，泰半皆系来自外洋，而于化学工艺品类尤为充斥，利权坐失，伊于胡底。惟是化学工艺品类繁多，范围甚广，兹仅就国内言，工厂商号所有出品中，择其物质显著亟须研求而易为工业上之促进者，分门征集，以供展览而往提倡。"

商品陈列所展览期间，上海总商会车水马龙，游人不断，每日平均人数

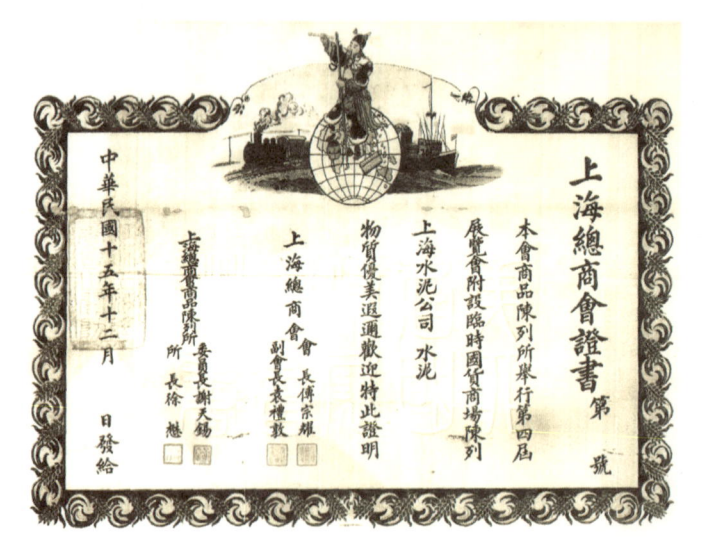

图3-21　象牌水泥获上海总商会颁发的证书

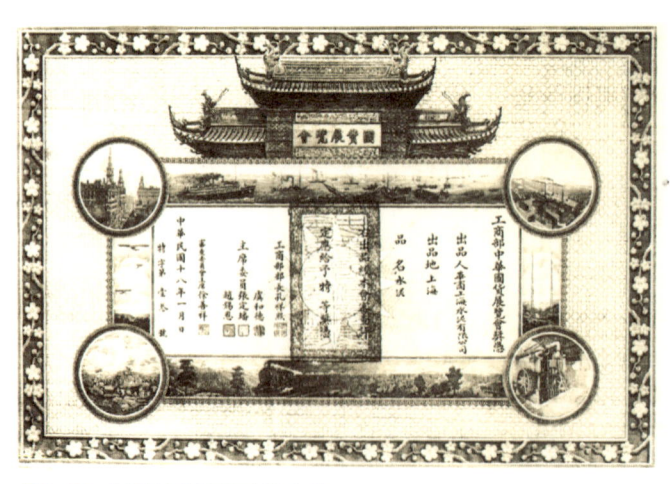

图3-22　上海总商会档案资料选（1）

200余人,每遇公共假期或风日晴和之时,参观者尤众,超过千人。即使雨雪交加之日,亦有数十人之多。各校学生、东西侨商,自远道来上海参观者都很踊跃,对于展出的物品分别考察,极为周详。除了对国货的展出和宣传,组织国货产品参加世界博览会(俗称"赛会")是上海总商会推动国货制造业的重要举措。

1866年清朝总理衙门首次应邀参加法国巴黎博览会,至1911年清朝覆灭,46年间,中国共收到各类博览会的参赛邀请80次以上,由于清朝政府昧于世界大势,视参加赛会为不急之务,又因要花费大量经费,所以兴趣不大,长期委托海关税务司主持参加博览会的事务。1904年中国政府首次以官方形式率领商人参加美国圣路易斯世博会,由于准备充分,征集了一批优质产品,湖北的茶、江西的瓷器、夏布、浙江的丝、茶,江宁的花缎、四川的货物等获得头等牌或金、银奖牌多枚,中国政府及官员获得头等赏牌16枚、金牌20枚、银牌23枚、铜牌12枚、纪念牌5枚。

美国圣路易斯博览会在中国社会引起了较强的反响,通过与外面世界的接触,无论官员还是商人的视野都变得开阔起来。国货产品在博览会上所获得的高度评价,更增强了他们的信心。

图3-23　上海总商会档案资料选(2)

但由于政府主导着海外博览会的参赛活动，商人的作用没有得到充分发挥，一定程度上挫伤了他们的积极性。1920年8月上海总商会改组后，一批新的领导人不再满足于充当海外赛会活动被动的参加者角色，以更加主动的姿态参与这项活动的组织工作。1923年2月，美国拟在纽约举办丝绸博览会，1922年8月是上海商品陈列所第二次展览时期，陈列所将这次展览内容确定为丝绸，从全国各地征集了诸多优质产品，拟在展出后，远赴美国参加赛会。上海的丝绸行业组织江浙皖丝绸公所、钱江会馆做了大量组织工作，但在申请政府拨款上遭到挫折，上海总商会多次代为申请，杳无下文，1922年11月，总商会再次致电农商部，指出政府若不拨款，将导致代表团难以赴会，"一则有损国际之声誉，一则坐失外销之良机"。经再三交涉，农商部只答应拨银25000两，一些丝业团体颇为灰心。这使上海总商会的领导人深感不安。志忑之际，各绸业团体收到上海总商会领导的公函，诚挚表示："敝会忝执承转之役，未能尽力斡旋，有负同业属望，尤深内疚"，劝说各绸业勿受困难退缩，"频年以来，政局扰攘，内讧靡已，政府对于实业未能悉心提倡，早在吾人意中，上例利害，惟身受者关系最切，正宜以自决之精神，图最后之奋斗，似未可因不满意于政府之举措，而坐失此大好时机"。在总商会的鼓励下，这次赛会活动才未中辍。1923年2月，由上海总商会、江浙皖丝厂茧业总公所、上海丝业会馆、

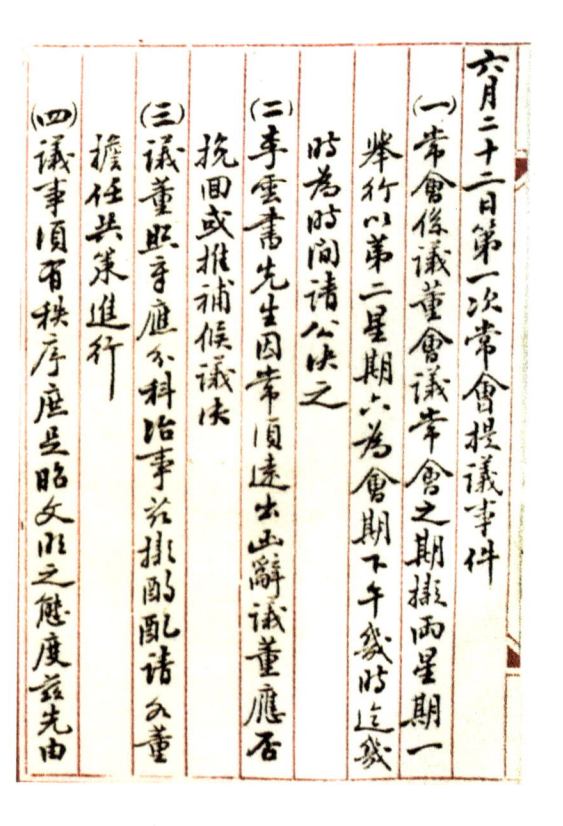

图3-24 上海总商会档案资料选（3）

杭州绸缎绣业各团体、关山东丝绸业团体代表组成的12人代表团携带精美的国产丝绸产品赴美参赛，博得参观者的一致好评。

1923年春夏之交，荷属巴达维亚（今印度尼西亚雅加达）中华总商会致函上海总商会，要求配合各侨胞抵制劣货，"征集国货样品运至该会陈列，俾便代用"。上海总商会当即分函各国货工厂征集，获得热烈响应，知名国货工厂中华化学工业社、家庭工业社、大中华火柴公司、华福制帽公司、永和实业公司、三友实业社等提供了一大批赠品和商品，运送当地陈列，为国货工业品拓展南洋市场开了先河。

1933年是美国芝加哥建城100年，美国政府决议届时举办芝加哥博览会，1931年即邀请中国政府派团参加。中国政府接受了邀请，成立了由实业部、上海总商会、工商企业家组成的筹备委员会，上海总商会的主要领导均担任筹备委员会的委员。不久又建立了中国参加芝加哥博览会出品协会，聘请蔡元培、虞洽卿、王晓籁、张公权、徐新六等人以及江西、福建等地的商会领袖担任理事，上海总商会王晓籁任常务理事兼主席，虞洽卿、林康侯等任常务理事。在出品协会的主持下，征集赴会赛品的工作有序进行。正当芝加哥博览会临近之际，爆发了日本在中国北边进犯热河的军事行动，行政院鉴于军需孔殷，财政支绌，决定终止参会，消息传出，各地商界一片哗然，纷纷提出遽然终止参会不利于振兴国货，同时将给国际社会留下言而无信的印象。但行政院的决心横亘在前，要政府收回成命谈何容易。关键时刻，上海总商会挺身而出，决心自筹经费在国家的指导下，以出品协会的名义继续赴会。出品协会的上海理事向各大银行商借了10万元，又获得政府补助5万元，这次差一点夭折的赴美参赛终于成行。1934年1月中国参加芝加哥博览会的数百件展品束装载船，如期前往美国。1934年美国方面决定将芝加哥博览会续办一年，邀请中方继续参加，上海协会征得政府同意，再次参加。

参加芝加哥博览会的经历在一定程度上调动了中国商会的主动精神，他们意识到如由工商界来组织这项工作，效率无疑会更高。博览会结束后，中国参加芝加哥博览会出品协会向实业部呈文，提出设立永久性赴外参赛常设机构，名为中国参加博览会出品协会，负责中国企业参加海外赛会的组织工作。这显示了上海商界融入世界经济，把国货推向全球的强烈意愿。

第二节

北市钱业会馆与钱庄北移

　　钱庄作为上海最重要的传统金融机构，曾在近代上海金融行业中具有举足轻重的地位，即使在外商银行与华商银行崛起于租界时，钱庄也与它们形成三足鼎立之势。钱庄的同业组织有四种，即钱业公所、钱业会馆、钱业公会、汇划总会。

　　清乾隆时期，钱庄在上海已经颇具规模。当时上海的钱业总公所办公地点在邑庙东园（即今天豫园内园）。豫园内园建造于康熙四十八年（1709年），由于当时钱业历年任修葺之费，所以把办公地点设于此。据临桂况周颐"1921年重修内园碑"文中记载："乾隆间钱业同人醵资购置，为南北市总公所——盖自乾隆至今，垂二百年，斯园阅世沧桑而隶属钱业如故。"[1]据考，乾隆四十一年（1776年），在方维馨、王聚安的倡议下，钱业同人经过酝酿，集银1000两，买下东园晴雪堂房产，作为商议钱业公共事项的场所，即钱业总公所，也称内园钱业馆。钱业总公所奉祀秦裕伯为祭神，"以时会集、寓乐群之雅，事涉闳旨，辄就谋议"[2]。公所的会员均为上海各大钱庄。钱业分为汇划庄、挑打庄、零兑庄。汇划庄，即通常意义上上海钱庄，其资本实力雄厚，营业范围广，所出的庄票信用度较高，流通范围广。[3]挑打庄的资本额度较小，营业范围也狭窄，对于票据的收解必须委托汇划庄代理，挑打庄拥有元字庄、亨字庄。零兑庄的资本额度最小，主要业务是零星兑换银元、辅币等，拥有利字庄、贞字庄。三类钱庄中只有实力最为雄厚的汇划庄才能成为钱业公所的会员。上海钱业公所不定期推举出10余名钱庄老板为董事，董事采取轮值制主持会务，另外延聘经行、经差、住持等职员处理公所的日常事务。[4]

---

[1] 豫园内园碑刻：《重修内园记》。
[2] 华长慧主编：《宁波帮与中国近代金融业》，中国文史出版社2008年版，第77页。
[3] 《上海滩钱庄的起源与发展》，政协上海市黄浦区委员会、政协上海市委员会文史资料委员会编：《外滩金融史话》，新华书店上海发行所2010年版，第8页。
[4] 《上海第一个钱业公会始末》，政协上海市黄浦区委员会、政协上海市委员会文史资料委员会编：《外滩金融史话》，新华书店上海发行所2010年版，第18页。

1853—1860年，上海的钱庄主要集中在县城内，规模达100多家。此时的上海钱庄，多分布于南市。当时的南市"南北物资交流悉藉沙船。南市十六铺以内，帆樯如林，蔚为奇观，每日满载东北、闽、广各地土货而来，易取上海所有百货而去"。[①]南市也是当时上海豆麦业最集中的地方。当时豆麦业发展十分繁盛，出于交易的需要，居于中间调剂的金融机构也就趁机兴起。上海开埠后，公共租界和法租界相继建立，钱庄生意格局便发生了变化。

1860年太平军东进，江浙一带的富商乡绅纷纷躲入地处北市的上海租界寻求庇护，为租界带去了大量资金。他们不仅把钱存入钱庄，还投资钱庄。上海本地的钱庄业纷纷转移到租界内。而与此同时，北方的晋商也由于战乱纷纷将资金转移到上海，为上海钱庄发展提供了大量信用贷款。据统计，到19世纪70年代末，上海已有颇具规模的票号分号24家，放款给钱庄累计200多万两白银。[②]上海钱庄业因此获得快速发展。由于太平天国进军上海及1853年小刀会在上海起义的影响，南市商业萧条，而北市租界地区未遭波及，于是自咸丰十年（1860年）后，上海钱庄业的重心也逐渐移至北市。光绪二年（1876年），上海钱庄共有105家，其中南市42家，占总数的40%，北市63家，占总数的60%。最终，钱庄业南市和北市分离，分别成立各自的业务组织。光绪九年（1883年），在里施家弄成立南市钱业公所，

图3-25 民国初上海钱庄街的街景

[①] 洪葭管主编：《上海金融志》，上海社会科学院出版社2003年版，第92页。
[②] 洪葭管主编：《上海金融志》，上海社会科学院出版社2003年版，第92页。

而光绪十五年（1889年）则在河南北路与塘沽路交角处成立北市钱业会馆。总会所仍然设立于豫园内园。北市以丝茶交易为主；南市以棉米交易为主。①这就是北市钱业会馆的由来。

钱业南北各自设立公所会馆后，各设市场，议订行市，各自为政。然而，内园仍作为南北市钱业总公所，所有内园一切经常和临时费用均由南北市全体同业公摊。每逢岁首，南北各庄执事，齐集内园，举行年会，商讨一年营业方针及兴革诸事，凡有决议，制为条规，全体恪守。此外凡遇临时发生重大事件，须南北市全体同业协议取决者，亦于内园开会。②

北市钱业会馆简称"北会馆"，与沪南的南市钱业会馆遥相呼应。1882年，沪北钱业购入一块位于二十五保头图的地产，即文监师路（今塘沽路）、铁马路西首（今河南北路）交汇处，建造北市钱业会馆。③

光绪中期，随着外部战乱的影响，北市钱庄的数量已经超过南市。但是这些钱庄大部分都是先开在

图 3-26　沪北钱业会馆

---

① 复旦大学中国金融史研究中心编：《上海金融中心地位的变迁》，复旦大学出版社 2005 年版，第 329 页。
② 刘梅英：《继承与创新：上海钱庄制度的演化及启示（1840—1927）》，《广西师范大学学报（哲学社会科学版）》，2011 年 6 月 15 日。
③ "上海县为沪北钱业会馆落成不得作践告示碑"云："在治二十五图铁马路西首，购地起造沪北钱业会馆"，选自上海博物馆图书资料室编：《上海碑刻资料选辑》，上海人民出版社 1980 年版，第 400 页。

南市，然后再转移到北市的，所以在南市钱业开始置办地产，热火朝天地建造南市钱业会馆的时候，北市钱庄也在悄然行动，暗地里购置二十五保头图的地产。自 1882 年北市钱业买入地基 6 亩 9 分余（约 460 平方米）以后，至 1889 年开工，北市钱业另外添置土地近 10 亩（约 6666.67 平方米）。土地连同建筑总耗银 12 万两。[①]发起集资建造北市钱业会馆的有浙江余姚人陈淦、王尧阶、谢纶辉，浙江上虞人屠成杰，浙江慈溪人罗秉衡、袁鎏，浙江鄞县人李汉绶。陈淦，即陈笙郊，延康钱庄经理，曾任中国通商银行第一任华大班。1889 年，陈笙郊居于北市钱业领袖的地位，此时他提议集资建造规模恢弘的北市钱业会馆，得到了北市钱业众多钱庄的赞同和支持。屠成杰，即屠云峰，是寿康钱庄的经理，他“为人极谨慎，尤为方家所倚重。方家早期各联号的经理，大半系屠云峰所推荐，各联号年终红帐也都先送屠云峰看过，再汇总寄给宁波东家”。谢纶辉是承裕钱庄经理，他继陈笙郊后任中国通商银行第二任华大班，也是上海商业会议公所最早的议董之一。[②]由此足见这些董事在上海钱业中的地位和影响。

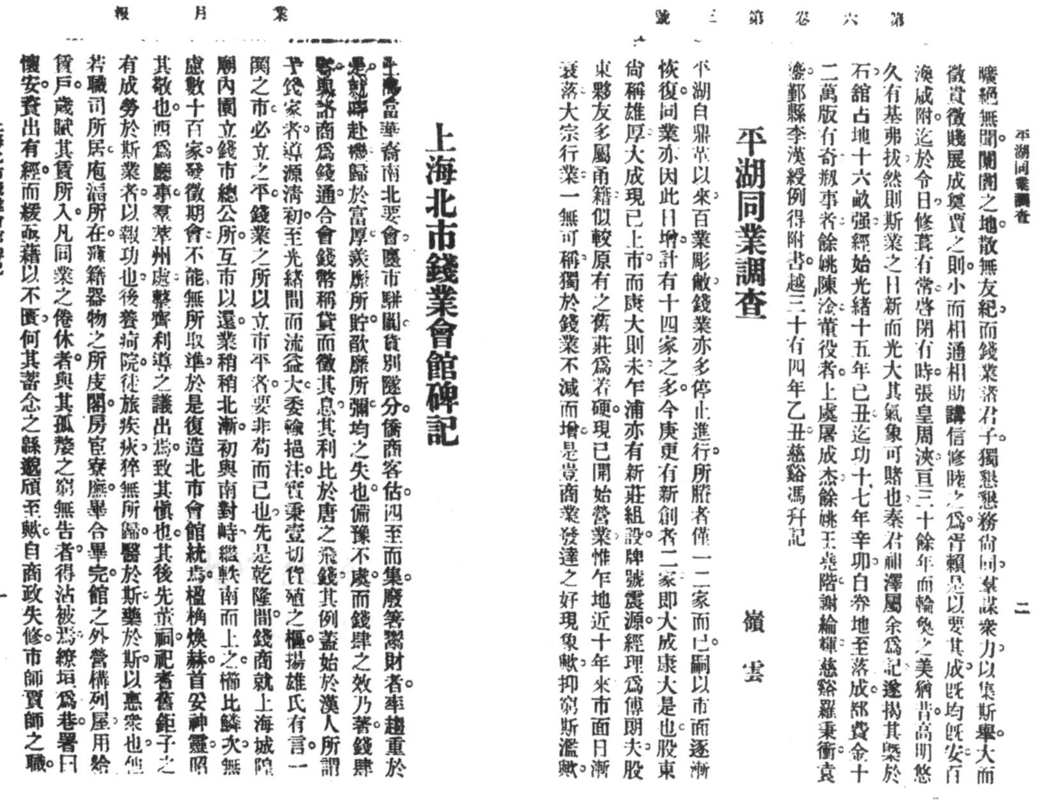
業月報

上海北市錢業會館碑記

上海當華裔南北要會。廛市駢闐。貨別隧分。僑商客估。四至而集。廢箸鬻財者。率趨重於是。錢肆赴機歸於富厚。羨廉所貯。歉廉所彌。均之失也。備豫不虞。而錢肆之效乃著。錢肆者。與諸商爲錢通合會。錢幣稱貸而徵其息。其利比於唐之飛錢。其例蓋始於漢人所謂子錢家者。導源淸初。至光緒間而流益大。委輸挹注。貿遷壹切貨殖之樞。揚雄氏有言。一閧之市。必立之平。錢業之所以立市平者。要非苟而已也。先是乾隆間。錢商就上海城隍廟內園立錢市總公所。互市以還。業稍稍北漸。初與南對峙。繼軼南而上之。櫛比鱗次。無慮數十百家。發徵期會。不能無所取準。於是復造北市會館。統爲楹桷煥赫。首妥神靈。昭其敬也。西爲廳事。羣萃州處。整齊利導之議出焉。致其愼也。其後先董祠祀者。舊鉅子之有成勞於斯業者。以報功也。後養疴院。徙旅疾疢猝無所歸。醫於斯藥於斯。以惠衆也。他若職司所居。庖湢所在。藏藉器物之所庋。閣房宦寮廡。畢合畢完。館之外營構列屋。用給賃戶。歲賦其賃所入。凡同業之倦休者。與其孤嫠之窮無告者。得沾被焉。繚垣爲巷。署曰懷安。資出有經。而緩亟藉以不匱。何其蓄念之縣邈碩至歟。自商政失修。市師賈師之職。

上海北市錢業會館碑記　一

第六卷第三號

平湖同業調查　二

曠絕無聞。闤闠之地。散無友紀。而錢業諸君子。獨懇懇務尙同。羣謀衆力以集斯舉。大而徵貴徵賤。展成奠賈之則。小而相通相助。講信修睦之爲。胥賴是以要其成。既均既安。百渙咸附。迄於今日。修葺有常。啓閉有時。張皇周浹。亘三十餘年。而輪奐之美。猶昔高明悠久。有基弗拔。然則斯業之日新而光大。其氣象可睹也。秦君祖澤屬余爲記。遂揭其槩於石。館占地十六畝強。經始光緒十五年己丑。迄功十七年辛卯。自斧地至落成。都費金十二萬版有奇。瓶事者。餘姚陳淦。董役者。上虞屠成杰。餘姚王堯階。謝綸輝。慈谿羅秉衡。袁鎏。鄞縣李漢綬。例得附書。越三十有四年乙丑。慈谿馮幵記

平湖同業調查

嶺雲

平湖自鼎革以來。百業彫敝。錢業亦多停止進行。所賸者僅一二家而已。嗣以市面逐漸恢復。同業亦因此日增。計有十四家之多。今庚更有新創者二家。即大成康大是也。股東尙稱雄厚。大成現已上市。而康大則未。乍浦亦有新莊組設。牌號震源。經理爲傅朗夫。股東夥友。多屬甬籍。似較原有之舊莊爲若硬。現已開始營業。惟乍地近十年來。市面日漸衰落。大宗行業。一無可稱。獨於錢業不減而增。是豈商業發達之好現象歟。抑窮斯濫歟。

图 3-27　《上海北市钱业会馆碑记》，选自《钱业月报》第六卷第三号

① 《上海市北市钱业会馆壁记碑》，选自上海博物馆图书资料室编：《上海碑刻资料选辑》，上海人民出版社 1980 版，第 401—402 页。

② 中国人民银行上海市分行编：《上海钱庄史料》，上海人民出版社 1960 年版，第 731 页。

从北市钱业会馆留下的图片和记录看，它规模恢宏，会馆有前后两殿和两座戏台，在照墙和仪门上，遍雕《三国志》《岳传》《白蛇传》等人物形象。

碑刻记载的会馆布局及其用意至为周详：

> 楹桷焕赫，首妥神灵，昭其敬也；西为听事，群萃州处，整齐利导之议出焉，致其慎也；其后先董祠祀耆旧巨子之有成劳于斯业者，以报功也；后养病院，徙旅疾疢，猝无所归，医于斯，药于斯，以惠众也；他若职司所居，庖湢所在，簿籍器物之所庋阁，房宦寮庑，毕合毕完。①

钱业会馆正门在文监师路，沿街有一高大的照壁，门前是宽敞的广场，屹立着旗杆和三座三足铁鼎。

图 3-28 沪北钱业会馆正门

---

① 《上海市北市钱业会馆壁记碑》，上海博物馆图书资料室编：《上海碑刻资料选辑》，上海人民出版社 1980 版，第 401 页。

图 3-29　沪北钱业会馆内财神殿

　　进入大门是面积 1200 多平方米的马蹄形两层楼房，其东西两边的厢楼沿中轴线两侧向北延伸。中轴线上的建筑分前后两进，建了两座供奉武财神的大殿：前为主殿武圣殿，供奉关羽塑像，后为副殿财神殿，供奉赵玄坛塑像。两殿前的天井南端，各建有一座美轮美奂的戏台。财神殿后靠海宁路处建一排高平房，设公所，供钱庄职员办急事用。在中轴线建筑群的西边，是钱业会馆的西院，院内建有一幢西式两层楼房和栈房，供北市钱业办公和绍兴宁波籍同乡寄寓之用。让钱业会馆引以为傲、声名远播的是财神殿、武圣殿和被誉为"江南第一台"与"百鸟朝凤台"的两座戏台。钱业会馆将在每年的正月十五日演戏一日，作为祭神、祭先董日，故每年在这一日各庄集会于此，看戏和交流信息，并公举董事、司事以及修订业规等，平时非有大事发生，不召开大会。①

　　北市钱业会馆也是按照内园上海钱业总公所所定的规则选取会员。有统计表明北市钱庄数量如下：1876 年 63 家、1883 年 35 家，1886 年 25 家，1888 年 37 家。②"会馆事务，由各庄每年公推董事司理一切，

---

① 上海市闸北区档案馆、上海市闸北区地方志办公室编：《闸北老建筑印痕》，上海三联书店 2015 年版，第 162—163 页。
② 中国人民银行上海市分行编：《上海钱庄史料》，上海人民出版社 1960 年版，第 32 页。

图 3-30　沪北钱业会馆内先董祠

并由各庄轮流司月。"北市钱业会馆历任董事除上述提到的屠云峰、陈笙郊、谢纶辉外，还有洪念祖、朱五楼、胡庄祖、庄尔芗、周蓉汀、朱二泉、经莲珊、应少安、张宝楚、洪凤洲、冯泽夫、罗秉衡、李墨君、丁价侯、袁康祺、严价人、张知笙、陈一齐等。他们主持会馆的重大事务，日常事务则由各庄每月轮流主持。

1917年，北市与南市钱业决定，南北合组一公会，"以便遇事互通声息"。这是由于到20世纪初，钱业总公会日渐衰落。此时，总董朱五楼和董事秦润卿等人思路非常清晰，公所以继续维持局面为主，待经济好转再发展。上海钱业发展转机是在第一次世界大战期间，当时西方列强自顾不暇，外商银行资金外流，加上进口路阻，民族资本涌动，国内注册工厂大量增加，轻工业发展，钱庄业务扩大，经济有所好转。1916年银根稍事松动，秦润卿觉得公所置产为要，筹款138 000银两，购得宁波路山西路隆庆里房屋改建。1917年2月10日，北市钱业会馆将钱业会商处改组为沪北钱业公会，会址设在上海总商会内。由于南市钱业公所觉得遇事隔阂不利于联系，经与沪北钱业公会协商，于同月23日召开南北同业联席会议，商议南北合组公会。会议决定将沪北钱业公会改为上海钱业公会，南市各钱庄全部加入。关于公会经费和缴付总商会的各种会费及义务，南市各庄承担1/5，北市各庄承担4/5。此时，隆庆里房屋改建竣工，名为钱业

图 3-31　沪北钱业会馆重建钱业先董祠记碑

公会大楼，南公所和北会馆先后迁入。从此，上海钱业改变了南北钱业分峙的状态。[①]而主宰上海钱业市场，对上海乃至整个华东金融发挥重要影响力的北市钱业公会开始以新的姿态走入历史舞台。上海钱业公会从维护同业利益出发，在协助政府实施金融监管、服务同业开展业务经营、推动上海金融业发展方面发挥了显著作用。

在北市钱业会馆钱业会商处的基础上改建的沪北钱业公会，与南市钱业组织共同组成新的上海钱业公会后，其会址位于上海总商会处，仍保留北市钱业会馆的名号。此后，上海钱业公会每年的钱业年会均在北市钱业会馆内召开，许多钱业政策方针也由此地出台。1934年3月3日，在北市钱业会馆内举行的二十三度钱业公会年会，参加的钱庄有71家，除讨论钱业公会预算决算外，由董事秦润卿率领诸会员祭祀先董。[②]1935—1936年由于东北和华北的战事，上海各大钱庄业务受到很大的影响，盈利纷纷下降。1935年上海各大钱庄中盈余最多的仅为五万元，将近一半的钱庄业绩不盈不亏，而到了1936年几乎所有钱庄的盈利都开始下降。上海钱业公会要求所有的会员钱庄一致紧缩，"对往来透支，特别慎重，

图3-32 位于河南路的沪北钱业会馆外景

[①]《上海第一个钱业公会始末》，政协上海市黄浦区委员会、政协上海市委员会文史资料委员会编：《外滩金融史话》，新华书店上海发行所2010年版，第22页。
[②]《钱业公会昨晨在内园举行年会》，《申报》1934年2月27日第10版。

均须有确实保人，方允送折"。①在此基础上，钱业公会于 2 月 10 日在北市钱业会馆召开年会，除了常规的报告会议、祭祀先董外，还讨论了新的营业方针，并宣布"为节省开支起见，经大会之通过，决将宁波路兴仁里口之旧址退租，迁入宁波路山西路东钱业公会楼下大厅，即钱业市场。"②此后不到一年，大楼竣工，钱业公会随即迁入，开始新的发展时期。

此后直到抗战胜利前夕，上海钱业公会在北市钱业会馆宣布了许多重大的钱业政策方针。尽管后来上海钱业公会已搬迁到隆庆里的钱业公会大楼，但在北市钱业会馆召开定期的年会已经成为一种惯例。由此可见北市钱业公会对上海钱业的影响之大。

在北市钱业会馆辉煌的发展历程中，值得一书的还有名震上海的众多钱业界精英。他们用自己的汗水和智慧，在动荡的年代肩负起稳定钱业、调节市场的使命。

首先要提的是北市钱业会馆的发起者陈笙郊，他是清末上海著名的金融实业家。1880 年，陈笙郊与屠成杰、王冥生、谢纶辉、罗秉衡、袁联清、李墨君等人发起成立北市钱业会馆。陈笙郊任北市钱业会馆的董事、总董等职务。后来，随着北市钱业会馆逐渐成为上海钱业的业务协调中心与领导中心，陈笙郊在上海钱业界的名望扶摇直上。光绪二十三年（1897 年），清政府批准成立了官商合办的中国第一家新式银行——中国通商银行，聘请原汇丰银行的英国银行家美德伦（A. M. Maitland）出任洋大班，陈笙郊则被任命为第一任华大班，"借以融通中外金融"，华人职员都由陈笙郊选拔任用，由此可见其在上海金融界的重要地位。1905 年，陈笙郊积劳成疾，病逝在中国通商银行大班任上。

陈笙郊对来沪经商的同乡十分关照，他之后的继承人——谢纶辉即最有力的明证。谢纶辉，

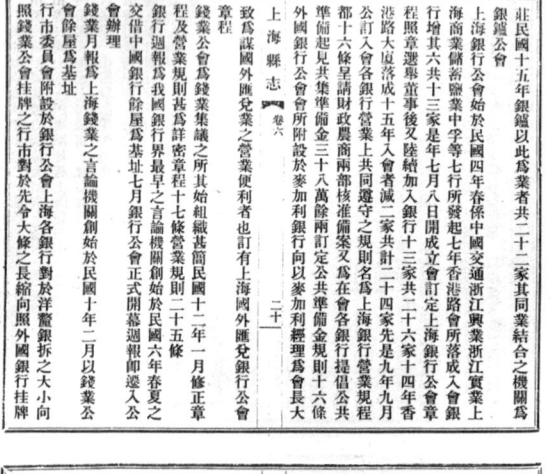

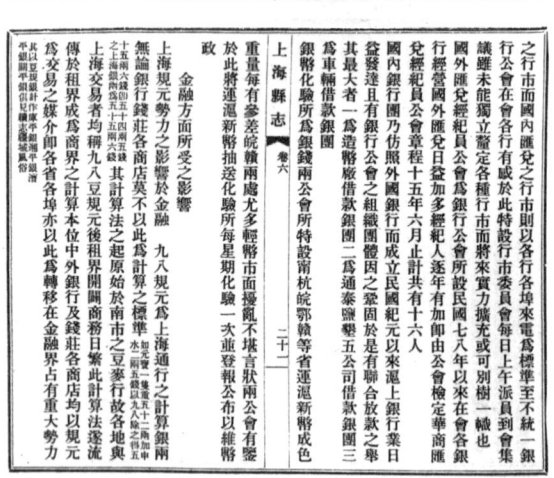

图 3-33 民国《上海县志》卷六"商务下"记载了"钱业公会"与《钱业月报》等

---

① 《紧缩情形》，《申报》1936 年 2 月 3 日第 11 版。
② 《紧缩情形》，《申报》1936 年 2 月 3 日第 11 版。

字楞徽，浙江余姚泗门镇人。光绪初年，谢纶辉随着家乡的"学生意"热潮来到上海，在同乡的引荐下，开始在陈笙郊掌控的延康钱庄任职，由于工作勤勉，精明能干，加上陈笙郊的引荐，钱庄内的重要交际事务均交给谢纶辉打理。谢纶辉在办事方面喜欢出奇招，以此化解钱庄生意中的一些棘手问题。陈笙郊发起成立上海北市钱业公会后，谢纶辉作为主要参与者之一，担任了北市钱业会馆董事。后来，陈笙郊出任中国通商银行要职，推举谢纶辉接替他续任北市钱业会馆总董一职，从此，谢纶辉成了上海钱业界的掌门人物。

图 3-34　钱业会馆印戳

为了保护钱庄的利益，北市钱业公会成立后即规定："到期庄票，如遇钱业自行来收，即可当日解付同行之银，互相汇划；如遇洋银行来收，须解现钱，故再迟一天。"[①]这条对钱庄进行保护优待的条规遭到了各大洋行以及外国商会的不满与抵制，他们纷纷抗议，并邀请上海钱业公会的总董谢纶辉参加会议，试图通过谢纶辉来抵抗这条规定。但谢纶辉在会上对外商的无理要求严词拒绝，他据理力争："钱业章程，属钱商合议，外人不得干预！其庄票收授与否，权操于洋商！"[②]在谢纶辉的强硬态度之下，洋商银行为了保证自家的商业业务，不得不照常收用钱庄汇票。谢纶辉一言九鼎，深得钱业界信服。

北市钱业会馆在世事沉浮中见证了上海一个又一个金融传奇，甚至其本身也成了一种象征。1923年，上海钱业公会迁入公共租界宁波路隆庆里办公，是年5月，会长秦润卿决定由钱业公会腾出北市钱业会馆的部分建筑作校舍，为培养钱庄、金融界子弟创办"修能学社"，由此钱业会馆开始向办教育、做公益事业方向转变，此后的钱业公学、钱业中小学培养了一大批人才，泽被后世。中华人民共和国成立后，此处曾作为钱业中小学、新中中学、塘沽中学的校舍，随着学校扩建和旧区改造，钱业会馆的建筑不断被拆除。目前，钱业会馆所在地块上已矗立起3幢商住大楼，塘沽路河南北路转角处也建成了圣和圣时尚汇。北市钱业会馆的建筑虽已无踪影，但它在近代上海历史中所发挥的重要作用却不能被抹杀。

---

① 秦润卿：《远期庄票考》，《钱业月报》第7卷第9号第1页，1927年10月10日。
② 中国人民银行上海市分行编：《上海钱庄史料》，上海人民出版社1960年版，第58、49页。

第三节

汇业公所

在七浦路188号（今河南北路交汇处）曾经有一座雅致的私家花园，即近代上海著名买办、企业家徐润的"未园"。1879年，汇业公所购得"未园"相关产业，从此这里就成为上海票号业的联络之所和指挥中枢，见证了票号业的辉煌。鼎盛时，此处曾是达官贵人的宴饮与下榻之所，甚至接待过外国的王公贵族，车马喧阗，美酒欢歌，热闹非常。但清王朝的灭亡让盛极一时的票号业迅速衰落，汇业公所也风光不再。

汇业公所，又称"山西汇业公所""汇号公所"，建于光绪二年（1876年），由众多山西票号等汇业商人创建。汇业即票号，经营汇兑业务，创始于山西商人。票号业务随着由商人商号汇兑为主，向承汇公款、

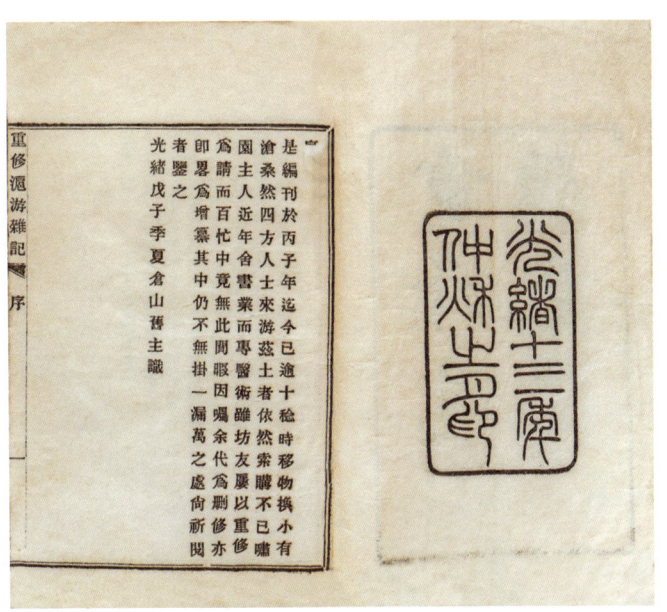

图 3-35　《重修沪游杂记》

官吏个人借贷、捐输、地丁、银饷等款项的收解而日益兴盛，盈利丰厚。据光绪元年（1875年）葛元煦的《沪游杂记》卷四"山西汇业"记载，当时上海已有山西票号分号25家，营业地点都集中于英租界。①

1876年，上海的25家山西票号分号在英租界宝善街赁屋成立同业组织"山西汇业公所"，简称"汇业公所"。公所成立后，上海票号的数量不断增加，又新设分号"兴泰魁""汇源涌""大德恒""中兴和""大德通""大德玉""协同信""大盛川""长盛川""宝丰隆""大德川""大美玉""万亿兴"等10余家。1907年，上海票号已增至30多家，不仅有山西帮票号，还出现由南方人投资的南帮票号。②

当时上海进出口贸易发达，埠际贸易也占极大比重，金融机构外商银行、钱庄、票号三足鼎立，票号与外商银行一样将多余资金拆放给钱庄。票号与钱庄的相互协作，使上海与外地贸易的资金周转更趋流畅。当时上海金融市场上流传的说法是："洋商之事，外行任之；本埠之事，钱庄任之；至埠与埠、省与省间之联络非票号莫属。"③可见他们既有合作又有分工的关系。此外，票号还拥有其他两类金融机构不具备的专利，即清政府专款的汇解。因为对外债款和赔款的偿付主要在上海汇集，上海票号可资营运的资力也越来越大。除了继续扩大所提供的贸易资金、政府和官吏垫款以及存放于钱庄的钱款外，还开始为新式工业提供贷款，个别票号还对工矿企业和铁路事业进行投资。义和团运动中，票号业严守信用，对存户提款不加任何留难，有的甚至主动退还存款，因此在事变之后，票号信誉更佳，公私存款纷至沓来，业务有了更大发展。

但辛亥革命后，依赖清政府公款汇解和官吏私蓄业务的票号受到致命打击，大批票号陆续倒闭或停业清理。到1914年，著名的日升昌票号支撑不住而停业，尚勉强维持的票号仅8家，1933年仅存"大德通""大德恒""三晋源"3家，1935年三晋源停业，1940年"大德通""大德恒"2家改组为银号。煊赫一时的山西票号遂告消亡。

山西汇业公所是山西票号在上海的同业组织，目的是维护汇业同行的利益，约束和规范各家票号。公所内部设有董事，负责管理公所的大小事务。日本人柏原文太郎在《中国经济全书》里面记载：

> 上海汇业公所是山西票号成立的，陈治型（大盛川分号经理）、李益亭（蔚盛长号经理）二人是董事，作为票号之间的联络，除了每天相互派出跑街核对汇兑情况外，各票号还依赖公所图谋相互的利益。如果有同业违背公所协定的规约时，协同加以制止，并且在发生交涉事件的时候，董事加以裁决。在中国这种公所是为他们利益唯一的机关，其规约是严正而不可侵犯的。④

---

① 葛元煦：《沪游杂记》，上海古籍出版社1989年版。
② 洪葭管主编：《上海金融志》，上海社会科学院出版社2003年版，第107—108页。
③ 洪葭管主编：《上海金融志》，上海社会科学院出版社2003年版，第108页。
④ 东亚同文会编：《中国经济全书》第六辑，南天书局1989年版。

随着票号规模的扩大和业务发展，汇业公所管理的事务日繁，最初租赁于宝善街的房屋不敷应用。因此公所就"屡欲别寻一区"，几经周折，最终买下了位于苏州河北岸英租界内的徐氏未园。

未园是著名买办、近代民族工业的先驱徐润的私家园林。徐润（1838—1911年），又名以璋，字润立，号雨之，别号愚斋，祖籍广东省香山县（今属珠海市）北岭乡，毗邻澳门。徐润在15岁时跟随他的四叔徐荣村到上海宝顺洋行学生意，深得洋行大班的赏识，很快由学徒、帮理账务、主账，升至副买办、总买办，成为近代上海香山买办的佼佼者。徐润在任职洋行期间，就开始经营自己的商号。1859年，与曾寄圃、徐芸轩合开绍祥字号，包办各洋行丝茶棉花生意。与人合股开设敦茂钱庄。1860年，在温州白林试办润立生茶号，每年净赚三四万两。[①]1864年与友人合开协记钱庄。1863年，年仅26岁的徐润听从宝顺洋行股东爱德华·韦伯及继任大班投资地产的建议，在扬子江路至十六铺地场，南京、河南、福州、四川等路可以接通新老北门直北至美租界各段地基，"有一文置一文"，买进土地2960余亩（约合1.97平方千米），造屋2064间，连徐润本人亦觉"不免过贪"。[②]他由此成为盛极一时的房地产巨商。

图 3-36　徐润：《徐愚斋自叙年谱》

[①] 徐润：《徐愚斋自叙年谱》，香山徐氏校印1927年版，第6、13页。
[②] 徐润：《徐愚斋自叙年谱》，香山徐氏校印1927年版，第12—13页。

徐润作为名噪一时的房地产大王，对自己的住宅更是处处讲究。未园是他较早建造的私家别业，建成于1875年之前，他个人的记载反映了园主的意趣和未园的清雅：

> 淞水（即吴淞江——引者注）之北有未园，未园者，余公余憩息之所，拳山勺水未足言园，故曰未园。地仅数弓，而泉石深邃，春夏之间，池水如锦，秋光老圃尤多晚香。乙亥十月，余与诸子弟宴集於斯。宿雨乍晴，小梅已绽，罗浮风景，春气盎然。然因念太白所谓会桃李之芳园，叙天伦之乐事者，古今人果不相及耶。①

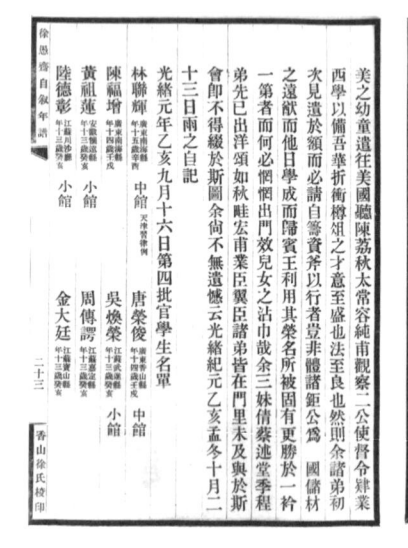

图 3-37 《徐愚斋自叙年谱》中关于"未园"的记载

光绪二年（1876年），葛元煦参观过未园后，曾有如下感慨："粤东徐君雨之，于二摆渡河北构一园，名曰未园。地虽不广，然一丘一壑，颇具匠心。凡中外奇花异卉栽植无遗，真尘俗中别开生面也。"② 文中的"二摆渡河"就是指苏州河上北河南路七浦路路口处，未造桥时这里是个渡口。

光绪三年（1877年）十月晚清重臣翁同龢曾应徐润之邀赴未园做客，并在日记中做了详细记载："园小而曲折，然楼阁几案皆有夷气。入夜叔彝以酒肴来，遂饮至初更而归。在徐氏园望见火轮车，由铁路行，极迅也，轮路将拆，此火车之婪尾矣，计今日所见，皆可诧事。"③

---

① 徐润：《光绪元年未园饮饯图记》，《徐愚斋自叙年谱》，香山徐氏校印 1927 年版，第 22—23 页。
② 葛元煦：《沪游杂记》，上海古籍出版社 1989 年版，第 5 页。
③ 《翁同龢日记》第 3 卷，中西书局 2012 年版，第 1358 页。

从这些记载来看，未园的面积不大。据档案记载，未园占地4.236亩（约合2824平方米），建有洋房两幢。1874年12月，英商怡和洋行开始修筑自天后宫桥到吴淞一带的铁路，1876年2月初，铁轨已经铺到未园附近，而且有一辆运输小火车在上面往来运输木石，大家对这种新奇的事物兴奋不已，不但是上海本埠的人喜欢看，就连几十里甚至百里以外的人也都高兴来看，每天总有千把人，或者驾了马车，乘了大轿，或者坐了东洋车那样的小车赶来，卖水果的，摆点心摊的，像赶市一样地来做买卖。1876年7月3日，上海到江湾的一段正式通车，也是营业空前，据记载，"到下午一点钟，男女老幼，纷至沓来，大半皆愿坐上中两等之车，顷刻之间，车厢已无虚位，尽有买得上中之票仍坐下等车者。迨车已开行，而来人尚潮涌至，盖皆以从未目睹，欲亲身试之耳。"那时候，"游铁路"成为上海人的一件稀奇大事。[1]因为铁路的开通，本来僻静的乡野一下子成了热闹繁华之地。尽管此条铁路于1877年被拆除，但"铁马路"却印在人们的脑子里，并成为未园乃至后来汇业公所的方位地标。

汇业公所由于业务的兴盛而四处找寻合适的办公场所，最终选定了未园。1879年，在上海影响最大的英文报纸《字林西报》即透露消息说，"近日华官之意，竟欲将徐家花园改为西帮票号公所。"[2] 1880年初，未园正式成为晋商汇业公所所在地。

据光绪六年（1880年）所立的《新建汇号公所碑》中记载：

> 天下之事，创始匪易，往往有图之经久不得，而忽得于（下缺）事之必有其时也。申江为中外交易地，繁盛甲天下。汇（下缺）历有年所矣。光绪二年丙子春，赁有宝善街北路东（下缺）神诞筵会，及一切巨细事，皆诣此聚议。惟逼近阛阓，喧（下缺）齐集，亦形湫隘。屡欲别寻一区，殊

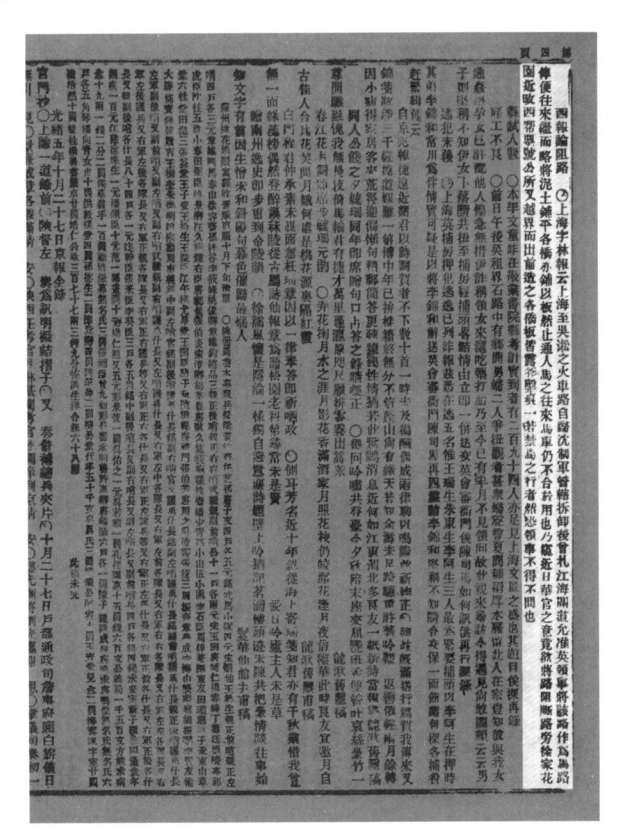

图3-38 《西报论阻路》，《申报》1879年12月23日第4版

---

[1] 上海通社编：《上海研究资料》，上海书店1984年版，第315—317页。
[2] 《西报论阻路》，《申报》1879年12月23日第4版。

未易得雅静地。今于（下缺）泾浜第二十五保头图英租界内徐氏花园一所，计地（下缺）壹万壹千两，改创公所。①

从当时的资料记载来看，汇业公所是购买了未园，而非租用。根据碑刻记载，购房价款是11 000两。在汇业公所的迁址报道中亦称"该业新购得未园房屋"。②《沪游杂记》关于未园的记载也是"不数年售与山西票业中，作为公所。"③由此可见，汇业公所拥有未园的所有权，并作为固定的办事场所。在上海票号业的辉煌时代，这里就是联络同业、发号施令的金融中枢之一，在近代上海金融界发挥了重要作用。

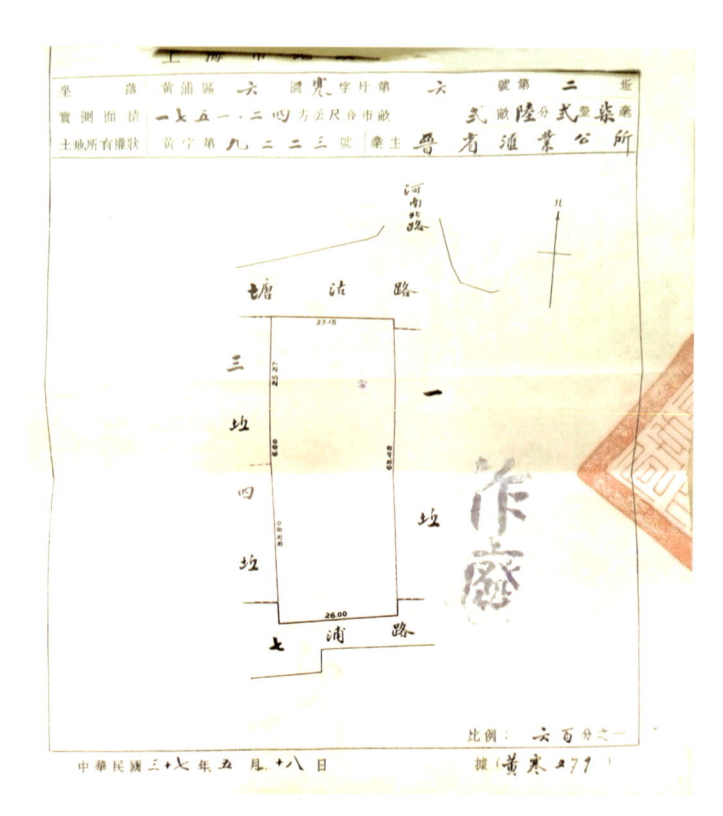

图3-39 汇业公所土地所有权状

同业公所的功能不仅是联络同业、商讨业务的办公之所，还承担了一项非常重要的功能——举办同业酬神活动。汇业公所从成立之初，就承担着旅沪晋商，以及其他从业者的祈福酬神使命，保佑生意之兴隆，水土之平安。

1880年2月3日，汇业公所举行迁址未园的迎神仪式，董事等均备齐执事仪仗，恭请关圣、天后、火神、财神、江河福主神神牌共5位供设黄亭，迎往未园新屋，同业人皆执香步行护送，计有30余人。汇业公所搬到未园以后，其内部装饰和布局保持了原先旧馆的神像供奉方位。根据《新建汇业公所碑》的记载："前厅供奉关圣帝君、火德星君、增福财神、天

---

① 上海博物馆图书资料室编：《上海碑刻资料选辑》，上海人民出版社1980年版，第375页。此碑原在上海市七浦路山西汇业公所旧址。
② 《行凶自首》，《申报》1880年2月3日第2版。
③ 葛元煦：《沪游杂记》，上海古籍出版社1989年版。

后圣母,金(下缺)神灵乎!"每年的天后圣诞,公所内都要"演戏酬神,设席公宴"。"后厅则明窗净几,壮丽宏敞,筵会聚议,咸适内(下缺)石玲珑,竹园屈曲。楼阁之上,平芜入望,清风明月,悉成(下缺)草馥郁,皆得及时畅其生意;繁盛之区,得此雅静之地。"① 每逢神诞之期,汇业公所双门洞开,供人游玩。1908年11月,光绪皇帝和慈禧太后先后去世。汇业公所恭设"大行皇帝龙位""大行太皇太后圣位",并于11月24日下午两点召集山西驻沪同乡官商举行哀悼。②

汇业公所不仅环境清幽,美名远扬,而且交通便利,毗邻上海总商会、天后宫、北市钱业会馆、会审公廨。此闹中取静的雅致之地便成为当时各种官场宴请的首选之处,频频接待朝廷钦差、外国使节、官场要员,车马喧阗,冠盖云集,好不热闹。

1885年3月14日,时任关道宪的邵小村在汇业公所宴请粮道宪王鲁芗和制造局总办、厘捐局总办,众多政界名流陪宴,据当时报纸记载,盛况空前:

> 昨日午前,关道宪邵小村观察在虹口铁路汇业公所设宴,请粮道宪王鲁芗观察及制造局总办钟观察、厘捐局总办苏观察赴宴。上海县莫邑尊、海防厅刘司马、右营陈参戎,暨洋务委员陈太守、会审委员黄太守、翁太守等俱往陪宴。簪裾骈集,觥错交飞,诚一时之盛会也。③

1887年3月,德皇侄孙廉波亲王乘坐德国公司轮船来沪游玩,受到了上海各界的热烈欢迎。3月7日,苏松太道龚照瑗在汇业公所设宴款待德国皇孙,全城瞩目,据报载:

> 苏松太道龚仰蘧观察,特假沪北汇业公所,于午刻十二点钟

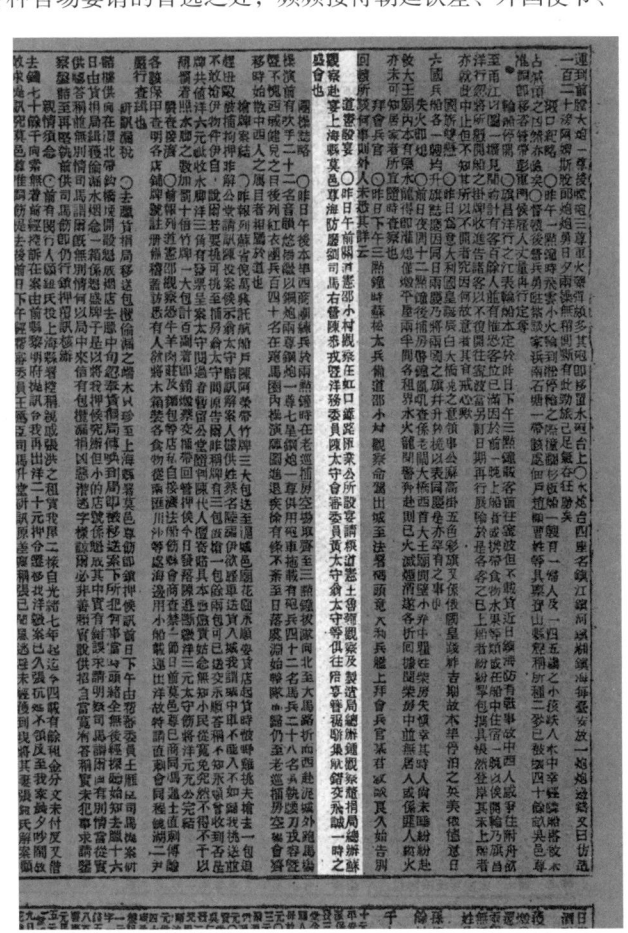

图3-40 《道宪设宴》,《申报》1885年3月15日第3版

---

① 《丝业会馆筹赈公所维述》,《申报》1884年4月21日第4版。
② 《山西汇业举哀广告启因》,《申报》1908年11月24日第1版。
③ 《道宪设宴》,《申报》1885年3月15日第3版。

时先派亲兵前往弹压，并饬中外庖人备办一切。龚观察所请赴宴者，为德皇侄孙外暨偕来之副参某君，及德公司轮船主，驻沪德国正副领事官、翻译官。其华官为陪者，上海提右营陈参戎、松海防刘司马、上海县莫大令、洋务提调陈太守、法会审谳员、新调货捐局总办翁太守、新关洋务委员葛同转、英会审委员蔡太守，道署翻译徐、沈两司马等赴宴。以敦中外辑睦之道也。[①]

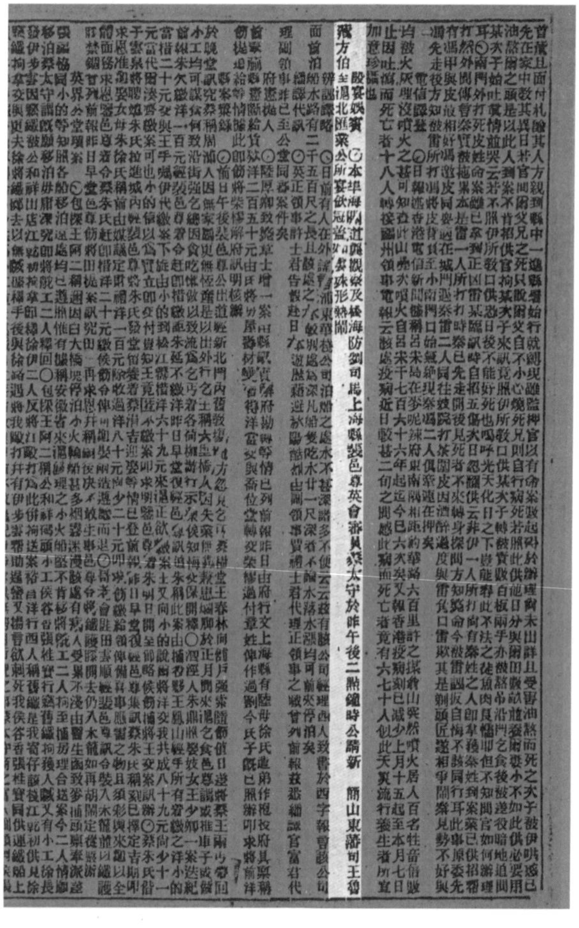
設宴娛賓　○本埠海關道龔觀察及松海防劉司馬上海縣裴邑尊英會審員蔡太守於昨午後二點鐘時公請新簡山東藩司王鶴
方伯至滬北匯業公所宴飲冠蓋如雲殊形熱鬧

图 3-41　《设宴娱宾》，《申报》1888 年 9 月 1 日第 3 版

1888 年 4 月 20 日，上海道、厅、营、县各级长官以及英法两谳员，公请来沪的江安粮储道在汇业公所内宴饮。[②]

1888 年 8 月 31 日，上海海关道观察及海防刘司马、上海县裴邑尊、英会审员、太守于汇业公所宴请新简山东藩司王鲁芗，当时的宴会场景“冠盖如云殊形热闹”。[③]

1895 年 4 月 24 日，上海县黄大令在汇业公所宴请江苏督粮道吴广函、储宪湘抚吴清卿中丞，苏松太道刘康侯作陪，宴会现场“冠裳毕集，水陆纷陈，主宾酬酢，美尽东南”。[④]

1895 年 9 月 11 日，新阳县苏大令由何、黄、顾、孔四包探捕获盗窃犯蒋仁山等 13 人，来沪会同上海县大令黄爱棠审讯，在汇业公所宴请黄爱棠，英谳员屠兴、总巡窦奠、高明府皆前往陪宴。[⑤]9 月 16 日，黄爱棠又在汇业公所邀请制造局总办潘芸荪、阮水三两位观察，会办张观察宴饮，宴会现场“珍馐迭进，宾主忘形，尽欢而散”。[⑥]12 月 24 日，

① 《道宪请客》，《申报》1887 年 3 月 7 日第 3 版。
② 《沪上官场纪事》，《申报》1888 年 4 月 20 日第 2 版。
③ 《设宴娱宾》，《申报》1888 年 9 月 1 日第 3 版。
④ 《琴堂宴客》，《申报》1895 年 4 月 25 日第 3 版。
⑤ 《海滨设宴》，《申报》1895 年 9 月 13 日第 3 版。
⑥ 《上海官场纪事》，《申报》1895 年 9 月 17 日第 3 版。

黄爱棠又在汇业公所宴请江宁盐巡道胡芸台，江海关道黄幼农、松海防同知刘乙笙作陪，众人"豪谈欢饮"。[①] 1896年1月4日，黄爱棠在汇业公所宴请江苏督粮道陆春江，江海关道黄幼农、松海防同知刘乙笙作陪。[②]

1899年7月25日，英国总领事与南洋大臣刘坤一在汇业公所会审英商惠通银行控告华商何瑞棠、韦步记的案子，英美会审委员郑如骥专任翻译之事。[③]

不仅如此，汇业公所还是朝廷官员访沪的下榻之地。1896年7月29日，办理江西内河轮船公司候选郎中邹殿书、部郎凌瀚来沪办事，即居住于汇业公所。[④] 1899年8月10日，汇业公所迎来了朝廷钦差大臣刚毅。刚毅抵沪查办江南事件，即设星使行辕于汇业公所，停驻了一个多月，各界官员前来拜谒，一时之间，冠盖相接。8月11日，苏松太兵备道（江海关道）曾

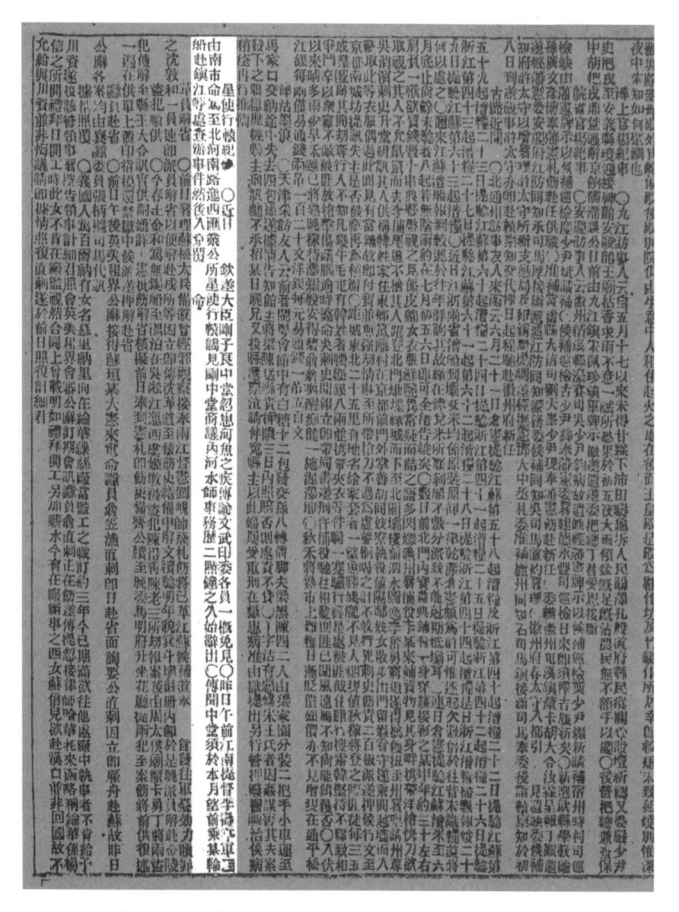

图3-42 《星使行辕纪》，《申报》1899年8月18日第2版

经郾、源通官银行总办严筱舫、江苏候补黄爱棠、上海县大令王欣甫、海防厅刘乙笙、英法两会审公廨谳员翁笠渔、朱明府，以及沪上局总办各营统领先后命驾至汇业公所钦差大臣行辕呈递手板。8月12日，苏松太兵备道曾经郾、松江府太守濮紫泉、川沙厅司马陈桓士、宝山县大令沈期仲、南汇县大令汪蕙舫先后乘马车前往汇业公所禀见刚毅。[⑤] 8月15日，苏松太兵备道曾经郾、轮船招商局总办顾缉庭、江南制造局总办林志道、松海防同知刘乙笙、上海县大令王欣甫又先后乘马车前往汇

---

① 《县令宴宾》，《申报》1895年12月26日第3版。
② 《大令宴宾》，《申报》1896年1月5日第3版。
③ 《订期会讯》，《申报》1899年7月29日第3版。
④ 《上海官场纪事》，《申报》1896年7月30日第2版。
⑤ 《禀谒星使》，《申报》1899年8月13日第2版。

业公所禀见刚毅。①8月17日，江南提督李寿亭至汇业公所谒见刚毅，商议内河水师事务。8月18日，新授福山镇总兵杨钟崖、镇军金龙，由江苏乘船到汇业公所拜谒刚毅。②

汇业公所作为晚清官员的宴饮场所，甚至是钦差大臣的行辕，屡屡见诸报端，声名远扬，不仅显示了汇业公所在当时的重要地位，而且反映出晚清时期苏州河北岸的这一区域是达官贵人经常出入之地。汇业公所也由此成为这一区域的地标，当时发生的许多事件都有涉及。如1885年3月19日《申报》的一则报道称有东洋车夫将坐车的贵妇拉至汇业公所北首，意欲抢夺未遂。1887年1月1日，《申报》报道铁马路汇业公所东首的村庄失火。1888年隆冬时节，慈善机构元济堂登报告白，在汇业公所后面的空地设厂施粥，贫民扶老携幼蜂拥而来。另有一则老沙逊经租账房的《召

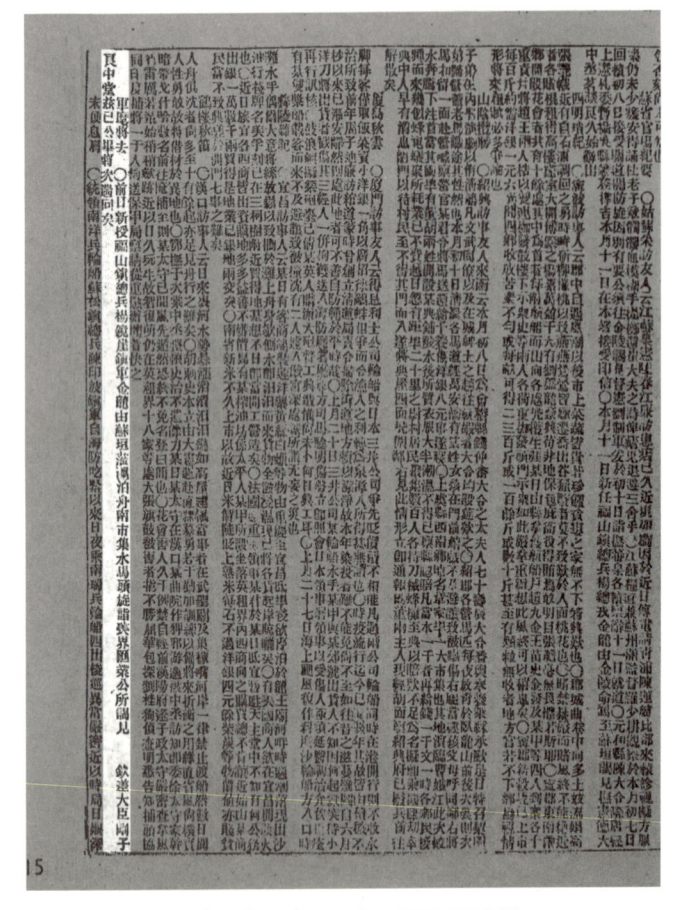

图3-43 《军麾将去》，《申报》1899年8月20日第2版

租》广告，注明房子的地址在美界汇业公所西豫顺里。还有《地基召租》的广告注明在"北河南路汇业公所后"。

汇业公所见证了晋商的票号业务从迅速崛起到鼎盛之极再到衰落的过程。晋商从三晋大地走到风起云涌的上海滩，充分利用一切条件同外商银行、南帮钱庄展开竞争。但随着清王朝的覆亡，票号赖以生存的主业不复存在，由于经营模式未能根据社会的需要及时调整，根本无法再与华商银行、外商银行及钱庄抗衡，迅速没落，汇业公所亦辉煌不再。

---

① 《星使行辕纪事》，《申报》1899年8月16日第3版。
② 《星使行辕纪》，《申报》1899年8月18日第2版；《军麾将去》，《申报》1899年8月20日第2版。

第四节

金融仓库

　　北站地区还是金融仓库集聚的金融功能中心。当人们漫步于今天的北苏州路，可能会对一幢幢沿河矗立的外观宏伟而又空空荡荡的建筑感到好奇。这些建筑就是20世纪二三十年代留下来的金融仓库，迄今已有八九十年的历史，风雨洗礼让那些尚未修复的建筑显得有些萧索破败。然而，当年这一区域可

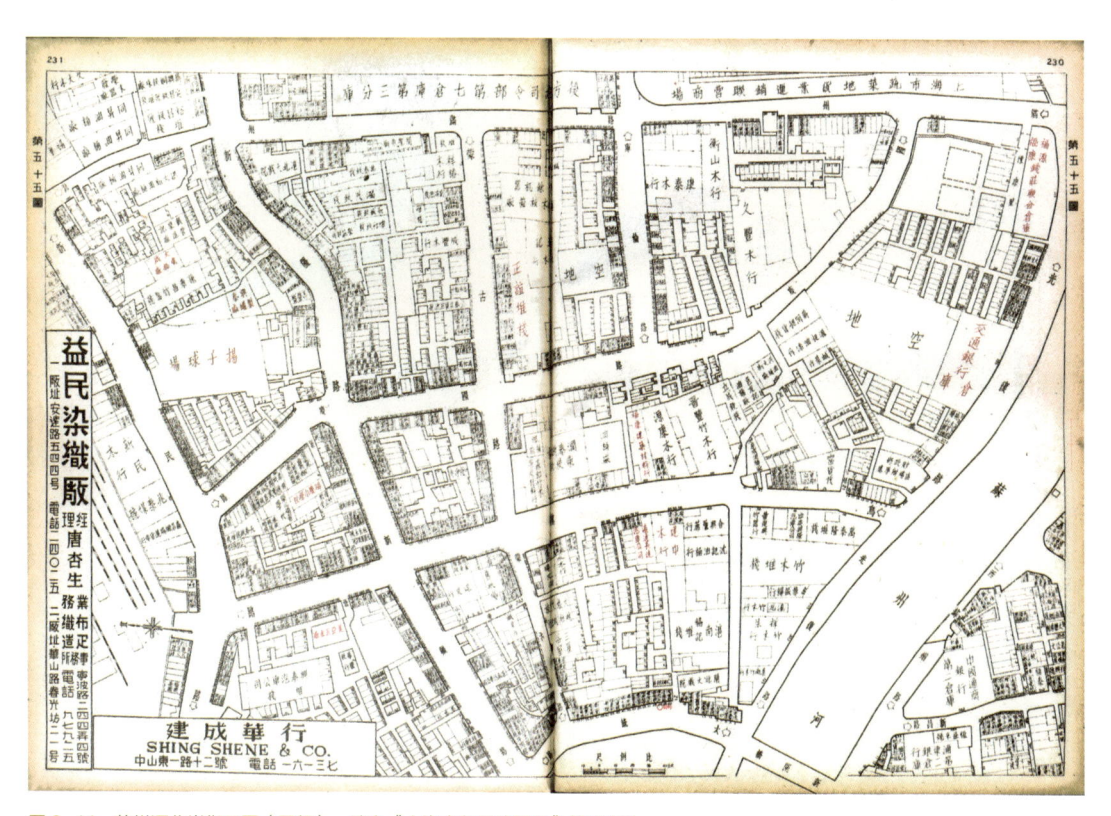

图 3-44　苏州河北岸街区图（局部），选自《上海市行号路图录》第 55 图

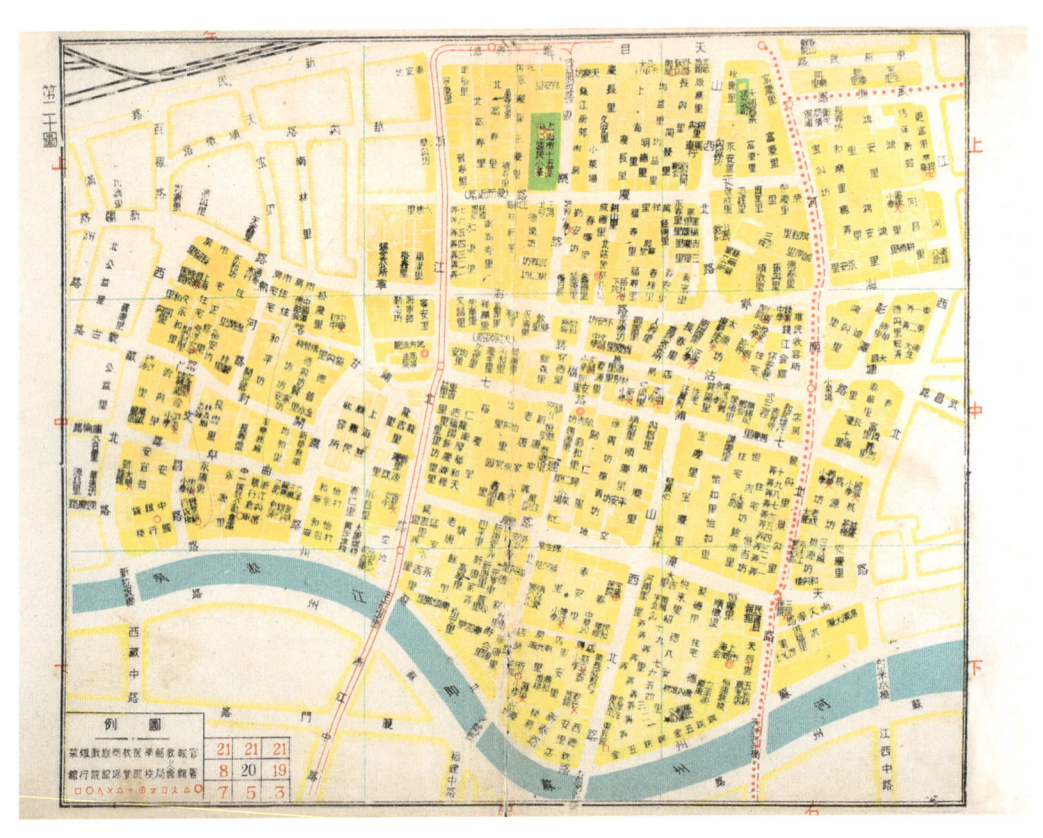

图 3-45　葛石卿等编纂绘制：《袖珍上海里弄分区精图》第 20 图，国光舆地社 1946 年版

是商品吐纳的中心，苏州河里舟船相接，河岸上人声鼎沸，北苏州路、文安路、甘肃路、曲阜路到处都是忙忙碌碌的搬运场景，各类大件商品的出仓入仓，把这个区域的道路水路挤得满满当当。从西藏路桥的光复路 195 号向东，交通银行仓库、福源福康钱庄联合仓库、四行仓库、大陆银行仓库、中国银行仓库及货栈、中国实业银行货栈、中一信托公司仓库、滋康钱庄仓库、中国工业银行仓库、浙江兴业银行货栈、聚兴诚银行仓库、江苏农民银行仓库、金城银行仓库、浦东银行仓库、永康银行仓库、四明银行仓库、新华仓库、金源钱庄仓库，其中银行仓库 14 家、钱庄仓库 3 家、信托仓库 1 家，总计 18 家。这些仓库的容量很大，面积在 5000 平方米以上的达 13 家，其中 4 家超过 1 万平方米。图 3-44 为《上海市行号路图录》（福利营业股份有限公司刊印 20 世纪 40 年代）中的苏州河北岸街区图（局部），标示了部分银行、钱庄的仓库；图 3-45 为《袖珍上海里弄分区精图》第 20 图（国光舆地社 1946 年版），从中还能看到苏州河北岸分布着不少金融仓库。

表 3-3 北站街区金融仓库一览表

编号	名称	地址	创办年月	仓库容量
1	大陆银行仓库	光复路 1 号	1931 年 5 月	60 000 平方尺[①]
2	四行仓库	光复路 21 号	1931 年	129 000 平方尺
3	福源、福康钱庄联合仓库	光复路 113 号	1931 年	40 000 平方尺
4	交通银行仓库	光复路 195 号	1933 年 1 月	60 000 平方尺
5	中国银行仓库办事所及堆栈	北苏州路 1040 号	1921 年 5 月	200 000 平方尺
6	中国实业银行仓库	北苏州路 1028 号	1925 年 8 月	68 000 平方尺
7	中一信托公司仓库	北苏州路 988 号	第一堆栈 1921 年 10 月；第二堆栈 1925 年	
8	永康银行仓库	北苏州路 988 号	1942 年	
9	浙江兴业银行仓库	北苏州路 944、970、988 号	1919 年 8 月	188 000 平方尺
10	中国工业银行仓库	北苏州路 966 弄 20 号	1942 年 6 月	
11	滋康钱庄仓库	北苏州路 966 弄 10 号	1933 年	16 000 平方尺
12	聚兴诚银行仓库	北苏州路 948 号	1946 年 6 月	16 000 平方尺
13	江苏农民银行仓库	北苏州路 944 号		
14	金城银行仓库	甘肃路 23—35 号	1929 年 4 月	102 880 平方尺
15	浦东商业储蓄银行仓库	曲阜路 101 号	1941 年 3 月	
16	新华仓库	甘肃路 74 号	1925 年 4 月	60 000 平方尺
17	四明商业储蓄银行仓库	曲阜路 130 号	1941 年	30 000 平方尺
18	金源钱庄仓库	文昌路 129 号		10 000 平方尺

资料来源： 根据中央银行经济研究处编《仓库经营论》，第 81—82 页，上海市档案馆藏档及《申报》《银行周报》《金融周报》等资料编制而成。

[①] 1 平方尺约合 0.11 平方米。

图 3-46　怡和打包厂

为什么北站地区会形成金融仓库区？首先，这一区域与金融机构集中的外滩区域只有一河之隔，业务往来便利，而且地价要比租界低得多，适合占地面积较大的仓库建筑。其次，这里南临苏州河，背靠沪宁沪杭火车站和上海东站，水陆运输方便，有利于储存货物的吞吐和运输。仓储业大量物资的运送都依赖于苏州河的船舶运输，因此沿河而建最为便捷，鼎盛时期，苏州河沿岸的仓库曾达70余家。再者，这里有广大的客户来源。20世纪一二十年代闸北已成为上海华界民族工业的基地，享有"上海华界工业大本营"之美誉。据统计，至20世纪20年代末，闸北华界地区有较大工厂256家，占全市566家较大工厂的45.23%。据1930年上海工业门类调查，闸北华界的纺织、化工、食品、印刷和机电工厂数分别占同业工厂总数的41.57%、23%、22.38%、29.57%和16%。[①]闸

图 3-47　中国实业银行仓库

---

① 陈宏主编：《岁月印痕：穿越百年闸北》，上海辞书出版社2011年版，第158页。

交通銀行倉庫各項圖記式樣用途

民國廿四年六月總行頒訂

图 3-48　交通银行仓库图记样式，上海市档案馆藏

北的大批工厂在资金方面依赖银行贷款。当时不论外资、中资银行，借款总坚持以坐落于公共租界内的地产或存于公共租界区域内的仓储货物作为担保。这样的融资惯例，要求华界工厂需将抵押物资存放于租界之内或靠近租界之地。在这种"信用惯例"的影响下，介于华界工厂区和租界之间的北苏州路和光复路一带便成为仓库和堆栈集中之地。

或许会有人质疑，金融仓库只是一个存储物品的场所，能算作金融业务吗？事实上，金融仓库绝不只是一个存储场所，而是近代金融机构的核心业务之一，形成了一系列的法律规范、组织体系、营业规则，并成为银行盈利的一个部门。

众所周知，银行放款及其所产生的存贷差是银行利润的主要来源之一，与早期钱庄不同的是，银

库房

图 3-49　交通银行仓库库房

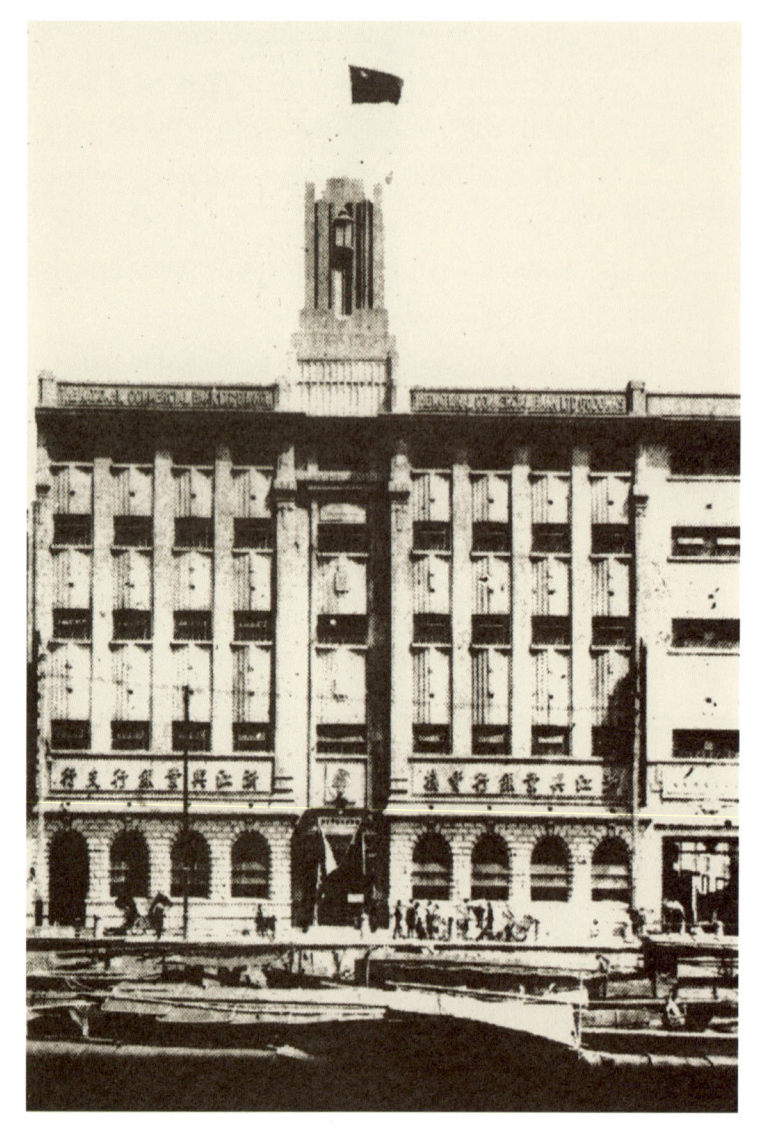

图 3-50　浙江兴业银行仓库

行的放款大部分是抵押放款，用作抵押品的有道契、有价证券，但更多的是贷款企业以自己生产或经销的产品作为抵押品，而这些抵押品需要保管的场所。随着钱庄营业范围的扩大，在放款中也大大提高了抵押放款的比例。在金融仓库产生以前，这些抵押品通常都存放于贷款的客户那里或者银行指定的商业货栈，银行只是办理一下相应的抵押保证手续。

上海金融仓库的诞生始于1919年，当时由浙江兴业银行一手缔造，其后中国银行继之。因受社会环境所限，开始并未受到重视，同业亦未加以注意。但是，1927年发生于天津的"协和贸易公司倒闭案"，抵押存货远不及抵押贷款之数，倒闭后牵连10余家银行损失巨大，为银行敲响了警钟。协和贸易公司的倒闭使金融界为之一震，由协和贸易公司的遭遇可以看出自营仓库存放抵押品对于保障放款安全的重要性。因此，银行投资创办金融仓库的热情大为提高，至20世纪30年代上海的金融仓库蔚然兴起，尤其在1937—1939年三年间，因物资囤积风行，仓库业务极盛，抗战胜利后又出现新一轮高潮，截至1948年上海金融仓库共达50余家，计战前原有20家，战后复业者3家，新创者30家。[①]北站地区的金融仓库群就是在这一时期逐步形成的。

---

① 沈祖荣：《访新华仓库先生》，《新语》1948年第13期。

随着金融仓库的发展，上海市银行公会、钱业公会、信托业公会于 1933 年 10 月共同制定《上海市银钱信托业仓库营业规则》，1937 年 3 月进行了修正，1947 年 3 月再次进行修正，金融仓库正式作为金融业务内容走上了规范化管理。不仅如此，金融机构通常设立仓库部或在信托部下专设仓库业务进行专门管理，仓库部主任通常由银行襄理兼任，仓库设有专门的职员进行管理，装卸搬运等事务则另行雇佣工人。

金融仓库降低了金融机构抵押贷款的风险，又便于密切与商界的关系，客商办货，往来各埠，向某行作押汇，货到埠时，存入该行仓库，可使客商感觉手续简便，而该行亦多一重保障，金融机构往往对以自家仓单抵押放款的客户给予利息优惠，对于客商而言又是一重便利。除服务于自身的放款业务，金融仓库还对外招揽其他客商的存放业务，作为盈利来源之一。因此，在此意义上说，金融仓库业已成为近代上海金融业的衍生品，北站街区作为金融仓库的聚集地，也是近代上海的金融副中心。

第五节
荣家企业在上海创办的第一工厂：福新面粉一厂

位于北站地区的苏州河畔，现光复路423—433号，矗立着一栋颇有气势的历史建筑，这就是近代著名的荣家企业在上海创办的第一家工厂——福新面粉一厂。福新面粉一厂由1号房（光复路423—433号）和2号房（长安路101号）组成，厂房建筑为六层楼钢筋混凝土框架结构，这在当时的上海可以称得上是较高的工业建筑。房屋始建于1912年，均为砖木结构房屋。1号房和2号房外墙为青砖、红砖清水墙，红砖主要为立柱及装饰线条，斜坡屋顶，一层采用砖柱、木梁承重，二层采用木柱、木梁承重。由于时间久远，墙体风化，目前外墙面主要改为混合砂浆。1925年福新面粉一厂曾局部发生火灾，之后对其进行了较大的维修改建。这次改建对房屋的屋面、楼层、建筑高度等均做了改动，目前房屋主体为1925年维修改建后留下的建筑主体。长安路的建筑高七层，总面积达到2000平方米。建筑物外立

图3-51 福新面粉一厂

图 3-52　福新面粉厂旧址。摄于 2018 年 12 月 12 日

面为青砖清水墙，用红砖作为立柱及装饰，内部则是青砖实木结构。目前的建筑主体就是那时改建后留下的部分建筑。

1912 年，荣宗敬、荣德生兄弟开始把自己创业的舞台由家乡无锡转向中国近代最大的城市上海。这一年，荣氏兄弟邀请王禹卿、王尧臣兄弟和浦文汀、浦文渭兄弟在苏州河北岸的新闸桥附近开设了福新第一面粉厂，王氏及浦氏兄弟均是无锡粮食业的好手，几个志同道合而经历大致相同的年轻人聚在一起，开始了新的创业。最终形成了茂新、福新、申新三大系统的荣氏企业集团。

福新面粉一厂的开办资金是由三姓六兄弟共同筹措的，荣氏兄弟出资 2 万元，王氏兄弟出资 8 000 元，浦氏兄弟出资 1.2 万元，合股 4 万元。为解决资金不够的困难，荣氏兄弟将厂房建筑费改为租赁，使福新一厂在开办初省去了一笔基建费，交换条件是福新一厂每年负担年利一分的较高租金，即年租金 4 000 元。另外，荣氏兄弟出面向茂生洋行订购机器，取得了分期付款的通融。这样便把厂开了起来。福新一厂由荣宗敬担任总经理，王尧臣为经理，浦文渭为副经理，浦文汀负责办麦，荣德生因业务以无锡为主,故为公正董事。该厂开业后,由于有茂新的基础,加上王氏和浦氏兄弟们的鼎力相助,得到了极大的发展,仅几个月便赚了4万余元。在这一过程中,荣氏兄弟与王氏和浦氏兄弟的关系由过去雇佣与被雇佣关系,提升到了合作合伙关系。同时,荣氏兄弟作为一代大企业家在用人、融资、经营等方面的胆略与才干初步显露。1913年夏,荣氏兄弟集股3万元,以每年租金规银2万两的价格,租用了上海中兴面粉厂。同年冬天,荣氏兄弟又在中兴厂之东购地近17亩(约11333.33平方米),建造六层厂房,向恒丰洋行定购美国胡而夫厂面粉机器全副,计800筒,将中兴厂与新建厂房连接在一起,开设了福新二厂。1914年秋福新二厂正式开机,每日夜出粉约5500包。该厂股本10万元,全由福新一厂盈余中提出。因为在创办福新一厂之初,荣氏兄弟就订下一条规矩:各股东三年不得提取红利,股息也一律存厂,用于清偿建厂欠款、企业生产周转和增资建新厂。事实上,这条规矩在荣家各企业中均延用了下来。因此接下来,在1914年夏,荣氏兄弟用福新一厂、二厂的盈余,创办了福新三厂,随后便将各厂盈利用来开办新厂⋯⋯直至1919年和1921年创办当时被称为"大型企业"的福新七厂和八厂,随即成立了福新面粉总公司。

1912—1921年的10年间,荣氏兄弟投资开办的机器面粉厂共有12家,即茂新一至四厂(3家在无锡,1家在济南),福新一至八厂(7家在上海,1家在汉口),这些厂分布于大江南北的4个大城市

图3-53 荣宗敬

图3-54 荣德生

图3-55 福新面粉二、四、八厂

里。12个面粉厂拥有进口粉磨301部,日产面粉能力9.3万包。荣氏兄弟在10年间将面粉生产能力扩大了24倍,占当时全国机制面粉生产能力的31.4%,所拥有的资本额占到当时全国私营面粉厂总资本的30.5%,荣氏兄弟也因此获得了"面粉大王"的桂冠。

荣氏兄弟经营面粉厂一贯重视产品质量,注重采用优质小麦作原料,不断改进加工工艺,创造出大受欢迎的优良品牌。茂新面粉厂生产的"兵船牌"面粉以色泽白、韧性强、口感好著称,甚至在面粉市场销售疲软时也能做到"各厂皆滞,唯我独俏",还成为外销出口的主要品牌。1926年"兵船牌"面粉在美国费城召开的万国博览会上获奖,还在上海面粉交易市场上被公认为交易的标准粉。福新各厂开办后,一度也多使用"兵船牌"作为商标。

图3-56 福新面粉七厂

"兵船牌"商标始创于1910年,最初为茂新面粉厂专用的面粉商标,福新面粉一厂成立时,亦使用"兵船牌"商标,因此产品很快打开销路。"兵船牌"分为绿、红、蓝、黑4种颜色,以绿色为最好,用于顶级面粉的商标,其余按面粉品质依次分用红、蓝、黑3种。此外,还有福新一厂的"宝星""牡丹牌"和福新二厂的"红蓝福寿"商标等。1923年,北洋政府颁布《商标法》并正式成立农商部商标局。"兵船牌"商标依法定程序申请注册,成为我国商标注册史上的第一号注册商标,具体时间为1923年8月29日,由北洋政府农商部商标局局长秦瑞签发的《商标局商标诠册证》也是第一号。

　　1937年八一三淞沪抗战爆发后,福新一、三、六厂均被日军强占,最初作为日本军部办事处和军用物资堆栈。1938年2月日本军方将福新这三家面粉厂移交日商三兴面粉公司经营,福新一厂改名为日商三兴面粉公司第四厂,被日商强占达8年之久。

　　1945年8月,日本无条件投降。荣氏兄弟收回被日商强占的企业。福新一、三、六厂因遭日商占用,破坏严重,按当时米价折合,损失白米33716石。为了能开工生产,又投入法币6000万元进行修整。

图3-57　福新面粉厂旧址,摄于2018年12月13日

福新一厂于 1946 年 2 月恢复生产，福新三厂至 1947 年才重新开机，福新六厂因破坏严重，不堪修整，无法恢复生产。当时，联合国善后救济总署的美国小麦大量输入中国，福新各厂依靠为国民党政府代磨"救济麦"而勉强维持。1947 年上半年代磨"救济麦"基本结束，上海民族资本面粉工业从此一蹶不振。

1949 年 5 月 27 日上海解放后，上海面粉工业本来存在的生产能力严重过剩问题突出，再加上上海解放初期原料缺乏、资金短绌，因此困难重重，福新面粉厂尤为严重。上海市人民政府为了维持生产，从外地调来大批小麦，委托各厂加工，并给予贷款以帮助解决资金不足的困难。1951 年，上海面粉工业在上海市面粉专业小组的指导下，将以福新、阜丰为主的 8 家大厂组成上海面粉工业联营处，对包括福新在内的各粉厂扩大生产、扩大销售、降低成本、减少困难起到了积极的作用。但福新各厂开工不足、机构庞大、人事臃肿、开支浩大，仍连年亏蚀。1954 年 5 月 31 日，福新面粉总公司向上海市工业生产委员会提出公私合营的要求。1955 年 9 月 27 日，福新面粉厂再次提出申请公私合营的报告，上海市粮食局根据"需要、可能、自愿"的原则，同意自 10 月 1 日起正式成立公私合营福新面粉厂。1956 年 11 月 1 日，公私合营福新面粉厂与毗邻的公私合营阜丰面粉厂合并经营，定名为公私合营阜丰福新面粉厂。由此，企业的发展迎来了一个新时期。

第四章
海派文化的源与流

熊月之在《海派文化与北站》中曾写道:"海派文化,在不同时代、不同领域、不同语境下,各有不同的内涵。"[①]他从"绘画——海派文化的起源""吴昌硕与海派文化""海派文化的缘起于北站"三个方面考察海派文化的源与流,进而指出:"海派文化并不是江南文化的简单汇拢,而是经过上海这

图4-1 20世纪20年代苏州河繁忙的运输

[①] 熊月之:《海派文化与北站》,《北站》创刊号,2019年内部刊印,第16页。他指出狭义的海派指绘画、京剧、文学等具体文化艺术中的上海流派,其源起于晚清绘画中的"海上画派"和京剧中的海派,后扩展到文学中。广义的海派也包括饮食、服饰、住宅建筑、居家装潢、娱乐等生活方式方面,如海派菜肴、海派服饰、海派住宅、海派家具、海派娱乐等,还蔓延到整个行为方式、价值观念、审美情趣的所有方面,成为一种包容极广的文化类型和文化风格。

个特大城市的集聚与熔铸，吸收了中国其他地方在沪移民所体现出来的地域文化，特别是吸收经由租界和来沪外侨所体现的西洋文化，才得以形成的。"[1]最后，熊月之总结得出："从人口、物资流动来看，苏州河、沪宁线无疑是最重要的通道，从人口、物资汇聚点来看，北站无疑是最重要的结点。从这个意义上可以说，海派文化与北站地区，确有千丝万缕的联系。"[2]要考察海派文化的源头，就要关注"北站"这个上海的码头、水陆的门户。

海派文化的缘起离不开苏州河。历史上很长一段时期，江南的文化中心是在苏杭，运河沿岸是江南的核心地带。通商开埠，在口岸制度的导引下，上海逐渐从原有的"鱼米之乡"那个社会模式中游离出来，开启了近代工业化、城市化之路。太平天国战争以后，江浙地区的人口大量向上海集聚，原有的江南文化在上海口岸城市也有了新的发展。随着租界的兴起和上海城市中心的北移，苏州河成为上海与江南地区连接的水上通道。闸北地区的开发、沪宁铁路的开通，更使得北站一带成为繁忙的"水陆门户"。当时的北站一带，不仅是货物的集散地，也是人流的集散地、文化的传播地。独特的地缘优势使北站街区处于特殊的"文化场域"，不同文化在这里交流、冲突、融合。海派文化中的一些"源头"就在这里诞生，在这里发育、成长，诸如徐园率先将电影引入中国，吴昌硕等开创海派书画，商务印书馆等诸多文化机构集聚于此，此外还有月份牌、连环画等驰名沪上。

图 4-2 初建时期的商务印书馆，1907 年。由鲍静静提供

---

[1] 熊月之：《海派文化与北站》，《北站》创刊号，第 19 页。
[2] 熊月之：《海派文化与北站》，《北站》创刊号，第 19 页。

第一节

吴昌硕与海上画派

吴昌硕（1844—1927），浙江安吉人，名俊卿，字昌硕，一字仓石，别号缶庐，又号苦铁。吴昌硕曾捐纳知县，任职江苏，但以缉捕为苦，且疏放不耐烦剧，后辞官到上海以鬻书画为生。据《中华民国名人传》记载，吴昌硕"善摹石鼓文，凝练遒劲，可以继美邓石如。画以力胜，山水多奇作，花木尤所擅长。所作松梅兰石，综合八大、石涛、冬心诸人之长，用笔又以篆隶之法出之，故能自成一家。其画菊至不可辨识，海内翕然称之，获资颇巨。与近代画家胡公寿、任伯年、高邕之辈友善，故其技益进。所为篆刻亦苍劲，知名海内。今所流传缶庐印存所录，清刚高浑，纯乎汉法，魄力伟大，气味雄厚，真可泣鬼神矣。其所作诗，音节振拔，自在流出，特为画名所掩，故不以诗名家也"。[1]民国著名报人孙玉声曾详细描述吴昌硕的"三绝"：

> 安吉吴昌硕先生俊卿工诗书画三绝，名下士也，三绝中尤以籀书见重于时，石鼓文笔意绵藐古气盘旋，世人无与其扛手，行草姿势遒劲，力透纸背，画则自成一家，无论山水兰石花鸟，着墨不多，自然名贵，以是凡得其寸缣尺幅者，无不珍逾拱璧。惟先生之诗题画以外见者甚鲜。先生更善铁笔，求者趾错于庭，有应有弗应者，应则奏刀霎然，俄顷即就，不应则虽以重金，不为所动，其品之高尚又如此，所居之室曰缶庐，故诗书缶庐主人，又以暮年苦为铁笔所累，故自号苦铁。[2]

图 4-3 吴昌硕

---

[1] 贾逸君编：《中华民国名人传》，北平文化学社 1932 年版，收录在《民国丛书》第一编第 86 册，上海书店 1989 年版。
[2] 孙玉声：《退醒庐笔记》，沈云龙编：《近代中国史料丛刊》第八十辑，文海出版社有限公司 1966 年版。

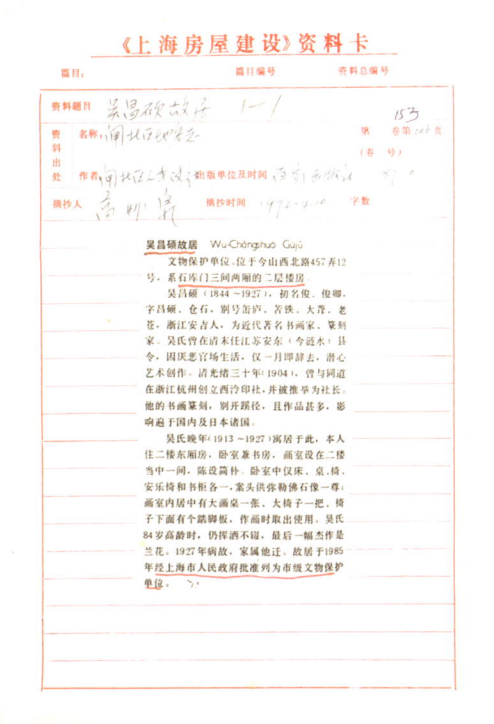

图4-4　建筑档案资料选，吴昌硕故居（今山西北路457弄12号）

图4-5　王一亭

1913年春，吴昌硕在同为海上书画名家的好友王一亭介绍下，携家迁居位于北站街区的吉庆里（今山西北路457弄12号），此处房屋的房东即王一亭的侄媳。吴昌硕在这里居住了整整14年，直至1927年11月27日逝世。

王一亭的寓所在海宁路764弄泰来里，与吴昌硕寓所只隔一条马路，后来王一亭投拜吴昌硕门下，吴昌硕不仅为他指点画作，并为他的画作题诗助兴，成就了两人亦师亦友的佳话，亦开启了海派绘画的一个新时代。

生活在北站的这段时期也是吴昌硕艺术生涯中创作与成就最为辉煌的黄金时期。"海派"绘画有"前海派"和"后海派"之分。"前海派"的代表人物有赵之谦、任伯年等人，"后海派"的领袖则为吴昌硕。吴昌硕正是在北站生活期间成为海派领袖的。吴昌硕在艺术方面另辟蹊径,善于创新,擅长写意花卉。他以书法入画,把书法、篆刻的行笔、运刀、章法融入绘画,形成富有金石意味的独特画风。他以篆笔写梅兰,狂草作葡萄,所作花卉木石,笔力敦厚老辣、纵横恣肆、气势雄浑,构图也近书印的章法布白,虚实相生,主体突出,画面用色对比强烈。他以雄浑豪放,劲健雅逸的笔墨,气势酣畅、格古韵新的艺风,苍迈郁勃、朴茂苍莽的金石气,为当时的海上书画界带来了一股别开生面的新风。他集"诗、书、画、印"为一身,融金石书画为一炉,被誉为"石鼓篆书第一人""文人画最后的高峰",在绘画、书法、篆刻上都是旗帜性人物,与任伯年、蒲华、虚谷合称为"清末海派四大家"。1913年,西泠印社在杭州成立,吴昌硕担任首任社长。同年10月,上海商务印书馆将吴昌硕的花卉作品20幅结集出版。

吴昌硕在个人艺术创作上成就非凡,同时爱才若渴,不论门第、地域甚至国籍,精心培养和影响了许多杰出的书画篆刻家。他先后培养了潘天寿[①]、王个簃[②]、沙孟海[③]、诸乐三、诸闻韵[④]、钱瘦铁、徐新周[⑤]、李苦铁及日本弟子河井仙郎[⑥]、长尾甲[⑦]等。在吴昌硕居

图4-6 吴昌硕字迹,为南洋中学图书馆题写(1919年)

[①] 潘天寿(1897—1971),字大颐,自署阿寿、寿者。现代画家、教育家。浙江宁海人。1915年考入浙江省立第一师范学校,受教于经亨颐、李叔同等人。1923年春,任教于上海民国女子工校。当年夏,兼任上海美专中国画系国画习作课和理论课教师。结识吴昌硕、王一亭、黄宾虹、吴茀之、朱屺瞻,画风向吴昌硕接近,由原先的恣肆挥洒向深邃蕴藉发展。其写意花鸟初学于吴昌硕,后取法石涛、八大,曾任中国美术家协会副主席、浙江美术学院院长等职。作《秋华湿露》等。

[②] 王个簃(1897—1988),原名能贤,后改名贤,字启之,号个簃,以号行。斋名有"霜荼阁""暂闲楼""千岁之堂"等。祖籍江苏省南通市海门区。现代著名书画家、篆刻家、艺术教育家。16岁到南通求学,笃好诗文、金石、书画。27岁由诸宗元介绍,到上海为吴昌硕西席,兼从吴学书画篆刻,为入室弟子。曾任上海新华艺术大学、东吴大学、昌明艺术专科学校教授,上海美专教授兼国画系主任。中华人民共和国成立后,任上海画院副院长、名誉院长、中国美术家协会理事、美术家协会和书法家协会上海分会副主席,西泠印社副社长,上海文史馆馆员等职。为全国政协三、四、五届委员。他三访日本,1985年访问新加坡,讲学并举行画展,促进了对外文化交流。

[③] 沙孟海(1900—1992),原名文若,字孟海,号石荒、沙村、决明。浙江鄞县沙村人。1922年,沙孟海到上海担任家庭教师期间,有幸接触令他十分仰慕的康有为、吴昌硕等大师,这对以后沙孟海的书法和篆刻产生了深远的影响。1925年,赴沪进修能学教书,后任教商务印书馆图文函授社。其间,从冯君木、陈屺怀学古文字学,从吴昌硕、马一浮等学书法篆刻,获益良多,书艺大进,章太炎主办的《华国月刊》多次刊载其金石文字,名声渐著。

[④] 诸闻韵(1895—1939),字汶隐,别署天目山民。浙江孝丰鹤鹿溪(今安吉塘浦乡)人。幼承家学,能书善画。是吴昌硕的外甥,早年居上海,在吴昌硕家任家庭教师,与弟诸乐三均为吴嫡传弟子,擅长诗、书、画、印,堪称四绝,誉满海内外。能诗,工写花卉、翎毛,间作走兽、山水、人物、寿佛,尤长于墨竹,潇洒清逸,涉笔成趣。毕业于上海美专,曾留校任教。历任上海、新华、昌明等艺术专门学校中国画系教授、系主任,后任国立中央大学艺术系和国立艺专(中国美术学院前身)中国画系教授。

[⑤] 徐新周(1853—1925),字星州、星周、星舟、心周、星洲,吴县人。精篆刻,师吴昌硕,行刀冲切皆施,雄劲苍浑,印文合大小篆于一体,重书法意趣,神、形酷似缶庐,晚年游大江南北,噪声印林。清末民初之间,达官贵人用印颇多为其手制。存世有《耦花盦印存》。

[⑥] 河井仙郎(1871—1945),字荃庐。日本京人,日本印宗师,在日本篆刻史上有重要地位。西泠印社早期海外社员。

[⑦] 长尾甲(1864—1942),字子生,号雨山,又号石隐、睡道人、无闷道人。日本赞岐高松人。西泠印社早期海外社员。1903年移居上海,任商务印书馆编译室主任。1914年返回日本,居东京,以讲学、著述及书画为生。绘画擅山水,亦工诗、书、篆刻。曾为西泠印社"印泉"题字勒于崖壁。著有《古今诗变》《传学本论》《何远楼诗稿》等。

住于北站吉庆里期间，海派艺术盛极一时，东西方艺术相互交融，亦使书画艺术得到了市场化和平民化的有力支撑。郑逸梅曾有这样的评述：

> 吴昌硕以篆籀法作画，元气淋漓，挺拔有致，泼墨不嫌其湿，焦墨亦未觉其干，尤工诗善题。有时杂写藤蔓叶丛中，书融于画，画化于书。加之诗境之妙，直造艺术之高峰。昌硕虽瓣香李复堂，而李复堂实无如是魄力也。彼扶桑人士景仰之，辇金以求书画，于是岁获可巨万，为从来所未有。一时凡笃嗜书画及治印之流，纷纷师事之。盖昌硕于三绝之外，又擅铁笔也。
>
> 凡鬻艺者悉以出昌硕门下为号召，计之约百有余人。但据与昌硕有旧者谈，谓缶门弟子虽多，然无如外间所称之盛，可考者，有浙人陈晴山①，花卉神似乃师，挟技游金华，颇得佳誉。

图 4-7 吴昌硕书画（去冬延同虚道人为其治病，既愈，书联为报。《申报》1926 年 1 月 13 日第 17 版）

图 4-8 吴昌硕所绘独松（《申报》1925 年 5 月 28 日第 21 版）

---

① 应为"静山"，陈半丁，名年，字静山。浙江绍兴柯桥镇西泽村人。19 岁时随表叔吴石潜（西泠印社创始人之一）来上海于严信厚的小长庐馆拓印为业，与任伯年、吴昌硕相识，后拜吴昌硕为师。擅花卉、山水、人物、走兽，以写意花卉最知名。

一吴诸闻韵,事昌硕十余年,画竹石清趣盎然,得者珍之。一云间蒯子谷,作花卉神韵欲流,尤为可喜。又杭人陈建安书画俱得师法。又吴兴王启之,画笔亦不弱。又吴松龄、汪克钝,不仅治印得师神髓,偶作花卉,亦逼肖可以乱真。其最多才多艺,篆书石鼓花卉,传昌硕之衣钵者,厥惟吴中赵子云①,子云名起,别署云壑,一称壑道人。昌硕晚年,倦于斯道,外间来求,辄嘱子云代为。子云信笔点染,无不如志。更以余力作草隶山水,得郑谷口及石涛遗意,昌硕见之,自叹弗如,子云居沪上新闸路仁济里甚久,与予曾作一度之比邻……

其他先昌硕而物化者,尚有陈师曾②、徐星洲、刘玉庵③、赵石农等,师曾之画、石农之印,名重大江南北,星洲金石上追秦汉,有藕花盦印谱行世。玉庵兼善指头画,运指一如颖毫,造诣之深,于兹可见。夫昌硕同门如许,可与曾农髯、李梅庵鼎足而三矣。④

图 4-9 吴昌硕故居。摄于 2020 年 11 月 10 日

---

① 赵云壑(1874—1955),字子云,原名龙,改名起;号铁汉、壑山樵子、云壑子、壑道人,晚号壑叟、秃翁、半秃老人、秃尊者、泉梅老人。江苏苏州人。赵子云初学画于任预、顾沄,后师从吴昌硕,尽弃前学,遂成名,为吴昌硕高足。后移居上海,为海上题襟馆常任理事,海上书画联合会会员。善绘花卉、山水,兼擅篆刻,亦能草书。书、画、篆刻皆得吴昌硕之神韵而不徒袭其貌,博采徐渭、石涛、石溪、八大山人之法,是以画益豪迈,声誉日隆。
② 陈师曾(1876—1923),出身书香门第,其祖父是湖南巡抚陈宝箴,父亲是著名诗人陈三立,弟弟是著名学者陈寅恪。1902年东渡日本留学,1909年回国,任江西教育司长。1910年师从吴昌硕学画。曾先后兼任北京女子高等师范学校、北京高等师范学校、北京美术专门学校教授。1923年9月,不幸染病逝世,年仅47岁。
③ 刘玉庵(—1926),原名刘灿,字玉(盦)庵,后以字行,号小聋道人,刘锡玲子。吴昌硕门生之一,擅长指画,指画山水大气磅礴。曾参加上海诸多书画团体的活动,1926年早逝。刘玉庵病殁苏州后,吴昌硕曾作长歌挽之,收录于《缶庐集》卷五。
④ 《吴昌硕及其弟子》,郑逸梅:《小阳秋》,日新出版社1947年版。

图4-10 梅兰芳

吴昌硕对有能力且肯努力艺事的青年总是耐心培育，虞山的赵石农在《拜缶庐印存》自序云："仆性钝，少失学，随先人卖药村市，年二十四始好金石刻划，入城识李虞章先生，钟知木无印宗派，继遇吴缶老仓石，时缶老专治汉印，一扫文、何、丁、邓积习，独辟蹊径，迈古铄今，海内外宗之，印学之风一变，然学者非多读三代秦汉金石，使字法有来历不可。"赵石农是一位很有创造性的篆刻家，他勤奋努力，在继承吴昌硕的基础上开辟了自己的独创风格。他把自己治印的斋室取名为"拜缶庐"。

吴昌硕不存门户之见，积极参加当时的艺术团体，如"西泠印社""海上题襟馆金石书画会""豫园书画善会"等活动。1917年，吴昌硕被公举为海上题襟馆书画会会长，哈少夫、王一亭为会董。[1]

吴昌硕除在书画艺术方面成就卓著外，对昆剧和京剧艺术也情有独钟，与京剧名流梅兰芳和荀慧生结为忘年交。梅兰芳只要到上海演出，就一定会前往吴昌硕的寓所拜访，并带上自己创作的书画作品向他请教。吴昌硕对梅兰芳则不吝施教，同时还会和梅兰芳学上几段京剧。吴昌硕曾为梅兰芳作有梅花图一帧，并题诗以赠："翩凤舞袖翠云翘，嘘气如兰堕碧霄。寄语词仙听仔细，导源乐府试吹箫。"[2]梅兰芳虽然没有像京剧名家荀慧生那样拜在吴昌硕门下，成为入室弟子，但始终以弟子之礼恭谨对之。

1985年，吴昌硕故居被上海市政府批准为市级文物保护单位，成为北站街区海派文化的历史记忆和重要载体。

---

[1] 《海上题襟馆开会纪》，《申报》1917年3月28日第11版。
[2] 张辉：《书画宗师吴昌硕》，中国人民政治协商会议上海市闸北区委员会、闸北区苏河湾建设推进办公室编著：《百年苏河湾》，东方出版中心2011年版，第158页。

第二节

徐园与海派文化的传播

在今天潼路 814 弄 43 支弄的门楣上，有一块刻有"徐家园"三字的石匾，此处即为徐园旧址。徐园建成于 1883 年，属典型的江南私家园林风格，徐园主厅名"鸿印轩"，园中设置草堂春宴、曲榭观鱼、桐荫对弈、萧斋读画、平台眺远、长廊觅句、盘谷鸣琴诸景，亭、堂、榭、阁、斋、泉、石，一应俱全，

图 4-11　《上海指南》（商务印书馆版）封面　　图 4-12　《上海指南》中关于"徐园"的记载

图4-13 民国八年（1919年）四月二十九日，及门诸子为丹徒马相伯先生八十祝嘏在徐园摄影，《英语周刊》第195期，1919年6月28日出版

为清末沪北风景绝佳处，被誉为沪北十景之一。[1]徐园亦是晚清时期这一街区的地标，是传播海派文化的重要场所。

徐园的主人是徐棣山（名鸿逵，以字行），浙江海宁人，出身于书香门第，酷爱书画艺术，为人风雅。与吴昌硕以书画为业不同的是，他的主业是经营丝茧生意，是沪上著名的丝商。1882年，英商怡和洋行开办怡和丝厂（Ewo Silk Filature），有华商股东7人，认购股本2.9万两，占同期资本总额的72%以上，徐棣山是大股东，还当选为该厂董事，拥有优先股，由此可见其在商界的声誉和实力。[2]因为徐棣山的关系，怡和丝厂的第一任买办就由徐棣山之堂侄徐三吾担任，徐三吾虽属丝业内行人，但由于滥吸鸦片而且好赌，无法胜任工作，即由徐雅山继任。后来徐棣山的长子徐贯云也曾任怡和丝厂买办，徐贯云还是著名的画师。1895年怡和洋行又开设了怡和纱厂，第一任买办是徐棣山的女婿周紫垣。[3]周紫垣是南浔丝商，不仅擅长书法，而且爱好昆剧，是知名的清曲家，擅长客串小生。[4]徐棣山的次子徐凌云也是昆曲大家。徐氏父子钟情于书画艺术和昆曲，这一爱好也使徐园自晚清起即成为文人雅士聚会的场所和海派文化的传播地。

---

[1] 熊月之：《晚清上海私园开放与公共空间的拓展》，《学术月刊》1998年第8期。老老夏：《徐鸿逵父子的徐园往事》，《档案春秋》2012年第9期。

[2] 华股名单及认股数额（每股1000两）如下：Nien How 5股；Yang Wee cha, 5股；Hung Wo, 5股；Te San（棣山），5股；Koo Yung chang, 5股；Sun Kiew, 3股；Sow E Kee, 1股；Ewo Steam Silk Filature Account Book, 转见 Eiichi Motono(2000), Conflict and Cooperation in Sino-British Business, 1860—1911, in association with ST Antony's College, Oxford, p.71. 徐凌云：《我家与怡和丝纱厂的关系》，《旧上海的外商与买办》，上海人民出版社1987年版，第36—37页。

[3] 徐凌云：《我家与怡和丝纱厂的关系》，《旧上海的外商与买办》，上海人民出版社1987年版，第41—42页。

[4] 熊月之、张敏：《上海通史·晚清文化》，上海人民出版社1999年版，第432页。

关于徐园的缘起，徐棣山的曾孙徐希博在《徐园之兴衰》中有这样的记载：

> 曾祖棣山公，清末在沪经营丝茧业，若干年后，渐渐步入沪上富贾之列。自入商海，过于辛勤，体力日衰。听从一位医友之劝，每日上午问事，下午休闲养生。就在闸北唐家弄购空地三亩余，堆土垒石为山，挖沟引水为溪，种花植树，建阁筑亭，遂建成一传统式的私家花园。此后每天下午在园内自娱养身，身体日见健朗。该园虽取名"双清别墅"，但人们均以"徐家花园"或"徐园"称之。①

这应该是关于建造徐园较为可靠的记载。19世纪80年代始，上海一些著名的私家园林相继以免费或少量收费形式对公众开放，比较著名的有张园、愚园、豫园、徐园等。这些以山水写意为构园思路的园林，虽由人造却宛自天开，为都市里的人们提供了难得的徜徉湖畔、优游山林的体验。因此，这些私家园林就成为文人墨客集会和文化传播的重要场所。由于徐棣山本人的雅好和文化修养，与上海文化名流交游很广，徐园比其他几家花园更多一份高雅。因此在1887年徐园正式对外开放后，徐园自然地成为当时文人雅士集聚地，被誉为"名士之天乐窝也"。②

徐棣山常在园内举办书画会、诗社、曲社、花会、琴会和射谜活动，文人笔下保留了大量关于徐园的记录。逢当春节谜会，便在园内鸿雪轩中，挂一绢制方灯，灯周粘有谜条，凡射中者则以书籍、文具相赠。这类文娱活动，吸引了当时诸多文人墨客前往。1886年，《申报》主笔何桂笙[③]与徐棣山相识，对其有这样的描写：

> 自昔未见城北公，侧闻公有长者风。今年菊筵与公遇，何幸一见竟如故。汪洋大度千顷波，挠之不浊清如何。胸中丘壑即经济，措之家国本无异。骥足有日展长才，森森卓立天骨开。④

此后，何桂笙便成为徐园的座上客。

徐棣山驰骋于十里洋场，也醉心于西洋文化艺术，极力追捧。徐棣山喜欢照相，徐园内设有照相馆，专门为游客留影，从其广告中，可窥见其丰富多彩的活动：

---

① 老老夏：《徐鸿逵父子的徐园往事》，《档案春秋》2012年第9期。
② 《上海之百面观》，《民立报》1910年12月27日。
③ 何桂笙（1841—1894），名镛，别署高昌寒食生。浙江绍兴人。约1884年前后入《申报》馆，后来担任总编纂钱昕伯的助手，其才思敏捷，不久即声名鹊起，"每一篇出，人无不诧其敏绝，誉流众口，纸贵一时"，朝鲜、日本、越南的文人学士也向他求诗文，与日本人岸田吟香也有往来。
④ 《丙戌十一月十四日同乡徐棣山先生再索得男诗以贺之》，《申报》1886年12月30日第3版。

本馆寓老闸北徐园内，所照之相，阴天更加分明，与众不同，因有亭台楼阁，树石花卉，以及文房宝玩，书画琴棋，无不具备，或临池而垂钓，或倚石而闲吟，或借苍苔以对弈，或就绿荫以眠琴，各有惬心之处，尽可随意拣择，若欲照西式样子，新设园内纪真楼，凡有游园兼欲照相者，颇为便捷，特此布告。①

照相技术自1843年以后开始在上海出现，但直到20世纪初仍是时髦之事。徐园景致优雅，来此游玩留影者很多，早期的一些重要活动都被照片记录了下来。曾有一幅名为《东篱采菊图》的照片，是徐棣山与知己好友日本人岸田吟香②、日本人盐川一堂、瞿梧生、蒋云泉、吴渭川、吴渭聘、昆曲名旦徐介玉、何桂笙等9人一起采菊的留影。③

《申报》的黄式权、蔡尔康等人也都是徐园的常客。海上文人雅集，题咏亦多：

> 胜仰徐园城北游，极繁华处极清幽。一丛萝薜柴门隐，几叠峰峦笋石抽。翰墨因缘联海内，沧江感慨倚楼头。忘机我亦如鱼鸟，久坐烟波小画舟。④

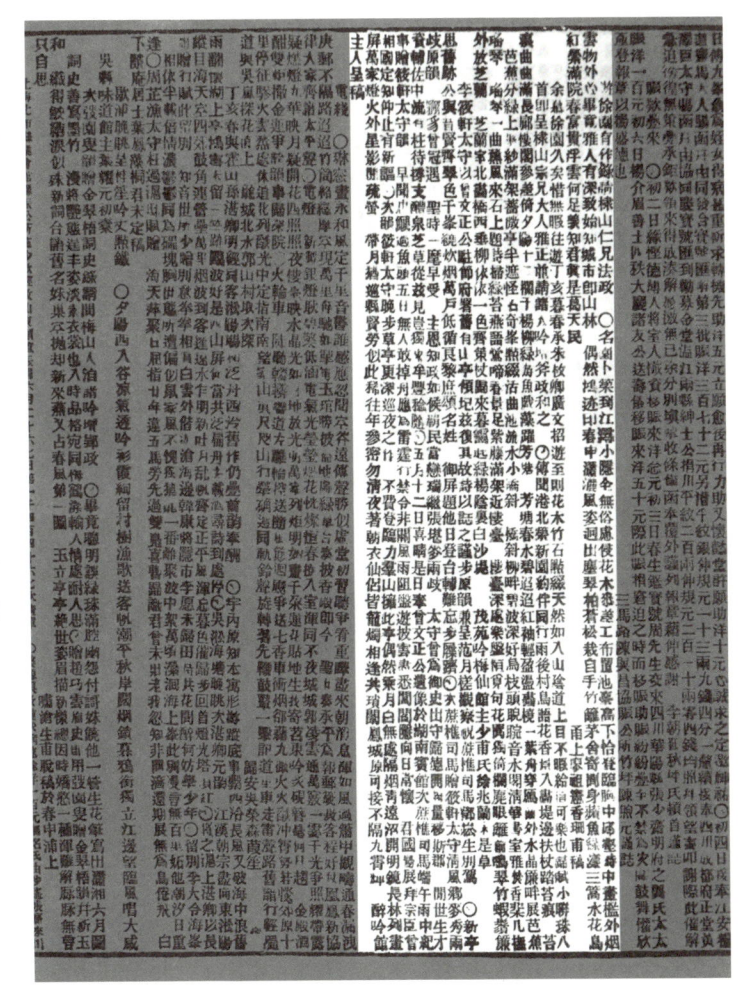

图4-14 《游徐园有作录请棣山仁兄法政》，《申报》1887年8月27日第11版

---

① 《徐园悦来容园景照相》，《申报》1888年3月21日第9版。
② 岸田吟香（1833—1905），日本商人。1866年来上海，1878年在河南路开乐善堂药店上海分店，此后侨居上海达30年，对中国文化有浓厚兴趣，与不少中国文人有交往。
③ 《东篱采菊图记》，《申报》1888年11月22日第1版。
④ 《徐园》，《申报》1889年4月27日第9版。

廖祖宪记曰：

名园卜筑到江浔，小隐全无俗虑侵。花木参差工布置，池台高下恰登临。胸中丘壑时中画，槛外烟云物外心。毕竟雅人有深致，始知城市即山林。

偶然鸿迹印春申，潇洒风姿迥出尘。翠柏苍松栽自手，竹篱茅舍寄闲身。蘋鱼绿漾三篙水，花鸟红紫满院春。富贵浮云何足羡，知君真是葛天民。①

有关徐园的报道频频见诸报端，令其声名远播，外地一些文人也慕名而来。有一位号为“蕺山铁道士”的绍兴文人在何桂笙的引领下参观了徐园，并对徐园的布局和园主做了详细的描写：

余性喜遨游，不嗜俗好，沪上之繁华甲于天下，而园林之胜未之觏也。等闲阅《申报》，知有双清别墅及《徐园赏菊记》，又有《申江胜景图》所绘港北花园，想别有一种风致，私心向往，

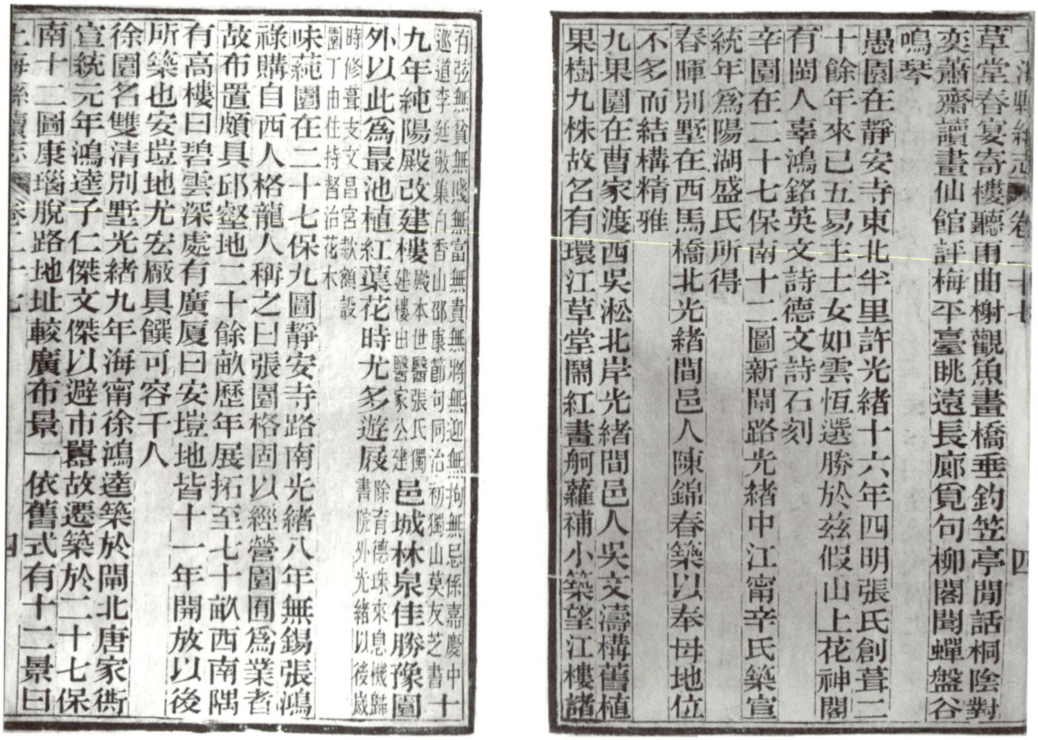
有弦無貧無賤無富無貴無將無迎無拘無忌係嘉慶中十
遯道李廷敬集白香山邵康節句同治初獨山莫友芝書
九年純陽殿改建樓殿本世醫張氏獨建樓出醫家公建邑城林泉佳勝豫園
外以此爲最池植紅蕖花時尤多遊屐除育德珠來息機歸書院外光緒以後歲
時修葺支文昌宮款額設圓丁由住持督治花木
味蒓園在二十七保九圖靜安寺路南光緒八年無錫張鴻
祿購自西人格龍人稱之曰張園格園以經營園囿爲業者
故布置頗具邱壑地二十餘畝歷年展拓至七十畝西南隅
有高樓曰碧雲深處有廣廈曰安塏地皆十一年開放以後
所築也安塏地尤宏厰具饌可容千人
徐園名雙清別墅光緒九年海甯徐鴻逵築於閘北唐家衖
宣統元年鴻逵子仁傑文傑以避市囂故遷築於二十七保
南十二圖康瑙脫路地址較廣布景一依舊式有十二景曰
上海縣續志 卷二十七

上海縣續志 卷二十七 四
草堂春宴寄樓聽雨曲榭觀魚畫橋垂釣笠亭閒話桐陰對
奕蕭齋讀畫仙館評梅平臺眺遠長廊覓句柳閣闇蟬盤谷
鳴琴
愚園在靜安寺東北半里許光緒十六年四明張氏創葺二
十餘年來已五易主士女如雲恒選勝於茲假山上花神閣
有閩人辜鴻銘英文詩德文詩石刻
辛園在二十七保南十二圖新閘路光緒中江甯辛氏築宣
統年爲陽湖盛氏所得
春暉別墅在西馬橋北光緒間邑人陳錦春築以奉母地位
不多而結構精雅
九果園在曹家渡西吳淞北岸光緒間邑人吳文濤構舊植
果樹九株故名有環江草堂闞紅畫舸蘿補小築望江樓諸

图 4-15 民国《上海县续志》卷二十七“第宅园林”中关于“徐园”的记载

① 《游徐园有作录请棣山仁兄法政》，《申报》1887 年 8 月 27 日第 11 版。

问津无从。今秋过沪，适遇友人高昌寒食生于浦滨，具述所怀。友人叹曰，君所谓二者即是一也。主人徐姓，我素相识，园在咫尺，曷往观乎。余欣然相从，既入其园，适见主人翁，一见如故，动容周旋，吐属温婉，风雅士也。即导余行，穿幽径，上高楼，履层岩，入浚谷，令人应接不暇。至其亭台结构之精，花木位置之工，固有异乎时俗所为者。不图纷华靡丽之乡有此清幽世界。①

这位"铁道士"建议徐园主人"稍一取资，则有径皆开"，便于人们来游园，园主听从了建议，决定于丁亥元日开始，徐园正式对外开放。由此，徐园更是成为沪上文人雅集聚会、市民游玩的重要场所。

因为徐棣山雅好书画，再加上各种雅集的举办，徐园声名鹊起，这里的书画雅集，无论规模还是参加书画家的水平都盛极一时。当时的海派书画名家朱梦庐、杨伯润、金继、任伯年、虚谷、蒲华、郭宗仪等常来此雅聚。1889年，"徐园书画社"成立，《申报》记载了展出作品的水平之高：

> 已至诸人，或相与评骘古人名笔，如庾肩吾之作《书品》，孙过庭之为《书谱》，张怀瓘之撰《书断》，凡《述书赋》中之所载，《法书要录》之所存，《翰墨志》之所收，莫不源源本本详究而精论之，不仅以近时笔墨相较量也。如谢赫之《古画品录》，张彦远之《历代名画记》，米元章之《画史》，凡《图画见闻》之志，《林泉高致》之集，《宝章待访》之录，莫不确确凿凿备举而历数之，不仅于时下作手衡量高下也。②

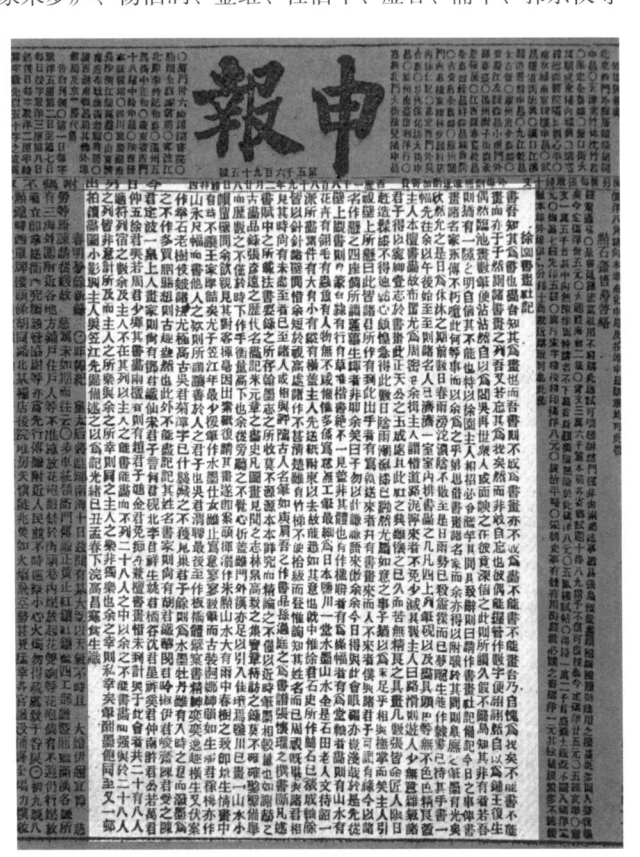

图4-16 《徐园书画社记》，《申报》1889年2月28日第1版

---

① 《游徐园记》，《申报》1887年1月20日第4版。
② 《徐园书画社记》，《申报》1889年2月28日第1版。

参与此次书画活动的共有28人,最为细致的为日本画家盐川一堂的水墨山水。待诸人笔酣墨饱,徐园主人特意安排在又一村拍照留念,名为《读画图》。此种汇集海上书画名家的书画雅集经常在徐园举行,每次雅集,徐棣山都会根据每个人的不同兴趣爱好、风格特长,提出相应要求,"所画诸件有大有小,有纵有横,盖主人先送纸附束以去,故能悉如其意也"。①

1892年,何桂笙受徐棣山之托,对徐园书画会进行更详细的记载,此次参与雅集的书画名家更多:

> 上海为江海通途,商贾之所荟萃,仕宦之所经由,往来于兹者,大都名利中人而已,间有一二雅人,相与命俦啸侣,作文酒觞咏之会,近来益复寥寥。徐园鸿印轩主人,性躭风雅,每于新春之际,但遇星期,大开雅会,或琴或棋或度曲或集书画之会,以故园中所悬书画,无非名人之笔。夫以书画售艺于海上者,不知凡几,而欲得主人青睐,亦殊非易易,盖主人于会中事均属精明,赏鉴书画尤为独具只眼而又酷嗜,此亦其性之所近也。清明后六日,余与抱月山人偕游,主人见之亟招手曰,子来正好,请君一观。乃相将入读画楼下,辟其窗,则见四壁所悬者琳琅满目,行书别有壶天老人,卫君铸生,虚谷上人,金君吉石,闵君吟椒,兔痴道人,黄君静园,蒲君作英,叶君小渔,陈君浚卿,周君紫垣;篆书则有毛君华生,陈君维祺,陆君子万,朱君岳生;隶书则有申左梦畹生;漆书则有吴君渭聘;楷书则有徐君澍亭,钱君蓍汉,钱君少伯,而龛山俞君则独题徐园雅集,图画则有朱君梦庐之月季,任君伯年之鸡,杨君佩甫、姚君栖谷、巢君子余、王君新甫、孙君□泉、徐君晓岚、张君遂生之山水,郭君少泉之博古盆花,韦君子钧之松菊人物,吴君秋农之山水人物,何君研北之春燕花卉,徐君小沧之博古蒲石,蒋君鹤年、张君子青之双钩翎毛,查君抡先之兰,庄君圃香及一泉上人之竹,宋君石年之秋菊雄鸡,曹君蟠根之人物,周君英□之木兰从军图,邱君竹芗、许君清芝、沈君沅之花卉,夏君少麓之岁朝图,潘君雅声,尤君笠江,奚君颂南之士女,孙君守伯之松菊犹存图,张君彝颂之梧桐翎毛,主人亦自作乳鸭紫藤,余侄石菉之以介眉寿图亦厕乎其间,余于其书画则见而知之,于其款识则皆问而知之,洋洋乎大观也哉。
>
> 余于此事为门外汉,惟觉其光怪陆离,目迷五色而已,主人曰此皆今春书画会中之所得也。余忆是日天气清丽,主人折束招余至园中相与鉴赏。余亦与抱月山人偕往。既至,见有对客挥毫者,有握管凝思者,有信笔直书者。抱月山人曰,此中无我辈插足处,盍出散步。乃至烟波画舫,抱月山人弄琵琶,余弹琴,更唱迭和,颇足自娱。

---

① 《徐园书画社记》,《申报》1889年2月28日第1版。

既而主人以照相之具至,曰今日雅集不可不留影,请诸君咸入图中,可乎?爰至又一邨,藉草地而坐,余置琴膝上,仍鼓梅花三弄之曲,主人即以古铜炉置余前,曰庶足点缀也。会中人或弹棋,或饮酒,或读画,或观书,或倚树徘徊,或吟肩高耸,而次子雨文亦以侍立余后,附入图中,抱月山人立稍远,而神气宛然。照毕,主人邀饮,余以有事固辞不获,乃命次子与石菉侄领其情。此情此景尚在目前,而倏忽已两阅月矣。

前年书画会,主人属余为之序,余曰以不能书画之人而为书画会之序,不亦贻人笑柄乎?主人曰,能书画者或不免有所阿比,其褒与贬未必悉出至公,惟不能书画者,则此中空空洞洞绝无偏倚,譬之于镜,中无所有则妍与媸无所遁影,譬之于秤,本无一物而以物加之,未有不平且准者,余遂勉为序之。曾几何时而相隔已两年。前年亦曾照一相,以视今年所照,则余之面已增此髭髯者矣。观乎此而悟人生盛衰之理,虽有壮年终不免龙钟之一日,虽有强力终不免衰迈之一时,转不若及此时而快然行乐,怡然自适之为得。且人生不朽之业最为难得,而独法书名画则流传永久,愈久愈珍,是真不朽之业也。主人设此雅会,欲使在会诸君,不但留其形影,而且留其翰墨,俾会中人皆得以永垂不朽,主人之用心不亦深且远哉。主人曰,请子笔此语以作此次书画会记,何如?余曰诺。壬辰三月望日,古越高昌寒食生记。[①]

徐园作为著名的私家花园,自然景观亦是不俗,春之兰、夏之荷、秋之菊、冬之梅,四时咸备,花卉展览闻名遐迩,其展出花卉种类之多,有梅花会、杜鹃花会、牡丹花会、菊花会、兰花会等不同名目,规模之大、延续年代之久,为各营业性私园所罕见。徐棣山风雅性成,爱花成癖,不仅各种花会上汇集精品,而且还举办各种游园节庆活动,历届花会均邀请沪上各园圃以佳卉参展,成为上海一大景观,凡花开之时,文人骚客与游人熙来攘往,《申报》中留下了大量有关徐园的吟咏记载。

每年正月的节日庆典,徐园都会举办一系列别开生面的活动,这成为沪上佳话。银花火树不夜城开,顾曲弹棋雅人兴举。徐园主人今定于新正十三、十五、十八三日为灯虎之戏,十三日间大会棋友,围棋,象戏斗角钩心,并定有彩物,围棋则魁星一座,象戏则状元一位,皆以花扎成,精巧无匹,夜间则为琴会,知音人咸得以一曲高山奏其长技,十五则为诗会,曲会,锦囊佳句,铁板新声,皆得各行其意,至十八则为书画会,烟云落纸,着手成春,益觉兴高采烈,日间以一点钟起,夜间以十一点钟灿放花爆而止,其未放花爆以前兼有灯虎,以遣雅兴,想名园胜集,裙屐风流当更增一番佳话也。[②]徐园胜会美不胜收,十三日上灯之期,园中另备灯景,大开园门任人游赏,至十一点钟而止,更设文虎以资雅鉴,射中者均

---

① 《徐园书画会记》,《申报》1892 年 4 月 13 日第 1 版。
② 《春灯雅集》,《申报》1890 年 2 月 1 日第 3 版。

有彩物，每当游倦之时，更以各种花爆为乐，计十三、十五、十八三日俱一律燃灯作秉烛之游，末一日更有新奇烟火，想金吾不禁，雅人韵士定不乏联袂往观也。[1]

徐园春天的兰花会、牡丹花会也是文人墨客的一大盛事。《申报》总编纂梦畹生[2]称在世俗的十里洋场中，"欲求一结庐在人境而无车马喧，花木萧疏亭台掩映，雅人深致，足以消世虑而证静涤者，戛戛乎其未有。有之，则自港北徐园始"。园主徐棣山喜爱兰花，在园中举办春兰雅集，将豫园的兰花会迁移至徐园。[3]1887年春，《申报》载："闸北徐园之胜久已遐迩咸知，迩日牡丹花发，满眼春光，举凡魏紫姚黄鞓红欧碧，风流富贵旖旎芳菲银阶玉砌之间，一望如锦天绣地，诚一年最胜时也。日内吴淞江迤北新辟马路已告成功，马车可直达园门之外，寄语青衫名士红袖佳人尚其联袂嬉春，同访花王宝殿哉。"[4]1889年，"邑庙花园蕙兰盛会告竣后，徐园主人复荟萃佳种多品，定于十一、十二、十三三日内在双清别墅悉心位置，以供游客清玩。想九节香清，名流竞赏，至期必有一番佳兴也。"[5]1890年春天，拍红集同人假徐园之鸿印轩畅叙一日，"春光明媚，局中人固兴高采烈，观听者亦借此拾翠寻芳，雅兴当复不浅也"。[6]1891年，徐园春兰极盛，主人又招集各处佳种，罗列园中，位置攸宜，幽芳扑鼻，大开园门，听人游赏，裙屐翩翩，不乏联袂偕游之辈。[7]1892年，徐园主人风雅好事，座无杂宾，适当莺啼燕语之辰，谓苟无妙句以赏芳时，恐不免花神腾笑，因于十二日开设诗社，招邀胜侣，分韵擘笺，世不乏玉溪浣花，尚其于红尘万斛中留此韵人韵事。[8]

1889年夏，徐园为庆祝荷花生日，又值徐园曲会之期，丝竹管弦一时并举，适园中荷花盛放，红裳翠盖掩映生姿，又得并头莲一盆，恍惚似解佩仙人对语于茜纱窗下，盈盈浅笑，脉脉含情，间以竹脆丝清，尤觉香韵欲绝，世有周公瑾其人，盍向花间一顾乎。[9]

秋天的菊花会更是别开生面。"柴桑秋好，黄花散金，露蕊霜葩，别饶幽致。此元九所以有'不是花中偏爱菊，此花开后更无花'之句也。港北徐园主人，觅得佳种数百盆，自今日起分置亭台各处，疏疏密密整整斜斜，位置得宜，供人玩赏，并效汉人射覆故事制成灯虎，悬诸座间，诸君子有具彭泽之闲情，

---

[1]《名园灯景》，《申报》1891年2月21日第2版。
[2] 黄式权（1852—1925），字协埙，号畹香留梦室主，别署梦畹生。南汇人。长期担任《申报》总编纂，有"洋场才子"之称。1907年担任震旦学校校监，1910年担任南汇第三公学校监，著有《淞南梦影录》《粉墨丛谈》等，并编纂《南汇县续志》。
[3]《徐园品兰记》，《申报》1887年4月4日第1版。
[4]《春满名园》，《申报》1887年4月21日第2版。
[5]《蕙兰雅集》，《申报》1889年5月9日第3版。
[6]《名园雅集》，《申报》1890年4月20日第2版。
[7]《春兰雅集》，《申报》1891年3月12日第3版。
[8]《名园韵事》，《申报》1892年2月9日第3版。
[9]《花间度曲》，《申报》1889年7月21日第3版。

工曼倩之隐语者,盍巾车见过,以遣秋怀乎。"[1] 1889年秋日,徐园之青莲居开演彩戏,"演者为金子如仙,颇称绝技,想近日篱菊盛开,秋高气爽,游赏诸君又得一新耳目,联袂而往者当不乏人也"。[2] 1890年秋日,徐园菊花之会,"大开三径,广招高人逸士为赏菊之会,每逢星期更有灯虎以助清兴,节届重九,游客往笠亭平台作登高之赋不知凡几。余因为味莼园所招,不克分身一往,询之看花而回者,皆云主人挑选妙种,布置极为雅称,其中异种奇胎殊为繁盛,人无能名"。[3] "节届中秋,桂轮香满,正清商之美景,亦延赏之良辰。徐园主人邀请同人作清曲之会,更唱迭和,夜以继日,并于夜间高爇天香,遍缀明灯,以供游赏,殿以各种新奇变化焰火,至十二点钟而止,想及时啸侣命俦骋怀游目者,当不乏人也。"[4]

《申报》主笔何桂笙曾记载1888年的徐园菊花会之盛况,摘引如下:

> 徐园今年菊花之盛,甲于他处,园主人为菊花之会者四次,罗列各家所艺之佳种名葩,悉心位置,以供众人之赏玩,颇费心神。计七日为一集,自九月二十四日为第一集起,至十月望日第四集止,恰恰列宿一周,此二十八日之中,无日不游人如织,而主人之招客宴会,亦几无虚日。[5]

有人以诗意的笔触描摹徐园秋色图景:

> 徐园名胜久著,沪江红尘十丈中,得此月榭风亭孤花瘦竹,诚足圆诗梦而遣旅怀,以视肉大鱼肥珠围翠绕者,雅俗之判诚不啻云之与泥矣。凉秋过半,约伴闲游,芙蓉盛开,映水逾媚,偶吟王安石"正似美人初醉著,强抬青镜欲妆慵"之句,觉娟娟静女殊足动人遐思。主人告予曰:仆素有陶潜癖,东篱寒菊刻已舒苞,实采黄金,曲翻白雪,西风帘卷殊不寥,他日来蝍冗稍清,能邀醉客餐落英,相与启饯秋之会乎?笑应之曰诺。[6]

---

[1] 《东篱秋兴》,《申报》1888年10月28日第3版。
[2] 《名园彩戏》,《申报》1889年11月3日第3版。
[3] 《菊谈》,《申报》1890年10月25日第1版。
[4] 《赏秋盛会》,《申报》1891年9月17日第3版。
[5] 《东篱采菊图记》,《申报》1888年11月22日第1版。
[6] 《名园秋色》,《申报》1887年10月31日第2版。

冬季虽不是游园的最佳时节，但晚清文人毕玉洲描写徐园冬景的绝句，依然让人感受到徐园及其主人的清雅之气："擘絮搓绵雪意赊，徐园约伴看梅花。遽离已逗春千点，疑是孤山处士家。"①"登临时已日西斜，一路寒梅乍著花。遥望烟霞都入画，竹篱茅舍野人家。""菊径枝残尚傲霜，参差竹影绕回廊。元臣雅集留题处，泥爪重寻姓氏芳。"②

除此之外，徐园还会举办一些节令庆祝活动。譬如端午节的龙舟赛、七夕节的乞巧会。

> 端阳佳节，龙舟竞渡，此屈大夫故事也，徐园主人雅意创行，惟园中地狭，龙舟恐不足以容，因别开生面，制成烟火，一经施放，旌旆飞扬，又于池中扎成五色小龙舟，暗藏机器，盘旋灵动，上悬明珠，珠内藏有明火，幻出刘海戏蟾，四周仍悬琉璃灯，桥亭树石各有飞禽走兽，异样焰火更添新式灯彩，八点钟起十一点钟止，是亦及时行乐之一端，想届时联袂往观者必有一番热闹也。③

> 今年七夕，恰值星期，徐园主人设乞巧之会于园中，以初六日为始，并为瓜战之戏，以手绘七扇助其雅兴，战胜者以次赠扇一柄，座中陈设皆以七为数，穿七孔针，织七襄锦，二五为偶，三四成行，晚间七点钟起至十一点钟止燃放奇巧烟火，初七日并招七贤于竹林，按七弦于花下。想届期灵鹊争填，玉蟾微吐，非特一时之良会，实为千载之奇逢，雅人深致可以传矣。④

图 4-17 《稼云楼题壁》，《申报》1887 年 1 月 6 日第 4 版

图 4-18 《端阳竞渡》，《申报》1891 年 6 月 9 日第 3 版

---

① 《徐园探梅并引》，《申报》1887 年 2 月 6 日第 3 版。
② 《稼云楼题壁》，《申报》1887 年 1 月 6 日第 4 版。
③ 《端阳竞渡》，《申报》1891 年 6 月 9 日第 3 版。
④ 《七夕良会》，《申报》1892 年 8 月 22 日第 4 版。

图 4-19　科学名词审查会第十二届审查会内科学组审查员在上海徐园留影，《良友》1926 年第 7 期

徐园主人还会利用西洋技巧来举行一些别开生面的活动，如就园中遍挂奇灯，灯样新巧，而灯内又藏有焰火，计有灯数种，水中则鸳鸯戏荷，石洞中玉兔拜月，盆中凤穿牡丹化作丹凤朝阳，桐树上滴落金钱变作火树银花，桃树上仙鹤蟠桃化作仙鹤生蛋，两廊双龙戏珠，珠中化出平升三级，葡萄架上松鼠偷萄，殿以大架烟火。定于本月廿五晚九点钟起十一点钟止，满园遍缀琉璃灯，五色陆离，光怪夺目，并各种花爆，内设文虎以供雅赏。①

值得一提的是，徐园还是中国电影放映的发源地。1895 年 12 月 28 日，法国卢米艾尔兄弟用"活动电影机"在巴黎第一次公开售票放映《工厂大门》《火车进站》等电影片段，轰动巴黎，并很快传遍世界。徐棣山从报上得知这一新鲜事物后，当即向法国订购放映机。

大约 1896 年 6 月，徐棣山收到一台手摇放映机，附有 10 盘 35 毫米拷贝，每盘可放三五分钟。1896 年 6 月 29 日，徐园即在《申报》发布告白："本园于二十日起，每夜开放至十二点钟止，内设文虎清曲、西洋影戏，以供游人随意赏玩。"②这是上海关于放映西洋影戏的最早记载。1896 年 8 月 11 日，

---

① 《名园火树》，《申报》1891 年 4 月 30 日第 3 版。
② 《徐园告白》，《申报》1896 年 6 月 29 日第 6 版。

徐园的广告中除文虎清曲和电光焰火之外，依然有西洋影戏客串戏法。[1]据研究考证，1896年在徐园"又一村"放映"活动影戏"，这也是电影首次引进中国。[2]

随着上海公共租界扩展，徐园所在的唐家弄一带被划入租界范围。根据市政建设规划，需要新筑一条马路，正好穿过徐园，加上近旁的万茂场集市终日喧嚣，徐棣山便有了搬迁之意。遗憾的是，1901年春初徐棣山意外坠落马车不治身亡。徐棣山去世后，其后人及友人"不欲湮其雅意"，继续在徐园举办菊花会。[3] 1909年，徐棣山之子徐贯云、徐凌云为避都市尘嚣，将园迁至康脑脱路（今静安区康定路）。

唐家弄的徐园毁于八一三淞沪战争，但徐园的那段历史值得珍视。

---

[1]《徐园》，《申报》1896年8月11日第6版。
[2] 叶中强：《上海社会与文人生活》，上海辞书出版社2010年版，第275页。
[3]《徐园菊会》，《申报》1901年11月1日第11版。

第三节

出版印刷业重镇

北站街区曾是近现代中国出版业的重镇，这里有著名的商务印书馆、大东书局等，汇集了数以百计的大小出版印刷机构和报刊机构，出版印刷了大量的图书期刊，还曾引领上海月份牌年画与连环画出版之风尚。

一、出版印刷机构的集聚地

商务印书馆成立于1897年，但其业务的快速发展则是在1902年搬迁到北站街区以后，它在北福建路2号、3号（今福建北路319—331号、330号）自建印刷所，在河南路新设发行所，又在厂房对面唐

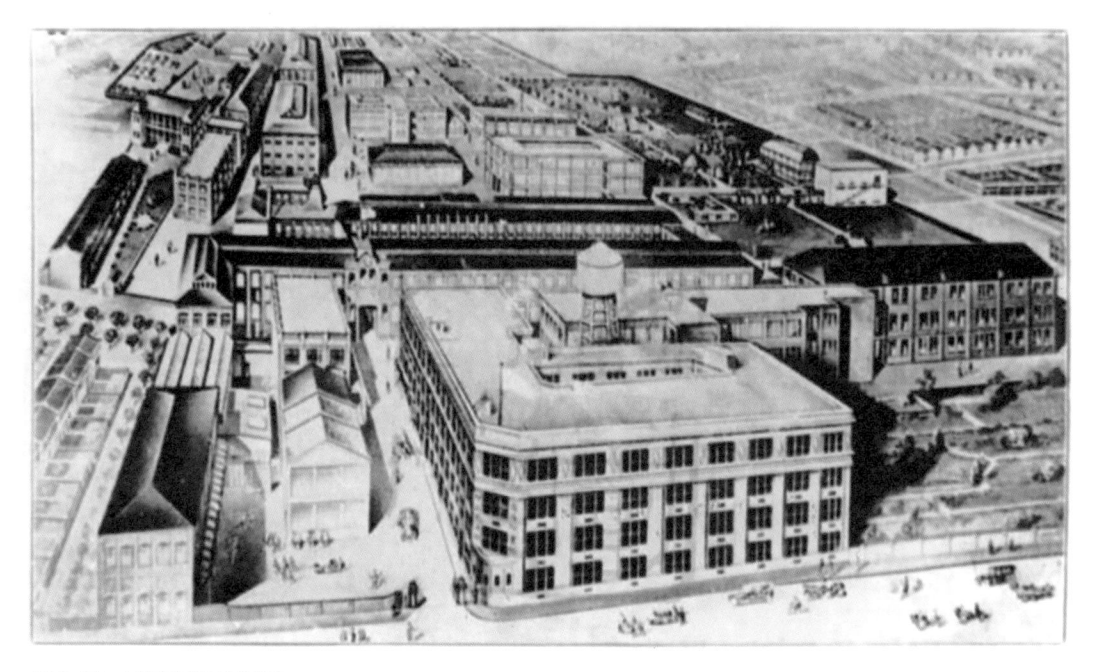

图4-20　上海商务印书馆全景

家弄租屋三间,增设编译所。这一时期的发展奠定了商务印书馆腾飞的基础,许多中国出版史上具有里程碑意义的图书、期刊皆出于此。梁启超、严复、蔡元培、鲁迅、李大钊、瞿秋白、老舍、茅盾、王云五、胡适等一大批近代著名学者的著作都在此出版。

1906年,清政府学部首次审定初等小学教科书共102种,民营发行量占85种,其中商务54种,为总数的52.9%,营业之盛已冠甲全国。1905—1907年,为求更大规模发展空间,商务印书馆又在宝山路购地80余亩(约合53333.33平方米)建成新厂。到1932年,仅上海总馆的职工人数就已达4500人。①

图4-21 《大清帝国全图》封面,上海商务印书馆1910年版

图4-22 姚之鹤编:《华洋诉讼例案汇编》,上海商务印书馆1915年版

---

① 温举珍:《中国出版业的集聚地》,中国人民政治协商会议上海市闸北区委员会、闸北区苏河湾建设推进办公室编著:《百年苏河湾》,东方出版中心2011年版,第78页。

图 4-23 《上海商务印书馆被毁记》封面

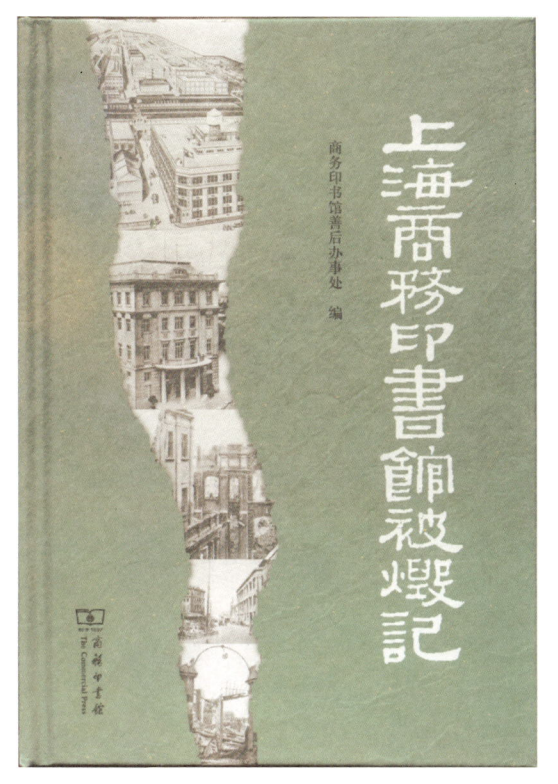

图 4-24 《金工》，"小学生文库"，商务印书馆 1933 年版

  商务印书馆出版的这些期刊图书在中国出版史上具有里程碑意义。张元济主编的《外交报》于 1902 年 1 月创刊，共出 300 期，是中国第一份以研究国际问题为主的期刊，每期约有一半篇幅译载外国报刊上发表的时文，可以说是中国最早的"参考消息"。1903 年 5 月，《绣像小说》创刊，至 1906 年 4 月停刊，该刊是晚清四大文艺期刊中寿命最长、成就最多、销路最广的。主编李伯元的《文明小史》、刘鹗的《老残游记》、吴趼人的《瞎编奇闻》等先期均发表于此。1904 年 3 月，《东方杂志》创刊，它是近代中国历史最久、影响最大的大型综合性杂志，有"杂志的杂志"之称誉，直至 1948 年 12 月停刊。此外，由蔡元培翻译的《哲学要领》，严复翻译的《原富》《法意》《天演论》，林纾翻译的《伊索寓言》《鲁宾逊漂流记》等，均于此时在商务出版发行。[1]

---

[1] 温举珍：《中国出版业的集聚地》，中国人民政治协商会议上海市闸北区委员会、闸北区苏河湾建设推进办公室编著：《百年苏河湾》，东方出版中心 2011 年版，第 79—80 页。

1932年1月28日，日军悍然侵犯闸北，挑起"一·二八"事变，我十九路军将士奋起抵抗。翌日，日军多架飞机向中国最大的文化出版机关——商务印书馆总厂投下6枚炸弹。顿时浓烟蔽日，机器尽毁。2月1日晨8时许，商务印书馆苦心经营30余年，庋藏图书46万册，荟萃中外古籍善本，服务公众学子的东方图书馆又复起火，古籍孤本尽付一炬。①

《东方杂志》复刊号插图

图4-25 《上海商务印书馆被毁记》内页

轰炸商务印书馆是日本军国主义对中华民族文化事业犯下的滔天罪行。图4-25、图4-26、图4-27、图4-28，是一组商务印书馆被炸毁的图片。

---

① 详见商务印书馆善后办事处编：《上海商务印书馆被毁记》，商务印书馆2016年版。

图 4-26 商务印书馆、东方图书馆被轰炸图

图 4-27 商务印书馆工厂被炸

由總廠後門向內遠望滿地狼藉情形

图 4-28　商务印书馆总厂遗迹

SHELLS have little respect for stone walls, as this picture of the Commercial Press top storey shows.

商務印書館被炮彈擊地被炸毀情形。

ON top, the Press buildings were torn asunder and exploded into tangled masses of wreckage. But below, Chinese troops sheltered safely.

商務印書館之頂屋被彈炸毀，經過後繼續成時形。
華軍則伏其中，眾皆安全。

图 4-29　英文《大美晚报》图片：著名的商务印书馆被毁

大东书局创立于1916年,1930年将总厂、总务处、编译所、印刷所均迁至商务印书馆曾经所在的北福建路2号、3号,并在此得到长足发展。

此外,还有许多其他大小出版印刷机构。1926年,位于新疆路和民坊的深柳书屋出版了《徐氏类音字汇》一书,该书搜罗宏富、解说明确,得到吴昌硕、章太炎、康有为等为之题签。[1]据统计,仅20世纪二三十年代,北站街区就有万叶、湖风、佛学、昌明、文华、国粹、天机、天成、燮记、石竹山房、文粹、大通、粹英、文益、童年、经纬、东方舆记、美华、鸿裁、春咸、槐荫山房、荣记书庄、华大、庆记、联华等书局、书社五六十家。它们大多集中在今西藏北路、蒙古路、开封路、热河路、海宁路、天潼路、河南北路、安庆路、浙江北路一带。与之相伴而生的还有更多的印刷厂。据上海解放初期的统计,这一地区当时已登记注册的有铅印工业同业公会会员133家、油墨会员5家、装订会员122家、印刷机械会员16家。[2]

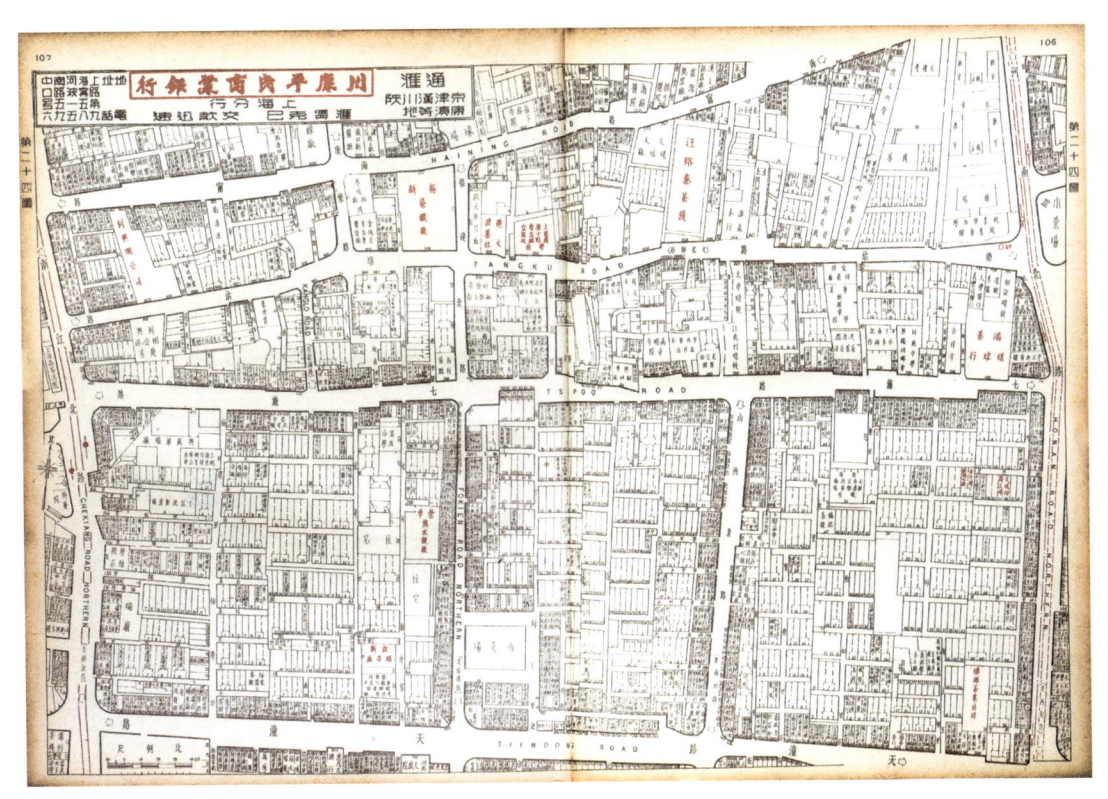

图4-30 苏州河北岸街区图(局部),《上海市行号路图录》第24图

---

[1] 《出版界消息》,《申报》1926年12月8日第21版。
[2] 温举珍:《中国出版业的集聚地》,中国人民政治协商会议上海市闸北区委员会、闸北区苏河湾建设推进办公室编著:《百年苏河湾》,东方出版中心2011年版,第84页。

另外还有坐落于北苏州路的《沪报》、七浦路的《北斗》、山西北路德安里的《国耻画》、山西北路泰安里的《进社》、甘肃路口的《紫葡萄画报》、新疆路德兴里的《罗宾汉》、天目东路均益里的《新春秋》、福建北路商务的《现代学生》、北河南路东唐家弄余顺里48号的《工程旬刊》社等。①

令人关注的是，这里还是一些红色报刊的发源地。《热血日报》《公理日报》《向导》《布尔什维克》等红色报刊均在北站街区印刷出版，再送到发行处去发行。

《热血日报》是中国共产党创办的第一份日报。1925年6月4日，《热血日报》创刊，由瞿秋白、郑超麟、沈泽民、何公超组成编辑部，瞿秋白主编并撰写社论。据郑超麟回忆："领导五卅运动的中央委员只有三个人，陈独秀、瞿秋白、张国焘。陈独秀照顾各方面，瞿秋白主编《热血日报》，张国焘负责工人运动。"②据马学强的研究：

> 瞿秋白主编的这份通俗的政治性报纸，富有战斗性和群众性。每天出版8开4版一张。设有社论、专论、国内国外重要新闻、罢工罢市消息汇志、舆论之裁判等栏。副刊《呼声》和《小言》，文字短小通俗。创刊号刊登秋白的《中国民族解放运动之高潮》和《上海外国巡捕屠杀市民之略述》。1925年5月"五卅惨案"爆发后，各界要求收回法权、废止会审公廨的呼声更为强烈。《热血日报》于1925年6月8日刊登社会各界要求收回会审公堂和租界的报道。从第二期起以《我们的要求》为主题，提出解决五卅惨案的主要条件。1925年6月11日由《热血日报》附送"五卅殉难者名单"，激起社会极大反响。《热血日报》虽仅出了24期，1925年6月底即被租界巡捕房查封而停刊，但它在中国现代革命史和新闻史上留下了珍贵的一页。③

曾经负责中共中央出版发行部工作的毛泽民就住在火车北站附近的北新里，他化名杨杰，在安庆路春晖里弄底40号开办了一家协盛印刷厂，专门印刷党中央的文件和刊物。④

---

① 《出版界消息》，《申报》1926年12月8日第21版。
② 郑超麟著、范用编：《郑超麟回忆录》（下册），东方出版社2003年版，第86页。
③ 马学强：《历史的细节与场景："大革命"时期的上海大学》，"中国共产党早期领导人与上海大学"学术研讨会论文，2021年10月23日。
④ 温举珍：《中国出版业的集聚地》，中国人民政治协商会议上海市闸北区委员会、闸北区苏河湾建设推进办公室编著：《百年苏河湾》，东方出版中心2011年版，第84—85页。

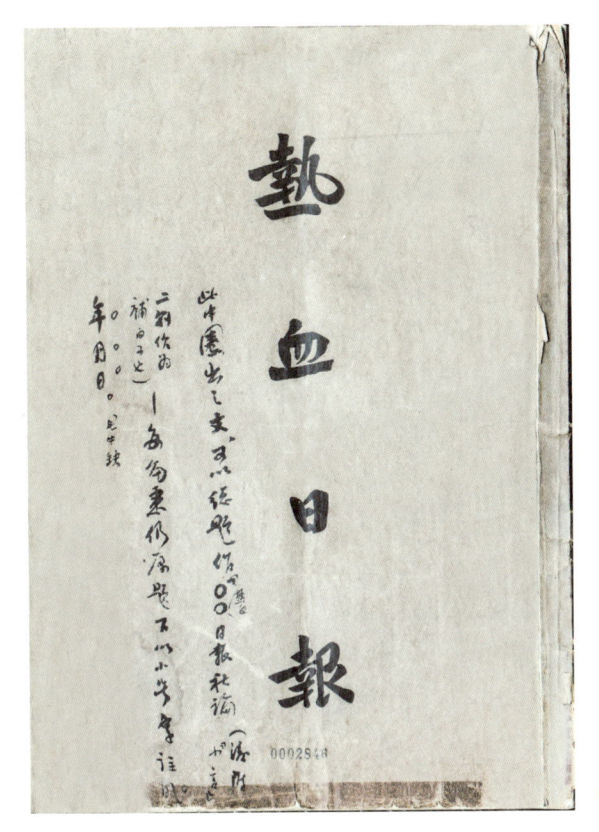

图 4-31 《热血日报》

图 4-32 《热血日报》于 1925 年 6 月 8 日刊登社会各界要求收回会审公堂和租界的报道

二、稚英画室与月份牌画

月份牌诞生于清末民初的上海，它不仅是一种艺术形式，也是社会变革的缩影，并成为一个时代的文化符号。在月份牌绘画史上，最早介入的画家是周慕桥、赵藕生、徐咏青和丁云先。此阶段创造的月份牌以传统技法为主，表现题材也较为传统。之后就是以被尊为月份牌画鼻祖的郑曼陀为主的阶段，他首创了擦笔水彩画法，并以知识女性为描摹对象，追求仕女画的淡雅素净，影响极大。而将月份牌年画发展推至鼎盛时期的则是以杭稚英为主要代表的这批画家，他多方面汲取知识，技法上有很大突破，题材上则将具有现代都市气息的女性作为画面主角。繁荣时期的稚英画室不仅占据月份牌创作的半壁江山，还涉及各大公司的礼券、商标、银行钞票等设计业务。杭稚英的月份牌广告画继承了中国优秀传统文化，以他为代表的一代月份牌画家的作品和事迹流传至今，依旧风采不减。

杭稚英设计的美丽牌香烟、双妹牌花露水、蝶霜等品牌标识，陆续掀起了月份牌画的一场革命，造就了月份牌广告画的黄金时代，勾画出一种新的上海美女形象。他不仅在月份牌画的发展中起到了关键作用,对当时与后来的上海工商业美术界与广告设计领域都产生了巨大影响。

杭穉英在1901年出生于浙江海宁盐官镇,出身于一个书香门第的家庭。1913年随其父到上海,进入商务印书馆图画部学画,师从一位德国籍画家,学习西画和工艺设计,又从何逸梅学习国画基础,随徐咏青学习素描和色彩。1917年,练习生期满,因成绩优异,杭穉英进入商务印书馆设在上海棋盘街的门市部服务。1921年杭穉英自立门户,在上海虬江路鼎元里开办画室,承接绘制月份牌,设计商品包装、商标和广告等业务。1925年起,杭穉英邀请在商务印书馆的金雪尘到画室帮忙,同时也收一些学生,开始经营穉英画室。

1925年,由于家庭人口与画室成员规模扩大,杭穉英搬迁至闸北区境内一座中西合璧式院落,即现在的山西北路430号。这座由中式三进房屋和西式花园洋房组成的公馆式房子中,最多曾容纳40余人的饮食起居,花园洋房为日常生活居住之用,中式三进房屋则为画室工作之用,在当时画室中可谓规模气派。苏州河以北的四川路一带是民国时期上海的第二条文化街,山西北路既靠近印刷工厂,又靠近文化街区,是开画室的理想位置。杭穉英介绍妻子的妹妹王蕴绥嫁给李慕白,家族联姻使这一家庭式画室的人员构成更为持续稳定。[①]

图4-33 杭穉英月份牌选。由段炼提供

当时穉英画室采用分工合作的方式来绘制月份牌,整合每个人的优长作画。穉英画室有能力承接大量商业美术订件,与分工合作的高效设计工作机制密切相关。一幅画经常由杭穉英创意、李慕白画人物,

---

① 张馥玫:《吸附商业的能量——穉英画室与民国上海的商业美术环境(1921—1937)》,《美术研究》2017年12月1日。

画到七八成时由金雪尘配景，最后杭穉英整体调整和润色，其他成员则做一些辅助性的工作，相互之间配合得天衣无缝。有了质量保证的月份牌画使画室订单不断，形成良性循环，所以杭穉英及其画室才能在20世纪二三十年代将月份牌这个新兴产业推向繁荣。① 鼎盛时期每年创作80余幅月份牌年画，现在各地以"穉英"署名流传的月份牌共有1600多种，许多著名品牌的商标和包装也出自穉英画室，如双妹牌花露水、杏花楼月饼、阴丹士林布、白猫花布等。②

穉英画室出品的月份牌，成为沪上诸多知名品牌的标识。三友社曾把出自杭穉英手笔的"寒装春艳图"画片作为鼓励购物的赠品赠送。中国化学工业社的三星牌化妆品也请杭穉英绘制美女月份牌。③梅园烟草公司的梅园牌香烟的设计尤为出色，"烟匣上之美女，出自名画家杭穉英之手笔，花容月貌，腼腆微笑，衬以红梅数株，尤觉可爱，是香烟美术画中之杰出云"。④就连德国玛尔大药厂经销的狮力牌牛肉汁为推广产品，也请杭穉英精绘春夏秋冬四季美女图。⑤风行上海的补血药补尔多寿，也请穉英画室绘制美女月份牌作为宣传。⑥

图 4-34　杭穉英月份牌选。由段炼提供

---

① 施晓琴：《杭穉英：具开拓精神的月份牌名家》，《公关世界》2019 年 3 月 25 日。
② 张馥玫：《吸附商业的能量——穉英画室与民国上海的商业美术环境（1921—1937）》，《美术研究》2017 年 12 月 1 日。
③ 《中国化学社绘印美女牌》，《申报》1924 年 1 月 12 日第 17 版。
④ 《梅园香烟受人欢迎》，《申报》1929 年 6 月 19 日第 15 版。
⑤ 《购狮力牛肉汁之赠品》，《申报》1929 年 12 月 19 日第 16 版。
⑥ 《购补尔多寿赠美女月份牌》，《申报》1930 年 1 月 10 日第 16 版。

图 4-35　杭穉英月份牌选。由段炼提供

1929年11月24日，沪上著名画家徐咏青、谢之光、郑曼陀、杭穉英共同组织成立艺友社，其宗旨为联络海内外各艺术者和爱好艺术者，共同研究、发扬艺术，该社刊行《艺术画报》，内容有绘画研究、建筑画研究、音乐研究专栏，位置在海宁路南林里西六弄164号。[①]与精英艺术不同，以月份牌为代表的商业美术明确地反映了机械复制时代的艺术生产特征，以穉英画室为代表的商业美术机构在城市商业需求的推动下，积极地参与了对20世纪初的视觉摩登的塑造。视觉摩登不仅是风格上的概念，也是数量上的概念，商业需求与商业美术产生了相互促进的紧密关系。商业竞争与宣传需求推动了批量化的商业美术形态，商业美术的生产机制推动了视觉现代性的完成。与此同时，商业美术促进了工商业的发展，以穉英画室为代表的商业美术机构成为为商业与产业提供设计服务的"专家系统"，印刷技术的发展与协同促进了批量化的艺术生产，塑造了以上海为代表的都市景观的现代镜像。[②]为此，杭穉英曾担任中国工商业美术作家协会理事。

1937年八一三事变后，苏州河北岸饱受战火侵扰，穉英画室被迫搬离了山西北路430号，两年后再次搬回。但战时经济萧条，画室生意一落千丈，杭穉英又拒绝为日本人绘画，收入日不敷出，为了维持画室40余人的生计，开始靠借债度日。抗战胜利后，杭穉英拼命工作，用两年时间还清了抗战时期

---

① 《艺友社成立》，《申报》1929年11月26日第16版。
② 张馥玫：《吸附商业的能量——穉英画室与民国上海的商业美术环境（1921—1937）》，《美术研究》2017年12月1日。

所欠债务，但此时的杭穉英已积劳成疾。1947年9月17日，杭穉英因脑溢血病逝于沪寓，年仅47岁。

杭穉英生前并无"穉英画室"之名，也从来没有挂牌。其父亲杭卓英因儿子英年早逝，为使穉英绘画艺术得到发扬和传承，题刻了"穉英画室"的匾额作为画室之名。画室同人以《穉英画室启事》的形式公告画室业务的继续维持，这也是第一次正式用"穉英画室"的名称。此时穉英画室的核心成员有金雪尘、何逸梅、吴信孚、李慕白、孟慕颐、杨时芳、杨万里等人。[1]

三、连环画出版的大本营

连环画是从街头巷尾善书唱本衍化过来的小书，只有64开本大小，内容大多数依据戏院里的连台本戏依样画葫芦。连环画是典型的大众文化，俗称"小书""小人书"。直到1925年，位于闸北的世界书局

图4-36 《穉英画室启事》，《申报》1947年9月21日

一口气出版了5部冠以"连环图画"的作品：《连环图画三国志》《连环图画水浒》《连环图画西游记》《连环图画封神榜》《连环图画岳传》，这5部重磅作品，编辑篇幅宏大，印刷装订整齐，每部作品还有硬套函装。至此，方才有"连环图画"的称谓，又称"连环画"。

1928年以后，连环画的出版转为大部分操纵在由出租书摊主发展而来的出版商手中。他们常年经营连环画书摊，熟悉读者的喜好，了解出版程序和营销行情。于是，一家家连环画出版书局如雨后春笋

---

[1] 《穉英画室启事》，《申报》1947年9月22日第11版。

图 4-37　1937 年夏天，一位美军陆战队士兵在苏州河对岸瞭望不远处遭日军轰炸的上海市区

般崛起。据统计，1932 年前后，上海的连环画出版商有 30 余家，大多数分布在西藏北路西侧蒙古路北公益里。这里成了名副其实的连环画大本营。连环画从这里走向上海全市的书摊，甚至走向全国以至东南亚。1937 年八一三事变爆发后，日本侵略者为攻打四行仓库，放火焚烧了北公益里及附近大批民居，连环画大本营也遭到了严重破坏。

　　苏州河畔的北站街区是海派文化的重要发源地，还有大量的内容需要细致梳理、深入挖掘。

第五章
时局动荡中的北站街区

　　在历史上,北站地区的东部属于公共租界,西藏北路以西的地区为华界,这一地区的变迁与上海城市化进程有着密不可分的关系。由于北站地区位于租界和华界的接壤地区,人员往来频繁,加之北火车站坐落于这一地区,更是加大了人口的流动速度与规模,这客观上为开展社会活动、革命活动提供了掩护,上海总商会、商务印书馆等大量组织的机构、办公地均设在这一街区。这里的区位优势突出,紧靠苏州河,具有航运上的便利条件,沿岸有大量的码头、仓库,上海火车北站坐落于正内,水陆交汇的枢纽位置决定了这里的显要地位,成为兵家必争之地。多种因素交织,互为因果。近代以来上海的历次重大事件,包括辛亥革命上海光复、上海工人三次武装起义、"一·二八"淞沪抗战、八一三淞沪会战等,北站地区都是各方激烈争夺的地方。此外,北火车站作为上海最重要的客运站,是上海的窗口、地标,北站也一直是上海学生运动的"热门"场地,或游行示威,或从北站乘坐火车前往南京请愿,制造声势,扩大影响。在这里发生的一些历史事件深刻影响着上海乃至中国时局的发展。

第一节
闸北光复之战

1911年10月10日，武昌起义爆发，革命党人以迅雷不及掩耳之势，迅速光复上海，进而控制江浙两省，攻占南京，南北遂形成对峙格局，这为后来的南北和谈与清帝退位准备了条件。在这一系列的革命行动中，抢占并光复上海这个近代中国最大的城市、最大的通商口岸和最重要的金融中心，控制中国的经济命脉，成为控制全局的关键。

一、李燮和与闸北光复

北站街区由于毗邻公共租界，属于上海华界中较为繁华的地区，人口稠密，人员流动频繁，出入公共租界也较为便利，容易开展革命活动。早在1911年7月31日，中国同盟会中部总会在上海召开成立大会，通过成立宣言、章程等，决定设总务会，选举陈其美、潘祖彝、宋教仁、谭人凤、杨谱笙为总务会干事，分管庶务、财务、文书、交通、会计五部。总会设立在北浙江路新昌里湖州旅沪公学（今浙江北路61号）。利用这里交通便利的条件和租界相对安全的特殊地位，以便从事革命活动，并相继派人到长江流域各省联络同盟会组织和人员，策动新军在湖北省城发动起义。中国同盟会中部总会的秘密接洽机关是当时总部干事杨谱笙的三兄弟杨信之（湖州资本家、湖州旅沪公学创办人）的住宅，总部会员也常在此集会。同年10月，陈其美领导的同盟会决定联合光复会以及上海商团两支民建武装力量，共襄大业。

图 5-1 陈其美

11月2日，同盟会中部总会陈其美、钮永建、李平书、吴怀疚、叶惠钧等人集议，改变了原定"上海视南京举动"的方案，决定"上海先动，苏杭应之"。①李燮和认为，"据武汉以控扼南北，而天下之脊断，其得地利逾广州远矣。然淞沪东南门户，而天下财货之所委输焉。得之，则长江以南，可无血刃而定也！"②

由于上海火车站位于闸北地区，地位极其重要，在经三方商议后，决定由光复会领导人李燮和负责攻占闸北。上海商团领导人李平书、李英石叔侄负责占领人口密集的老城厢，陈其美率领青帮百余名敢死队负责进攻南市一带。三路人马约定，11月3日下午2点以小南门外救火会钟声为信号，打响起义第一枪。

在当时驻守上海的清兵中，很多人为湖南籍，而李燮和是湖南人，所以光复会派李燮和到上海，想利用同乡之情，顺带策划军警起义。关于领导光复闸北的李燮和，《时报》曾刊文对他进行了介绍：

> 李（燮和）为湖南安化县人，家甚富，初在长沙师范学堂读书，即怀革命思想，不以死学科学为意。光绪三十二年，集合湘省志士，欲于省城起事。湘抚闻风预先派探严拿，李遂逃至南洋一带，与孙文、黄兴、宋教仁、精卫结为死党，名益振鄂湘。大吏悬三万金赏格捕之，卒不得。今年三月，广东事变，李亦在中逃出，鄂事起，与黎元洪结合，由鄂带死党来沪。沪上兵警两界及制造局多系湘人，暗地勾结，敢死团又助之。故起事不逾二日，秋毫不惊，沪市随手而得。苏杭亦立即响应，东南半壁均入民军之手。北京政府闻之胆破，不战自走。李君怀抱铁血主义，已逾十年，弃家捐身，均无顾忌。其爱国热诚，真可佩服。闻李君平日待人以"诚信侠义"四字为宗旨，故能集合志士，分遣各同类，驰赴北方一带，共图义举，南方无论也，即陕西、山西、北京各处之发动，皆李君所遣派者之主动力，革命功成，指顾间事矣。③

上海不是光复会和李燮和的地盘，但自曾国藩以来"无湘不成军"，湖南籍的士兵出现在绝大多数的晚清军队中，成为军队中的骨干和中坚力量。在上海闸北、吴淞一带的军警中上层中，有着一批湖南人。这些湖南人或许与李燮和并不认识，但相近的风土人情与风俗习惯、乡音使这些湖南人很快结成一

---

① 上海市历史博物馆、上海市档案馆编：《孙中山与上海：文物文献档案图录》，上海书店出版社2006年版，第30页。
② 钱基博：《辛亥江南光复实录》，中国史学会主编《中国近代史资料丛刊：辛亥革命》（7），上海人民出版社1957年版。
③ 《革命大家李燮和之历史》，《时报》1911年11月8日第9版。
④ 马勇：《李燮和与上海光复》，《湖南社会科学》2011年第4期。

体，彼此相互成为同志，或成为哥们。④

正是基于这样的背景和有利条件，李燮和从刚刚来到上海筹建工作时，就非常注重利用湖南籍的乡情友谊，注意在湖南老乡中广泛结交好友，发展会员。他指示光复会骨干尹锐志、尹维峻、王文庆、陆翰文等人不惜代价，利用乡情亲情等各种关系对闸北、吴淞两个地区的军警中上层中的湖南人做工作，以老乡和知己的身份向他们解释继续追随清廷已经没有什么政治前途，只有弃暗投明，反正光复，才是政治上的正确选择。①

因同乡这层关系，李燮和通过吴淞巡官黄汉湘，与吴淞、闸北其他军警高层中的闸北警备队队长陈汉钦、驻沪巡防营管带章豹文、巡防水师管带王楚雄、江南制造局附近炮兵营哨官成贵富等湖南籍军警官员建立了密切关系。李燮和的这些举措使他在很大程度掌控了上海军警界的行动，为后来革命的顺利发动和成功，起到了不可估量的作用。

图 5-2　李燮和，《帝制运动始末记》，《东方杂志》第 13 卷第 7 号

在经过一系列的认真准备后，李燮和及光复会的工作有了很大的成效，进行革命有了可以依靠的基本武装力量和强有力的指挥团队，形成了比较缜密的行动计划。但对于李燮和与光复会而言，他们属于外来力量，陈其美已在上海经营多年，且有会党的背景、网络、势力和影响，所以李燮和要想绕开陈其美与同盟会单独发动行动，显然不可能。在完成这些准备后，李燮和在各项计划基本明朗时，曾专门向陈其美通报，一方面希望获得陈其美和同盟会势力的支持，至少不能自相残杀，误伤自己，另一方面当然也希望陈其美的势力能够在方便的时候给予配合，一起光复上海，化解武昌方面革命党人的压力。从大的目标说，双方都是革命党人，都是要推翻清廷，建立共和。②

11月2日上午，在武昌前线的黄兴密电上海同盟会中部总会，表示前线已经退守汉阳，尽力防御，盼能急速举义响应。陈其美与李平书、李燮和等即决定于11月3日下午起义，主攻目标闸北巡警总局由光复会方面负责，商团一部辅助；老城厢的上海道署与上海县衙由商团方面负责；江南制造局由同盟会方面负责。

在11月3日上午，由于起义行动暴露，闸北的革命力量提前率先采取行动，警备队队长陈汉钦在光复会的推举下，担任闸北巡警起义总指挥，起义军迅速占领闸北地区。李燮和在闸北先拔头筹。闸北

---

① 马勇：《李燮和与上海光复》，《湖南社会科学》2011年第4期。
② 马勇：《李燮和与上海光复》，《湖南社会科学》2011年第4期。

图 5-3　在北站的上海起义军

胜利光复的消息传出后,陈其美、李平书等人当即决定,立即进攻南市和老城厢。大出陈其美预料的是,起义军所到之处,老百姓皆夹道欢迎,甚至配合他们烧毁清政府衙门和大小机关。南市地区也顺利光复。

二、攻占南市与江南制造局,上海光复

闸北起义发动后,位于南市城厢的革命力量迅速跟进。上海兵备道衙门被列为首要目标,进展非常顺利。上海道台刘燕翼早已闻风并逃往租界,上海县知事田宝荣也丢下印绶,不知去向。下午 4 时以后,上海城厢全部光复,南市地区也被革命党所掌控。报刊上曾报道革命后当晚城内情形:

> 余既入城,见商店人民镇静如常,看各人之面,似反欣欣然有喜色。电光灯下明亮之处,皆贴有军政府安民告示,观看者非常拥挤,多有执铅笔钞写者。[1]

---

[1] 穆郎:《上海目睹革命记》,《时报》1911 年 11 月 5 日第 11 版。

辛亥革命爆发后，上海能否光复的关键和首要目标是要夺取位于上海南郊的江南制造局，那里是清军主要的兵工厂，储藏有大量的武器弹药。制造局防卫非常严格，常驻巡防1个营，炮队2个营，护卫亲兵、护局警士各1个营。[①]上海光复成功与否主要就看能否攻下并控制住制造局。这是上海光复能否成功的关键，也是光复上海最艰难的一仗。

下午5时，制造局开门放工。陈其美亲自率领敢死队和部分商团武装数百人，开始攻打制造局。他们每个人均在袖口扎上白布巾，一人手持白旗，一人手持红旗，趁着工厂下班开门放工的时候，直冲进入制造局大门，另有一些人从船坞便门闯进。局兵紧急关闭二门，并占据楼房，从屋顶、窗户处，居高临下射击。他们与驻守的清军展开了激烈的枪战，双方僵持不下。当此时，为避免过多牺牲，陈其美表示他有办法说服清军和制造局总办不再抵抗，以让革命军不再流血，于是只身闯进制造局，不料被守军扣押下来。

图 5-4 起义军攻占上海道署

陈其美被俘的消息很快传遍上海，群情激昂。在李平书等人多次和平营救无果后，李燮和、李平书、李显谟等急忙发动沪军警、巡警、商团等一切力量攻打制造局。李燮和的光复军及闸北、吴淞反正的清军亦赶来支援。经过通宵酣战，在革命军的猛攻下，翌日晨，总办逃跑，局兵梁得意响应起义，在混乱中打开大门。见大势已去，张士珩在亲信保护下，乘坐预备的小火轮逃往租界。制造局后打出白旗，商团、光复军、敢死队等迅速占领了制造局。11月4日上午9时，江南制造局被革命军完全占领，这标志着上海独立和光复。

《东方杂志》的报道中，曾简述了革命军光复上海的过程：

---

① 陆茂清：《1911，海上狂飙——记辛亥上海之役》，《档案春秋》2011年第11期。

是日十一时,闸北巡警总局左近火起,巡士皆臂缠白布,局内人员逃避一空。下午四时,总局已树白旗。革命军即向城内进发,从小东门起,遇站岗巡士,即以白布缠其臂,无阻挠者。夜间道署被焚。沪南有制造局,革命军攻之,以该局有备,未遽得手。夜间进攻,互有死伤。至次日八时,即为革命军所占,举陈其美为沪军都督,李平书为民政总长。①

同月,沪军都督府和吴淞军政分府宣布成立。
为了庆祝闸北光复,闸北计划筑造光复路。当年12月25日《申报》报道如下:

新闸桥北迤西沿河新辟之马路,虽经前巡警总局建造木驳,而马路迄未开工。刻由自治公所装设电灯、自来水等,并拟筹款筑造马路,取名光复路,以留记念。②

南北对峙的局面形成后,孙中山于12月25日来到上海,并于民国元年(1912年)1月1日,由上海北火车站乘车赴南京就任中华民国首任临时大总统。出发时,上海有近万人前往北站,欢送孙中山赴

图5-5　1912年1月1日,孙中山从北站启程前往南京赴任

---

① 《江苏省之上海商埠为革命军占领》,《东方杂志》1911年第9期。
② 《闸北筑造光复路》,《申报》1911年12月25日第18版。

图 5-6　闸北光复纪念会，《时报》1912 年 11 月 3 日第 5 版

南京就任。在辛亥革命中，北站地区的民众与士绅通过支持革命，光复上海，成为上海华界政治舞台中的重要力量。

李燮和在辛亥革命上海光复的过程中，担任光复军总司令之职，在从策划到领导举义的全过程中发挥了非常重要的作用。在革命功成后，李燮和力请解职归田。《时报》评李燮和"克复沪淞，封锁长江门户，转战金陵"，"李司令之高风让德，诚足令人景仰不已也"。[①]

---

① 《李燮和功成身退》，《时报》1912 年 3 月 11 日第 6 版。

第二节

上海工人第三次武装起义的闸北决战

中国共产党成立与工人阶级登上历史舞台是近代中国革命形势发生的重要转变。上海是近代中国的工业中心,拥有当时最多的产业工人,上海也成了工人群体开展斗争和革命的主要战场。而闸北地区是上海华界中较为繁华的区域,人口集中度高,而且有大量的工厂在此开办,有大量的产业工人在此生活,便于进行宣传和开展斗争。

早在1925年的五卅运动中,就有大量的工人投入到反帝爱国运动的斗争中。上海总工会也在这场反帝风暴中诞生,其成立地就在紧靠着北站地区的宝山路宝山里2号。[1]上海总工会的成立让上海工人

图 5-7 1920 年的上海北站

---

[1] 上海市黄浦区总工会编:《百年红色工运:上海市黄浦区域内工人运动、工会组织发展史》,上海社会科学院出版社2021年版,第38页。

阶级从此有了自己的组织机构和指挥机关。1926年7月，国民政府正式出兵北伐。当月，中共中央指示中共上海区委设立军事委员会，调派汪寿华、赵世炎、罗亦农等参加中共上海区的领导工作。1926年9月6日，中共上海区委发表了《告上海市民书》，向市民指出："帝国主义的外人，卖国的军阀、官僚和大商买办阶级，就是我们的死敌！一切苛税与杂捐，就是我们的催命符！"摆在上海市民面前的只有两条路可走："一条路是受压迫而死，另一条路是起来反抗而生。前一条是死路，也就是亡国之路。后一条路是生路，也就是谋中国民族独立到自由解放之路。"①9月召开的中共上海区委会议形成了最主要的两点意见：第一，组织以工人为主的武装暴动，推翻军阀在上海的统治；第二，进一步开展上海市民自治运动。于是，轰轰烈烈的上海三次工人武装起义拉开了帷幕。

一、起义前的积极准备

中国共产党和国民党于1926年10月与1927年2月，在上海先后发动两次暴动，但均未成功。2月23日，中共中央和中共上海区委联席会议，成立了由陈独秀、罗亦农、周恩来、赵世炎、汪寿华等8人组成的特别委员会，负责组织武装起义。这次会议及其作出的决议，初步确定了下一步上海政治斗争的方向和上海工人新的武装起义的基本指导方针。

2月26日，中共上海区委召开各区部委和产业工会负责人会议，传达贯彻特委会决议。上海区委书记罗亦农指出：为响应北伐军，上海党和工人下一步的斗争方向是组织工人举行新的总罢工，举行新的工人武装起义，建立上海民众政府。

北站地区是北洋军阀重兵驻守的地区。3月1日，周恩来向特委会议通报上海方向敌情，着重指出：北洋军阀直鲁联军第八军军长兼海军南下舰队司令毕庶澄率3 000多陆军士兵，已于2月底到达上海，敌人大部驻扎于闸北火车站及其附近地区。白天少站岗，戒严不甚

图5-8 在上海的直鲁第八军军长毕庶澄，《天民报图画附刊》1927年第26期

---

① 《中共上海区委告上海市民书》，《上海工人三次武装起义》，上海人民出版社1983年版，第2页。

严密且军心不稳。他通报了为分化瓦解敌人,由周恩来等3人组成的"海军工作委员会"加紧对驻上海的海军司令杨树庄进行策反的行动。①

3月5日,特别委员会召开会议。周恩来在详细汇报武装起义准备后指出:"各项准备已基本就绪。"周恩来提到,根据上海的敌情、敌形、友情和我们自己的任务,起义时闸北方向最为重要,闸北是铁路交通枢纽。在闸北地区,要消灭的军阀部队数量最多,任务最艰巨。因此,"我们应集中主要力量在闸北","要重点消灭执勤警察、宪兵营和军阀驻军"。要拆毁铁路,防止军阀向上海增派援兵。②

3月16日,特别委员会做出十分重要的决定:全市和各区有关起义的一切工作,由特别委员会和各区中共部委全权负责领导;特别委员会由4人组成领导核心,明确"紧急情况由独秀、亦农、寿华、恩来处置",建立武装起义总指挥部,总指挥周恩来,副总指挥赵世炎。北站街区所在的闸北是起义总指挥部所在地。

二、北站地区是起义的主战场

3月20日,北伐军先头部队抵达龙华,为了避免与租界当局发生武装冲突,在占领龙华后,准备采取招降驻守上海的直鲁联军的策略。但上海工人阶级前期已经做好充分的准备,此时已经严阵以待,进入临战状态。21日晨,特别委员会、特别军委召开紧急作战会议,下达作战命令:决定于同日12时正,全市工人总罢工,随即转入武装起义。

21日中午12时,第三次总同盟罢工开始,全市近80万工人投入罢工,各商店也同时停业,学生停课,上海工人第三次武装起义就此拉开帷幕。这次起义是由中央军委书记周恩来担任总指挥,带领上海工人发动的起义。为确保武装起义胜利,上海区委组织5000人的纠察队,秘密进行政治、军事训练。当时派了一部分工人打入敌人的"保卫团",掌握一部分武器,借敌人的训练和装备,扩大工人纠察队的武装并提高军事素质。又在市民,特别是贫苦市民中进行广泛细致的政治工作。并根据敌人所在地区力量的强弱,划分了7个作战区域,规定了各区工人纠察队的任务:

> 暴动突起,在当时的作战划分于下列七个区域:南市、虹口、浦东、吴淞、沪东、沪西与闸北。
> 七个区域中的行动,前后开始于一小时以内。惟解决与成功之迟速不同,尤以闸北一区,自二十一日正午起,至翌日午后六时止,前后两日一夜始解决,统计激战至三十小时。③

---

① 中共闸北区委组织部、中共闸北区委党史办:《红色的闸北》(内部资料),1999年刊印,第157页。
② 中共闸北区委组织部、中共闸北区委党史办:《红色的闸北》(内部资料),1999年刊印,第158页。
③ 施英:《上海工人三月暴动记实》,《向导》1927年第193期。

图 5-9　纪录片《上海纪事》中的上海第三次工人武装起义选图。上海音像资料馆馆藏

闸北是这次武装起义的主战场，也是战斗最激烈的地方，敌人有重兵把守，除执勤警察外，还有 20 多布防处。起义开始后，10 万多名闸北工人及由商务印书馆工人、上海邮务工人、沪宁铁路工人和上海大学学生等组成的 1400 多人的工人纠察队员，在中共闸北部兼军委书记郭伯和带领下，英勇战斗。[①]一直到 22 日下午 6 时才结束战斗。其详细经过如下：

> 工人武装会聚于闸北者，乃沪东沪西两部及闸北境内的一部，其余以租界隔绝，均不能来援。各区域均在二十一日次第解决，而闸北独相持激战至两日一夜。当各处行动开始后，总工会代表乘汽车至龙华请兵，国民革命军东路前敌军白崇禧总指挥方迟疑间，又接驻沪军事特务委员钮永建报告，请缓一日进兵，以待毕庶澄投降。总工会代表涕泣力请，最后第一

---

① 中共闸北区委组织部、中共闸北区委党史办：《红色的闸北》（内部资料），1999 年刊印，第 161 页。

师师长薛岳始率全师进攻。廿二日下午六时，薛师至麦根路，适值北站鲁军溃败而退，最后的军阀残余，始告肃清。前后两日一夜中，闸北境内激战经过如下：

在闸北境内，除警岗不计外，敌人盘据的势力，多至二十余处。行动以后，群众的主要目标在下列六处：（一）北火车站，（二）湖州会馆，（三）商务印书馆俱乐部，（四）五区总署，（五）广东街分署，（六）中华新路警署分所。嗣后自吴淞开回兵车，在天通庵车站虽被沪东群众邀击，但因敌方人数甚多，武装极强，于是六个主要目标之外，又增加一处劲敌。闸北的巷战，遂遍于全境。自十二时起，罢工工人群众到街市中者，逾十余万。枪声突然四起。

北站鲁军的大炮，对向市镇轰击。鲁军中白俄兵，且以铁甲车开炮射击；在炮声密集中，北浙江路口，英国帝国主义的铁甲汽车，亦乘机开炮射击，助鲁军对民众作战。（以上两事，为纠察队指挥者所亲见，但事后帝国主义者默不敢承认，上海各报纸亦不敢以此项消息登载。）至下午四时，群众已夺得各警署与湖州会馆。全境内各处警岗，悉被驱散。居民纷纷悬青天白日旗，不及备者，或以手巾被单作白旗悬挂。自此以后，群众的武装，除布防保护居民，免溃兵抢劫外，进攻目标，乃集中于（一）北火车站（二）商务印书馆俱乐部（三）天通庵火车站。三处在一直线上，工人纠察队夹于三处之间：对北站取防守势，对俱乐部取包围势，对天通庵车站取进攻势。

巷战逐渐激烈了。商务印书馆俱乐部的敌人虽系少数，但拥有机关枪与多量炸弹，不断的向群众轰击，十分顽强。二十一日午后四时，纠察队以纸作书，口呼停战，投书入，劝降并负责保护其生命。鲁军亦就纸之背面回书，请求停止攻击，但不肯降。嗣后纠察队即取包围战略，防守终宵。天通庵车站敌人，因铁路轨断车倒而惊惶不已，伏两旁沟中，防守终宵，以军械力弱，纠察队进攻未得手。

北站方面，敌人于晚间纵火围攻，火势渐炽，烧民房数百间。难民纷纷向工人纠察队防线中逃来，纠察队分队护送往青云路空地。

火势盛时，纠察队乃弃防线前进，以水龙皮管，开自来水管猛勇扑救，卒至扑灭火势。附近居民义愤填膺，对工人纠察队感激至于流涕。居民壮丁以义愤所激，自愿加入作战。老者少者，自屋中取出木板、砖石、布袋，为工人纠察队布置防线，建筑障碍物。火势熄后，敌人不敢进攻，惟时以排枪射击；白俄人的铁甲车，则时以大炮轰击；英国帝国主义的铁甲汽车，亦时时偷袭向我们射击。此时的工人纠察队，为保护居民，对军阀之残余作战，亦对帝国主义者防御作战。

通宵的激战轰动于淞沪全境，各处皆知闸北的战事，称赞感叹工人纠察队的丰功伟绩。翌日（二十一日）天明以后，敌人已至于困乏，纠察队仍从各方猛勇进攻。当时居民咸传说革命军已至，实则革命军尚未自龙华起程。至正午，天通庵车站敌兵解决称降，俘虏三百余人，余人逃散至广东街者，被纠察队缴械，至北四川路者则被日本水兵缴械。下午四时半商务印书馆俱乐部中敌人，易便衣欲逃，被生擒，余人愿降，苦战一昼夜之地最后解决。纠察队总指挥处遂由五区总署移至俱乐部中。自此以后，全部武装集中攻北站。但自上午起，北站敌人复用第二次火攻，延烧房屋无数；是时自来水管已断，无从施救。纠察队防线退至五次，但敌人亦不敢前进。最后各方队伍集中后，猛攻一小时余，白俄兵逃入租界，北站鲁兵亦溃退，六时北站遂得克复占领。因避免与租界帝国主义武装冲突之故，纠察队乃退至车站之后布防。溃兵大队逃散时，适国民革命军第一师薛师长亲率猛队赶到，完全将溃兵俘虏。是时车站地雷爆发，但已无敌踪。最后薛师进驻北站。铁路工会下命令修复沪淞与沪宁铁路，铁路工人首先复工，依工会令组织交通队三百人修路，恢复交通。宝山路宝通路中兴路一带，居民燃鞭炮庆祝。暴动之功，至是完成。①

商务工人纠察队也参与了攻打北站的行动。②在对各个敌据点展开决战时，北站地区以北的敌据点之一——东方图书馆驻有千人，处在起义总指挥部与起义前线指挥部之间，严重威胁了起义的交通联络。工人纠察队一时难以攻下。据时任闸北区委成员黄澄镜(即黄逸峰)回忆指挥部的情况：

> 起义的前线总指挥部是个半公开的机关，地点是宝山路横浜桥南商务印书馆职工医院内。在起义前几天作了准备，起义这天周恩来、赵世炎等同志进入总指挥部，周恩来同志身穿一身灰布棉袍，头戴一顶鸭舌帽，围了一条深灰色围巾，西装裤子黑皮鞋，完全是一个早期党组织工作者的形象。有人说周恩来同志当时身穿军装骑着高头大马，这不是事实，这是后人凭想象而生造出来的，因为武装起义衣服不能穿得令人注目，也不可能骑马。起义爆发后不久我就在周恩来同志身边达二十多小时，我没有看到他穿过军装骑过马。
>
> 关于上面指挥系统问题。总指挥部应属于罗亦农同志为首的江浙区委领导，当时江浙区委的秘密机关设在北四川路以东四卡子桥附近。江浙区委直属党中央陈独秀领导。我在三次武装起义过程中没有看到过黄理文，周恩来同志用的联络员都是工人，一般说不会用上海大学的学生黄理文作联络员，更不会用写信的方式直接同陈独秀联系，同时，周恩来同志在起义前后也不曾住过理查饭店。③

---

① 施英：《上海工人三月暴动记实》，《向导》1927年第193期。
② 参见陈江：《上海工人第三次武装起义中的商务工人纠察队》，商务印书馆编：《商务印书馆一百年(1897—1997)》，商务印书馆1998年版，第234—236页。
③ 黄逸峰：《我了解的上海工人三次武装起义》中有"关于三次武装起义的指挥情况"，中共上海市委党史研究室编：《上海党史资料汇编》(第一编)，上海书店出版社2018年版，第351页。

为了阻止敌人通过铁路派来援兵,工人武装还对铁路交通进行了破坏。据参加起义的刘保民回忆:

> 我就带了些人在过横浜桥不到二百步路左右的地方,将电线柱铲倒横在铁路上,再将铁路旁的很多石条拾来放在铁路上,不到三十分钟,破坏工作完全做好。我就派十二个人带六支枪,两个人一支。到一户人家的楼房上去,又派些人到对面的房里去,也是两个人用一支枪。还有些人,派到横浜桥旁边的一幢楼上去,准备四面围住打。十多分钟后,装着敌人的火车来了。我下命令,装好子弹。
>
> 火车在横浜桥那里翻了身,有一排兵跳下来和我们打。这一排兵是从吴淞押车子到上海来装兵逃走的。我看到沈阿祥在那里,就要他跟我到一幢房子里面去打。有三四个人一起上去,上面打下去恰巧是铁路。但后来敌人发觉了我们打枪的地方,一颗子弹把窗口上的一只砂锅(一说花盆)打碎了。我刚好躲在这个砂锅后面,一点也没有受伤。我说这个地方很危险,大家当心,不要被敌人看见,我就下来了。我们的人四面开枪打,打得敌人没有办法。打了几十分钟,车子打坏了,打得敌人地下滚,打死了不少敌人。这列火车只有两节棚车,敌人约有一个排。到第二天(早晨)五点钟,敌人被我们解决了。这一仗真是打得开心。我们的同志也有受伤的。①

攻下东方图书馆后,武装起义工人纠察队总指挥部设在该馆底楼的商务同人俱乐部内,并在大门上方悬挂"上海总工会工人纠察队总指挥部"横幅。周恩来坐镇指挥了总攻北火车站的战斗。起义胜利后,周恩来仍暂住东方图书馆大楼四楼的一间房内。直到"四一二"反革命政变发生当天,周恩来才秘密离开东方图书馆。对于上海第三次工人武装起义,莫斯科《真理报》作了如下社评:

> 虽然上海在北方军阀之恐怖政策与外国帝国主义(尤其英国)大队海陆军统治之下,革命的工人终于夺得上海。上海的五十万工人是革命的先锋,是中国工人先导,他们在现在与将来,都将与俄国列宁格勒工人做一样的事。上海已由胜利的工人交与革命军,这表示出上海的无产阶级之革命热心与毅力如何伟大。上海工人之胜利,同时即世界革命之胜利。此胜利将开中国革命之新纪元,其意义之重大,即盲者亦能见之。此大商埠之攻下,可以使中国革命左倾,而使中国无产阶级之使命益以坚定。无产阶级更有机会得到革命之领导权,上海工人之革命热忱,足使广大群众鼓舞兴起。上海之攻下,又证明中国民众的革命力量何等伟大。

---

① 刘保民:《回忆上海工人第三次武装起义》,中共上海市委党史研究室编:《上海党史资料汇编》(第一编),上海书店出版社2018年版,第318—325页。

帝国主义的报纸谓中国是已死的革命火山。现在的事实证明这座火山是活的，不过将来的困难尚是很多，全盘情形非常复杂，帝国主义宣布戒严，危机仍然潜伏。但不论上海将来如何，至少已攻下了，这件事使全世界革命无产阶级更加兴奋。①

上海工人第三次武装起义经过30个小时的激烈战斗，夺取了上海除租界以外的地区，共消灭北洋军阀部队3000多人和2000多名武装警察，缴获了一大批枪支、弹药和大炮等。有300多名工人和群众在起义中牺牲，负伤千余人。上海工人阶级用鲜血和生命夺取了这次起义的胜利。据报道，当时在闸北的工人纠察队发动起义，围攻直鲁军与各警察署，直鲁军的俄兵"纵火焚民房，被毁数千家，人民毙于枪弹火焰之下者，无虑千百"。②3月24日《申报》刊登了报道《国民军前日占领北站详纪》，其中曾描述国民军上报给军部的北站交战情形和战后情况：

  各工会与敌军残部千余人，对峙于北车站宝山路一带。薛师到达，加入激战，约六小时，敌放火残杀民众，至戌时始向宝山县方面退却，遗弃军装枪弹粮秣无算。北站已毁，死伤敌人与民众甚多。上海秩序纷乱，租界戒严，设营地点均在闸北，军部驻湖州会馆，政治部全皖会馆，炮营江宁会馆，工营、患者输送部，驻麦根路七号栈房。③

《申报》的记者于23日早晨也前往北站地区亲自调查：

  悉北车站已开放，故即驱车前往，抵克能海路口，即被阻不能前进，当即步行进庆祥里，由兴义栈后门达界路，见车站前门栅栏口，有党军数人把口。该路医生诊验室前面，有一长土墩，闻系直鲁军所挖战壕，惟不甚深大耳。吴淞车站月台上，有直鲁军遗下之大炮三尊，一系高击炮，其余二尊均为迫击炮，亦有党军四人看守，并在验察各机关，时旁观者甚众。记者即回至北站，见各党军正在早餐，所有卖票房之玻璃门，及问讯处四周之玻璃，各写字间之门户，均已被捣毁，纸张狼藉满地，所有各公事房之椅子及器具等，均被直鲁军搬在大钟下，座褥及椅背等，亦已被毁。各公事房之公事，及楼上洋账房等处之账簿等，被弃满地，电话等亦已失效用。行李房内所存行李，亦已不翼而飞，所存者惟几张废纸而已。站稽查间内，竟空无所有，电报房内各电报机，亦已被损，电报均满布地上。月台四周有党军三四十人巡守，车道内停有空

---

① 《苏联庆祝沪工人革命成功》，《民国日报》1927年3月25日第4版。
② 《国民军前日占领北站详纪》，《申报》1927年3月24日第10版。
③ 《国民军前日占领北站详纪》，《申报》1927年3月24日第9版。

车四十辆，惟无机车挂着，并有党军数人，在铁轨内侦察有无地雷等埋伏。后在问讯处对面酒吧间前面发现地雷二枚，当由党军吩咐观者禁止前进，并劝记者暂时退出，俟清理就绪后，再请参观云云。故记者即退出北站，见北站货捐局门前有二首级示众，面目不清，道旁有尸首九具，均被枪击者，北浙江路口亦有四五具。直至下午三时，始由红十字会前来收殓，仍置车站铁栅栏旁。所有该路职工，本定昨日复工，后因各处尚未了理清楚，恐有危险品埋入，故即暂缓。经党军精密查察后，再行服务。[①]

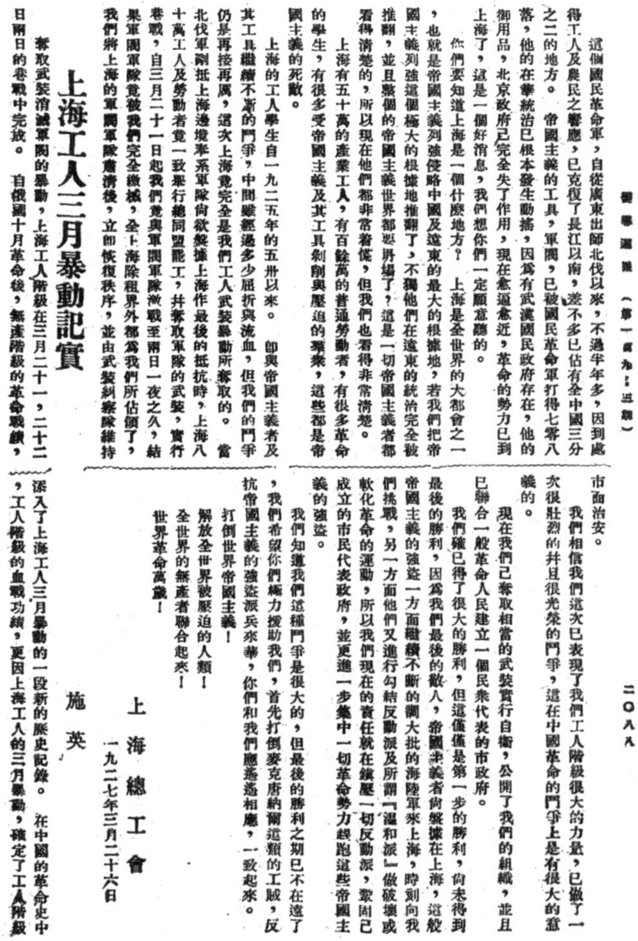

嚮導週報　（第一百九十三期）　二〇八八

這個國民革命軍，自從廣東出師北伐以來，不過半年多，因到處得工人及農民之響應，已克復了長江以南，差不多已佔有全中國三分之二的地方。　帝國主義的工具，軍閥，已被國民革命軍打得七零八落，他的在華統治已根本發生動搖，因爲有武漢國民政府存在，他的御用品，北京政府已完全失了作用，現在愈逼愈近，革命的勢力已到上海了，這是一個好消息，我們想你們一定願意聽的。

你們要知道上海是一個什麼地方？　上海是全世界的大都會之一，也就是帝國主義列強侵略中國及遠東的最大的根據地，若我們把帝國主義列強這個極大的根據地推翻了，不獨他們在遠東的統治完全被推翻，並且整個的帝國主義世界都要塌了？這是一切帝國主義者都看得清楚的，所以現在他們都非常着慌，但我們也看得非常清楚。

上海有五十萬的產業工人，有百餘萬的普通勞動者，有很多革命的學生，有很多受帝國主義及其工具剝削與壓迫的羣衆，這些都是帝國主義的死敵。

上海的工人學生自一九二五年的五卅以來。　即與帝國主義者及其工具繼續不斷的鬥爭，中間雖經過多少屈折與流血，但我們的鬥爭仍是再接再厲，這次上海竟完全是我們工人武裝暴動所奪取的。　當北伐軍剛抵上海邊境奉系軍隊尚欲盤據上海作最後的抵抗時，上海八十萬工人及勞動者竟一致舉行總同盟罷工，并奪取軍隊的武裝，實行巷戰，自三月二十一日起我們竟與軍閥軍隊激戰至兩日一夜之久，結果軍閥軍隊竟被我們完全繳械，全上海除租界外都爲我們所佔領了，我們將上海的軍閥軍隊肅清後，立卽恢復秩序，並由武裝糾察隊維持市面治安。

我們相信我們這次已表現了我們工人階級很大的力量，已做了一次很壯烈的并且很光榮的鬥爭，這在中國革命的鬥爭上是有很大的意義的。

現在我們已奪取相當的武裝實行自衞，公開了我們的組織，並且已聯合一般革命人民建立一個民衆代表的市政府。

我們確已得了很大的勝利，但這僅僅是第一步的勝利，尙未得到最後的勝利，因爲我們最後的敵人，帝國主義者尙盤據在上海，這般帝國主義的強盜一方面繼續不斷的調大批的海陸軍來上海，時刻向我們挑戰，另一方面他們又進行勾結反動派及所謂『溫和派』做破壞或軟化革命的運動，所以我們現在的責任就在鎮壓一切反動派，鞏固已成立的市民代表政府，並更進一步集中一切革命勢力趕跑這些帝國主義的強盜。

我們知道我們這種鬥爭是很大的，但最後的勝利之期已不在遠了，我們希望你們極力援助我們，首先打倒麥克唐納爾這類的工賊，反抗帝國主義的強盜派兵來華，你們和我們應遙遙相應，一致起來。

打倒世界帝國主義！

解放全世界被壓迫的人類！

全世界的無產者聯合起來！

世界革命萬歲！

上海總工會

一九二七年三月二十六日

上海工人三月暴動記實

施英

爭取武裝消滅軍閥的暴動，上海工人階級在三月二十一，二十二日兩日的巷戰中完拔。　自俄國十月革命後，無產階級的革命戰績，添入了上海工人三月暴動的一段新的歷史記錄。　在中國的革命史中，工人階級的血戰功績，更因上海工人的三月暴動，確定了工人階級

图 5-10　施英：《上海工人三月暴动记实》，《向导》1927 年第 193 期

北站地区是主要战场，区内的工人和群众为这次起义贡献了不可替代的力量。这次起义的成功使中国共产党在广大工人和市民中的威望大为提高，一大批优秀的工人纷纷加入中国共产党，中共闸北部委在起义前夕有党员 516 人，到了起义胜利后的 3 月底，党员数增至 912 人。

3 月 21 日，上海总工会发布响应北伐军的布告，称“本总工会领导全沪八十万工友，一致奋起，响应北伐军，维持上海秩序，拥护上海临时市民革命政府”。[②]但不久后蒋介石就叛变革命，发动“四一二”反革命政变，大肆屠杀共产党人和工人群众，北站街区一时间也陷入血雨腥风之中。

① 《国民军前日占领北站详纪》，《申报》1927 年 3 月 24 日第 9、10 版。

② 中华全国总工会中国职工运动史研究室编：《中国工会历史文献》（1），工人出版社 1958 年版，第 373—374 页。

第三节
"一·二八"与八一三：两次淞沪抗战中的北站

20世纪初，上海进入了快速发展时期，也带动北站街区实现了较大提升，该区是上海华界中最繁荣的地区之一。但日本帝国主义先后发动了1932年"一·二八"事变与1937年八一三事变，这两次侵略战争都将炮火投向了北站及其周边街区，北站在两次战争中被炸得面目全非，几乎被摧毁殆尽，这打断了北站地区的发展进程，并使其遭遇了空前灾难。

一、"一·二八"事变中北站地区首遭战火蹂躏

今天的北站街区在当时大部分位于闸北，部分位于公共租界，靠近日军驻守的虹口地区。面对日军的侵略进攻，北站地区首当其冲。1932年1月28日事变爆发当晚11时25分，上海市政府接到日本海军司令公告"勒令中国将闸北方面所有中国军队，及敌对设施，从速撤退"。①当晚11时40分，日军即开始进攻闸北我军防线，进攻闸北市区。最初由守警及宪兵抵抗，继由十九路军正式接战。

事变后出版的《上海血战抗日记》记录下了发生在这里的惨烈战况：

图5-11 1932年，"一·二八"事变与十九路军抗击日军，选自《1932年十九路军抗战纪念图册》

---

① 记者：《上海血战抗日记》，《生活》1932年2月20日临时特刊。

第一夜的激战

第一夜由十一时四十分起，日军以铁甲车向我军冲锋，有陆战队三四百人，退伍日侨千余人加入工作，并有便衣队随处袭击，在虬江路宝兴路天通庵等处双方巷战。我军迎战甚烈，夺得铁甲车三辆。通宵枪炮声不辍，激战至翌晨五时，日航空队派轰炸机三架，到闸北乱投炸弹，宝山路商务印书馆及北站房屋被炸，焚毁殆尽，各处房屋亦多焚毁，居民被炸弹致伤或死者甚多，我方以高射炮或步枪射击，击落日机三架。

第二日之继续激战

北站为敌人进攻之重要目标，故第二日上午十时后，复猛向北站进攻，以我军防范严密，进展不易，复用飞机在北站掷弹，于下午二时许乘北站大火，遂用大队由虬江路包抄而进，经我方极力抵御，一时枪声密如连珠，苦战一小时，北站竟被日军占领。我军于下午五时许反攻，双方在北站附近血战多时，于当日下午六时，我军于枪林弹雨中，复将北站夺回，并用全力追击敌军，敌军不支，向杨树浦溃退，状极狼狈。是役日军死伤甚重，我军亦死伤数

图 5-12　1932 年，城市电力设施等均遭毁坏

十人。北站为京沪路咽喉,今失而复得,士气为之大旺,此日北四川路一带亦继续有巷战,晚七时我军乘胜追至靶子路,激战甚烈,闸北已无日军。闸北参战之日军,经一夜及第二日之激战,被我军击毙者在八百名以上。三十日上午六时,日军用汽车四辆,满载死伤兵士五百余人,经北四川路绕道至汇山码头装入军舰中。十一时许,又有死伤日兵三汽车,装赴汇山码头日舰,计共装七大车,人数当在八百以上,我军为国牺牲者约百余人。①

日军因为进攻不顺而对包括北站在内的闸北地区进行了大范围的轰炸,《伦敦新闻画报》曾刊登《日本人空袭上海:一座戏院被炸》的报道:

> 日本人在上海郊区的闸北开战初期,从空中对这一地区实施了轰炸,因此造成了好几场大火。1月30日从上海发出的一份越洋电报宣称,星期四晚上的大火仍然还在燃烧。好几个街区的房子都已经被炸毁,其中有一条街长达300码,中国最大的影剧院奥迪安大戏院和其他一些建筑就在这条街上。②

图5-13 1932年,"一·二八"事变与十九路军抗击日军

---

① 记者:《上海血战抗日记》,《生活》1932年2月20日临时特刊。
② 沈弘编译:《遗失在西方的中国史:〈伦敦新闻画报〉记录的民国1926—1949》第2册,北京时代华文书局2016年版,第441页。

由于战争引起社会动荡，驻沪的英、美领事对此进行调停，后因为调停无效，中日双方继续开战。

在双方休战三日中，我方军士遵守长官命令，对于日军不予追击，惟日军仍不绝挑衅，三十一日晚十一时枪炮声又作，时有小战。二月三日为双方休战三日中之最后一日，须于下午四五时许始满三日之期，乃日军不守休战信约，于二日下午一时二十分复以大炮机枪等，由北四川路一带向我军进攻，双方在狄思威路及天通庵路等处发生剧烈战事，我方亦以迫击炮机关枪还

图 5-14　1932 年，宝山一带被炸后的场景

图 5-15　天通庵路一带被炸的情形，选自《1932 年十九路军抗战纪念图册》

---

① 记者：《上海血战抗日记》，《生活》1932 年 2 月 20 日临时特刊。

图 5-16　北站邮局，选自《1932 年十九路军抗战纪念图册》

图 5-17　被日军炸毁的民宅，选自《1932 年十九路军抗战纪念图册》

击，日夜在激战中，我军仍坚守原阵地。是日有日飞机掷弹，又被我军击落一架。[①]

在之后的交战中，我军给予日军重大打击，日军迫不得已三次增兵，我军损伤亦十分惨重。1932 年 3 月初，由于日军偷袭浏河登陆，中国军队被迫退守第二道防线。3 月 3 日，日军司令官根据其参谋总长的电示，发表停战声明。同日，国联决议中日双方下令停战。24 日，在英领署举行正式停战会议。5 月 5 日双方签订了《上海停战协定》。

二、新闻报道中被炸毁的北火车站

在一个月的抵抗侵略的战争中，闸北两处遭受损失最大的地方——一是北火车站，二是商务印书馆（连同东方图书馆）——几乎被摧毁殆尽。发生在北站街区的战事，也被外国人称为"城区战事"，中日之间在上海爆发了直接的军事冲突，位于公共租界以北和苏州河对面的闸北区是城区战事（以区分于更北面江湾附近的战斗）核心：

> 那儿饱受了巷战、炮击、空袭和由此造成大火的洗劫……从2月4日的半夜起，日本人动用了他们所有的资源来攻打闸北，整个晚上和第二天早上都有密集的大炮和机关枪火力。闸北区起火的地方不断地增多，浓烟朝南面吹去，笼罩了外国租界。天亮之后，日本人还用飞机对闸北进行了轰炸。①

中国军队进行了坚决的抵抗，外国媒体报道称："中国军队的防御能力令日本人大吃一惊，后者在刚发起进攻时兵力有些不足。中国人似乎知道应该在哪里狙击日本人的进攻，并且在附近的街道和房屋等关键位置布置了枪手和机关枪。所以日本人无法冒着前面的枪林弹雨强行先前推进，也因为后面有狙击手放冷枪而不能后退。中方出动了一辆装甲列车来保卫北火车站。日本飞行员……低空俯冲，以轰炸火车站，炸毁列车和铁轨，不让装甲列车逃脱。"②《泰晤士报》刊登了一位目击者的描述：

> 但是在其他地方，飞机轰炸是不分青红皂白的，炸死了许多非战斗人员，并且引发了多起大火，给人的印象是在执行一种恐吓政策，以迫使中国军队撤出闸北区。与此同时，在有大部分日本侨民居住的虹口区，戴着袖章的便衣预备队员和志愿者们都在骚扰中国人……其结果是有差不多50万住在闸北和虹口区的中国人放弃了自己的家，到租界去寻求避难。有许多人在逃难过程中失去了全部财产。③

与此同时，国内的《新闻报》也对北站被炸毁进行了详细报道。1932年1月30日《新闻报》第一版刊登《北站全部被毁》，报道了北站被炸的经过：

---

① 沈弘编译：《遗失在西方的中国史：〈伦敦新闻画报〉记录的民国1926—1949》第2册，北京时代华文书局2016年版，第453页。
② 沈弘编译：《遗失在西方的中国史：〈伦敦新闻画报〉记录的民国1926—1949》第2册，北京时代华文书局2016年版，第456页。
③ 沈弘编译：《遗失在西方的中国史：〈伦敦新闻画报〉记录的民国1926—1949》第2册，北京时代华文书局2016年版，第456页。

京沪沪杭甬铁路总站，兼为该两路总公事房所在地之上海北火车站，突于昨日下午一时二十七分为日机投弹起火，全部被毁。

北火车站为五层高楼，建于西历一千九百零九年，其式样系由英国工程师仿照英国某铁路之总站房屋而造，其屋基全用青岛石筑成，最下一层为车务处总公事房及车站所属之各办公室。二层楼为局长办公室、总务处、总稽核处。三层楼为会计处、工程处、绘图处、总收支处。四层楼亦为会计处。五层楼为各项簿籍之储藏室。总计全屋共有办公室五十余间，为京沪线最大建筑物，当初造价闻为百余万元。

昨日上午三时许，天空中即有飞机声。天明后，日飞机即陆续投下炸弹数十枚，惟均落在土中，故未爆裂。至下午一时二十七分，北火车站忽被击中三弹，附近房屋俱被震动，登时车站最上一层即被延烧。时站上兵士均忙于应战，不及施救，于是车站之北上部即沪杭与京沪两路之总收支处办公室，首先于二时十分烧穿屋顶，逐渐延烧二层楼之总稽核办公室及车务处长办公室。当火势由上烧穿至下层时，其南部房屋亦被蔓延，于是上海之唯一交通机关，遂完全被毁，余火至下午八时犹未尽熄。

北火车站后面之货栈四间，于昨日下午二时许，因中弹着火。[1]

图 5-18 1932 年被炸后的铁路上海北站。上海音像资料馆藏

---

[1]《北站全部被毁》，《新闻报》1932 年 1 月 30 日第 1 版。

2月9日，日军的飞机再次对北站的剩余建筑进行了集中轰炸，在这次轰炸中北站的建筑几乎全部毁掉，包括北站历年的档案文书。北站周边街区遭受了严重损失，也几乎全部被炸毁。后人在对北站进行修复时讲道："一二八之役，京沪沪杭甬铁路首当其冲，损失之巨，自不待言，其中尤以上海北站之遭轰炸，实为最可纪念之空前浩劫。盖上海北站为两路管理局之所在地，自开办以来，数十余年之档案文卷，悉存于斯，一旦大厦被毁，于是尽成焦土，以致事变之后，各项措施，多无成案可供稽考。"①当时的外国媒体在刊登被轰炸的北站照片时，配文称："日本人轰炸的结果：上海火车北站的废墟，铁轨上布满了瓦砾和破碎的洋铁皮屋顶。"②

我国著名的电影导演黎民伟摄制了一部纪录电影《十九路军抗日战史》，记录了1932年十九路军在上海的闸北、庙行、八字桥的作战过程，日寇轰炸闸北、真如、商务印书馆、同济大学的暴行，以及上海人民支持十九路军的各种活动。该片在拍摄到闸北一带时，拍到了上海北站的西立面及车站站场内的情形，从画面中可见，北站的大体框架犹存却全面瘫痪，铁轨和站台损坏严重。新闻电影中的镜头正如路透社一个报道的画面：

> 闸北中国城似乎变成了一堆大篝火，火苗蹿上了几百英尺高的半空中，很远就能听见大火的轰鸣声。上海被这种阴森的火光所照亮……从国际租界的高楼上望去，闸北似乎变成一个地狱。③

中日双方停战后，中国当局采取诸多措施，力求尽快恢复北站的运营，《申报》记者写下了战后的北站情况：

> 当淞沪战事发生，北站首当其冲，其总局于一月廿九日被毁，其余损失不可胜计。兹者战事已过，两路当局力谋整顿北站秩序，视战前为尤佳，爰分志之。
> **取缔旅馆招待喧哗**
> 以前每当列车到站，各旅馆招待，各呼其旅馆之名，喧哗之声，远近可闻，一般宵小，复乘机施其伎俩，秩序因之混乱。陈局长为杜微防渐计，特饬警严厉取缔，凡旅馆招待，立于铁栏之外，不准羼入旅客往来要道，一面禁止喧哗，违者拘罚。故近来旅客下车，已不复闻若辈之喧嚣，秩序井然，行旅称便。

---

① 宝照：《上海北站修建落成》，《铁道》1933年第9期。
② 沈弘编译：《遗失在西方的中国史：〈伦敦新闻画报〉记录的民国 1926—1949》第2册，北京时代华文书局2016年版，第444页。
③ 沈弘编译：《遗失在西方的中国史：〈伦敦新闻画报〉记录的民国 1926—1949》第2册，北京时代华文书局2016年版，第449页。

改良餐车

餐车昔招商承办，近则收归自理。车务处鉴于旅客需要，特令饬严加整顿，第一，注意于卫生方面，食品务求新鲜，厨司慎重遴选。第二，注意于质量方面，力矫往日因循敷衍之恶习，车务处长郑扬生氏，召见各餐车管事训话时，特郑重告诫，务使顾客满意。日来气象已觉一新，并有不日增设中菜之议。欢迎旅客随时报告，更求改善。

旧址拆除将竣

管理局旧址既毁，业已无可再用，特雇工拆除，近已将竣，碎砖堆积如山。该局于清光绪间建筑，已用廿余年，倘不被毁，可再用三十年。工事甚坚，拆卸极难。兹闻将暂就原址兴筑二楼办公。新总站地点尚在勘测中也。

售票房之幸运

售票房距总站仅丈余，且系木质，最易着火，乃此次竟未波及，诚幸运极矣。行李房则付诸灰烬，二处相距又不满丈余也。行李房即将兴工，现暂就以前之行李寄存室办事，地小不敷应用。此外新建女厕所，已告竣工云。[1]

根据《京沪沪杭甬铁路修复上海北站纪念刊》中刊登的上海北站新屋内部布置图中所载，修复后的北站大楼共有30处空间，分别是处长室、总务课课长室、总务课事务股、总务课人事股、总务课文书股、总务课文书股（档卷）、运输课调度股（沪杭）、运输课文事股、运输课行车股、运输课课长室、运输课调度股（京沪）、营业课交际股、营业课交际股、会议室、图书室、局长副局长室、营业课客运股、营业课文事股、副处长兼营业课课长室、副处长室、营业课货运股、营业课编查股、餐室、大厅、站长室、站务稽查室、电报室、中国旅行社、头二等旅客待车室和大厅中间间讯处招待处。[2]

这次修复的北站"既划底层的一部供头二等旅客使用，更于站屋后面利用雨棚，装备窗户，设置坐位，添设新式男女厕所，备三四等车旅客使用。又特设行李存放处，使旅客在上海仅有短时间之逗留者，可将行李暂行寄放，不必随身携带，以免累赘。与交通部上海电话局特约，装设公共电话，也可通长途电话。此外有线及无线电报与邮政拟并与交通当局洽，陆续在站添设，直接发递"。[3]

北站在"一·二八"中被炸毁，是日本帝国主义侵略中国的结果，在北站修复完成，招待各界参观时，黄伯樵、吴绍曾说："修建上海北站是一·二八的结果。一·二八又是九一八的结果。所以今天因修建上海北站完成，招待各界参观，决不是表示欢喜庆贺。"[4]

---

[1] 志政：《战后之北站》，《申报》1932年7月11日第16版。
[2] 京沪沪杭甬铁路营业所编：《京沪沪杭甬铁路修复上海北站纪念刊》，中国科学公司1933年版，上海北站新屋内部布置图。
[3] 京沪沪杭甬铁路营业所编：《京沪沪杭甬铁路修复上海北站纪念刊》，中国科学公司1933年版，第1页。
[4] 京沪沪杭甬铁路营业所编：《京沪沪杭甬铁路修复上海北站纪念刊》，中国科学公司1933年版，第1页。

三、八一三淞沪抗战中的北站街区

"一·二八"事变后,北站进行了修复。住所未被炸毁的部分民众也逐渐迁回原先的住所。而大部分被炸毁的街区、房屋,修复十分困难,渐渐成为拥挤的棚户区。遭到严重创伤的北站街区并未恢复到20世纪20年代的繁荣景象。然而,仅仅过了五年,1937年8月13日,八一三事变爆发,北站街区所在的闸北再次成为中日双方争夺上海的主战场之一,北站街区再次遭到侵华日军的战火摧残。中国军队在这里奋起抵抗,英勇还击,谱写了一曲曲可歌可泣的悲壮故事。

八一三淞沪抗战开始后,蒋介石尽遣70余万国民党精锐之师,与日本侵略军展开激战。

尽管我军在局部战役曾取得了重大的胜利,但在几乎没有任何天然屏障可以防守的平原上,面对海空占绝对优势的日军,两个多月下来,伤亡巨大,败相已露,不得已,我军进行战略撤退:

> 上海闸北为我军淞沪战线之右翼,工事坚固,故军屡攻不逞。十月廿六日,因大场失守,闸北形成突出之势,故不得不忍痛退出,即军事上所谓"战略的撤退"。退出时秩序井然,右翼部队依次支持左翼防线,以致我军全部退出后,敌军方摸索前进,复惧怕我军藏躲于民房中,乃开机关枪乱射,并为复仇起见,命日浪人到处纵火焚毁,延烧数日,闸北遂成一片

图 5-19　重修上海北站透视图

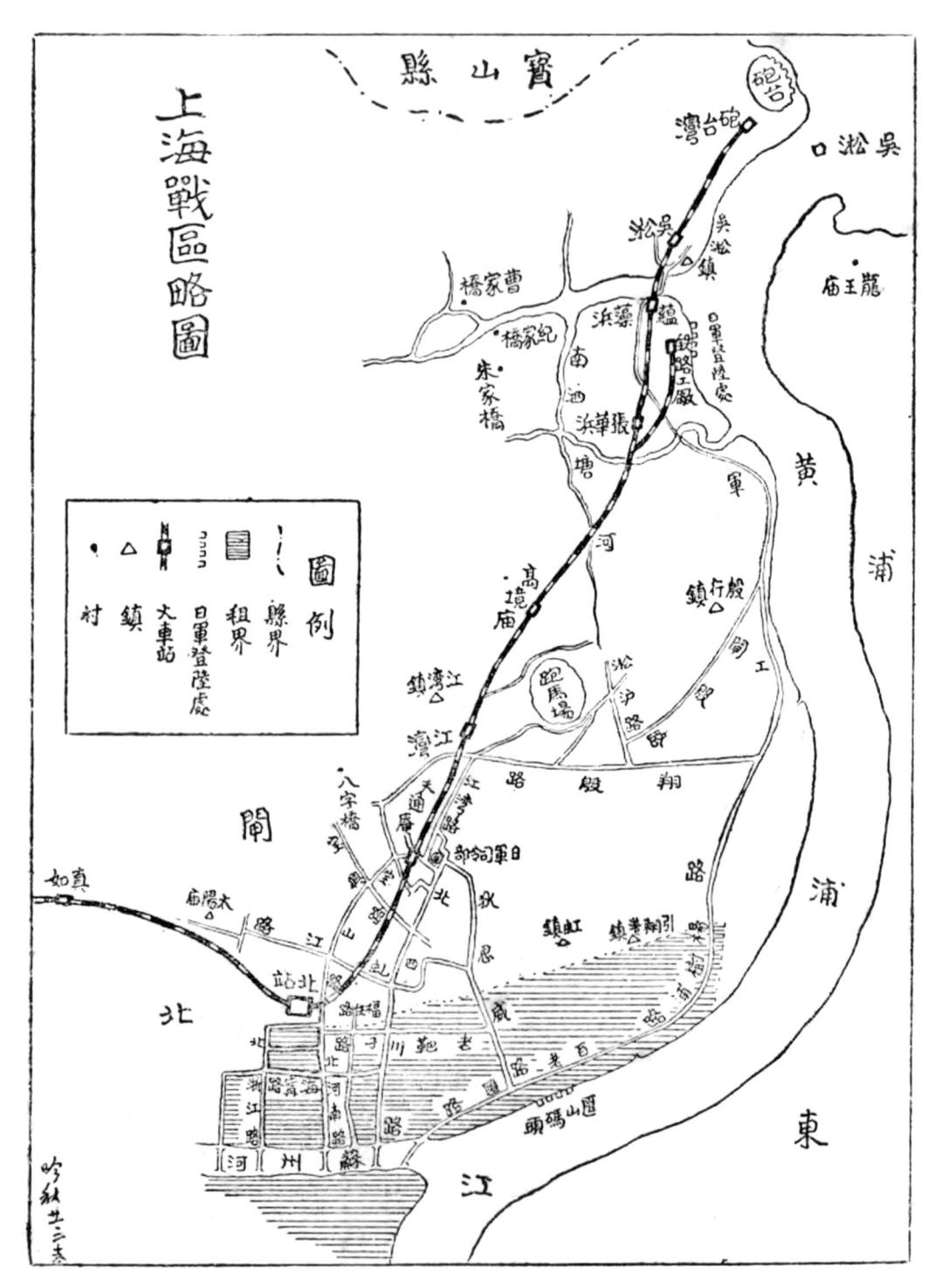

图 5-20 《上海战区略图》,《生活》临时特刊,1932 年 2 月 20 日

焦土，未及逃出闸北之我民众，老弱者已为枪杀，年壮力强者则为役使，妇女均被蹂躏。敌军之残暴凶恶，于此可见。①

日军在控制闸北后，进行了大肆破坏，北站街区再次遭受重创：

二十七日敌军侵入闸北后，即大举纵火，焚烧民房，烈焰冲天，连绵数里不绝，致我闸北全区民房及人民财产悉付一炬。而难民因此流离失所者，几达十余万人，厥状之惨，实属罕见。讵闸北火焰，迄今仍未熄灭。虽经各方救火会于可能范围内竭力灌救，无奈火势猛烈，无济于事。兹据外人方面估计，此次我闸北全区遭敌军蹂躏所受之损失，最少在二万万元以上，实至为惊人云。②

战争是残酷的，闸北一带损失巨大，而且，日军无差别地对居民区进行了狂轰滥炸，外国媒体曾报道："一段时间以来，日本空军一直在有条不紊地轰炸中国人居住的地区，在日军发起进攻时，闸北燃起了熊熊大火。"③

图 5-21 闸北大火，《抗敌画报》1937 年第 11 期

---

① 王小亭：《闸北成焦土》，《良友》1937 年第 132 期。
② 《闸北火焰未熄》，《大公报临时晚刊》1937 年 10 月 30 日第 1 版。
③ 沈弘编译：《遗失在西方的中国史：〈伦敦新闻画报〉记录的民国 1926—1949》第 3 册，北京时代华文书局 2016 年版，第 879 页。

图 5-22　日军轰炸后的上海北站（1937年）。西班牙人卡洛斯·莫瑞（Carlos Morell）捐赠给上海市档案馆的照片

图 5-23　被炸毁的上海北站，《大抗战画报》1937年第3期

图 5-24　英文《大美晚报》图片：闸北被毁。1937 年（1）

图 5-25　英文《大美晚报》图片：闸北被毁。1937 年（2）

北站在日军的定向轰炸中再次遭到彻底的毁坏，《伦敦新闻画报》在刊登北站被炸的照片时，讲到了他们的记者拍摄这些珍贵照片的过程：

> 10月22日，日本人给我们打来电话，说他们准备采取军事行动，炸毁上海火车北站的办公大楼。由于该建筑的结构十分坚固，普通的炮弹和小炸弹无济于事，所以他们准备启动一千公斤的炸弹。这座大楼是中国人于1932年的淞沪战争之后建造的六层楼，用四英尺厚的钢筋混凝土，是按照防炸弹要求而设计的。北站地区一直是日本人进攻的一个目标，也是中国军队防线的最右端和与公共租界接壤的地方。日本人给我们打电话，是为了使我们有足够的时间来做好预防措施。我来到了离办公大楼只有150码，可以清晰观察事态发展的英军B座碉堡。炸弹的爆炸力是如此的猛烈，以至于碉堡内的所有窗玻璃都被震破。当他们扔下了十九颗炸弹，其中有五颗炸弹击中了目标之后，办公大楼的东翼起火燃烧，所有的室内装饰和家具都被烧毁。然而对大楼的破坏并不严重。没有任何一颗集中目标的炸弹穿透三个以上的楼层。最严重的破坏是从侧面击中大楼的那些炸弹所造成的，其中一颗炸弹引起了大火。中国人后来告诉我们，他们的伤亡情况是十人战死，约二十人受伤。所有战死士兵们的尸体都被放置在同一层楼上，以便能被很快运走。其他的伤亡是由于炸弹没有命中目标，而落在了旁边的其他中国军队哨位上所造成的。在大楼起火之后，中国士兵们撤出了办公大楼，很快我们就能够听到大火引爆手榴弹和其他小型武器弹药的爆炸声。这次轰炸中发生了一件有趣的事情，因为炸弹将办公大楼里的各种收据都像天女散花似的散发了出来。有一名士兵在楼下拾起了一张纸条，仔细一看，竟然是一张56000美元的收据！[①]

由于损失巨大，日军接连突破防线，中国军队于10月底从闸北地区撤退。

[①] 沈弘编译：《遗失在西方的中国史：〈伦敦新闻画报〉记录的民国1926—1949》第3册，北京时代华文书局2016年出版，第875页。

第四节

四行仓库保卫战

在淞沪抗战中,北站街区内进行了一场引起国内外各界关注的轰轰烈烈的保卫战——四行仓库保卫战。

由于我军在装备上的落后,单凭血肉之躯不能抵抗日军在飞机大炮掩护下的推进,在上海闸北地区抵抗日军的推进已日趋艰难,1937年10月26日,蒋介石决定撤出该区的绝大多数部队,转而去防卫上海西部郊区。同时命令顾祝同,让其麾下的八十八师留守闸北进行抵抗,冀图以八十八师的牺牲来赢得国际舆论对日方的谴责和对国民政府的同情与支持。八十八师师长孙元良通过参谋长张柏亭向顾祝同

图5-26 四行仓库的光荣战迹,《良友》1941年第166期

提议：既然出于政治目的，那么留守闸北的部队，不需要数量很多，守多个据点不如守一两个据点。顾祝同同意提议，决定八十八师留下一个团的兵力，留守地点自行决定。孙元良决定，就以四行仓库为据点固守，固守时间为7天。后孙元良认为，留守一团的兵力仍然过多，在最后撤离时，决定留下八十八师五二四团第一营留守闸北光复路四行（大陆、金城、盐业、中南银行）仓库。这个加强营的营长为陆军少校杨瑞符，并特派五二四团副团长中校谢晋元作为最高长官，配属1个机枪连、3个步兵连、1个迫击炮排。[①]

　　谢晋元和八百壮士的英勇事迹，就发生在上海苏州河北岸的四行仓库。淞沪抗战爆发时，谢晋元任八十八师二六二旅五二四团团副，在团长牺牲后，担任团长职务，他们在北站坚守阵地，抵抗日军进攻，已经有数月之久。10月26日，日军突破大场防线，该团负责掩护退却。晚上11时，奉命率第一营坚守四行仓库。谢晋元曾致函八十八师师长孙元良：

图 5-27　孤军据守四行仓库，《抗战建国大画史》，中国文化信托服务社 1948 年版，第 37 页

[①] 上海市闸北区志编纂委员会编：《闸北区志》，上海社会科学院出版社 1998 年版，第 789 页。

师座钧座：窃职以牺牲的决心，谨遵钧座意旨，奋斗到底。在未完全达到任务前，决不轻易牺牲。成功成仁，熟计之矣，决不有负钧座意旨，偷安一时，误国误民，负钧座付托之重。外间一切宣传消息，概自外界传去，职到此时从未向外界发表任何要求，任何谈话，既抱必死决心。现除□任务外，一切思念皆无。整个工事经三日夜构筑，业经到达预定程度。敌如来攻，决不得逞。廿七日敌攻击结果，据瞭望哨兵报告，毙敌在八十名以上。昨（廿八日）晨六时许，职亲手狙击，毙敌二名。租界民众观看者咸拍掌欢呼。现职宗旨待任务完成后，决作壮烈牺牲！一切乞钧座释念。

　　　　　职谢晋元上
　　　　　二十九日午前十时
　　　　　于四行仓库①

图5-28　谢晋元

四行仓库是一座位于苏州河北岸、新垃圾桥（西藏路桥）西北角的仓库建筑，是交通银行与北四行（金城银行、中南银行、大陆银行与盐业银行）于1931年建成的联合仓库。它是当时闸北一带最高最大的建筑物，建造得十分坚固，是一座七层楼高的钢筋水泥建筑，里面存有几千包粮食、牛皮、丝茧等物资。杨瑞符派出部队在仓库外围担任警戒，占领有利阵地，并利用仓库内的库存物资构筑工事，布置好火力网。

杨瑞符部在闸北已坚守了两个月，牺牲了一半的战友，大家对撤退本就非常不情愿。当孙元良告诉他撤到四行仓库并坚守7天，以掩护全军撤退时，杨瑞符虽然知道有可能与他的部下全部牺牲，但依然

---

① 《谢晋元决心死守·致函孙元良愿意牺牲》，《大公报临时晚刊》1937年10月30日第1版。

图 5-29 杨瑞符

义无反顾地接下命令。杨瑞符部的兵力经过两个月的浴血奋战，先后 5 次补充兵员。全营撤退到四行仓库时，包括谢晋元副团长在内，仅 414 人。而他们的对手，正是由松井石根亲自指挥并在日后制造南京大屠杀的日本王牌军第三师团。

27 日早晨，日军在飞机、重炮、坦克的掩护下，攻进了早已被炸成废墟的上海火车站（老北站）。然而，这里已是空无一人。松井石根亲自视察北站后，便命令部队快速挺进到苏州河北侧，占领整个华界。当日军的先头部队行进到四行仓库前时，突然遭到守军的猛烈射击，他们一下子扔下了 10 多具尸体，剩余的人慌忙撤退。7 时 30 分，在外围警戒的部队逐次撤入仓库。下午 2 时许，日军在坦克的掩护下，从东西两侧同时进攻，并不断放火掩护。但日军的枪炮打在了仓库坚硬的墙壁上，根本造不成伤害。而四行仓库对面就是租界，日军不敢动用重炮，怕炮弹越过苏州河，打到租界内后引起英美的干涉。而租界内新垃圾桥（西藏路桥）的东侧，还矗立着一个几十米高的煤气包。如果炮弹击中煤气包，后

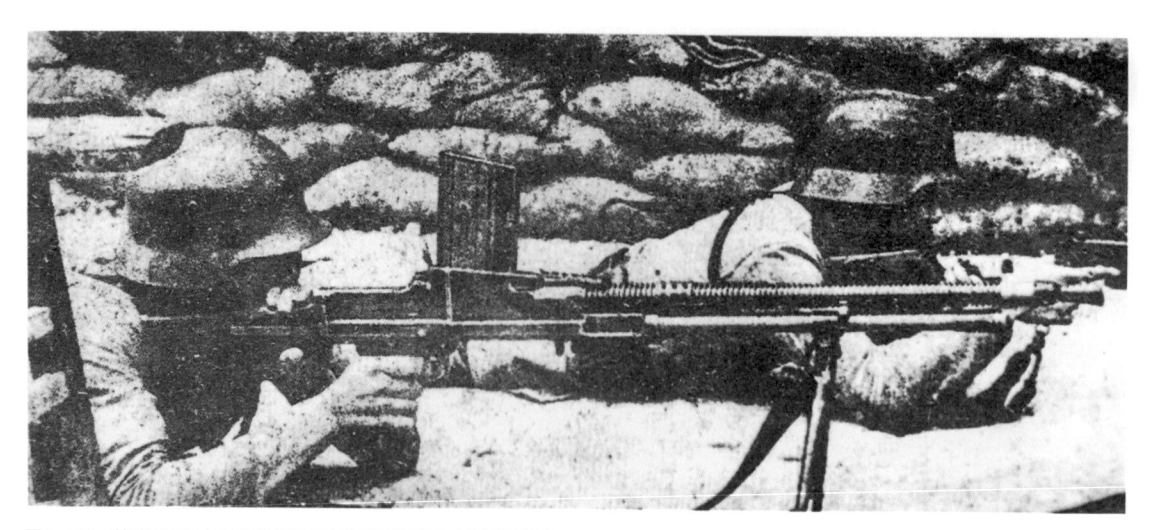

图 5-30 谢晋元率部在苏州河边的四行仓库顽强地抗击日军的进攻

图 5-31 谢晋元与孤军四连长,《抗战建国大画史》,中国文化信托服务社 1948 年版,第 53 页

果不堪设想。在激战中,一小队日军迫近仓库墙根下,企图爆破,士兵陈树生见情况危急,立即在身上绑满手榴弹,拉了导火线,从 5 楼窗口跃入日军中,与他们同归于尽。[1]虽然日军攻势猛烈,但他们的两路夹击碰到火力迅猛、居高临下、沉着应对的守军,所以他们久攻不下,扔下 20 来具尸体后,再次败退。

日军在进攻四行仓库的战斗中,以扫除军事障碍为由,对周边的蒙古路、满洲路、国庆路、乌镇路、大统路、新疆路及新民路一带残存的民房进行了大破坏。经过这次野蛮毁坏后,以北站为中心的街区可谓一片焦土。再加上日军在苏州河以北地区投下的大量燃烧弹,闸北地区的大火彻夜燃烧,当时人形容闸北大火"延烧数日未息"。[2]

上海的市民在得知国民政府军队全线败退的消息后,原本都十分沮丧。突然听到闸北传来的枪炮声响,才知道四行仓库还有一支中国军队在坚守,心情为之一振!无数的市民爬上屋顶向闸北眺望,部分胆大的市民甚至跑到西藏路苏州河南岸隔河观看中国守军的英勇抵抗。上海市民组织的各界抗敌后援会和主要由中国共产党领导的救亡协会,也立即采取行动,运来各种援助物资堆积在河边,以支援守军抵抗。

在四行仓库保卫战中发生的杨惠敏送国旗事件,曾引起广泛报道。当时在仓库的中国军队都没有携带国旗和军旗,为振国威、军威,激发大家的抵抗斗志,谢晋元突然提出希望将一面国旗悬挂在四行

---

[1] 上海市闸北区志编纂委员会编:《闸北区志》,上海社会科学院出版社 1998 年版,第 790 页
[2] 《闸北大火之近观,延烧数日未息》,《中日战事史迹》,英文《大美晚报》1938 年版,第 47 页。

仓库顶上。当时的上海市商会迅速送来了一面大国旗,"上海市商会以集守闸北四行储蓄会堆栈内之我军,誓死抗战,决志与阵地共亡,忠勇奋发,可泣可歌。昨日下午,特献呈中华民国国旗一面,由本市第四一号女童军设法送入,请其悬挂屋顶,以发扬我军为国牺牲之精神,并致函团长谢晋元、营长杨瑞符表示钦敬。"[1]据杨惠敏在武汉发表的《自述》中所说:

当我负着神圣的使命走到垃圾桥的附近时,被一英兵阻止了。经我多方辩论后,我终于在这英兵的许可之下爬过了铁丝网,冲过被敌人火线封锁的垃圾桥,随又匍匐地上,爬过许多沙包堆,约二小时之久,我终于爬到了四行仓库,将国旗献给谢团副和杨营长,并向其致最敬礼。于是我这伟大使命完成了。这次冒险的经过,虽被敌弹射穿了我的童军帽,可是我受得先总理的保佑,幸未牺牲,这不能不教我更加为国努力了。[2]

图 5-32 杨惠敏自述

---

[1] 《孤军誓死抗守 商会献送国旗》,《时报》1937 年 10 月 29 日第 2 版。
[2] 《杨惠敏自述》,《大侠魂周刊》,第 7 卷第 7、8 期合刊。

图5-33 杨惠敏

当谢晋元与杨瑞符从杨惠敏手中接过国旗时，都情不自禁地向她行了一个军礼！谢晋元说："你给我们送来的岂止是一面崇高的国旗，而是我们中华民族誓死不屈的坚毅精神！"[1]杨惠敏问谢晋元今后的打算，在场的军人齐声回答：誓死保卫四行仓库！当杨惠敏问及还有多少战士，谢晋元回答说：800人。而杨瑞符在《孤军奋斗四日记》中说道，他嘱咐被送出的重伤员时说道，"你们出去，有人问起四行仓库究竟有多少人，你们就说有八百人，决不可说只有一营人，以免敌人知道我们的人数而更加凶横。"[2]这就是"八百壮士"的由来！

驻守的部队利用这幢坚固的大楼修筑了牢固的工事，日夜严防。双方激战了4个昼夜，谢晋元部虽然有伤亡，但损失不大，他们歼灭了大量日军，成功击退了日军的多次进攻。

四行仓库保卫战被许多摄影师用镜头记录了下来。我国著名导演黎北海、黎民伟等拍摄的《淞沪抗战纪实》这部电影，用真实的镜头记录下这场战役，该片的摄影师亲临现场，拍摄四行仓库保卫战的镜头，包括闸北被损毁殆尽的画面，还有市区内大量被日机炸死、炸伤的百姓。片中播放了当时的经典抗战歌曲《保卫大上海》，由一群小朋友和群星演唱，让人十分动容。该曲的歌词如下：

各行各业一齐来，大家保卫大上海，
有力的出力，有财的出财；
大家保卫大上海，大家保卫大上海，
不分贫与富，站拢在一块；
各行各业一齐来，各行各业一齐来，
主意大家出，指挥听统帅；
大家保卫大上海，大家保卫大上海，
打退鬼子兵，赶出海口外；
各行各业一齐来，各行各业一齐来，
经济的命脉，国防的要塞；
各行各业一齐来，大家保卫大上海。[3]

---

[1] 上海市闸北区志编纂委员会编：《闸北区志》，上海社会科学院出版社1998年版，第790页。
[2] 中国人民政治协商会议上海市闸北区委员会文史工作委员会编：《上海市闸北文史资料·第4辑》（内部资料），1992年刊印，第117页。
[3] 《保卫大上海》，《战歌周刊》1937年第3期。

图 5-34 孤军突围时之缺口，《良友》1941 年第 166 期

图 5-35 孤军退入租界时，沿路受民众热烈欢迎，《良友》1941 年第 166 期

此外，由保罗·R.沃尔芬斯别尔热（Paul R. Wolfensperger）出品的美国电影《战争中的中国》（*War in China*），拍摄了战火中的四行仓库、苏州河南岸水塔、煤气包等。较广为流传的拍摄了四行仓库保卫战影像镜头的是以"勇毅"著称的战地记者王小亭。王小亭被誉为"全国摄影记者大王"，勇敢机警而且技术又特别高明。淞沪会战时，就职于赫斯特新闻社的他拍摄了大量关于中国人民抵抗日寇侵略的新闻影像。1937年11月16日，美国福克斯新闻台根据他拍摄的资料制作了新闻片《四行仓库保卫战》。

在四行仓库进行的4天4夜的战斗经过媒体的宣传报道后，轰动中外，引起各方高度关注。各国驻沪使团出于对四行守军的同情和尊敬，同时也为了租界自身的安全，于10月29日，由英美等国派代表向国民政府递交请愿书，要求以"人道主义原因"停止战斗。蒋介石再三考虑后，也认为坚守闸北、坚守四行仓库的最初目标已经达成：绝大部分的中国军队已经顺利撤退，并重新部署；而这场战斗已引起了西方世界的注意。于是蒋介石下令部队于10月31日撤离仓库，并委派上海警备司令杨虎与英国将军斯马莱特会面，商议中国军人如何撤退至公共租界，并与在上海西部作战的第八十八师汇合。于是由租界方面出面协调，在与日本军部经过反复磋商后，让中国军队撤退。日军指挥官松井石根向英方提出要求：当谢晋元部撤退到英租界后，必须全部缴械，并限制行动自由。

10月30日晚9时，谢晋元接到撤退命令，于31日凌晨2时左右，他率领全体官兵，以3挺机枪掩护，冲破敌阵，由新垃圾桥退入租界。撤退过程中，武器无一损失，人员牺牲2人、负伤24人。撤退时，谢晋元走在部队最后。蒋介石为所有参加保卫战的军人提升军衔（各晋一级），并授予谢晋元与杨瑞符青天白日勋章。租界当局屈从于日军的压力，解除了该营官兵的全部枪械，并将他们全部送到了租界西部意大利防区内的胶州路进行隔离，该营成为所谓的"孤军营"。

《伦敦新闻画报》于12月11日在《"敢死营"的脱险：舍生忘死的上海功绩》（"The Escape of the 'Doomed Battalion': A Daring Shanghai Exploit"）这一报道中描述了撤退时的情况："之所以能让那么多的人安全地离开，主要是因为他们的指挥官谢晋元上校是一个严格强调纪律和舍生忘死的军官。日本人听说守卫仓库的人在那天晚上准备突围，所以架起了四挺机关枪和两个探照灯，不停地向那条唯一能够通向公共租界的道路开火。然而那位中国指挥官注意到那四挺机关枪是同时开火的，因此它们会在同样的时间内打完自己的子弹带。中国人便等到日本人打完了一盘子弹带时，突然向外跑了出来。另外，日本人所使用的那两盏探照灯是老式的，要用手工来操纵的那种。它们必须轮换着用，才能使操纵探照灯的人有机会休息。这样，在换灯的时候会有一段黑暗的时间，而中国人正是充分利用了这段黑暗的时间。所有的中国人都有惊无险地撤离到了公共租界。"[①]

《伦敦新闻画报》于11月27日刊登了闸北大火的全景照片，并写下了这样的文字描述：

[①] 沈弘编译：《遗失在西方的中国史：〈伦敦新闻画报〉记录的民国1926—1949》第3册，北京时代华文书局2016年版，第891页。

码头与源头——苏州河畔的北站街区

这是 10 月 27 日中午在闸北燃起的大火,我们从南面看过去,中间隔着苏州河,后者自西往东,在位于照片中央部分高大建筑的前面流过。起火的地区面积据说几乎长达五英里,宽达好几英里,尽管在这个地区内并非是同时起火的。尽管当天刮着南风,但大火还是向南面的苏州河蔓延,所以到了 27 日的夜里,苏州河边建筑所起的大火几乎不间断地连成了一线。作为租界边界的苏州河在离桥西面(左边)近 70 码的距离处突然向北拐去,这在照片的中部和右部可以看得很清楚。接着苏州河又从作为中国军队最后一个据点的仓库处流过,后者必将因此而载入史册,因为 88 师的一个部分在孤立无援的情况下,在那儿坚守了足足有三天。这个仓库在上面提及的那座桥左面就可以看到,一共由四座连在一起的高大建筑所组成。最后,那些"敢死营"成员们终于同意撤到了租界(被软禁在那儿)——部分是应公共租界当局的请求,后者害怕在这个角落的军事冲突会造成公共租界边界地区的大规模破坏和人员伤亡。①

图 5-36 八百壮士队列,《抗战建国大画史》,中国文化信托服务社 1948 年版,第 53 页

经过八一三淞沪抗战中日军的炮火摧残,战后的闸北"已成一片焦土,其破坏景状,几不能以笔墨描写,炮弹与炸弹破坏之遗迹,到处皆是,举目四瞩,如地震后之景状",全区几乎找不到完好的建筑。1938 年 1 月 30 日是农历新年,整个北站街区仍是恍若死城。北站街区由昔日上海最繁盛的华界之一成为"赤膊区""棚户王国"的区域。

1938 年年初,有人在报纸上发文讲北站之行的感受:

在北河南路底起点,那儿虽然开放了,然而除了几辆十四路无轨电车在兜着转弯以外,就只有几个记挂着闸北的房屋,贮着遥望界路迤北的废墟的人。而这个废墟,假使拿来和市

---

① 沈弘编译:《遗失在西方的中国史:〈伦敦新闻画报〉记录的民国 1926—1949》第 3 册,北京时代华文书局 2016 年版,第 889 页。

府十周纪念时的车水马龙情形两相比较一下，不由人深深地感到一点惨切之感。

越过靶子路，在宝山路口那里，迎风插着一面小小的黄底衬上红绿两色的八卦旗，而在近旁却僵立着一二日兵。从这里，可以望宝山路一带凭吊，还可隐约地瞥见虬江路畔，存留着断壁颓垣。而迤北附近，却只是瓦砾一堆了。

两路管理局大厦，这伟大的新建筑，已全部毁坏。大小洞隙，已使这犹存外躯的大厦，变成极度难辨，而屋顶却挂上日本陆军旗。同胞们！这就是我们底耻辱哪！

北站也只存外壳，从空隙处，正望见一辆机车，慢慢地开着，我不觉茫然了！

祥生汽车公司已给大炮轰折了腰身。几处日兵所布置的哨线，还隐约地存留着。旱桥依旧横着在空中，然而没有一个人会走过他了。

本来再想多望一下这大上海的废墟，可是偶然想起田汉先生的一句诗"百万精华成血债"时，我不忍再多望下去了！①

1938年，短暂发行的《申报》（汉口版）也刊文写到战后北站的重新开放，"劫后余生的上海人，听到了这个消息，回想昔日的繁华景象，谁不急欲往凭吊一番，看一看当日两军相持所遗留的战迹"。②文中记载了一位父亲带着儿子去战后北站地区的情形：

那种冷落凄清的状态，它所给予我们的印象也就够深刻了！

现在北站是开放了，五路公共汽车和十四路无轨电车，已可开至界路口。五、六两路的有轨电车，并已直达界路掉头。上海人在交通方面，毕竟还是很幸福的，上海又何尝是个"孤岛"呢？

前天，饭后无事，挈着我五龄的儿子，从河南路一直行抵界路。

断垣残壁的瓦砾场，便立时呈列在我们面前。孩子虽然幼小，他也懂得这幅惨景就是机炸炮轰的成绩，他伸出小手来指点给我看。他说："爸爸，这不是以前扎起彩牌楼，挂着千百盏电灯的地方吗？"我一面点点头，同时又呵止他，不许他多开口。

宝山路的街道，依稀还可辨认，自然房屋是很少完整的了，瓦砾之场，纵然已经过了一番扫除工作，但那种凄凉的状况，究非少数的人力所能粉饰。华租交界之处，仍布有铁丝网，几个穿着黑色制服的警士，荷枪伫立在宝山路口，虽然他们的态度是很闲适的，但毕竟令人引起一种莫名的感觉。

---

① 周学铭：《北站行》，《华美晨报》1938年1月24日第3版。
② 《满目凄凉那堪回首 凭吊上海北站战区》，《申报》（汉口版）1938年2月1日第2版。

沿界路的房屋，也大半毁于炮火了！中国、交通二支行，夹峙着北站的邮局。因为房屋的建筑坚固，外表尚属完好。再向南便是一堆极广大的瓦砾场了，有几个苦力正在扫除地上的残余砖瓦。北站的大楼，虽然依旧巍然矗立，可是四壁的弹痕累累。从那遍体鳞伤的程度看来，也可想见当时战况的激烈了。

在车站以内，竖着不少"保存战迹"的木牌。其实，这战迹究能保存到几时？确是个疑问。但凡经前往参观过的人，在他的脑海中，对于这战迹总有一个不可磨灭的印象吧？[①]

他们对北站地区的环境也做了描述：

从界路折入北浙江路，那里没有高大的房屋，但损毁的程度也不小，两旁的店面，门窗板壁，可以说无一完好者，直至华安旅馆，才可看到比较整齐的房屋。靠东面的宁康里等，已有居民迁回居住，可是靠西面的一带房屋，还是门首满堆着铁丝网架，依然没有一个居民。[②]

一直到抗战胜利以后，这里才开始了重新发展。

图 5-37　上海火车北站被炸成废墟，1937 年

[①] 《满目凄凉那堪回首 凭吊上海北站战区》，《申报》（汉口版）1938 年 2 月 1 日第 2 版。
[②] 《满目凄凉那堪回首 凭吊上海北站战区》，《申报》（汉口版）1938 年 2 月 1 日第 2 版。

第五节

解放战争中的重要一役

抗战胜利后,人心思定,全国人民渴望和平,共同建设国家。但国民党反动派拒绝和平,筹划发动内战。为保卫来之不易的抗战胜利果实,捍卫和平的局面,中共上海各级组织创造性地贯彻"荫蔽精干、长期埋伏、积蓄力量、以待时机"的方针,与国民党反对派坚决进行斗争。在北站街区内,发生了一系列反内战、争民主、迎解放的斗争。

一、上海人民和平请愿团从北站出发

由于火车北站的重要枢纽地位,北站街区一直是开展爱国民主活动的主要阵地。1945年12月1日,昆明西南联合大学师生举行时事报告会,要求停止内战,国民党大批军警特务冲击会场,残酷镇压学生,造成四人死亡、数十人受伤的"一二·一"惨案,引起全国人民的激愤。1946年1月13日,上海各界群众1万余人,在玉佛寺公祭"一二·一"惨案死难烈士。北站的铁路工人和在闸北的广大师生近千人参加公祭活动,公祭后进行"要和平、反内战"游行。

抗战胜利后,在美国政府的支持下,国民党反动派加紧继续调动大批军队到前线,大规模的内战迫在眉睫。为保卫和平,反对内战,1946年5月5日,在中共上海早期党组织的支持和帮助下,由中国民主促进会发起,中国民主同盟、民主建国会和上海纺织业、百货业等工会组织以及妇女、文化、医药、教师、学生各界53个团体(后来扩展为91个单位,代表上海各界群众40余万人),在南京路劝工大楼礼堂召开大会,宣布成立上海人民团体联合会。到场的有中国民主促进会、民主建国会、中国人民救国会、中国经济事业协进会、工商协会、上海妇女联谊会、中等教育研究会、中国农村经济研究会、杂志界联谊会等团体代表。①

---

① 《上海人民团体联合会昨天成立了》,《世界晨报》1946年5月6日第4版。

图 5-38 上海人民和平请愿团

上海人民团体联合会成立后，即刻担负起领导"反内战、争和平"民主运动的重任。但蒋介石对此置若罔闻，积极部署军队，准备进攻中原解放区，全面内战一触即发。6月8日，由上海人民团体联合会发起，马叙伦、陶行知、许广平等164人联名上书国共两党，呼吁和平，反对内战。6月23日，经各方面广泛协商，推选民进领导人马叙伦为团长，由吴耀宗、蒉延芳、盛丕华、张絅伯、包达三、阎宝航、雷洁琼、胡厥文及学生代表陈震中、陈立复组成上海人民和平请愿团，乘火车赴南京向国民政府请愿。当日，中共上海工委、学委、教委、职委分别发动各界群众5万余人在火车北站为请愿代表送行。林汉达、许广平、田汉、叶圣陶、周建人、陶行知、沙千里等知名人士参加了大会。陶行知在会上说："八天的和平太短了，我们需要永久的和平！伪装的民主太黑了，我们需要真正的民主。"[①]马叙伦讲到当时的场景：

---

① 中共上海市委党史研究室编：《光荣之城：上海红色纪念地100》，上海人民出版社2021年版，第380页。

图 5-39 1946 年，上海人民和平请愿团从北站出发。上海音像资料馆藏

在我们北站上车的时候，看见送行的群众的数量，已超过我们团体里群众的数量，我们在车站上看见各团体的旗子，许多团体名称，都不在我们上海人民团体联合会范围以内，使我们甚为感动，表现了他们对国家的关切，和他们反对内战的热烈情绪，也加重我们的肩头上的责任。①

事后，送行民众举行了声势浩大的游行示威，表达了上海人民"要和平不要内战""要民主不要独裁"的迫切愿望，史称"六二三"反内战运动。出面组织这次和平请愿活动及反内战集会游行的是上海人民团体联合会，冲锋在前的是中国民主促进会，由此掀起了抗战胜利后上海各阶层人民团结一致反对国民党独裁统治的民主爱国运动的新高潮。

但不幸的是，上海人民和平请愿团抵达南京下关车站时，遭到数百名国民党特务的围殴，有 4 名代表和 2 名记者身受重伤，造成了震惊中外的"下关惨案"。"下关惨案"充分暴露了国民党当局假和平、真内战的面目。6 月 26 日，国民党当局撕毁和平协议，悍然进攻中原解放区，国共全面内战爆发。

二、北站街区见证民主运动

国民党反动派在他们所发动的内战战场上不断失利，为筹措巨额军费，国民党政府滥发钞票，造成国统区严重的通货膨胀，国统区的财政、经济面临总崩溃。1947 年 2 月 16 日，国民党当局颁布《经济紧急措施方案》，包括平衡预算、取缔投机、发展贸易、管制物价工资、供应民生日用必需品等，内容大致分为两部分。第一部分是上海从根本上在平衡预算上想办法，其要点是增税，标售物资，以及出售国营生产事业，借以增多财政收入，减少纸币发行。第二部分是专门对付当时的物价及金钞问题的。关于黄金，是改变过去的中央银行买卖方法，同时限止出口；关于美钞，是禁止买卖之自由；对于外汇政策，则集中外汇，取消 2 月 6 日的出口补贴与进口附加制，并将汇率提高为 1.2 万元兑 1。最后对付物价的高涨则采用战时硬性的各种条例。②

---

① 马叙伦：《记六二三下关事件》，《民主》第 38 期，1946 年 7 月 6 日。
② 《社评：经济紧急措施方案》，《大公报》（上海）1947 年 2 月 17 日第 1 版。

图 5-40　北站头等对号票订售处外观，《京沪周刊》1947 年第 40 期

图 5-41　上海学生游行至北站附近，与警局骑巡队相持，《艺文画报》1947 年第 12 期

5月2日，火车北站各部门铁路工人在中共铁路支部领导下，为要求增加工资、改善生活待遇举行怠工，迫使国民政府交通部答应先拨给铁路员工紧急补助金后才结束。

位于北站街区内的南洋女中，是上海历史上第一个女子师范学校，也是中共在上海地下革命活动的主要阵地。

1947年5月，中共上海市委领导全市大中学校，以"挽救教育危机"名义，开展"反饥饿、反内战"学生运动。5月15日，南洋女中与绍兴中学、市北中学等闸北中学的广大学生，在各校中共基层组织的发动下，走上社会，开展"助学运动"，义卖助学章、助学花、募捐助学金等，其所得款项由上海学生联合会分发，用于救助生活困难的学生。5月19日，上海7000多名大中学校学生云集火车北站广场，欢送各校推派的37名学生代表赴南京进行"挽救教育危机"的请愿。

1948年1月29日，同济大学学生为抗议当局破坏学生自治会和开除22名学生干部而举行罢课。南洋女中、暨南大学等上海28所大中学校学生共1500多人到同济大学声援。国民党上海当局出动军警几千人，残酷镇压学生，近百名学生遭到逮捕。南洋女中的学生倪慧慈为掩护同学，在与军警搏斗中，头部受重伤，被送入医院抢救，史称"同济血案"。

全国学联发表宣言指出："残酷的镇压，并不是证明统治力量的强大与可怕，反而是证明了统治者的脆弱与心虚。"①

---

① 《从中国到世界：一二九同济大血案，全国学联发表宣言》，《中国学生丛刊》1948 年第 3 卷。

3月15日，位于北站街区内浙江北路的上海法院以"殴打市长嫌疑"对在"同济血案"中被捕的11名学生进行所谓的"公开审判"。在中共上海市委学委发动下，上海各校1000多名学生前来参加"听审斗争"，涌进法庭的有100多人。律师俞承修、朱承勋等11人义务出庭为学生辩护。经过庭内与庭外的相互呼应斗争，所谓的"公开审判"成为群众性的反迫害斗争。4月16日和6月4日，上海法院又进行两次"公开审理"。经过在法庭上的斗争和党组织的多方营救，法庭最后不得不宣布：无罪释放所有被捕学生。

进入1949年，国内战场的形势已经发生了根本性的转折。2月，在全国解放战争取得决定性胜利的形势下，中共上海市委根据中共中央上海局指示，将全市党的组织形式由原来的按系统实行垂直领导改为按地区实行分区领导的体制，并将党的中心工作转为迎接上海解放的斗争。2月，中共沪北区委所辖闸北、北站分区委成立。

三、解放上海战役中的北站

北站是上海重要的交通枢纽，是从陆路进入上海的北大门，军事地位也非常重要。随着解放军百万雄师渡过长江，迅速攻占南京、杭州，解放上海提上日程。

国民党军在上海的防御阵地由外围阵地、主阵地和核心阵地三个部分构成。即以南翔、华漕、七宝、华泾之线为浦西外围阵地，以川沙县城至北蔡之线为浦东外围阵地；以吴淞以西之狮子林向南经月浦、杨行、刘行、大场、真如、北新泾、虹桥、梅家弄、龙华直至黄浦江边之线为浦西主阵地，以高桥向南经高行、洋泾、塘桥之线为浦东主阵地。其中从月浦至虹桥一线及其纵深约3公里地带为防御中的重中之重。以市区国际饭店、四行仓库、海关大楼、百老汇大厦等32座高大建筑物作为坚固防守据点，在各重要路口以钢筋水泥活动堡和沙袋构成工事，组成核心阵地。[①]汤恩伯为控制部队，于4月24日下令严整战备，颁布临阵退缩者杀、不相救援者杀等"十杀令"，并重新颁布"官兵连坐""士兵联保"等法令，派遣大批特务人员加强"监军"。同时，大肆逮捕和杀害爱国人士，整个上海笼罩在一片白色恐怖之中。

5月12日，人民解放军发起解放上海战役，迅速夺取了解放上海外围战役的胜利。5月21日，第三野战军下达了《淞沪战役共计命令》，决定于23日发起总攻。5月23日夜，第20、27、23、26军分别从东、南、系三面攻击市区，第25、28、29、33军继续强攻杨行、月浦地区，第30、31军继续攻歼高桥地区守敌。24日，第20军攻占浦东市区，守敌第37军西窜；第27军攻占虹桥镇、龙华镇和龙华机场，挺进至苏州河以南市区边缘；第23军亦进至龙华地区；第26军沿绿杨桥、塘桥前进；第29

---

① 第三野战军战史编审委员会编：《中国人民解放军第三野战军战史》，解放军出版社2017年版，第296页。

军攻占了屏障吴淞、宝山、江湾机场的月浦南郊制高点。①汤恩伯因吴淞地区再次告急,只得将第75军第6师从高桥地区抽出增强月浦地区的防御。

第27军于24日晚分别沿中正路(今延安路)、康脑脱路(今康定路)、林森路(今淮海路)、徐家汇路、南京路挺进。多路突击,神速跃进,打得敌人晕头转向,淞沪警备司令部一传令官竟开着吉普车将命令送到了我第27军阵地。至25日凌晨,第27军已经解放了苏州河以南的主要市区。但进至苏州河南岸开阔地段时,遭到了河北守敌的狙击。敌人凭借着百老汇大楼、邮政大楼、四行仓库等高大建筑物和成片厂房居高临下,构成立体火力网,严密封锁解放军过河所必须的桥梁和马路。第27军突击部队多次攻击都没有效果,反遭敌人火力杀伤。对峙到中午,仍然未打破僵局。众多战友的牺牲使得许多解放军指战员情绪激愤,他们强烈要求使用火炮等重武器进行攻坚。聂凤智军长闻讯后,亲至前线查看,随即召开军党委紧急会议,统一认识,研究决定:一是尽最大努力保护人民生命财产和国家建筑,

图5-42 解放军攻打苏州河之敌,上海音像资料馆藏

---

① 第三野战军战史编审委员会编:《中国人民解放军第三野战军战史》,解放军出版社2017年版,第302—303页。

坚持不准使用重武器；二是改变战术，避免正面强攻，待天黑后迂回袭击敌人；三是采取政治攻势，争取让敌人放下武器。会后，通过中共上海早期党组织的关系，与国民党留守上海市区的最高指挥官、淞沪警备司令部副司令兼第51军军长刘昌义进行了通话。

在刘昌义率领下，国民党第21、51、123军残部共4万余人于5月26日在真如、大场等地起义。第27军随即顺利突破苏州河防线，进攻到苏州河北岸。国民党第37军及交警总队一部不服从刘昌义的命令，继续顽抗。第27军对拒不投降之敌发起攻击。26日下午，攻克火车站，并全歼守敌。27日凌晨，苏州河以北、九龙路以西之敌全部被肃清。

第20军根据第9兵团命令，于25日西渡黄浦江，进入苏州河以南市区，配合第27军作战。人民解放军第20军第60师，于5月26日晨由乌镇路桥和恒丰路桥冲过苏州河，向火车北站方向发起进攻。其右路第178团过苏州河后，沿北岸向东进攻，首先歼灭了新闸桥上负隅顽抗的敌人，并在兄弟部队的协同下，迫使苏州河边福新面粉厂内1000多名敌人缴械投降。嗣后向东北方向勇猛穿插，上午在海宁路、北河南路交叉路口处围歼敌37军一个营。解放军第60师主力过苏州河后，沿共和路、虹江路进至北站北面的长途汽车站附近地区，一举歼灭敌一个炮兵连，随即包围了火车站办公楼之敌。26日上午，包围了盘踞在绍兴旅沪同乡会、铁路管理局等处的敌第27军第204师残部1500余人，迫使其于当日下午和次日凌晨全部投降。

敌青年军第204师自诩为"党国中坚"，占据着坚固的四行仓库和中国银行大楼负隅顽抗，造成解放军战士很大的伤亡。据时任27军235团3营7连政治指导员的迟浩田回忆："他与通讯员张瑞林、排长王其鹏通过下水道，进入苏州河，偷渡到河对岸，从四行仓库后边绕过去，抓住一个国民党哨兵，由其带路，摸进大楼，进而控制楼内的指挥部，不仅将楼内守军全部缴械，而且，命令桥上的守敌撤下来。"①

第23军于26日凌晨分两路向苏州河以北市区进攻。一路攻占造币厂，俘虏敌交通警察总队，而后向江湾攻击前进。27日下午，敌据守杨树浦发电厂和自来水厂的国民党军第21军第230师约8000人投降，至此，淞沪战役胜利结束，上海宣布解放。

北站街区迎来了彻底的解放，掀开了新的一页。《新闻报》报道了其记者观察到的人民解放军渡过苏州河的情景：

> 靠近中午的时候苏州河北岸不断的从外白渡桥、乍浦路桥和北四川路桥向外滩、圆明园路和四川路用机枪步枪射击。同时，藏在北京路河南路口建筑物内的国民党残余部队也向北京路东头扫射。住在外滩、北京路、圆明园路及四川路一带的居民，纷纷逃回屋内，不敢外出。

---

① 中共上海市委党史研究室编：《1949上海解放日志》，学林出版社2019年版，第345页。

图 5-43 《解放日报》创刊号，1949 年 5 月 28 日第 1 版

人民解放军一队一队的沿各路两旁人行道上，贴着墙边布防。在外滩、圆明园路、四川路口，架起机关枪向苏州河北岸还击。人民冒着枪弹拿开水、茶、饭、面包去慰问这些人民的战士。他们很和气的，但是很坚决的拒绝接受。……

二十六日早晨苏州河南岸情形紧张起来，人民解放军在格□大厦屋顶架起机关枪向外白渡桥扫射。解放军的长官们在各地视察，计划争夺前面三座桥，强渡苏州河的战略。增援部队陆续到达，到下午冲锋队就沿圆明园路西面人行道，慢慢的向北推进。乍浦路桥上机枪虽然猛烈扫射，但是阻不住这些勇敢的战士。下午六点多钟，圆明园路上居民忽然都跑到街上来，这几位勇士已占领了乍浦路桥。接着外滩、北京路和圆明园路的解放军赶紧集中，拿着冲锋枪，分头由博物院路和四川路向北跑步冲锋。一时枪声大起。两位受伤的勇士由担架队抬回来。下午七时半解放军占领了四川路桥，进入苏州河北岸地区。马上苏州河南岸秩序恢复，困在屋里两天一夜的居民，全都跑到街上来呼吸自由空气。①

上海解放后，陈毅领导的军管会对原有的市政、财政、文化、军事单位进行全面的清理和接收，快速恢复生产和生活的秩序。北站街区也终于迎来了可以稳定发展的时刻，迅速恢复运行。国民党军队在逃跑时对北站和铁路进行了破坏。军管会铁道区于5月27日晨接管京沪路局。②5月27日当天调查"所有机车辆数，共为四十三辆，其中立即可供使用者计三十六辆，不能立即使用者计有七辆"。③铁路局立刻动员全部力量，加紧进行抢修，并尽快恢复了通车。5月28日《飞报》报道了京沪线于27日即通车的内容：

京沪路全线立刻通车，首次由京驶出之列车，业于昨晨九时三刻安抵北站。站上员工群集月台，以最热烈的心情，欢迎此一列车。两路局长王一峰偕路局高级人员步下专车，即往办公室开始展开工作，并召见路局留沪各职工，垂询北站情形，并希望员工各守岗位，安心工作，路局现正积极筹备车辆，准备正式售票。北站存煤已被破坏一部分，路局即于昨晚派列车赴京赶运，路局员工工作，从未间断，并曾以最大努力，使北站能脱离此次炮火洗劫。又悉残敌曾于前日在北站作顽强抵抗，致北面门窗弹痕累累，北站负责人称：全线通车即在目前，今日午后，京沪线可能开一列车辆驶往南京方面，尽力恢复原有班次。京沪线能在日内通车，昨乘首班车来沪旅客目睹沿路农民已恢复耕耘。④

---

① 《目击人民解放军英勇冲过苏州河桥》，《新闻报》1949年5月27日第1版。
② 《京沪路全线通 昨已出售客票》，《铁报》1949年5月29日第1版。
③ 《北站机车调查 即将充分运用》，《飞报》1949年5月28日第1版。
④ 《京沪线首次列车已到上海》，《飞报》1949年5月28日第1版。

5月28日下午2点45分,上海解放后第一辆列车从北站驶出:"解放后第一列由北站驶出之客车,为昨日下午二点四十五分开往常州的七十四次车。接着将由五十六次车于下午五点三十五分赴镇江、南京。从今日起,除上述三次车经常行驶以外,铁道区将开八十次车往南京。"[1]当时仅出售二三等票,三等票价格以每公里人民券3元计算,不满50公里者,以50公里起算。由沪至京三等票一张,售人民券960元,二等为三等之一倍。关于购票,军管当局对伪金圆券尽量宽容,仍可购票,比数是人民券1元兑伪金圆券10万元,唯票面10万元以下之伪金圆券,购票处不予收受。以银元购票者,银元1元作人民券400元。[2]

　　进入20世纪以后,北站街区以其毗邻租界的地理位置优势和拥有苏州河、火车北站的水陆交通条件,成为苏州河北岸华人较为集中的地区,并且得到了较快发展,繁盛一时。也正因为北站街区具有的枢纽地位,在军事上也有重要价值。近代以来,中国时局动荡,处于华洋之间的上海北站街区更易受战火的波及和战争的蹂躏。辛亥革命、上海工人武装起义、"一·二八"和八一三两次事变中,这里都发生了规模较大的战事,北站街区毁坏严重,这一带的城市化、现代化进程被迫中断。而特殊的时局又造成了大量难民涌入,他们聚集于此,继而使这里也成了上海著名的棚户区、难民区,这对北站街区的发展影响至深。上海火车北站屡毁屡建,从第一次兴建到"一·二八"淞沪抗战被炸毁,再到第二次修复后又在八一三淞沪抗战被炸毁,北站多次浴火重生,这也彰显了上海这座城市不屈不挠、顽强抗争的品质。

---

[1] 《京沪路全线通 昨已出售客票》,《铁报》1949年5月29日第1版。
[2] 《京沪路全线通 昨已出售客票》,《铁报》1949年5月29日第1版。

第六章
社会变革与街区更新

　　随着中国人民解放军解放上海战役的打响，国民党军队节节败退。1949年5月24日，解放军由梵王渡、徐家汇、龙华、高昌庙等攻入市区。5月25日凌晨1时，解放军攻占上海苏州河以南的市区。5月26日晨，解放军冲过乌镇路桥、恒丰路桥，进入闸北区福新面粉厂，迫使厂内国民党军队1000多人缴械投降。当日，解放军沿共和新路、虬江路迅速包围铁路局大楼，驻扎于该楼的国民党青年军和交通警察总队1500余人缴械投降。与此同时，中共早期党组织成员唐炎南、张全福、许先正率领人民保安队积极配合解放军的行动。5月27日，苏州河北岸的闸北、北站区获得解放。为此，《人民日报》作了《上海完全解放，苏州河以北敌四万人投降》的报道，转发新华社上海27日下午6时电，其中写道："上海已于今日上午九时完全解放。战斗已全部结束。守敌除少数从海上逃走外，其余或投降或被歼灭。人民解放军解放大上海之战开始于五月十二日夜间。……二十四日夜九时，解放军对困守市区及吴淞要塞之敌发起总攻，经六十小时战斗即粉碎国民党军的一切近代化工事阵地，攻占吴淞要塞，并完全解放这一全中国第一大都市上海。"[1]涉及苏州河以北地区的战况：（新华社上海前线二十七日十三时电）"困守苏州河以北狭小地区的国民党军五十一军、二十一军、一二三军残部及匪淞沪警备司令部人员一部，共约四万人，在淞沪警备司令部副司令兼五十一军军长刘昌义（前军长王秉钺已在川沙以北地区战斗中被俘）率领下，于二十六日向人民解放军投降。该投降部队已按解放军前线指挥员命令开赴市郊听候处理中。"[2]

　　5月30日，中国人民解放军上海市军管会接管专员石裕田、陈尚藩接管国民党市政府闸北区区公所，接管专员许凤翔、周绍铮接管市政府北站区区公所。两区接管委员会成立，宣布废除旧保甲制度。9月15日，中共沪北区委成立。1949年10月1日，中华人民共和国成立，一个崭新的人民政权诞生了。

---

[1] 《人民日报》1949年5月29日第1版。
[2] 《人民日报》1949年5月29日第1版。

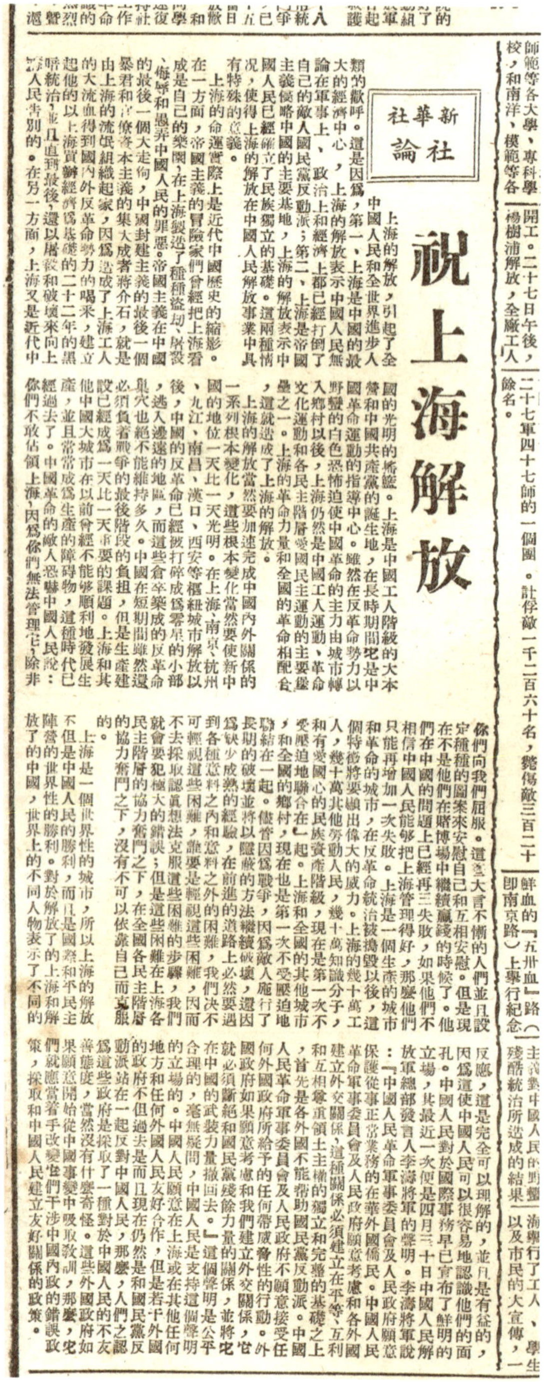

新華社社論

祝上海解放

上海的解放，引起了全中國人民和全世界進步人類的歡呼。這是因爲，第一、上海是中國的最大的經濟中心，上海的解放表示中國人民無論在軍事上、政治上和經濟上都已經打倒了自己的敵人國民黨反動派；第二、上海是帝國主義侵略中國的主要基地，上海的解放表示中國人民已經確立了民族獨立的基礎。這兩種情況，使得上海的解放在中國人民解放事業中具有特殊的意義。

上海的命運實際上是近代中國歷史的縮影。在一方面，帝國主義的冒險家們曾經把上海看成是自己的樂園，在上海製造了種種盜劫、屠殺、侮辱和愚弄中國人民的罪惡。帝國主義在中國的最後一個大走狗，中國封建主義的最後一個暴君和官僚資本主義的集大成者蔣介石，就是由上海的流氓組織起家，因爲造成了上海工人的大流血得到國內外反革命勢力的喝采，建立起他的以上海買辦經濟爲基礎的二十二年的黑暗統治，並且直到最後，還以屠殺和破壞來向上海人民告別的。在另一方面，上海又是近代中國的光明的搖籃。上海是中國工人階級的大本營和中國共產黨的誕生地，在長時期間它是中國革命運動的指導中心。雖然在反革命勢力以野蠻的白色恐怖迫使中國革命的主力由城市轉入鄉村以後，上海仍然是中國工人運動、革命文化運動和各民主階層愛國民主運動的主要堡壘之一。上海的革命力量和全國的革命相配合，這就造成了上海的解放。

上海的解放當然要加速完成中國內外關係的一系列根本變化，這些根本變化當然要使新中國的地位一天比一天光明。在上海、南京、杭州、九江、南昌、漢口、西安等樞紐城市解放以後，中國的反革命已經被打碎成爲零星的小部，逃入邊遠的地區，而這些倉卒藥成的反革命巢穴也絕不能維持多久。中國在短期間雖然還必須負着戰爭的最後階段的負担，但是生產建設已經成爲一天比一天重要的課題。上海和其他中國大城市在以前曾經不能够順利地發展生產，並且常常成爲生產的障碍物，這種時代已經過去了。中國革命的敵人恐嚇中國人民說：你們不敢佔領上海，因爲你們無法管理它，除非你們向我們屈服。這些大言不慚的人們並且設定種種的圖案來安慰自己和互相安慰。但是現在不是他們在賭博場中繼續贏錢的時候了。他們在中國的問題上已經再三失敗，如果他們不相信中國人民能够把上海管理得好，那麼他們只能再增加一次失敗。上海是一個生產的城市和革命的城市，在反革命統治被搗毀以後，這個特徵將要顯出偉大的威力。上海的幾十萬工人，幾十萬其他勞動人民，幾十萬知識分子，和有愛國心的民族資產階級，現在是第一次不受壓迫地聯合在一起，和全國的鄉村，現在也是第一次不受壓迫地聯結在一起。儘管因爲戰爭，因爲敵人施行了長期的破壞並將以隱蔽的方法繼續破壞，還因爲缺少成熟的經驗，在前進的道路上必然要遇到各種意料之內和意料之外的困難，我們決不可輕視這些困難，誰要是輕視這些困難，因而不去採取認眞想法克服這些困難的步驟，我們就會要犯極大的錯誤；但是這些困難在上海各民主階層的協力奮鬥之下，在全國各民主階層的協力奮鬥之下，沒有不可以依靠自己而克服的。

上海是一個世界性的城市，所以上海的解放不但是中國人民的勝利，而且是國際和平民主陣營的世界性的勝利。對於解放了的上海和解放了的中國，世界上的不同人物表示了不同的反應，這是完全可以理解的，並且是有益的，因爲這使中國人民可以很容易地認識他們的面孔。中國人民對於國際事務早已宣布了鮮明的立場，其最近一次便是四月三十日中國人民解放軍總部發言人李濤將軍的聲明。李濤將軍說：「中國人民革命軍事委員會及人民政府願意保護從事正常業務的在華外國僑民。中國人民革命軍事委員會及人民政府願意考慮和各外國建立外交關係，這種關係必須建立在平等、互利和互相尊重領土主權的獨立和完整的基礎之上，首先是各外國不能幫助國民黨反動派。中國人民革命軍事委員會及人民政府不願意接受任何外國政府所給予的任何帶威脅性的行動。外國政府如果願意考慮和我們建立外交關係，它就必須斷絕和國民黨殘餘力量的關係，並將它在中國的武裝力量撤回去。」這個聲明是公平合理的，毫無疑問，中國人民是支持這個聲明的立場的。中國人民願意在上海或在其他任何地方和任何外國人民友好合作，但是若干外國的政府不但過去是而且現在仍然是和國民黨反動派站在一起反對中國人民，那麼，人們之認爲這些政府是採取了一種對於中國人民的不友善態度，當然沒有什麼奇怪。這些外國政府如果願意開始從中國事變中吸取教訓，那麼，它們就應當着手改變它們干涉中國內政的錯誤政策，採取和中國人民建立友好關係的政策。

图 6-1　《祝上海解放》，《人民日报》1949 年 5 月 30 日第 1 版，新华社社论

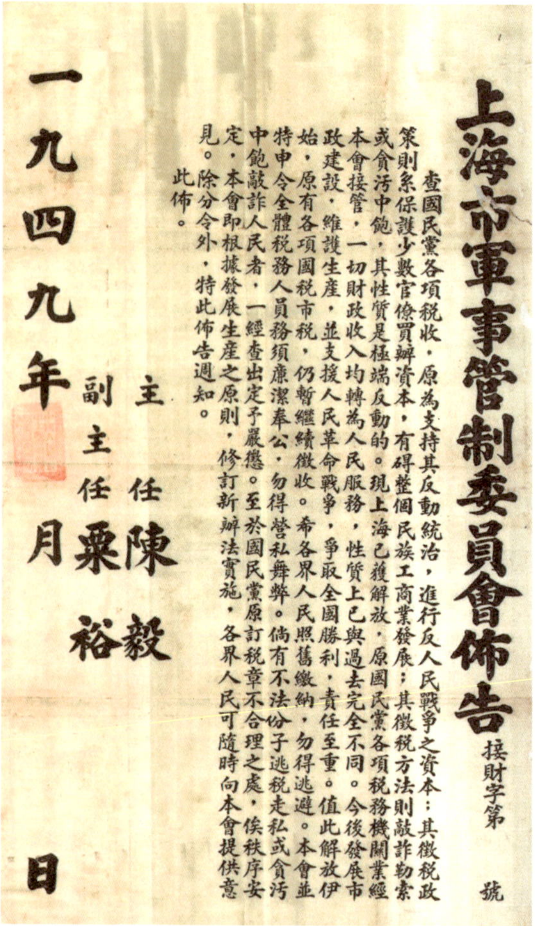

上海市軍事管制委員會佈告

接財字第　　號

查國民黨各項稅收，原為支持其反動統治，進行反人民戰爭之資本；其徵稅政策則系保護少數官僚買辦資本，有碍整個民族工商業發展；其徵稅方法則敲詐勒索或貪污中飽，其性質是極端反動的。現上海已獲解放，原國民黨各項稅務機關業經本會接管，一切財政收入均轉為人民服務，性質上已與過去完全不同。今後發展市政建設，維護生產，並支援人民革命戰爭，爭取全國勝利，責任至重。值此解放伊始，原有各項國稅市稅，仍暫繼續徵收。希各界人民照舊繳納，勿得逃避。本會並特申令全體稅務人員務須廉潔奉公，勿得營私舞弊。倘有不法份子逃稅走私或貪污中飽敲詐人民者，一經查出定予嚴懲。至於國民黨原訂稅章不合理之處，俟秩序安定，本會即根據發展生產之原則，修訂新辦法實施。各界人民可隨時向本會提供意見。除分令外，特此佈告週知。

主　任　陳毅

副主任　粟裕

一九四九年　月　　日

图 6-2　上海市军事管制委员会发布有关经济政策的布告

第一节

街区的调整与发展

新社会，新气象，北站一带的街区面临着重大变革。随着各级人民政府的成立，北站一带的行政区划也经历了一些调整。

一、北站一带街区行政区划的变迁

1945 年，设置北站区。上海解放前实行保甲制度，属北站区有 27 个保。1949 年 5 月，上海解放。7 月，废除保甲制度。设 8 个接管专员办事处。[①]1950 年 6 月接管专员办事处撤销，成立区人民政府。原接管专员办事处工作人员划归区人民政府各部门。地区工作由区人民政府民政科直接领导和联系。1951 年 7 月，建立区人民政府派出人员办事处，1952 年 6 月，设 16 个区人民政府派出人员办事处。至 1955 年，为 36 个办事处。1956 年闸北、北站两区合并，撤销北站建制，辖地划归闸北区，调整为 21 个办事处。1958 年 11 月，合并为 9 个街道办事处。

20 世纪 60 年代初，有关方面要求单独设立"北站街道"的建议增多，但这涉及跨闸北、虹口两区，需要多方协商。这里有一份 1962 年 10 月上海市虹口区人民委员会、闸北区人民委员会呈送上海市人民委员会的《关于调整北站地区的区划单独建立北站街道行政机构的请示报告》。该报告提到："北站是本市重要交通枢纽，周围的政治、市场、治安等情况相当复杂，目前由于组织领导等方面的原因，存在许多矛盾，不能适应这个地区工作的需要，影响了工作的加强和开展。"[②]并对北站地区的情况和改进意见做了一些调查分析：

[①] 详见图 0-18　1950 年，《上海市行政区划图》（北站区），选自《上海解放一年》，解放日报社版，图 0-19　1953 年，《上海分区街道图》（北站区）。

[②] 上海市虹口区人民委员会、闸北区人民委员会：《关于调整北站地区的区划单独建立北站街道行政机构的请示报告》，1962 年 10 月 17 日，详见（62）虹会字第 197 号、（62）闸会字第 423 号。

（一）铁路上海站是本市重要的交通枢纽，来往和中转的旅客极为频繁，情况又极为复杂，而且又经常迎送外宾。以北站为中心的十余条市内和市郊公共交通路线纵横四方，车辆流量大，行人多，乘客集散相当集中。北站周围又是商业中心，商店林立，为旅客服务的旅馆、饭店等服务行业也很集中。居住人口密度很高，居民又大部分是解放前的中、高层职员、知识分子和资产阶级、小业主，政治情况比较复杂。这些特点就使北站成了在政治、经济、社会秩序等方面都比较复杂的地区，也要求我们的工作与此相适应，加强领导管理。

去年以来，北站周围又出现了大量的黄牛、单帮、投机贩子形成的投机违法市场和流氓、阿飞、私娼、盗窃诈骗等各类犯罪分子，进行犯罪活动。这样，就使这个地区的情况更为复杂，投机违法和治安犯罪案件激增。我们两区的有关部门和街道组织虽经数度努力，集中了许多力量，采取了许多措施，加强这个地区的工作，平时在治安管理和市场管理上也集中了二十多名治安警和二个市场管理所五十余名干部，加强经常的领导管理。但仍然问题很多，不能适应这个地区的工作要求。

（二）现在的北站地区分辖于我们两区四个街道。各街道党政机构在贯彻执行工作中，既要对北站周围地区加强领导，又要兼顾整个地区，因之精力不集中，不能更有力地按照北站周围的特点加强领导管理，在平时工作中，四个街道和铁路部门等单位虽加强了联系，但很不方便，同时由于头绪多，在互相协作配合中，也有某些实际困难，往往在工作步调、口径上不够一致，相互牵制，力量抵消；两个区四个街道在北站虽投下很多力量，尽了很大努力，但因组织领导上不统一，步调上不够协调，和区划存在的实际问题，投机商贩、刑事犯罪分子就视情两边逃窜，逃避打击；在某些商业网点摆布和某些商品供应上，由于两区步调上不够完全一致，经常引起不必要的群众交叉挤购，或者影响财力、物力，也为我们维持好北站地区的社会秩序带来了很大的压力。所有这些问题，影响了工作的加强和顺利开展。这种局面，急需采取有效措施，早日加以解决。[①]

鉴于上述情况，经有关部门调查研究、反复协商后提出建议："可以采用对现在北站地区的区划作适当的调整。单独建立统一领导的北站街道办事处、派出所、市场管理所等行政机构，适应这个地区的工作要求，来解决以上存在的矛盾。"具体调整方案为：

[①] 上海市虹口区人民委员会、闸北区人民委员会：《关于调整北站地区的区划单独建立北站街道行政机构的请示报告》，1962年10月17日，详见（62）虹会字第197号、（62）闸会字第423号。

将现属闸北区天目街道的二个里委会（北高寿里、均益里）、宝山街道的二个半里委会（儒林里、高福坊和宝山里的一部分）和虹口区横浜桥街道一个半里委会（东新民路和罗浮路的一部分），共17个户口段，9 214户，36 836人，即南面以安庆路至河南北路折向武进路为界，东面至罗浮路、宝昌路，北面至永兴路，西面北段至会文路，南段至浙江北路。①

做这样的调整，是充分考虑到了"北站街道范围较小，但很集中"，可以集中领导精力，针对这个地区的特点，从组织上、思想上、行动上统一起来，采取更有力的措施，加强这个地区各项工作的领导。与此同时，还可以针对北站地区的特点，"加强对居民群众的政治思想工作和组织工作，使社会治安、市场管理等工作建立在扎实的群众基础之上，此外还可减少因多头领导、多头联系而分散了精力，又可避免相互脱节，相互扯皮，对于节省人力物力、严密管理，都是十分有利的。"②

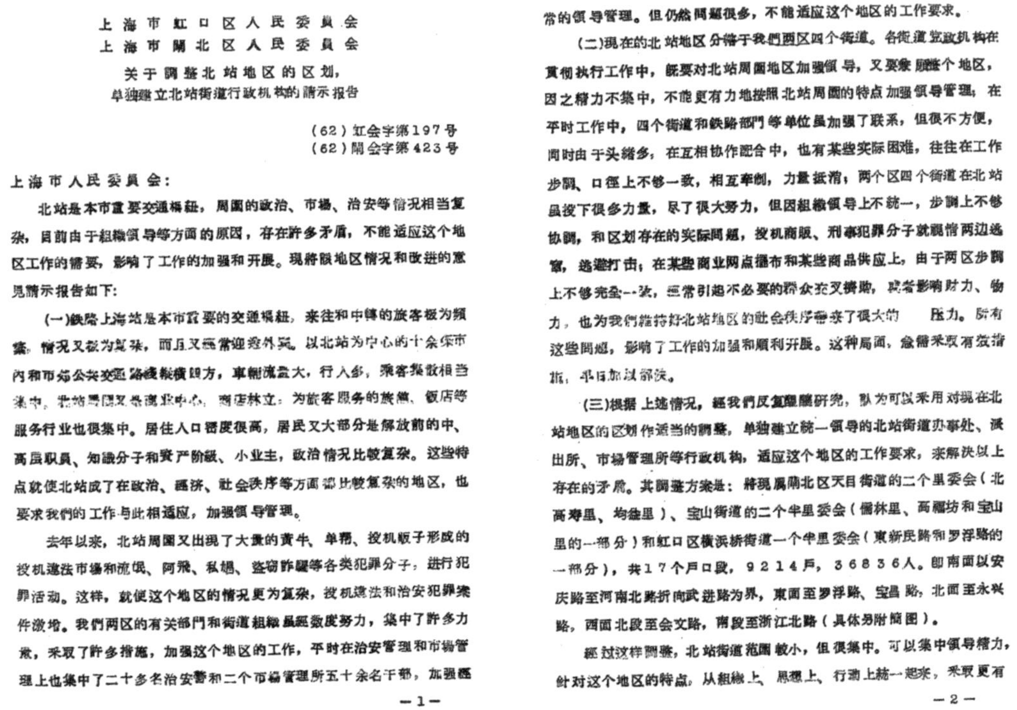

图6-3　1962年，闸北区、虹口区关于调整北站街道区划的请示报告（1）

---

① 上海市虹口区人民委员会、闸北区人民委员会：《关于调整北站地区的区划单独建立北站街道行政机构的请示报告》，1962年10月17日，详见（62）虹会字第197号、（62）闸会字第423号。
② 上海市虹口区人民委员会、闸北区人民委员会：《关于调整北站地区的区划单独建立北站街道行政机构的请示报告》，1962年10月17日，详见（62）虹会字第197号、（62）闸会字第423号。

图 6-4　1962 年，闸北区、虹口区关于调整北站街道区划的请示报告（2）

上海市人民委员会接到两区的请示报告后，立即进行讨论，做出批复，并发出《关于做好调整北站地区的区划和单独建立北站街道行政机构的通知》：

> 根据市人委1962年11月15日关于同意虹口、闸北两区人委关于"调整北站地区的区划，单独建立北站街道行政机构的请示报告"的批复，现就调整和建立机构的具体工作，提出如下意见：一、北站街道行政区划的范围。南面以安庆路至河南北路折向武进路为界，东面至罗浮路、宝昌路，北面至永兴路，西面北段至会文路，南段至浙江北路。区划范围内包括：虹口区横浜桥街道的东新民路里委会和罗浮路里委会的一部分，闸北区天目路街道的北高寿里、均益里两个里委会，宝山路街道的儒林里、高福坊两个里委会和宝山里委会的一部分，共计17个户口段。随着区划的调整，有关户籍、商业网点、文化教育设施、房屋管理等等，也应相应地进行调整，隶属于闸北区有关部门领导。①

---

① 《关于做好调整北站地区的区划和单独建立北站街道行政机构的通知》，1962 年，静安区档案馆藏，档号：049-01-0001。

1962年11月，从虹口区划入武进路以北、罗浮路以西地区，加上天目路、宝山路街道办事处划出部分地区，环北火车站建北站街道办事处。

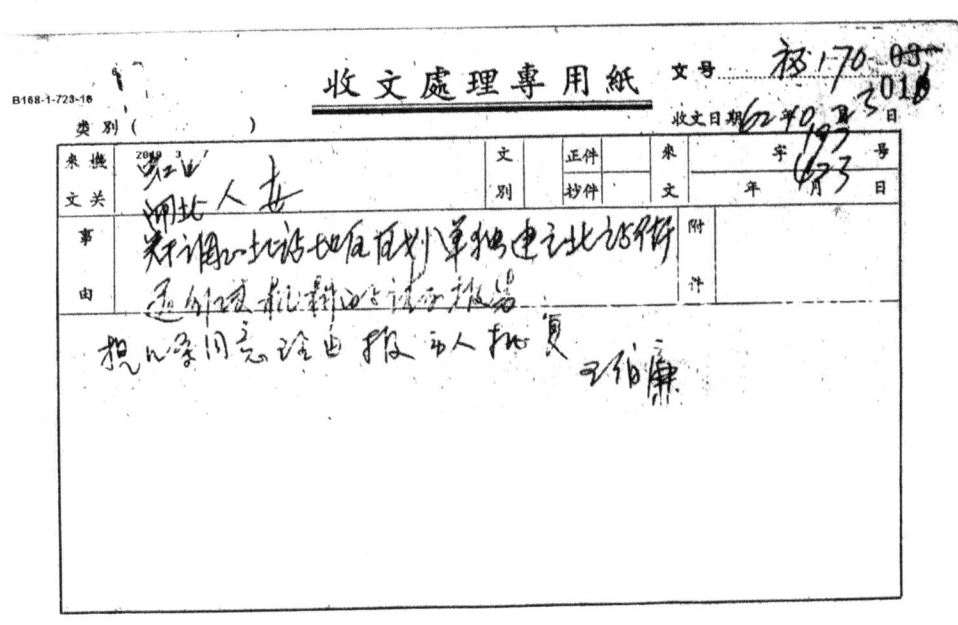

图6-5 北站街道档案资料摘选

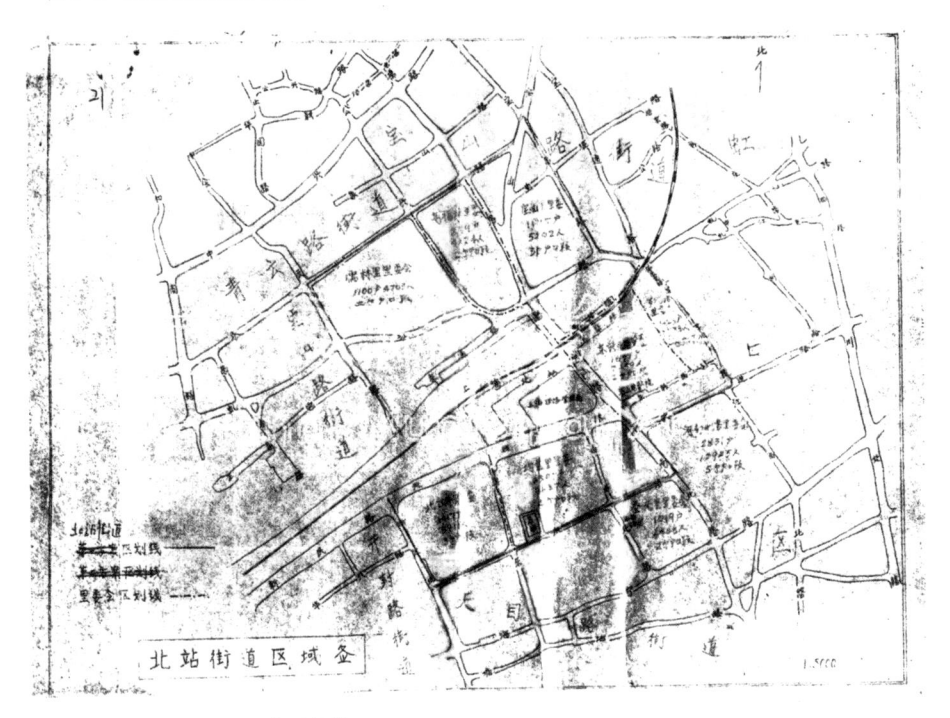

图6-6 1962年，《北站街道区域图》

图 6-7　1963 年上海站外景，出自上海音像资料馆藏历史影像《今日中国》1963 年第 4 号

　　围绕北站设立街道是该街区的一大特点。1947 年 4 月，上海北站成为上海总站。1950 年 3 月，上海铁路局恢复上海北站名称。1950 年 8 月，经铁道部批准，上海北站更名上海站，为特等车站。随着社会主义建设事业发展，上海作为一座特大城市，人口流动的数量庞大。铁路运输是这一时期的重要载体。1960 年车站停办货运业务，成为专营的客运车站。1961 年对车站原货运仓库进行改造。延长货运站台，改建为旅客月台；将货物线改建成客车到发线，形成南北两区。1981 年 3 月，上海站虽屡经改建扩建，但因受地理环境限制，站场与设备等没有了扩展的空间，无法满足日益增长的客运需要，于是，铁道部与上海市人民政府向国务院提交筹建新站的报告。1984 年在铁路上海东站原址新建铁路上海站。1987 年 12 月 28 日竣工通车。1988 年 1 月铁路上海新客站正式启用。[1]铁路上海北站改作铁路上海客技站，即铁路客车技术准备站。

　　在新客站建成之前，上海站（北站）一直是上海城市重要的交通枢纽，车站广场上的那幢西式洋楼更成了上海的地标性建筑。关于北站，葛剑雄曾回忆道：

---

[1] 上海铁路新客站在原铁路东站旧址兴建，建成后为上海最大的铁路特等客运站。新客站由铁路车站、广场、立交桥与配套商业网点等构成，占地 41.13 万平方米，南北各设置广场。由华东建筑设计院设计，配套工程由市政、民用、铁路等设计院设计。曾被评为上海市优质工程，荣获鲁班奖。附属联合售票大楼为国内首家水、陆、空联合售票大楼。

1956年夏天，我从家乡转学来上海。轮船停在河南路桥附近的苏州河边，上岸后来接我的父亲叫了一辆三轮车回家。讲了地址后，他又补充一句"北站后面"。过了河南路桥后，三轮车一路向北，在宝山路上驶过两条轨道，后来我知道，左边就是北火车站。

……

上个世纪 50 年代，北站是上海唯一的陆上大门。从我家乡浙江吴兴县南浔镇来上海，乘轮船要坐一个晚上，乘汽车到嘉兴或苏州，再转火车到北站方便得多。加上我家一直离北站不远，步行就可往返，所以从 1957 年暑假回乡起，我大多是在北站乘火车的。那时航空还不普及，一些外宾政要也乘火车到达上海，有几次北站一带因欢迎重要外宾而封路。[1]

……

北站承载了那个年代许多人的记忆，他们对这里带有特殊的情感。

北火车站地区的车流量、人流量逐年增多，为迅速、快捷疏通车、人流量，曾多次拓宽宝山路、天目东路。20 世纪 80 年代建天目东路人行天桥，拓宽河南北路，等等。

图 6-8 北站记忆，摄于 2021 年 8 月 5 日

---

[1] 葛剑雄：《我记忆中的北站》，静安区北站街道编：《北站》（创刊号），2019 年刊印，第 5 页。

此外，北站位于苏州河北岸，还是联通上海南北的重要通道。苏州河上有河南路、福建路、浙江路等桥梁，通向苏州河以南地区。永兴路有上海市长途运输公司北区客运、货运起始站，天目东路老北站广场增建分站，营运近百条专线，通往全国各地。火车站周边则集聚了大量商业网点、市政配套设施，如上海铁路局大楼、北站旅社等。

再说北站街道区域的演变。1964年，闸北区设13个街道办事处，北站即为其一。"文化大革命"期间改为街道革命委员会。1978年，恢复街道办事处。1984年10月，撤销北站、山西北路街道办事处，其辖境分别归北站、山西北路街道办事处。① 1991年9月，撤销海宁路街道办事处，建立新的北站街道办事处。② 1992年9月26日下午，在泰山电影院召开新北站街道成立大会。③ 下面一段为1994年闸北区北站街道的情况简介：

> 上海市闸北区北站街道办事处位于具有80年历史的原上海火车站地处，总面积0.98平方公里，总人口95000人，共39个居委会。街道内有3条市级文明街（北站文明一条街，天潼路文明一条街，河南北路文明一条街），街道地处交通枢纽，商业网点集中，三小企事业和窗口单位多，人员流动量大，人口密度高。④

街道办事处设于西华路35号。

此后，该辖区又经历了多次调整。北站街道是经上海市人民政府批准、闸北区人民政府决定于1996年10月17日由原西藏北路

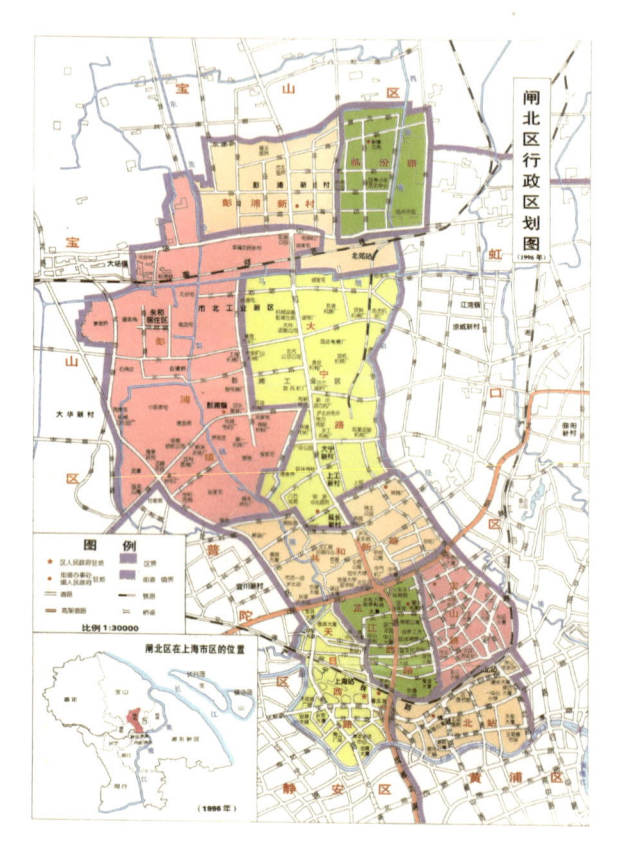

图6-9 《闸北区行政区划图》（1996年），北站街道区域，选自《闸北区志》。由北站街道提供

---

① 上海市闸北区志编纂委员会编：《闸北区志》，参见"大事记"，上海社会科学院出版社1998年版。
② 上海市闸北区志编纂委员会编：《闸北区志》，上海社会科学院出版社1998年版，第89页。1991年，有15个街道办事处。同年9月，撤销铁路以南6个街道办事处，建立新的天目西路、北站和西藏北路3个街道办事处。原北站街道和山西北路街道合并为北站街道，开封路街道和新疆路街道合并为西藏北路街道。
③ 《（闸北区）大事记》，1992年，静安区档案馆藏，档号：112-01-0008。
④ 《上海市闸北区北站街道情况简介》，1994年1月，闸北区（现并入静安区）档案馆藏，档号：112-02-0357。据统计，1993年，该街道设居民委员会39个，有居民32046户、84499人，人口密度为每平方公里85353人。

街道和原北站街道撤并而建成的。此时成立的北站街道位于闸北区的南部，东靠河南北路与虹口区的乍浦路街道相连；西沿成都北路高架桥同天目西路相邻；南隔苏州河与黄浦区的南京东路街道相望；北以铁路与芷江西、宝山两街道为界，是一个建设中的旧城区。面积 1.74 平方公里，有 35 个居委会，居民 50222 户，人口 129662，人口密度为 74518 人/平方公里。[①]街道办事处地址为国庆路 43 号。

2015 年 11 月，闸北、静安两区行政区划进行调整，"撤二建一"，成立新的静安区。[②]北站街道归属静安区。

近年来，北站街区的市容市貌、经济结构、社会生活方式均发生重大变化，这与上海的城市发展关系密切，同时也涉及城市治理新体系的构建。其中，街道社区服务中心的出现是一个引人注目的现象。

图 6-10　静安区北站街道办公楼（国庆路 43 号）。摄于 2020 年 4 月 22 日

---

① 《北站街道概况》1997 年 7 月 8 日，闸北区（现并入静安区）档案馆藏，档号：126—01—0027。
② 上海市静安区地方志编纂委员会编：《静安年鉴（2016 年）》，上海社会科学院出版社 2016 年版，第 18 页。

二、北站街道社区事务受理服务中心

街道社区事务受理服务中心作为典型的地域性社区服务中心和街道地域范围内社区福利服务的中心组织，开展了以街道地域社区为基础的福利服务。20世纪80年代末90年代初，上海的经济发展才刚刚开始起步，大部分街道办事处的经济状况还较为拮据，社区服务没有真正开展起来。随着城市社会经济的发展，各街道纷纷建立起社区事务受理服务中心。

北站街道社区事务受理服务中心于2018年9月底迁址至天目中路532号，新中心上下两层，总建筑面积约为1800平方米。中心内设受理大厅、社会救助管理所和劳动保障事务所三个部门。

一楼受理大厅设有含咨询台在内的13个对外接待窗口，包含咨询引导区、综合受理区、后台协同区、休息等候区、自助服务区和便民服务区6个区域。另有救助接待室、退役军人服务站、母婴室和爱心书屋。

二楼有劳动保障事务所、社会救助管理所。另有服务办居家养老服务中心和发展办计生综合服务站。

受理中心一直以"厚德、强技、守正、笃行"为自我要求，工作人员熟练掌握各项业务知识和有关政策，工作上加压奋进，不断强化服务意识、责任意识和精品意识，提供便捷、透明、亲和的服务，切实增进居民群众幸福感、获得感。

图6-11 北站街道社区事务受理服务中心，摄于2022年1月30日

以 2019 年的接待情况为例：2019 年北站街道社区事务受理服务中心全年接待咨询办事居民约 78 291 人次，实际经办各项全市通办业务 66 348 件。[①]

在服务项目方面，主要包括：

（一）业务服务

作为社区政务综合服务平台、政府为民办事的窗口和基层社会管理载体，自 2018 年 3 月 1 日起，北站街道社区事务受理服务中心根据上海市统一安排，开始实行"全市通办"和"全年无休"的服务模式。受理中心大厅设立含总咨询台在内的 13 个对外接待窗口，中心可办理劳动保障、医疗保险、社会保险、工会互助、社会保障卡、居住证等涉及群众基本生活的各类社区事务 190 项。[②]

（二）便民服务

（1）开通特殊人群绿色通道。倡导尊老爱幼、帮困助残、拥军爱军风尚，关心社会弱势人群，受理中心在总咨询台取号自助机上推出"绿色通道"模块，为 75 岁以上老人、军人、持残疾证和特别扶助证者提供优先服务。

（2）手语专窗，为特殊人群服务。为改变聋哑人来办理业务只能以纸笔沟通的情况，方便残疾人，特别是有听力障碍的社区居民办事，受理中心工作人员汤嘉慧所长（汤所长本人具有初级手语翻译资格证书），利用其掌握的手语技能开设"手语专窗"，并对中心其他工作人员进行基本手语培训，进一步将为民服务理念落到实处。

（3）推出多项特色服务，以便利群众。为使社区居民能够得到更加温馨方便的服务，北站受理中心在合理划分办事大厅功能布局的基础上，完善并提升便民服务措施和设备。目前中心内有母婴室、宠物箱、爱心书屋、共享雨伞、手机充电加油站、血压计、急救药箱、免费无线上网、免费复印、免费饮用水、无障碍厕所和通道、老花镜放大镜、针线包、体重计、婴儿推车、轮椅、手杖、爱心座椅、免费书刊取阅、手语专窗等 20 项特色便民服务，切实做到满足每一个办事居民的需求。

（4）设立受理中心延伸服务点。北站街道呈南北向短、东西向狭长的地理格局，目前受理中心所在位置为街道最西端。为此，事务中心在街道东面浙江北路 115 号设立延伸服务点，以便更好地服务于西藏北路以东居民区。

（5）特殊情况上门服务：对卧床、行动不便的"悬空老人"或居民，经其申请，受理中心派遣工作人员上门提供业务办理服务，以解决居民实际问题。[③]

---

① 相关数据由北站街道提供。
② 相关数据由北站街道提供。
③ 相关数据由北站街道提供。

街道在社区服务理念和规范管理等方面不断完善，由此不断推进社会服务中心的工作，居民有问题找社区服务中心。社区事务受理服务中心帮助居民解决了许多实际问题。

三、发展社区文化事业[①]

北站街道社区文化活动中心于2006年9月正式启动，2007年6月竣工，并投入试运行。社区文化活动中心基本配置面积为2962平方米，室外设施为200平方米。文化中心设有图书馆、书画室、音乐室、东方信息苑、乒乓房、健身房、舞蹈房、多功能厅、亲子活动室等场地设施，发挥社区教育、休闲娱乐、艺术修养、健身健体、文化交流、公益性服务等功能。文化中心已打造成为民服务的家园、终身教育的校园、精神文明的花园、文体休闲的乐园、艺术耕耘的田园。文化中心成立以来，不断增强为民服务能力，不断提高自我管理水平。在文体、教育、图书馆、团队等方面取得较大成绩，获得多个奖项和荣誉，如2007年文化中心被市文广局命名为非物质文化遗产（少儿京剧）传承基地、2009年被评为上海市未成年人思想道德建设工作先进单位，2012年北站文化中心被评为上海市一级社区文化活动中心、上海市街道（乡镇）一级图书馆。

近年来，北站街道党工委、办事处提出"文化为魂"的发展战略，通过"二主五辅"文化空间建设，打造10分钟公共文化服务圈，致力于弘扬推广优秀传统文化，创立传统文化传承中心，围绕"海派之源"老北站历史文化、"苏河国韵"戏曲文化、吴昌硕海派书画艺术、读者北站全民阅读四大品牌项目，联合上海京剧院、昆剧团等数十家专业艺术文化机构形成党建引领、多方主体协同参与的公共文化共治架构。"艺咖公教""午间艺小时""亲子陪伴营"三大类主题活动，让社区居民、街区白领在工作之余，能便捷地享受到文化惠民的丰富服务。娃娃秀国粹、"海上清韵"书画展、"左岸映像"摄影艺术展、"老北站"故事会、厨神争霸赛等群众喜闻乐见的活动，逐渐成为在北站居住、工作、学习的全体群众的"共同的节日"。

北站戏曲文化底蕴深厚，北站少儿京剧品牌全国闻名，有近40年的传承。近年来北站以少儿京剧为特色延伸，以京昆项目为核心，进一步探索京剧、昆曲、越剧等戏曲多元的发展，创立北站戏曲节文化品牌，通过大师讲坛、素人训练营零基础戏曲培训课程、"梨园影像"戏曲化妆摄影体验、"戏曲潮我看"抖音戏曲挑战赛等，大力推进戏曲文化进学校、进楼宇、进商圈、进社区。去年，北站戏曲文化被评为"上海民间文化艺术之乡"。这里，以"少儿京剧"为例做一介绍。

少儿京剧是北站街道社区文化的一大特色。中央电视台、上海东方电视台、闸北有线台先后拍摄了《十年排演的一场大戏》《京剧小子》《雏燕双飞》等专题片，介绍了北站街道普及京剧艺术以及少

[①] 本节内容由北站街道提供。

儿京剧发展和成长的故事，少儿京剧成为当时的闸北乃至上海社区文化的特色和品牌。自1993年以来，北站街道开展了弘扬京剧艺术活动，收集整理京剧艺术资料，开办京剧茶座，举办培训活动，开展京剧演唱竞赛等，既抓普及又抓提高，在全市有较大影响。北站街道尤其致力于少儿京剧的普及推广，配置练功房、活动室、服装道具，开办少儿京剧培训班，培育了200多名少儿京剧人才，同时辐射了社区幼儿园和中小学校，累计有3000多名小朋友参加过京剧培训；组织少儿京剧参加500余场节庆、演出等活动，并在全国少儿京剧大赛中先后荣获一等奖、金花奖、银花奖等。2005年北站街道被市教委评为青少年民族戏曲培训点。同年，北站街道少儿京剧被市文广局命名为上海市群众文化活动特色项目。为展示北站街道少儿京剧十年教育成果，2004年8月24日，北站街道党工委、办事处在上海艺海剧院举办了少儿京剧专场汇报演出，著名京

图6-12 《北站》创刊号

剧表演艺术家尚长荣[1]先生挥笔题词"少儿京剧一奇葩"，著名京剧表演艺术家唐元才先生前来和小学员们同台演出，中央电视台为这次演出拍摄专题纪录片《十年排演的一场大戏》。2008年，北站街道被市文广局命名为"非物质文化遗产传承基地"。2009年6月，北站街道被上海市精神文明建设委员会评为"上海市未成年人思想道德建设工作先进单位"。北站少儿京剧成立以来，京剧团队和学员们连续多年取得了优异成绩，享有一定的社会声誉。

四、北站街道所辖各居委会

北站街道是原新疆街道、开封街道、海宁街道、山西街道和北站街道等街道经过多次撤并而成，所辖居委会的数量也在不断变化。

1993年，北站街道有居民委员会39个，居民32 046户、84 499人。人口密度为每平方公里85 353人。[2]

---

[1] 尚长荣（1940— ），著名京剧表演艺术家，是四大名旦之一尚小云之子，国家一级演员，首批国家级非物质文化遗产（京剧）项目代表性传承人。曾两次获得全国五一劳动奖章，曾任剧协主席。
[2] 上海市闸北区志编纂委员会编：《闸北区志》，上海社会科学院出版社1998年版，第89页。

图6-13　北站街道社会治安综合治理工作中心，摄于2020年4月22日

图6-14　晋元居委会，摄于2022年1月30日

经过调整，2007年辖区内有新泰安（657弄、东德安里、新泰安里）、老泰安里、南唐家弄（799弄、南唐家弄）、北唐家弄、顺庆（顺庆里、宝庆里、长春里、文昌里）、南高寿里、北高寿里、均益里、颐福里、来安里、图南里、华安坊、蒙古路、卫星里、长康（曲阜路、长康里）、甘肃路、龙吉里、开封里、天保里、南林里、北市场、南星、三生里、永顺、长春坊、国庆等26个居委会。2015年，街道内居委会由21个调整为19个。

辖区内现有 12 个居委会，详见表 6-1：

表 6-1 北站街道所辖各居委会

居委会	地址	居委电话	邮编
高寿里	天目东路 223 弄 37 号	63252699	200071
华安天保南林	浙江北路 403 弄 39 号	63251216	200071
晋元	国庆路 3 弄 1 号甲 201	63804301	200070
三生里	西藏北路 225 弄 3 号 103	63175318	200070
南星	南星路 70 号 4 号楼 106	63178935	200070
吉庆	康乐路 203 弄 2 号	63245371	200071
永顺	晋元路 228 弄 10 号 201	63809662	200070
新泰	天潼路 727 弄 40 号甲	63245756	200071
顺庆	天潼路 754 弄 99 号	63245591	200071
来安颐福	罗浮路 88 弄 14 号	63242512	200071
海昌	共和新路 111 弄 12 号	63547227	200071
文安	浙江北路 191 号	63245452	200071

资料来源：静安区北站街道提供，2020 年 4 月。

如今的北站街道，逐渐成为上海中心城区的一个宜商宜居的街区。

码头与源头——苏州河畔的北站街区

第二节
大规模的街区更新

图6-15 中华人民共和国成立初期的苏州河。选自1951年纪录片《人民的上海》。上海音像资料馆藏。

图6-16 中华人民共和国成立初期的福建路桥。选自1951年纪录片《人民的上海》。上海音像资料馆藏。

街区是有生命的，自有其内在的肌理和成长发展的连续性，我们可以依循北站街区的演变轨迹，去把握它的脉络，探寻它的肌理。作为近代形成的历史街区，随着时间的流逝，北站一带的居民住宅、社区街道、基础设施也逐渐陈旧老化，有着较长历史的建筑再也无法保持原有的功能，街区本身需要更新。也就是在大规模的街区改造与更新中，北站街区以一种全新的样态崛起。

自1978年实行改革开放以来，北站街区改造的步伐逐渐加大，其范围、规模与方式都是前所未有的。伴随着政治、经济制度的巨大变革，北站地区在经济、社会等各个领域都发生了重大变化，对街区的建设、管理也有了新要求，需要采取一些新举措、新做法。在我国城市建设中，很长一段时期较多使用的是"旧城（区）改造"这一方式。所谓旧城（区）改造，是指局部或整体地、有步骤地改造和更新老城市的物质生活环境，以便从根本上改善其劳动、生活服务和休息

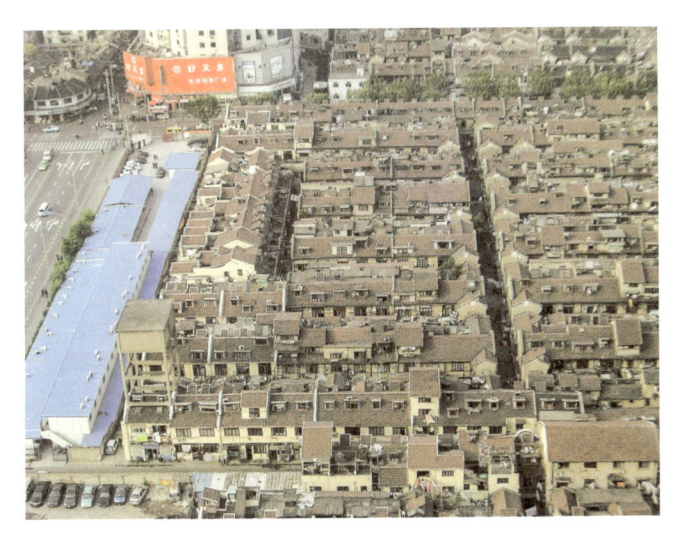

图6-17 2、4街坊靠近福建北路一侧动迁前的全貌。摄于2010年11月11日。由北站街道提供

图6-18 3街坊动迁前靠近苏州河的俯瞰图。摄于2010年11月11日。由北站街道提供

等条件。近年来,则更多使用"城市更新"的概念与做法。城市更新,是指将城市中已经不适应现代城市社会生活的地区做必要的、有计划的改建活动,其方式可分为再开发、整治改善、保护等几种。从"改造"到"更新",也体现了观念的变化。

下面,主要结合街区范围内的主要道路、市政建设以及旧区改造进行考察。北站街区作为上海的水陆门户、交通要道,很早就进行了道路的修筑,但由于地处华洋之间,缺乏整体的规划,加上战争因素,20世纪30年代日军连续轰炸闸北,北站周边道路系统遭受重大破坏。上海解放后,人民政府加强对北站地区的建设,从20世纪50年代开始,逐渐拓宽改建天目路、宝山路、西藏北路等主要道路,"70年代末,拓宽改建中山北路、中兴路、天潼路、曲阜路、共和新路等8条道路,基本上将弹街路改成沥青路。80年代,机动车流量猛增,大部分道路改成沥青混凝土或水泥混凝土路面。"[①]尤其是随着铁路上海站新址建成,拓宽改建恒丰路、天目西路、河南北路、沪太路等道路,新建恒丰北路接通沪太路。

就北站街区而言,街区内道路主要有海宁路、西藏北路、天目路、河南北路、浙江北路、天潼路、宝山路、山西北路、曲阜路等,数十年来不断拓展更新。图6-19至图6-24是这些道路的现场照片。

---

① 上海市闸北区志编纂委员会编:《闸北区志》,上海社会科学院出版社1998年版,第170页。

码头与源头——苏州河畔的北站街区

图 6-19 海宁路。摄于 2020 年 4 月 29 日

图 6-20 西藏北路街景。摄于 2020 年 4 月 29 日

第六章 社会变革与街区更新

图6-21 河南北路（前方天桥处为海宁路）。摄于2020年4月29日

图6-22 宝山路、天目东路口街景。摄于2020年4月29日

图6-23 天潼路、河南北路口。摄于2020年4月29日　　图6-24 浙江北路街景。摄于2020年4月29日

北站街区位于苏州河北岸，苏州河上有多座桥梁，由东向西，分别为河南路桥、山西路桥、福建路桥、浙江路桥、西藏路桥、乌镇路桥、大统路桥（现为新闸桥）、南北路高架桥等。这些桥梁在历史上经历了多次改建，表6-2为"1993年闸北区跨苏州河桥梁一览表"，可以看到，它们大多在北站区域内。

表6-2　1993年闸北区跨苏州河桥梁一览表

桥名	位置	初建年份	重大改建年份	长度（米）	宽度（米）	载重（吨）
新闸桥	大统路南端	1735	1916	60.35	6.10	3
福建路桥	福建北路南端	1864	1968	71.40	11.58	10
河南路桥	河南北路南端	1875	1925	66.46	18.20	15
浙江路桥	浙江北路南端	1887	1908	59.74	12.50	15
西藏路桥	西藏北路南端	1899	1924	68.38	18.20	26
恒丰路桥	恒丰路南端	1904	1987	570.00	29.60	20
乌镇路桥	乌镇路南端	1929	1948	60.35	9.35	10
长寿路桥	天目西路西端	1953		101.40	20.10	20

资料来源：上海市闸北区志编纂委员会编：《闸北区志》，上海社会科学院出版社1998年版，第181页。

此后，随着上海城市的快速发展，苏州河的这些桥梁又经历了重建或改建，图 6-25 至图 6-32 是桥梁现状的照片。

图 6-25　河南路桥。摄于 2020 年 4 月 24 日

图 6-26　山西路桥。摄于 2020 年 4 月 24 日

码头与源头——苏州河畔的北站街区

图 6-27 福建路桥。摄于 2020 年 4 月 24 日

图 6-28 浙江路桥。摄于 2020 年 4 月 24 日

图 6-29　西藏路桥。摄于 2020 年 4 月 24 日

图 6-30　乌镇路桥。摄于 2020 年 4 月 24 日

图 6-31　新闸桥。摄于 2020 年 4 月 24 日

图 6-32　南北高架桥。摄于 2020 年 4 月 24 日

　　20 世纪 90 年代以来，北站一带的市政建设迅猛发展，北站街区正在经历一场规模宏大、空前复杂的更新运动。

　　一批工厂陆续外迁也为这一区域的整体规划、开发建设腾出了大量空间。北站街区的改造与更新也是在这样的背景与模式下进行的。具体涉及的内容包括：改造街区规划结构，在其行政界限范围内，实行用地分区和城市用地的规划分区；更新、调整街区布局；更新或完善街区内的道路系统；改善街区居住环境并组织大规模的公共服务设施建设，把旧街坊改造成完整、更加宜居的居住区。

在街区更新中，居住区是一个重要的领域。作为位于上海中心城区的一个街区，北站从实际出发，积极探索街区改造与更新的新途径，既有针对街区"物质性衰退"的旧里街坊改造，又有提升产业结构、转换街区功能的整体性更新方式，由此使整个街区的功能不断增强，营商环境发生巨大变化，人民生活条件和环境得到了显著的改善，成为宜居宜商之地。

大规模的街区改造与更新促使北站地区的功能、结构不断变化，整体的布局规划也处于调整完善之中，这里逐渐成为服务型商业和中高档住宅集聚的区域中心。传统制造业明显淡出，商业结构调整稳步推进，商业、商务资源不断优化，现代服务业发展能级逐渐提升。

北站街区正在经历的这场城市更新可以说是"空前"的，机遇与挑战并存。目前，街道也面临着一些问题，诸如：（1）人口状况复杂，管理难度大。一是人户分离严重。截至 2019 年 3 月 19 日，在册户籍人口为 52 692 人，实有人口为 37 077 人，户在人不在数为 33 596 人，外来人口数为 12 934 人，七浦路商圈每天流动人口 4 万左右。二是困难人群多。最低保障有 1 040 人，登记失业 725 人，新疆回沪

图 6-33　大统基地旧区改造第一轮居民意愿征询投票。摄于 2011 年 3 月 20 日。由北站街道提供

图 6-34　4 街坊靠近山西北路一侧全貌。摄于 2010 年 11 月 11 日。由北站街道提供

图 6-35　北站街区航拍图（局部）。摄于 2021 年 8 月 5 日

535人。三是特殊对象多。有一定数量的残疾人、帮教对象、矫正对象等。（2）建设工地较多，环境压力大。经过前几年的动迁，北站街道正处于大建设阶段。目前，北站辖区内有嘉华国际、大悦城二期、大统（恒伟）、华润一期、华侨城六街坊、浙北绿地等工地，市重大工程北横通道即将开工，存在工地建设安全、农民工欠薪、扬尘污染等隐患。（3）多种矛盾重叠，维稳工作重。以2018年为例，街道信访总量1635件，信访总量在全区各街道中排名靠前，其中动迁类矛盾1278件，占总量的78.2%。大范围、多层面、长时间的旧区改造在改善居住环境、推动建设发展方面带来好处的同时，引发的旧改拆迁类矛盾纠纷也较多，新旧矛盾交织，维稳压力艰巨。①

但更多的是机遇。北站街区正在展开的大规模更新与上海城市格局的变化有关。2015年11月4日，闸北、静安两区行政区划实施调整，"撤二建一"。北站成为新静安区的一个街道。结合苏河湾开发以及"一江一河"的上海城市发展战略，北站街区无疑有了更大的发展空间，可以用两个"优势"来归纳：

第一，北站街道的区位优势日益凸显。

北站地处苏河湾的核心区域，②在2300米苏州河岸线区域内有8座桥与黄浦区相连。苏河湾东侧离外滩中央商务区只有1000米，南侧离南京路仅800米。交通方面，区域内有海宁路、天目路、河南北路、西藏北路、浙江北路、天潼路等主次干道，以及三条轨道交通（8、10、12号线）经过，新建的北横通道沿海宁路南北上天目路立交桥。七浦路商圈占地0.5平方公里，10家服饰批发市场下辖6000多家商铺，有强大的市场聚集效应和辐射功能，③在上海、长三角乃至更大的区域有拥有一定影响力的市场。

第二，发展空间巨大，具有"后发"优势。

北站街道地处"一轴三带"发展战略的苏州河两岸人文休闲创业集聚带，随着华侨城、华润、中粮集团等大型央企入驻，相继推出了华侨城苏河湾、华侨城行政公馆、中粮天悦壹号等高端住宅。总投资达160亿元的大悦城南北座全线投入运营，国内首个屋顶悬臂式摩天轮SkyRing（天空指环）璀璨点亮，这将成为苏州河畔最大的商业地标；全球第4家宝格丽酒店已经开业。2016年新静安第一宗土地也在苏河湾顺利出让。未来数年内，苏河湾地区将矗立起5幢200米以上的商业办公大楼，新增住宅面积40万平方米，这些都将助推北站街区的文化创意、商务商贸、休闲旅游、生态宜居功能，提升中心城区形象。④

---

① 据2017年12月底资料，由静安区北站街道提供。
② 苏州河是上海的母亲河，见证了上海的历史变迁。近年来，有"苏河湾"之说，大致是指苏州河在流经上海市区内的乌镇路至浙江北路一带，有一道长达千米的弧线。关于"苏河湾"的记载也渐多，如2017年6月20日《解放日报》即以《苏河湾"一河两岸"规划方案出台》为题进行了报道："以'两岸融合'为主题的苏河湾'一河两岸'规划方案正式出台，未来4.3平方公里的苏河湾地区将呈现连续的公共活动系统，引入高能级文化艺术群落，增加滨河开放空间及多样性亲水慢行岸线，形成滨水活动中枢、文化艺术地标与市民休闲地带。"
③ 相关数据，由静安区北站街道提供。
④ 据2017年12月底资料，由静安区北站街道提供。

2020年8月，《上海发布》正式公布上海"一江一河"沿岸地区建设规划（2018—2035）。[①]按照建设世界级滨水区的总目标，苏州河沿岸定位为"特大城市宜居生活的典型示范区"。北站街道沿苏州河沿岸均在规划范围内，整个苏州河上海市域段，长度为50公里，中心城段进深约1—3公里。在功能布局上，具体包括：一是多元功能复合的活力城区，居住、就业、休闲功能在时间和空间上高度复合，保有持续活力。二是尺度宜人有温度的人文城区，是亲切和谐、引人向往、体现城市文化底蕴的滨水游憩场所。三是生态效益最大化的绿色城区，河流两岸有机融入生态网络，生态建设与市民日常生活紧密关联。综合考虑沿岸功能、发展和建设情况，全域分为三个区段，其中"内环内东段（恒丰路以东）是'上海2035'总体规划明确的中央活动区范围，打造高品质公共活动功能"。

北站街道的苏州河沿岸地带作为地处苏州河"中央活动区范围"的重要区段，将重点打造舒适宜人的生活型活动轴线，建设富有活力的滨河功能带，建设高品质的蓝绿生态廊道，塑造具有内涵的文化生活水岸，营造人性化精细化的滨河景观。

可见，一个崭新的北站街区正在崛起。

图 6-36 北站地区规划图纸摘选（1）

[①] 上海市规划资源局公布黄浦江、苏州河沿岸地区建设规划（2018—2035）。一江一河建设规划范围为黄浦江自闵浦二桥至吴淞口，长度为61公里，总面积约201平方公里；苏州河上海市域段，长度为50公里，总面积约139平方公里。按照建设世界级滨水区的总目标，黄浦江沿岸定位为国际大都市发展能级的集中展示区，苏州河沿岸定位为特大城市宜居生活的典型示范区。

图 6-37 北站地区规划图纸摘选（2）

图 6-38 北站地区规划图纸摘选（3）

图 6-39 北站地区规划图纸摘选（4）

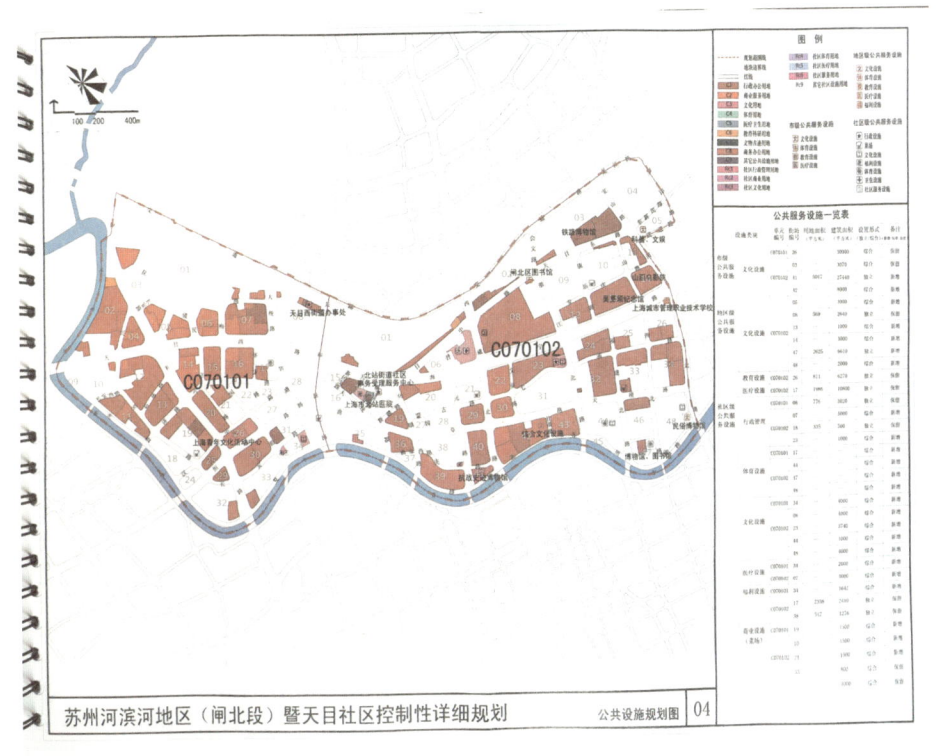

图 6-40 苏州河畔的北站街区（局部）航拍图，摄于 2019 年 11 月 19 日

第三节

绘制北站街区的文化地图

一个街区的空间布局是过去的积淀、现在的建构共同作用的产物。苏州河滨水地带的空间布局即渊源于它的历史演变,是历史与现在合力的结果。拥有诸多文化遗产的苏州河滨水地带,也是上海城市记忆中的重要组成部分。在绵长的苏州河,沿岸各个区域、各个街区特色不一,内涵不同,要反映这些特色,其实质就是要挖掘这些街区内部所蕴含的独特人文内容与历史感。

图6-41 上海总商会旧址。摄于2020年4月29日

图6-42 上海总商会旧址。上海市优秀历史建筑。摄于2018年12月12日

如今的苏州河沿岸已然成为著名的滨水区域，在海内外享有一定的知名度。北站作为苏州河畔的一个重要街区，其形成与发展具有独特性，街区内文物遗存丰富多彩，分散在各处的各种各样的有着历史文化价值的建筑物、建筑群、历史街区，是北站作为一个历史街区的内涵特色的集中表现。

早在中华人民共和国成立初期，北站区域内的一些历史遗迹就受到有关部门的重视，如上海工人三次武装起义战斗最激烈的地方（上海北站）（乙级），在1959年即作为"革命事迹：党成立前后和第一次国内革命战争时期"被列为"第一批文物保护单位名单"，其文物价值体现如下：

> 1927年3月21日北伐军抵龙华，党领导的上海总工会发布总同盟罢工命令，并有罢工工人四、五十万举行武装起义，最后的战斗是集中火力攻打北站。在工人武装的猛攻下，终于占领北站，第三次起义获得完全胜利，党立即召开上海市民大会，选举了上海市临时政府。[①]

保护办法及范围："由闸北区人委负责保护，建议立碑纪念。"

此后，北站街区陆续有大量历史建筑、历史遗迹被列为各级文物保护单位（或文物保护点），详见表6-3：

表6-3 上海市静安区北站街道
区域内各类文物保护单位（文物点）一览表

建筑名称	公布日期	地址	保护等级	类别
四行仓库抗战旧址	2019年10月7日	光复路1—21号	全国重点文物保护单位	重要历史事件纪念地或纪念设施
吴昌硕故居	1985年8月20日	山西北路457弄12号	市级文保单位	名人故、旧居
公共租界会审公廨旧址	2014年4月4日	浙江北路191号	市级文保单位	重要历史事件和重要机构旧址

---

① 《上海市人民委员会关于颁发上海市历史和革命遗迹保护办法及第一批文物保护单位名单的通知》，1959年5月26日，上海市档案馆藏，档案号：A54-2-763-3。

续表

建筑名称	公布日期	地址	保护等级	类别
同盟会中部总会秘密接洽机关遗址	2014年4月4日	浙江北路61号	市级文保单位	重要历史事件和重要机构旧址
上海总商会旧址	2014年4月4日	北苏州路470号	市级文保单位	重要历史事件和重要机构旧址
浙江路桥	2014年4月4日	浙江中路与浙江北路连接处	市级文保单位	交通道路设施
上海北火车站遗址	2000年8月10日	天目东路200号	区文物保护点	重要历史事件纪念地或纪念设施
梁氏民宅	2000年8月10日	山西北路457弄61号	区文物保护点	典型风格建筑或构筑物
大东书局旧址	2005年9月8日	福建北路300、301号	区文物保护点	工业建筑及附属物
福新面粉一厂及堆栈旧址	2014年3月19日	光复路423—433号、长安路101号	区文物保护点	工业建筑及附属物
天妃宫	2000年8月10日	河南北路3号	区文物保护点	坛庙祠堂
上海中国实业银行仓库旧址	2014年3月19日	北苏州路1028号、文安路30号	区文物保护点	金融商贸建筑
上海总商会中国商品陈列所旧址	2006年6月9日	北苏州路470号	区文物保护点	其他近现代重要史迹及代表性建筑
上海中国银行办事所及堆栈旧址	2014年3月19日	北苏州路1040号	区文物保护点	典型风格建筑或构筑物
新泰路57号仓库	2014年3月19日	新泰路57号	区文物保护点	金融商贸建筑
京沪、沪杭甬铁路管理局大楼旧址	2017年6月28日	天目东路80号	区文物保护点	典型风格建筑或构筑物
武进路560号楼	2017年6月28日	武进路560号	区文物保护点	典型风格建筑或构筑物
康乐里潘氏住宅	2017年6月28日	山西北路551弄4号	区文物保护点	典型风格建筑或构筑物
钱江新村	2017年6月28日	康乐路186弄234弄处	区文物保护点	其他近现代重要史迹及代表性建筑
均益里	2017年6月28日	天目东路85弄、安庆路366弄	区文物保护点	典型风格建筑或构筑物

续表

建筑名称	公布日期	地址	保护等级	类别
大埔旅沪同乡会旧址	2017年6月28日	康乐路203弄3—5号	区文物保护点	其他近现代重要史迹及代表性建筑
绍兴里绍兴七县旅沪同乡会旧址	2017年6月28日	山西北路527弄6号	区文物保护点	重要历史事件和重要机构旧址
安庆路绍兴七县旅沪同乡会旧址	2017年6月28日	安庆路330号	区文物保护点	其他近现代重要史迹及代表性建筑
福荫里12号宅	2017年6月28日	山西北路469弄12号	区文物保护点	典型风格建筑或构筑物
山西大戏院旧址	2017年6月28日	山西北路470号	区文物保护点	文化教育建筑及附属物
钱氏民宅	2017年6月28日	海宁路780弄22—24号	区文物保护点	宅第民居
西虹口捕房旧址	2017年6月28日	海宁路830号	区文物保护点	其他近现代重要史迹及代表性建筑
泰县旅沪同乡会旧址	2017年6月28日	安庆路351弄4号	区文物保护点	其他近现代重要史迹及代表性建筑
飞虹小学遗址	2017年6月28日	塘沽路894号	区文物保护点	文化教育建筑及附属物
中国道德总会遗址	2017年6月28日	七浦路632号	区文物保护点	其他近现代重要史迹及代表性建筑
诚化普善堂旧址	2017年6月28日	浙江北路129弄10号	区文物保护点	其他近现代重要史迹及代表性建筑
陆氏民宅	2017年6月28日	天潼路800弄164支弄7号	区文物保护点	传统民居
上海新华信托储蓄银行仓库遗址	2017年6月28日	甘肃路79号	区文物保护点	金融商贸建筑
慎余里	2017年6月28日	天潼路847弄	区文物保护点	典型风格建筑或构筑物
北站区公所遗址	2017年6月28日	老闸街40号	区文物保护点	其他近现代重要史迹及代表性建筑

资料来源：静安区北站街道提供，2020年12月。

据统计，北站区域内有全国重点文物保护单位（1处）、市级文保单位（5处）、区级文保单位（9处）、区文物保护点（20处），总计35处。

北站区域内至今保存着一些建于20世纪二三十年代的建筑，还有成片的历史风貌保护区，其中既有欧式金融老仓库，也有中西合璧的石库门建筑，同时保留着红色记忆的遗迹。

2020年4月23日，由静安区北站街道办事处、北站社区文化活动中心共同发起，在各自官方公众号"爱北站"和"北站艺术"上发布评选"北站十大建筑"的通告，同时开启网络评选活动。在微信公众号文章中共推出辖区内历史建筑、现代建筑及地标建筑等不同类型的优秀建筑19座，让社区群众通过微信评选出自己心目中能够代表北站的十大建筑。北站街道和文化活动中心根据统计投票数量，将获得票数前十名的评选为北站十大建筑。此次网络评选为期两周，截至2020年5月6日，活动结束。评选结果如下：上海铁路博物馆、四行仓库抗战纪念馆、上海总商会旧址、浙江路桥、吴昌硕故居、中共三大后中央局机关历史纪念馆、福新面粉厂、静安大悦城、梁氏民宅、山西大戏院被评为"北站十大建筑"。①

图6-43 上海大陆银行仓库旧址。摄于2016年3月3日

---

① "北站十大建筑"的文字与部分照片，由北站街道提供，2020年6月。

图 6-44　新泰仓库旧址。摄于 2008 年 8 月 13 日。由张秀莉提供

图 6-45　修缮后的新泰仓库。摄于 2018 年 12 月 12 日

一、上海铁路博物馆

1876年12月，中国第一条营运铁路——吴淞铁路全线贯通，站址设在今河南北路七浦路路口，时称"上海火轮房"。北站是诸多历史事件的见证地，孙中山从北站启程赴南京就任中华民国临时大总统，宋教仁在北站遇刺，第三次工人武装起义、"六二三"运动都在此地发生。1909年，沪宁铁路上海站启用，站址东临淞沪车站，南向公共租界地（今天目东路），站房为英式建筑，整体呈文艺复兴风格，是当时全国最大的火车站。

1916年，沪杭甬铁路与沪宁铁路接轨，沪宁铁路上海站成为沪宁、沪杭甬、沪淞三条铁路交汇点，站名改为沪宁、沪杭甬两站总站，俗称"北火车站"，简称"北站"。1985年，上海北站改名为铁路上海站，1987年，上海火车站（新客站）建成，"老北站"停用，改成上海铁路博物馆，整个博物馆包括占地

图6-46 北站老照片。由北站街道提供

图6-47 上海铁路博物馆。由北站街道提供

约1300平方米的室外广场展区和拥有3000余平方米建筑面积的博物馆主楼。博物馆主楼共4层，开放的是面积约1000平方米的底层展区，展品主要为图片、文献史料、实物等。

上海铁路博物馆的整体布局有比较浓重的铁路往事般的历史氛围：室外的广场展区营造了一个早期铁路火车站的场景，笨重的蒸汽机车和木结构的月台雨棚显得饱经岁月沧桑。博物馆的4层主楼以80%的比例按照1909年建成的沪宁铁路上海站原样建设，再现了当年上海站的英式古典风格风貌。

二、四行仓库抗战纪念馆

四行仓库是 1932 年由金城、盐业、中南、大陆四家银行在西藏北路西北堍兴建的仓库,为现代主义风格的钢筋混凝土无梁楼盖五层结构建筑。1937 年 10 月 26 日至 11 月 1 日,著名的四行仓库保卫战就发生在这里。1985 年,该建筑被公布为市级文保单位,后又被列为市优秀历史建筑,2015 年 8 月 13 日,作为抗日战争遗址的四行仓库纪念馆对外开放。2018 年 8 月,为隆重纪念中国人民抗日战争暨世界反法西斯战争胜利 70 周年,经中共中央、国务院批准,国务院发出通知,"四行仓库抗战纪念馆"入选第二批 100 处国家级抗战纪念设施、遗址名录。四行仓库抗战旧址于 2019 年 10 月作为重要历史事件纪念地或纪念设施,被列为全国重点文物保护单位。

图 6-48 四行仓库,1937 年。由马幼炯提供

图 6-49 四行仓库旧址。由北站街道提供

三、福新面粉厂

福新面粉厂位于光复路423—433号，于2005年10月被列为上海市优秀历史建筑。1913年7月，荣宗敬、荣德生兄弟与其他人合作创办福新面粉厂，后改称福新面粉一厂。厂区的建筑中前排二、三层为砖木结构，建筑形体简洁、立体构图整齐。青红砖清水外墙，坡屋顶，挂红平瓦，后排六层建筑为钢筋混凝土结构，平屋顶，四周围为女儿墙。

图6-50 福新面粉厂旧址。摄于2018年12月12日

图6-51 福新面粉厂旧址。上海市优秀历史建筑。摄于2018年12月12日

四、上海总商会旧址

  上海总商会旧址位于北苏州路470号，此处原系清政府出使行辕旧址。1902年，中国第一个商会性质的组织——上海商业会议公所成立。辛亥革命后，另组上海商务总会。1912年，上海商业会议公所和上海商务总会合并，成立上海总商会，并在清廷出使行辕的原址上建造上海总商会议事厅大楼。1913年总商会议事厅破土动工，1916年落成开幕。2017年，完成对上海总商会修复。总商会整体建筑融合东西方文化，呈典型的文艺复兴主义风格，朝南的牌门楼是仿罗马梯铎凯旋门，左右对称复合样式，细部装饰简洁，进门是甬道，北端是议事厅大楼和商品陈列所，西侧为中式小花园。

图 6-52　上海总商会（旧照片）。由北站街道提供

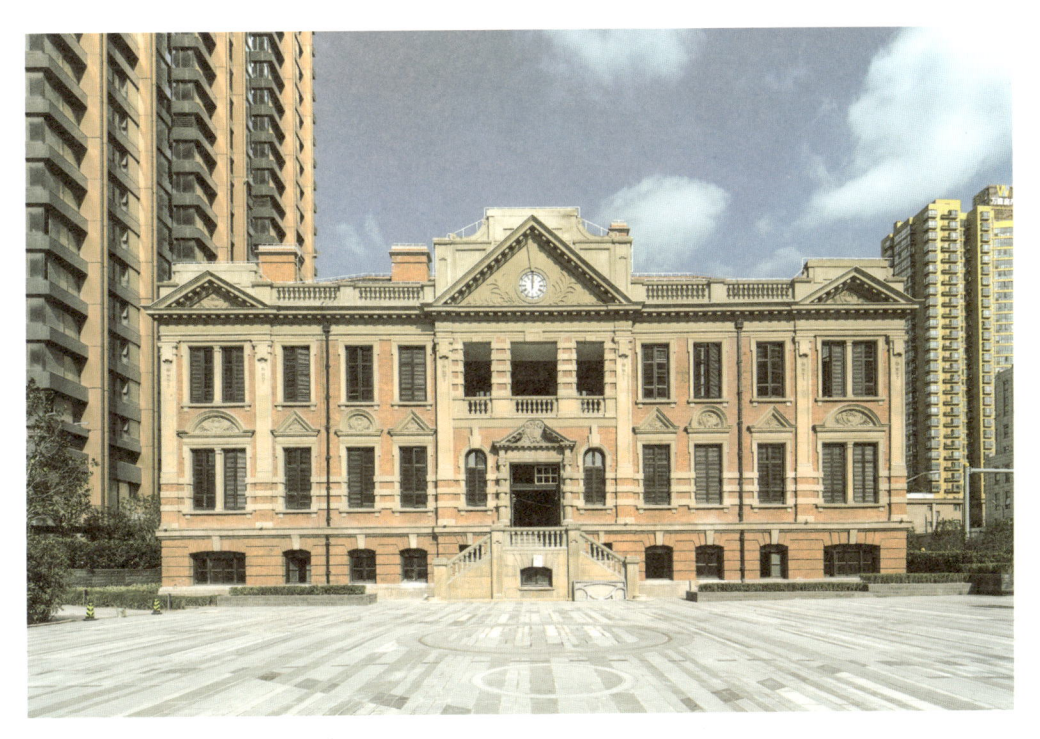

图 6-53　上海总商会。由北站街道提供

图 6-54　上海总商会旧址。摄于 2018 年 6 月 21 日

五、吴昌硕故居

吴昌硕故居位于山西北路457弄12号,为上海市文物保护单位。1913年,吴昌硕举家搬迁至吉庆里,在这里居住了整整14年。

图 6-55　吴昌硕故居。由北站街道提供

图 6-56　吴昌硕故居。摄于 2020 年 11 月 14 日

六、浙江路桥

浙江路桥俗称老垃圾桥,跨苏州河,为上海市级文物保护单位。

清光绪五年(1879 年),租界工部局在此造了一座步行木桥。1906 年,为通行有轨电车,工部局拆除木桥,建造了浙江路桥。2015 年,修旧如旧的浙江路桥复位。

图 6-57 浙江路桥(旧)。由北站街道提供

图 6-58 浙江路桥。由北站街道提供

七、静安大悦城

　　静安大悦城位于静安区西藏北路166号，处于上海市中心，在人民广场向北900米，毗邻苏州河，近邻西藏北路、天目中路、河南北路等多条交通主干道，地理位置优越。上海静安大悦城是上海苏河湾地区的大型城市综合体，项目整体开发超过40万平方米，是北站地区的地标建筑。

图6-59　静安大悦城。摄于2022年1月30日

八、梁氏民宅

　　梁氏民宅位于山西北路457弄61号，建于清末，是中西合璧庭院式的二层建筑，结构保存完好，装饰手法呈西方风格，纹样图案丰富、精美，反映了上海传统古建筑向现代建筑过渡发展的转变，该建筑被列为上海市优秀历史建筑，人称"西洋房子"。

图 6-60 山西北路 457 弄 61 号梁氏民宅。摄于 2020 年 11 月 10 日

图 6-61 梁氏民宅。由北站街道提供

九、山西大戏院

山西大戏院位于山西北路470号，始建于1928年，于1930年1月18日启用。整栋建筑带有俄罗斯风格，当年影院的设施堪称豪华，里面还设有时髦的饮冰室，供人消暑之用。"文化大革命"时一度改名井冈山电影院。

图 6-62　山西大戏院。由北站街道提供

十、闸北革命史料陈列馆（中共三大后中央局机关历史纪念馆）

"闸北革命史料陈列馆"暨"中共三大后中央局机关历史纪念馆"于1988年7月正式对外开放。2007年，迁址浙江北路118号，建筑面积约1100平方米，展厅面积约670平方米。中心展区主题为"永恒丰碑、党史辉煌"，主要陈列1923年6月中共三大召开后，中央局机关由广州迁址闸北"三曾里"办公的史料。分中心展区主题为"永恒记忆、红色闸北"，主要陈列中国共产党在闸北领导一系列革命斗争的"红色闸北"史料。

图 6-63　闸北革命史料陈列馆（中共三大后中央局机关历史纪念馆）。由北站街道提供

北站街区历史资源丰厚，诸多的历史遗迹分散于各处，可以依据一定的史实、内在的逻辑"串珠成链"。点、线、面结合，绘制出北站街区独特的文化地图，共建共享，提升本区域的品位和竞争力。

位于苏州河畔的北站街区有着独有的空间基因、文化基因，值得深入探究。

这里是上海"一江一河"发展战略的重要地区，沿岸地带也是苏河湾功能区的重要组成部分，在上海的城市规划中，要将苏河湾功能区打造成为世界级滨水中央活动区、世界级"城市会客厅"。

如果说文化遗产的保护利用使苏州河畔的北站街区留住了自己的根，得以展现它的独特文脉；那么，

图6-64　航拍图。摄于2020年10月25日。由北站街道提供

新一轮的城市更新又使这一带焕发出新的活力，造就了持续发展的动感。水与人、文、城的融合发展，从历史到现实，穿行于不同的时空，在传统与现代之间，位于苏州河畔的北站街区还在演绎着它的传奇。

今天上海在谈论三种文化，即红色文化、江南文化、海派文化，这三种文化在北站街区都有自己的存在形式，有着丰富的样态。位于苏州河畔的北站街区，理应成为向海内外展示红色文化、江南文化、海派文化的重要区域。从文化形态到生活方式，不仅仅是从"工业锈带"到"生活秀带"的转变，而且要有更多、更丰富的内容，如构筑滨水的文化生态系统，塑造宜居的公共开放空间，以新业态新模式赋能产业发展，这也是新时代赋予"新北站"的新内涵。

走进苏州河畔的北站街区，去发现，去探访，可以了解更多精彩的内容，体味苏州河这一段沿岸、老北站附近所具有的独特文化，以及它的沧桑巨变。

图6-65 北站街区航拍图。摄于2021年8月5日

附录1 北站街区口述资料选

说明：口述历史，是指以口述史料作为主要研究对象的史学。在考察历史街区中，口述史资料有着不可替代的重要价值。保留着城市演变脉络的那些老街区，承载着曾经生活在这一区域内人群的情感和记忆，这些情感与记忆往往又依托于一定的氛围、环境。这些氛围与环境则一直处于复杂、纷扰的变动之中。要考察苏州河畔北站街区的变迁，就要充分了解这一街区人们的社会活动以及生活状况，将他们的所见所闻乃至所思所想真实记录下来。在从事"码头与源头：苏州河畔北站街区变迁"项目研究中，我们一直将这一街区内老住户、老居民的生活状况列为重点内容，并成立专门的"口述小组"。在有关部门的大力支持下，口述小组找到了多位长期在北站街区生活与工作的老居民、老职工。在采访前，口述小组成员查阅了一些档案文献，熟悉口述者的相关背景，而后拟订采访提纲，主要内容包括：（1）口述者的经历，如家庭的籍贯、人口构成，在什么情况下迁居北站地区，具体住址，以及教育、工作状况等。（2）回忆街区的生活，包括邻里关系、所在街区的人群特点、日常生活（衣、食、住、行）、公共活动场所、社会交游（人际圈）、宗教信仰、交通出行、街区管理状况等。（3）曾经发生在北站街区的哪些事情给口述者留下较深的印象。在采访中，需要结合访问者的具体情况，对涉及的内容可酌情增减。在此基础上，结合文献资料，对口述内容做一些整理工作。老居民的口述，其价值体现在几个方面：（1）作为亲历者，可以通过他们的回忆，帮助研究者走进现场，加深对北站街区变迁的理解。（2）通过口述，获取一些线索，了解街区变迁的更多细节内容。（3）口述内容与文献档案相结合，可以互相印证，互为补充。由于版面篇幅所限，这里，我们仅摘选其中4篇口述文章。

1. 四行仓库抗战纪念馆筹建与北站街区文化遗产的保护

> 口 述 者：马幼炯，上海四行仓库抗战纪念馆馆长
>
> 采访整理：张秀莉，上海社会科学院历史研究所研究员
>
> 时　　间：2020 年 9 月 28 日
>
> 地　　点：北站艺术中心
>
> 整理者按：马幼炯，1965 年 8 月出生，无党派人士，现任上海四行仓库抗战纪念馆馆长、副研究馆员，上海抗战与世界反法西斯战争研究会理事。上海四行仓库抗战纪念馆筹建主要组织者之一，曾主持策划常设展"八百壮士与四行保卫战"主题展陈等。

张秀莉（下同）问：马馆长您好！我们受北站街道委托在做一个北站街区历史文化研究的课题，也想通过口述采访的形式了解北站街区历史变迁的情况。谢谢您接受我们的采访。首先，请您介绍一下您的个人情况及在北站街区工作的经历。

马幼炯（下同）答：我于 1987 年到闸北工作，当时在共和新路街道。后来闸北举办上海国际茶文化节，1996 年时我们闸北革命史料陈列馆搬到天目路街道。2006 年，区里建设闸北史料馆新馆，它还有一个名字叫中共三大后中央局机关历史纪念馆。2006 年以后很长一段时间就是在北站地区工作，一直到 2014 年。2014 年，筹建四行仓库抗战纪念馆，我被调到纪念馆。我的工作经历从原来的闸北区到现在的静安区，没有离开这个地方。1999 年我开始做闸北区文物保护工作，对老闸北的历史建筑有更深了解，文保工作一直在做。新静安成立后，2016—2018 年工作原因中断两年。我现在的身份是纪念馆馆长，兼任文保中心主任，属于区文旅局。我参加过两三次文物普查，最近一次是第三次全国文物普查，北站历史文化遗存相对比较多，老闸北的文物集中在北站街道、天目西路街道，还有宝山路街道一部分，缩小范围来讲北站现在遗存的建筑还是比较多的。

问：请您介绍一下北站街区的历史文化遗迹的基本情况。

答：现在是新静安，扩展一点讲苏河湾地区有五六十处，北站占一半以上，具体数字需要再核实，从历史上来说，北站地区是新静安北部，是除了租界以外最早发展起来的地方，属性完全可以理解为租界和华界

附图1-1 四行仓库及周边（老照片）。由马幼炯提供

附图1-2 四行仓库（老照片）。由马幼炯提供

交杂的地方，北站的租界更多一些，属于公共租界北区，相对来说遭到的战争破坏比较少。典型的遗存有吴昌硕故居、上海总商会、会审公廨，在近现代上海乃至全国都有影响，上海总商会是中国第一商会，会审公廨是近代司法典型的浓缩代表。包括20世纪二三十年代苏州河沿岸的仓库建筑，历史上闸北的一个说法严格意义上说就是老闸桥，福建路桥那里，还有就是新闸桥，两座桥的北部就是闸北。用一句话概括，这里是静安北部最早从乡村向城市化进展的地区。

  问：请您介绍一下在北站街区的城市开发中如何规划历史文化遗产的保护？是否有相关的文件和保护措施？

  答：历史文化遗产保护文件都有，区里一直比较重视，新静安成立以后越来越重视。整体的文化遗存和文物数量在全市排在前列。现在静安北部旧区改造开发比较多，原来对文物建筑的保护是纯粹保护，现在是保护利用并重，原来认为文物是社会经济发展中的负担，现在随着国家对文化遗存保护传承越来越重视。原来对历史建筑是拆—改—留，现在倒过来了，是留—改—拆，留是第一位的，改是第二位，万不得已才拆，保护利用并重。大的环境改变，原来街道有经济指标，自己办经济，2015年后街道不再办经济，由政府投入，街道更有资源去运用。北站街道做得比较好的典型是上海总商会的活化利用，这是非常成功的。四行仓库的活化利用，完全是公益性的。其他一些仓库更多考虑到商业的用途，保护的基础上做一些利用，新的功能再造，

附图 1-3 修缮一新的四行仓库旧址。由马幼炯提供

以后大的方向都这样。现在最大的是安康苑,里面有一个数字的变化,原来保护的量很小,只有两三万平方米,后来调整过一次,达到七八万平方米,最后的数字达到 11 万平方米,政府是在投入了,开发商要考虑经济成本和财务平衡。北站的历史建筑要扩大到历史风貌街区保护的概念,"十四五"期间,它是一个比较重点的项目。历史建筑保护表面上是开发商在保护,政策上是政府的支持。比如华兴坊,上海对 50 年历史以上的老建筑都在保护,这个不拆,政府是隐形的投入,新静安在土地出让里面投入很大,改善民生、旧区改造,对老建筑的保护是实实在在地在做。

问:请您谈谈四行仓库抗战纪念馆的筹建、运行的情况。

答:四行仓库纪念馆之所以建,最主要的原因是一个时间节点。2015 年纪念抗战胜利 70 周年,按中国传统逢五逢十会做一些大的项目。四行仓库知道的人可能会少一些,但八百壮士知道的人很多,影响了很多人。另外,从 1995 年开始,闸北区人民政府与一百集团合作搞过陈列室,请汪道涵同志题名,因此纪念馆不是凭空出来的。另外,仓库一直没有太大变化,周边环境也没有太大变化,这个原因使大家没有觉得这个房子有太大变化,抗战越来越得到重视,国力越来越强,共产党的胸襟也越来越大,70 周年时国家对正面战场评价蛮多的,先是民政部公布了八百壮士抗日英烈团体,2015 年公布四行仓库为抗战纪念设施,在这一背景下,做纪念馆完全没有问题。此外也有政协委员、人大代表在呼吁抗战的独特作用和八百壮士的影响,原来的馆太小了,只有 50 平方米,政府推动就把这个馆建起来了,可以说是天时地利人和。

附图 1-4　四行仓库抗战纪念馆,一楼,第一展区"浴血奋战"场景。由马幼炯提供

2015年该项目列入市政府重点项目，市委宣传部、区委宣传部、文化局都在主导这个项目，百联集团修缮房子，房子产权还是百联集团的，我们现在是无偿租这个房子，这是国企的社会担当。筹备的时候，时间非常紧，人手也不足，最大的困难是资料少、实物少，我们一开始通过图书馆、档案馆查了大量资料，整理出一个比较清晰的脉络，再去做展览。当时适逢70周年，大家愿意拿出资料，捐赠和购买、借展都比较方便。资料、文字、报道以外，重点是找一些实物，当时花费精力比较多。我们与上海音像资料馆合作，原始视频是音像资料馆帮助提供的，还有一些我们后期编辑的影像资料。我们表面上的资料可以了，深度有待进一步挖掘。譬如进攻四行仓库的日本军队到底是哪一支，现在还在找资料，八百壮士的准确率到底有多少？由于时间非常紧张，在史实上看到的资料还有待进一步完善，要做进一步研究。相比而言，我们讲述的准确性可能更大一些。纪念馆现在的编制12个人，编研2人，纪念馆的主要职能是宣传、征集、研究，研究是基础。

问： 电影《八佰》的热映也带火了四行仓库，不断看到参观火爆的新闻，能否请您介绍一下基本情况？您如何看待艺术作品对于历史人文遗产知名度的意义？四行仓库成为热点后是否能够推动对北站街区历史文化遗产的重视与保护？

答： 应该说短期影响非常大，最直观的是参观人数剧增，这是看得到的数字变化，原来参观人数每天五六百人，现在每天可能达到2000—2500人，可以找到很多关键词，如火爆、网红地。但我认为这个是靠不住的，还是要做远景规划，深层关键点是馆藏品。也有些人提供展出品，想卖给纪念馆。电影的传播力和影响力是无可比拟的，老少皆宜。电影与纪念馆内容有关联，电影里有30%的内容是可以认同的，逻辑关系比较明确，还是对的。长期来讲，还是要踏踏实实做一些研究，做一些成果展示，最终博物馆不能靠电影去发展更多亮点、更好的暴发点。博物馆面向各个层面的老百姓，因为电影来参观的人中许多人只是出于好奇，来看一下实景，还有一个因素是这里交通方便。实际上，纪念馆参观人数一直不少，5年间的参观人数达150万人次，这么多的参观量对于这种馆来说还是不多的。四行仓库纪念馆在上海的口碑还是不错的，陈列表述的语言，老百姓基本都能接受。历史需要一直在说，近现代史中抗战必须要讲，现在的教材中这部分的比重越来越小，抗战肩负的教育功能还是比较重要的，民族的融合需要一直讲历史。四行仓库纪念馆展出的史实和脉络是清晰的。包括北站海派文化吴昌硕，红色文化三大后遗址、江南文化苏州河。源头还可以讲航运，原来苏州河是航运的主干道。很多到上海闯码头的人，第一站都是落脚在闸北。北站地区是上海很多名人和企业家的源头。北站是两种文化、两种生活状态并存的地方，两种差别不是很大，闸北在相当长一段时间内都在发展。

2. 一位街道老干部的街区记忆

口 述 者：苏晋荣

采访整理：李东鹏，上海音像资料馆副研究馆员

鲍彦悦，上海市徐汇区零陵中学历史教员

时　　间：2020年10月19日

地　　点：北站街道办事处

整理者按：苏晋荣，生于1952年。长期生活在北站街道，曾在北站街道文教科任副主任科员。

我叫苏晋荣，籍贯是江西丰城。我父亲出生于1906年，11岁时外出谋生，到杭州做油漆工学徒，恰逢彼时我外公在杭州开漆匠铺，因而结识我母亲。我出生于1952年，当时家住在福建北路235号。1958年，我就读于山西北路民办小学，1964年的时候升入朝阳中学，可以说整个少年时期都是在北站街道度过的，我是1967届的毕业生，到1969年去江西井冈山插队才暂别这块熟悉的街区，1976年回到上海。

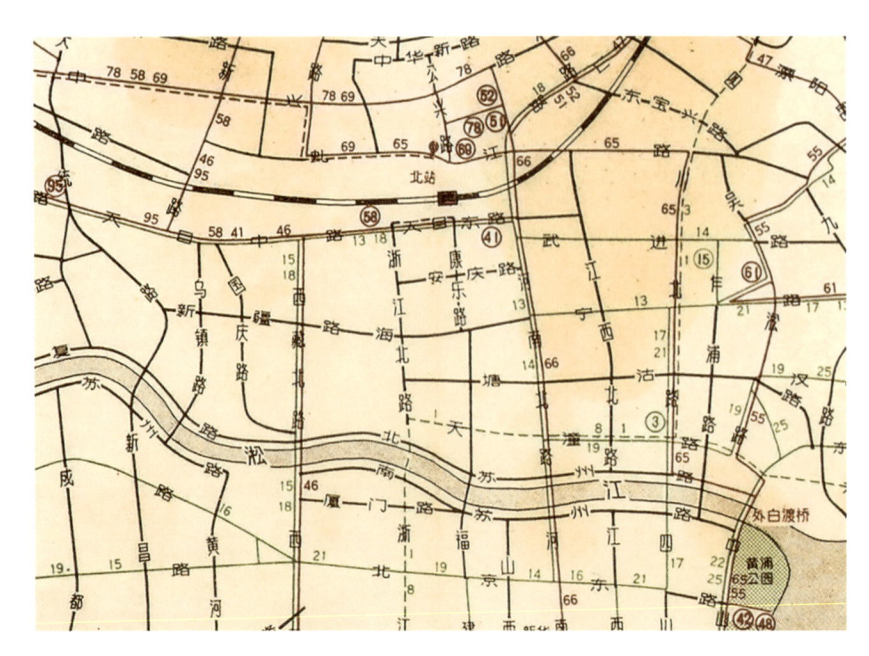

附图1-5　1971年北站地区交通图

一、工作在老北站街区

回到上海，报过户口后，我在当年 6 月被安排去里弄生产社工作，当时年轻，干劲儿十足，我还记得生产组喊的口号："拿七毛九毛，要胸怀世界各国！"1984 年 10 月，我开始进入街道工作，最初是分配到山西北路街道。第二年，由于北面地区新成立的大宁路街道缺干部，区里（原闸北区）就把海宁路街道的干事全部调过去，撤销海宁路街道，并将该地区海宁路以南部分划给山西北路街道、以北部分划给北站街道。1991 年 9 月，市政府发文要求将闸北区下的四个街道合并成两个街道，因此山西北路街道便并入北站街道组成新北站街道，开封路街道和新疆路街道合并成新的西藏北路街道。1996 年的夏天，闸北区再度对基层区划进行调整，将中山路以南八个街道合并成四个街道，在此次调整中，西藏北路街道被并入北站街道，北站街道的规模再次扩大。

刚进街道工作的时候，我在行政办公室的里弄指导组工作，后又从事档案工作，2000 年开始负责后勤工作。当时组里每人都要负责几个里弄，大小事务都需要我们下里弄联系。在过去，我们这些弄堂老房子烧菜做饭都靠生煤球炉，既不安全又污染环境。后来天潼路在 1977 年的时候率先通了管道煤气。改革开放后，城市居民生活设施逐步改善，90 年代黄菊担任上海市人民政府市长时，出于城市建设需要，建议附近街道发展液化气。因此在区建设局的指导下，我们街道人员挨家挨户去发展动员、上门调查、统计收费后统一订购。当时租借了附近学校操场，居民凭订购单领取。这项工作持续了几年，后来我们街道成为上海第一个液化气和管道煤气覆盖率达到 99% 的街道。

2004 年开始我转到街道文教科，负责社区科普及社会体育工作，并一直工作到 2012 年退休。这两项工作分别在闸北区科委、区体育局的指导下开展。街道科普活动由来已久，起码自我接手的时候就在年年举办。例如每年的五月是科普月，区科委都会发动社区力量组织一些大型科普活动。我们街道主要联动闸北二中（现苏河湾外国语学校），借用学校操场举办科普节，因此科普活动也有学生们的积极参与，模拟卫星发射、制作机器人这些都是学生们的保留节目。我曾获得过一次市科学普及先进个人。再说到体育活动，一是我们街道积极组织参与体育赛事：上海市每四年举办一次老年运动会，先通过区级比赛选拔出优胜队伍个人，再进入市比赛，我们街道的老年练功十八法队伍曾获得过全市第一的优秀成绩。二是社区居民体育健身的管理：早先打拳、练气功是居民们自发无组织分散的锻炼，邪教法轮功出现后，我们加强了对这类锻炼活动的管理，居民需要登记并在街道的组织下进行练习，组织成比较正规的队伍，还经常对外展示表演。我们街道拥有好几支表演队伍，包括太极拳、练功十八法、扇子舞、铜鼓队、骑游队等，成员全部都是退休的老年居民，他们也乐于参加这些活动，丰富生活、发挥余热。表演场合主要是商场及公益活动，迎奥运的时候，我们街道的骑游队从北站出发骑到北京，一路上宣传奥运精神。

我们街道还有一大特色就是少儿京剧。残奥会的时候我们街道负责接待文莱代表团，当时就为这些远方来客展示了我们的少儿京剧。之所以会有京剧传统，是因为原来北站这块有家"百乐茶室"，附近一群年纪大的票友常相聚于此切磋交流,茶室名气传开后开始请杨华生[1]这样的一些名角登场表演。鉴于我们有这么好的京剧氛围和资源,1995年街道就开办了少儿京剧班。我们的少儿京剧从幼儿园阶段开始招生。聘请的老师都是相当有资历的京剧演员,多数为二级演员,也有少数一些有声望的一级演员。2005年时,我们在江宁路艺海剧场进行了少儿京剧十周年汇报演出,著名京剧艺术家尚长荣曾给我们送来题字"少儿京剧一奇葩"。

二、老北站街区的生活记忆

其实,我们北站是一个很典型的老上海石库门街区,虽然说起来位处闸北区,但是离中心城区很近。以前我们这里的居民喜欢吃好晚饭后,散步到永安公司,去吹吹空调,或是花个十分钟走到四川路的商业街去逛逛。邻近一带的生活设施十分便利、齐全,买菜、买熟食可去福建北路的室内菜场,山西北路还有一家室外菜场,天潼路则有各类小吃点心铺、饭店、南北货等,购置大件可上天目东路的北站百货商店、宝山路百货公司等。看小毛小病就在地段医院解决,大病就去四川北路河边的上海市第一人民医院。那时生活在这里,虽然房子谈不上有多好,但是却充满了生活气息,邻里之间就像自家人一样,吃晚饭的时候拿着饭碗和自己家烧的菜,去楼上楼下互相串门。70年代的时候每个里弄都办起"向阳院",一到晚上,大家就搬来板凳,聚在一起看电影,十分热闹。但是,随着80年代电视机开始在上海家庭中普及,这项公共娱乐活动逐渐退出历史舞台。电视机起初是十分难买的,当时一台普普通通的电视机,不仅价格高达四百块,而且还需要凭票才有购买资格,至于更高级的14寸彩电甚至要近千元。上海比较多的是上海电视机厂制造的金星牌彩电[2]。有人在上海买不到,就到邻近省市买苏州孔雀牌、南京熊猫牌等黑白电视。像我家最初就是在1982年时,托朋友从外地购买了一台孔雀牌黑白电视机,用了两年后才换成彩电。

我于1988年搬到天潼路860弄的北唐家弄,这里也是20世纪二三十年代造的石库门里弄,不过已在2005年左右拆除。1993年又搬到北苏州路520弄,现在那里是宝格丽酒店[3]。2000年时,我自己在汶水路购置了一套房子,现在给儿子做婚房了。2006年,北苏州路的房子动迁到了松江泗泾镇,我自2012年退休就一直住在那里。说到房子,原来北站有很多石库门建筑,可惜后来全部被拆除,现在北站地区已经没有老房子了。我印象比较深刻的弄堂是慎余里[4],据说是有重建的可能,可我觉得即使重建也不再是当年的弄堂了。这条里弄和周边街区出了不少名人,如著名经济学家薛暮桥。现任上海市委常委、常务副市长的陈寅住在天潼路。曾担任上海市政协副主席的李良园也住在天潼路。还有70年代时,刚刚大学毕业的吴邦国同志被分配

---

[1] 杨华生(1918—2012),浙江绍兴人,著名滑稽戏演员,第二批国家级非物质文化遗产项目独角戏代表性传承人。
[2] 金星牌彩电是上海电视机厂引进的全国第一条彩电生产线所生产的彩电品牌,曾获相当高的好评,广为人知,进入2000年,金星牌彩电在市场竞争中终遭淘汰,2003年停产。
[3] 上海宝格丽酒店,2018年6月20日开业,由修缮后的上海总商会大楼和48层的宝格丽大楼共同组成。
[4] 慎余里,位于上海市原闸北区天潼路的一处石库门里弄建筑群,建成于20世纪30年代初,是上海保存较为完整的石库门建筑群之一。由于部分建筑年久失修,在21世纪初已经被保护性拆除。目前按建筑原貌进行复建的工程已经重启。

附图 1-6　上海总商会大楼旧址航拍，李东鹏摄于 2019 年 11 月 29 日

到电子管三厂（即总商会大楼）当技术员，他的宿舍就在天潼路 639 弄的弄堂里，有时候会在这里看到一群在弄堂里乘风凉的衣着朴素的青年，也许其中就有他。

虽然一直生活在老北站附近，但直到 1966 年"大串联"的时候我才第一次乘坐火车。当时对老北站的一个整体印象就是外貌很陈旧。还记得当年我是于 10 月 14 日乘绿皮客车出发去北京的。以前火车票是很不好买的，插队落户回去都要通宵排队买票，即使站台票也需要凭电报才有购买资格，以这种方式来控制人数。

三、老北站发展巨变中的一点儿感想

改革开放给老北站街区带来的变化是很大的。譬如著名的七浦路市场就是我们老山西路街道在 1984 年办起来的。[①] 我们街道在 80 年代末就开始办旅馆，当时社会上掀起全民下海的潮流，各地涌现了许多乡村社办企业，不少企业工厂都要来到上海购置零配件，上海由此出现旅馆荒。为了解决这个难题，当时市里发动全社会办旅社。我们街道也积极响应，在彩和里办了个街道招待所，把会议室改造成上下铺，缺服务员就请街

---

① 七浦路始筑于 1898 年，全长 1096 米，属于当时的公共租界。由于其地理位置优越，1963 年年初，七浦路因其便捷的交通自发形成农贸市场。改革开放以后，个体经济复苏。1981 年改为七浦路小商品市场，这里形成了低档服装市场，以价格低廉闻名全国。90 年代这里开始兴盛，服装档次也开始提升。由于部分建筑年久失修，在 21 世纪初已被保护性拆除。目前按建筑原貌进行复建的工程已经重启。

道办事人员的家属、退休人员顶上。居住条件实在是谈不上多好，总共就一个五六十平方米的大通间，几十个人住一起，毫无隐私可言，上厕所还要跑到外面去。唯一的优势就是价格优惠，而且我们会派人到火车站去接客人。但别说，那会儿招待所生意很好，住客主要是全国各地的商人，其中以无锡人最多。他们要求不高，到上海有的住就行，来我们这既方便，又省钱。后来越来越多的正规旅馆开办起来，加之80年代时任上海市委书记江泽民同志非常关心上海的春运问题，经调研考察后将北站搬迁到了现在的新客站，这些老北站的临时旅馆就自然而然地被淘汰了。

北站搬迁之后，附近一带的商业和以前相比倒是没太大变化。反倒是1998年海宁路大拆迁后，河南路到西藏北路的马路拓宽，中间装置栏杆一拦，把生意给拦走了，现在天目东路的北站百货商店已经拆掉了。我印象中的大规模拆迁有那么几次：最早一批是在1988年，河南北路拓宽到天目路口，这批拆迁居民被动迁到淡水路。后来1998年海宁路拓宽是规模最大的，共动迁四千多户人家，当时每户差不多得到十多万元拆迁费。2002年的七浦路动迁也是一项大工程，现在在那里建造了新七浦路商场。再就是2006年上海总商会一带的动迁，上海总商会也就是以前的电子管商场，"文化大革命"后一度改名叫电子元件研究所，过去街道没有大型会场，经常借这里开会，里面还有个食堂。上海总商会这里进行了保护性修复，现在是优秀历史建筑，旁边建起的宝格丽大酒店现在是上海著名的网红地标。我们街道是原先闸北区的拆迁大户，除了这几次规模特别大的拆迁工作，各种相对小规模的拆迁工作一直没停过。

再就是苏州河发生的巨大变化。起先苏州河承担着大量的航运职能，北站地块沿河的地方有不少大大小

附图1-7　正在进行拆迁改造的老北站天目东路一带。李东鹏摄于2019年11月29日

附图1-8　20世纪60年代在苏州河桥梁上的"参加爱国卫生运动"宣传标语

小的码头。货运码头主要集中在河南路桥一带,北苏州路520弄附近有很多栈房、堆栈,使用木船、水泥船[1]等运输货物。浙江路桥则有粪码头,因此那里原来俗称"垃圾桥"。20世纪60年代大搞爱国卫生运动,苏州河水质尚还干净,夏天经常有人跳下去游泳。

20世纪80年代是河水最糟糕的时候,涨潮时,苏州河一片黄,退潮后更是发黑发臭,脏得像墨汁一样。当时上海人民的生活条件并不好,1980年《解放日报》曾发文,上海在人民生活水平方面有16个倒数第一。[2]当时上海市人大常委会主任叶公琦带了一茶杯上海的自来水到北京去申请治理河水的资金,他告诉中央领导:"这杯水里有半杯都是粪便。"他希望中央领导亲眼看看上海又黄又浊的水质。终于,治理苏州河并整治上海水质的拨款下来了。90年代,吴淞口造起了闸桥,相关法律条款也出台了,禁止工厂向苏州河排污,苏州河逐渐变干净了,自整治好后再也没有通航。

我离开北站已经8年了,今天的一番回忆只能感慨实在是变化太大了。老的都拆了,处处是新的建筑,高楼大厦替代了老旧矮平房,全都不认识咯!看着如今的街景再也引不起一点点回忆,实在是留不住的乡愁。

---

[1] 水泥船即以水泥与钢丝(钢筋)为主要材质的船舶,包括钢丝网水泥船和钢筋混凝土船。水泥船具有抗腐蚀性和耐久性。
[2] 沈峻坡:《十个第一和五个倒数第一说明了什么?——关于上海发展方向的探讨》,《解放日报》1980年10月3日第1版。

3. 从练江牧场到上海北站：关于码头、车站和街区的记忆

口 述 者：史胜饶

参 会 者：蔡俭安

采访整理：李东鹏，上海音像资料馆副研究馆员

时　　间：2020 年 5 月 29 日

地　　点：北站艺术中心三楼北站阅读空间

整理者按：史胜饶，生于 1955 年。原北站街道顺庆里居民委员会居民，作为 1972 届初中毕业生在安徽的上海练江牧场工作，后长期在颐福居委会从事助残员工作。

李东鹏：史老师，您好！非常高兴您能接受我们的口述采访。请您介绍一下您的个人情况。

史胜饶：我叫史胜饶，1955 年 6 月 27 日出生，籍贯是浙江宁波，父辈就来到上海。我父亲来上海的具体时间已经记不起了，大致是在抗日战争以前，可能是 20 世纪 20 年代。父母没有告诉我来上海的原因，但近代宁波来上海谋生的人非常多，大概是跟随老乡一起来上海的，这些具体的往事我父母也没有讲起过。

我家一共是 7 个兄弟姐妹，我是家里最小的。我父亲叫史林宝，来到上海后一直在邮政局工作，就是在北四川路那里，在科室里负责包裹分配业务。

蔡俭安：过去有铁饭碗、金饭碗，在邮政局的这个工作就属于金饭碗。

史胜饶：我母亲是传统的中国妇女，在家做家务。她是浙江慈溪人，叫蒋阿仙。

李东鹏：请讲一下您的教育经历。

史胜饶：我是在山西北路小学上的学，6 岁进入小学读书，换算下来应该是 1961 年。那时候初中高中是放在一起的，是在虬江路上的闸北五中，一共读 4 年。我是 72 届，正常应该是 1971 年毕业，当时赶上"文化大革命"，没有分配，就放在 1972 年毕业。所以 70 届之后就是 72 届，没有 71 届一说。毕业后，也就是 1972 年，我就去在安徽的上海练江牧场工作了。

20 世纪 60 年代，咱们国家在中西部地区的 13 个省、自治区进行一场以战备为指导思想的大规模国防、科技、工业和交通基本设施建设，即"三线建设"。在"备战备荒为人民""好人好马上三线"的时代号召下，

许多上海企事业单位及其职工和家属，转移到安徽等地。1966年3月，为了保障三线工厂职工的供奶问题，上海在安徽省黄山市歙县城区东部原徽州农场的基础上建立了一个新的牧场。由于这个新牧场紧挨着新安江上游支流练江，因此取名为"练江牧场"。练江牧场虽然位于安徽，可在行政管理上隶属上海市。安徽地方政府对练江牧场没有管辖权。练江牧场建成后，成为上海知识青年"上山下乡"的目的地之一。相对于遥远的边疆而言，上海知青更愿意来到练江牧场。毕竟这里离上海市不远，交通条件相对便利，生活、生产条件也比较好。

我出发那天是12月26日，到了安徽之后吃了"大八面"。我们是坐长途汽车去的，就在公兴路虹江路那里的长途汽车站。要坐11个小时，早晨五六点钟就出发。在练江牧场就属于正式农场职工，并不是插队知青。

李东鹏：您在那里主要做什么工作？

史胜饶：我刚去是种地，大约种了3个月的时间。因为表现好，就被安排去开拖拉机。

蔡俭安：当时开拖拉机属于蛮吃香的，开拖拉机的都是技术工种。

史胜饶：当时一个连只有3个人开拖拉机，我们工资相比其他人都要高一些。我刚去第一年是18元。第二年开始，我工资就提高了，我们一共去了30个人，3%拿27元，平均的是24元。我就是拿27元的。

蔡俭安：我中间插一句话，我比史老师整整小10岁，我工作的时候也就拿18块5毛，我是技校毕业的机修工，那段时期整个上海的工资都没什么变化。

史胜饶：当时整个上海工作有两种工资标准，一种是36元，一种是学徒的18.5元。后来是四十几块。一个月还有3块钱奖金。我一共开了8年拖拉机，都是在练江牧场六连。后来大家陆续回上海工作，连队撤掉，地就包给了当地农民耕种。应该是在1980年，我被分到练江牧场奶牛场，做机修工，一共做了两年。后面换岗位，做采购工作，也是在奶牛场。我们旁边还有乳品厂、开关厂、电容器厂等，都是小三线建设的。在奶牛场又工作了5年。后面办三产，与上海松江县九亭搞联行，就把我们牧场的一部分奶牛运到上海，我们那里是食品公司的上海乳品七厂二分厂。大概是1985年左右，在这里既做采购，也做机修工。1987年，我正式回到上海。

李东鹏：回到上海是什么原因？

史胜饶：当时我与我妻子在政策上属于两地分居，上海市农场局有名额可以回沪。农场局下面管18个农场，像崇明的长江农场，在上海的有15个农场，外地有3个，一个就是我们练江牧场，一个是黄山茶林场，还有一个是大丰农场，大丰农场在江苏。我们于1985年结婚，她也在我们农场工作。她1983年回到上海工作，是按照顶替政策，顶替父母的工作回到上海，在上海公交公司的40路公交车上做售票员。我们以前都在练江

---

① 练江牧场占地约2.90平方公里，其中牧场土地面积约4300亩（约2.87平方公里），在上海市的各处飞地里面积最小，堪称"袖珍飞地"。在1971—1978年的短短7年间，共有3774名上海知青先后来到练江牧场，接受"再教育"。在20世纪70年代，练江牧场陆续兴建了农业连队7个，以及畜牧队、运输队等，办起了奶牛场、乳品厂、农机厂、学校、医院等10余个单位。1979年，随着工业布局的调整，上海知青陆续以各种方式回到上海。练江牧场的企业部分迁移回上海，部分停业关闭。

农场同一个连队工作,很早就认识了。她是74届。用现在的说法就是我们在安徽热恋。后来她调整到地铁一号线工作,但仍是公交系统。

李东鹏: 您回到上海后,做什么工作?

史胜饶: 我回到上海时,本来被安排到上海长阳生化制药厂[1]工作。长阳生化制药厂属于牛奶公司系统。我因为在练江农场时考了一个机修工证书,他们规定有技术职称的属于技术工人,不能离开这个局。假设我没有这个证书,我就要按照投靠政策,去公交公司工作了。我在长阳生化制药厂做发酵用的酶。这个厂主要是生产脱氧核苷酸钠。2006年企业改制,我就辞职了。2008年,我来居委会做助残员,2015年退休。

李东鹏: 回沪后您住在哪里?

史胜饶: 回沪时我住在天潼路754弄50号彩和里,这里是老式的石库门里弄房子,属于北站街道。里弄已经动迁掉,我现在住在老沪闵路那里。

李东鹏: 请您讲一下老北站。

蔡俭安: 这里我先讲一个历史背景,我们北站街道因北站得名,最早的淞沪铁路开车的奠基仪式就是在未园(徐氏未园)[2],未园现在的河南路七浦路离他们家也就三四百米,这是非常近的。后面沪宁铁路、吴淞铁路先后修建,两个线打通,就修建了北站。1909年,沪宁铁路上海站启用,它是当时全国最大、最壮观的火车站。

史胜饶: 我经常坐火车到宁波去,就从老北站上火车。但那个时代条件还是比较差的,不光火车上十分拥挤,票也非常难买,过年春运的时候,还经常乘篷布车,也就是火车厢里面是空的,车厢里放一个桶,可以小便,这种情况在80年代还有。我家因为在宁波还有亲戚,偶尔去宁波过年。去宁波有时候也坐轮船,从十六铺买票上船。坐轮船的好处是可以睡觉,下午5点多上船,晚上睡一觉,第二天早晨就到了。坐船还有一个优势,就是便宜,一张船票是3块6毛,火车要5块4毛。我母亲的老家在慈溪,我的老家是宁波柴桥镇上史村。回宁波主要是探亲,回老家看看我堂叔,就是我父亲的堂弟等,还有去看我母亲娘家的亲戚等。

李东鹏: 请您讲一下北站街道的公交车吧。

---

[1] 上海长阳生化制药厂,全民所有制企业,隶属上海市农场管理局,厂址保定路150号。建于1972年7月1日,原名上海市牛奶公司综合利用加工厂,生产牛肉浸膏、核酸、水解胎胞糖浆。1980年3月18日,改名为上海长阳制药厂。同年12月21日,改名为上海长阳生化制药厂。产品有注射用脱氧核苷酸钠、注射用三磷酸腺苷钠、注射用辅酶A、牛血清白蛋白脱氧核糖核酸、精制牛肉胨等以及生化试剂。1987年,开发新产品有注射用人脾转移因子、鱼蛋白胨、保健营品上海乳珍等。1990年,占地面积2100平方米,建筑面积3533.4平方米。职工212人,工程技术人员48人,其中高级工程师3人。总产值651.3万元,实现利税137.91万元。资料来源:《上海医药志》编纂委员会编:《上海医药志》,上海社会科学院出版社1997年版,第85页。

[2] 徐氏未园,简称"徐园",因该园为上海早期名园,后来海宁巨商徐棣山的"双清别业"也称"徐园",故旧籍常将二徐园混为一谈。徐氏未园,为广东巨商徐润(字雨之)的私家花园。据《上海通志馆期刊》第1期载席涤尘《吴淞铁路交涉》一文中说:"1876年10月18日,沪道冯焌光约同英领事,在徐家花园会商暂行火车保护章程",又说:"1880年下半年,工部将自苏州河浜起,到徐家花园止的一段旧基,划进路线,以延长北河南路"。显然,徐氏未园是在北河南路(今河南路)的北段顶端。1876年(清光绪二年)出版的葛元煦的《沪游杂记》中也说:"粤东徐君雨之于二摆渡河北构一园,名曰未园。地虽不广,别具匠心。不数年售于山西票业中,作为公所。"参见薛理勇主编《上海掌故大辞典》,上海辞书出版社2015年版,第424页。

附图1-9 1985年北站外景。据纪录片《上海市城市总体规划》

史胜饶：我妻子在40路车工作，这路公交的起始站就是泰山新村（华阴路宜川中学门口），终点站是乌鲁木齐路。她是早班，每天两三点钟就要去上班了。那时候交通不好，他们公交公司有通勤车，帮单位员工解决凌晨交通问题，像我老婆就是要到西藏路曲阜路那里乘车，就像夜宵车一样。譬如她四点钟的头班车，必须要坐两点钟的通勤车到单位，如果是在末班车工作，通勤情况也差不多。

李东鹏：我们回到北站，从很多历史照片、影像中可以发现，用现在的视角看，七八十年代的北站应该是比较拥挤、落后的。

史胜饶：那时候北站的条件已经蛮不错了，在全国也是比较好的，当时北站不光有客运，货运也非常多。北站周边的交通也非常拥挤，那时候有一种乌龟车，可以定性为那个时代的出租车。后面只能坐两个人，价格是1公里为1毛5分，坐乌龟车属于比较奢侈的消费。当时还流行独轮车、板车，最早的时候轮胎是实心的，后面替换为打气式。有时候货重，需要一个人在前面拉，一个人在后面推。我小时候就喜欢去苏州河的桥上帮别人推车，那时候小学有专门的半天去劳动，发扬学雷锋。那时交通工具也很落后，大家为了提高载货量，一个板车装的货非常重。

蔡俭安：当时北站有北区和南区，北区就是货运，南区就是客运。我们这边不光有路上的火车、黄浦江那边的海运和长江航运，还有内河运，主要是通过苏州河连接内外，我们北站在河南路桥和福建路桥中间有个码头，当时大家就通称船码头，其辐射范围比较大，通过内河可以到苏州、杭州等地。那时候也是一天一班，晚上去坐船，早晨就能到苏州。苏州河上的船都不大，由拖轮拖着，前面是个小火轮，后面就一节一节。上海的各个码头的功能不同，像十六铺码头的轮船，主要驶向启东、扬州、镇江、南京，以长江航运为主。苏州河上的码头在70年代就没有了，逐渐被汽车运输替代。以前有个内河航运局管理。在过去，苏州河边的工厂、仓库多，所以苏州河的货运功能一直持续到90年代。

史胜饶：以前苏州河运输的主要有面粉、木材、石头、黄沙、棉花。普陀区有很多棉纺织厂，还有面粉厂等。

蔡俭安：以前我们北市场这里有个米市，在晋元路国庆路附近。早期还有个缫丝厂，就在新泰仓库那里，

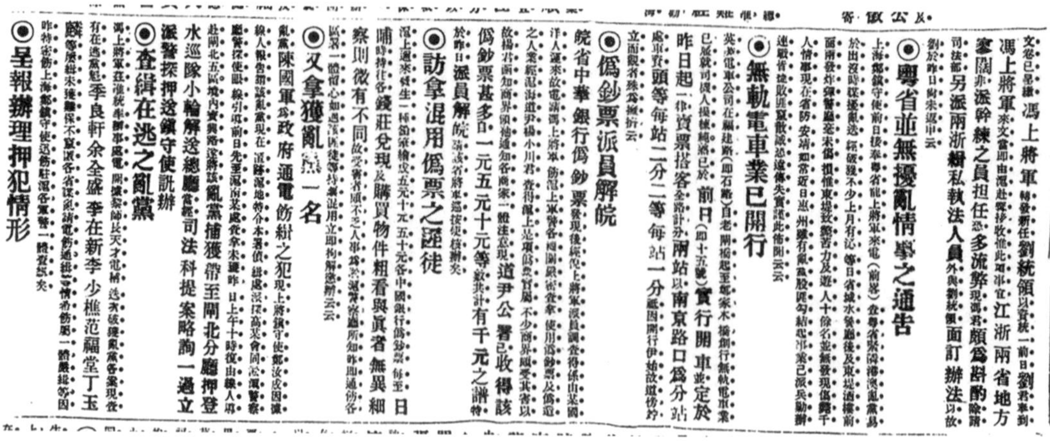

◎粵省並無擾亂情事之通告

◎無軌電車業已開行

◎僞鈔票派員解皖

◎訪拿混用僞票之匪徒

◎又拿獲亂黨一名

◎查緝在逃之亂黨

◎呈報辦理押犯情形

附图 1-10　无轨电车业已开行，《时报》1914 年 11 月 17 日第 10 版

所以这里还有大量的蚕茧市场交易。这家米市属于粮油公司，还有蔬菜果品市场。

我们这边的公共交通很发达，最早的电车是 14 路。为什么叫 14 路？就是因为开通时是 1914 年 11 月 15 日，为英商上海电车公司（简称“英电”）开辟的上海第一条无轨电车线路，自郑家木桥（今福建中路延安东路口）沿福建路至老闸桥（今福建中路北京东路口），线长 1.127 千米。1916 年 9 月 21 日，上海公交 14 路电车北端沿北京路（今北京东路）向东延伸至天后宫桥（河南路桥）。1925 年 10 月 11 日，上海公交 14 路电车北端延伸至北火车站（北站），自原线经河南路桥、北河南路（今河南北路），终点站设于北山西路（今山西北路）。现在它从东新桥（以前叫陈家木桥）发车，经河南路桥过苏州河，经天潼路、武进路等，穿过我们北站街区，经过我们这里，这班公交车已经运行 100 多年了。

还有一个就是有轨电车，我们这边是 5 路车终点站到卢家湾，还有是连接北站和徐家汇的 15 路车，它的终点站就是北火车站，起点是徐家汇站，这路车是非常重要的。因为有轨电车比较重，所以特别配套的就是建造了浙江路桥。清光绪三十二年（1906 年）10 月，由于有上海北站至东新桥的电车，必须沿浙江路过苏州河。工部局拆去浙江路木桥，改建成鱼腹式简支梁钢桁架桥梁的老垃圾桥，下部结构为木桩基础重力式桥台，新桥长 59.74 米，宽 13.9 米。光绪三十四年（1908 年），老垃圾桥上铺设单轨，通行英电 5 路、6 路有轨电车。民国十三年（1924 年），为能够双向通行有轨电车，老垃圾桥有轨电车单轨改为双轨，同时桥面由木板改为水泥混凝土桥面，人行道改铺预制水泥混凝土板。现在的资料说是工部局造的，但据说是虞洽卿捐赠了 3 万银元建造的。整个苏州河上，只有外白渡桥和浙江路桥是铁桥。因为虞洽卿在这边有大量地产，他修好了铁桥，通了电车，地产就会升值，可以从中赚钱。

李东鹏：虞洽卿的做法和哈同给南京路铺铁藜木是一个思路，基础设施建好，房价自然上涨。

蔡俭安：我们这边还有 13 路公交车，从提篮桥到曹家渡，老北站是中间的关键站口，虹口一带、曹家渡

附图1-11 《老垃圾桥改造电车轨道》,《民国日报》1924年8月8日第11版

一带都与北站相连接。还有一个65路,连接十六铺,火车站出来转轮船,体现了一个水陆客运互动。此外,66路、63路、19路、18路等公交车,都路经北站。这充分体现了北站的交通枢纽地位。此外,以前知青每年回上海探亲,也被称为"小春运",当时探亲假有15天。

史胜饶: 我们探亲假有24天,有时候星期天加班,这样可以给我们一个礼拜的假期,还有路程假2天,合起来就有24天了。

蔡俭安: 是啊,以前的制度设计还非常细的,考虑到路程远和交通不便,给路程假。

史胜饶: 我们探亲假也是非常苦的。我是乘长途汽车,但公兴路长途汽车站票非常难买。我一般要排48小时。那时候一天就一班车,也就40人,加班也就2班车。我们一个连队就200多人,一个农场有3000多人,最多的时候有4000人。

李东鹏: 在这里还有什么让您印象深刻的事吗?

蔡俭安: 讲讲商业吧,过去这里的山西路,以前是闸北老街,就是山西路和天潼路。山西北路属于租界越界筑路区域,比较繁华。后期唐家湾弄变成天潼路后,这里衣食住行全有,照相馆、购物商店等都有。离这里比较近的有第一人民医院。这里比较有名的菜场就是唐家湾弄菜场,

附图1-12 1921年的山西路桥与工部局所立的告示牌

要早点儿去，早晨 5 点多钟就要去，晚了就没有新鲜菜了。三角地菜场比较出名，虽然也不远，但不属于我们街区。

史胜饶：我一般去三角地菜场买菜。我住在长阳路嘛，骑车回家的时候就路过三角地菜场。我们以前买菜还跑到四马路去，也就是现在的福州路，去水产公司买鱼等，那里的鱼等水产种类多，也比较新鲜。买菜一般都是当天买、当天吃，那个时候也没有冰箱。一般就做三顿饭。大部分工厂工人中午是在食堂吃的。不过我中午是在家里吃的，我母亲给我做饭。我父亲是 1966 年去世的，我母亲是 2000 年去世的，终年 90 岁。她一直跟着我住。

李东鹏：这边的宗教场所多吗？

蔡俭安：实际上我们这里，包括七浦路，早期有非常多的庙，譬如天后宫庙，那是道教的。我们这边还有白云寺，在福建路靠近三泰路。单单七浦路附近，就有五六个庙。

附图 1-13　白云寺。选自《上海市行号路图录》第 25 图，1947 年

我父亲原先是上海佛教协会副秘书长，我们这里有个宗教人士非常出名，是赵朴初，他表姨夫是关䌹之，也就是公共租界会审公廨的大法官。赵朴初就在世界佛教居士林工作，位于现在的海宁路上，就在锡金公所旁边，1922年创办的。①这里因为是华界和租界的交界处，人员往来频繁，也复杂。

附图 1-14　王震：《世界佛教居士林建立记》，选自《世界佛教居士林林刊》1933 年第 36 期

附图 1-15　1922 年，《世界佛教居士林开会纪念》，选自《时报图画周刊》1922 年第 122 期

---

① 王震：《世界佛教居士林建立记》，《世界佛教居士林林刊》1933 年第 36 期。

史胜饶： 过去七浦路一直有零星设摊，20世纪70年代末恢复了七浦路农贸市场，1981年改为小商品市场，经营服装辅料和小百货。设摊先用钢丝床，后来统一用铁架子，90年代后市场越来越兴旺，2000年在七浦路山西北路至浙江北路段拆了几排房子，动迁了居民，建了七浦路服饰市场，在安排摊贩入户时采用一铺一价，一铺一号进行摸号。我家弄堂走出去就是七浦路，听老人讲过去是条小河浜后来填了成条路，七浦路浙江路口有"新衙门"（会审公廨），解放后上海人民法院最早就在这里，后来搬到福州路去了。[①]

蔡俭安： 原来天潼路只到河南北路，再往西就是唐家弄。相传1860年前后有唐姓商人在老闸街开设石灰行并在附近建造一批住宅便有了唐家弄。1892年，英商业广房地产公司建"彩和里"；李鸿章、盛宣怀在河南北路塘沽路造了八条弄堂；清末虞洽卿在海宁路建了"顺征里"；1910年，沙逊洋行建造了"德安里"；到了1931年，贝润生建造了"新泰安里"……形成了由东唐家弄、西唐家弄、新唐家弄组成的苏州河以北最大的石库门建筑群。

由于人口众多，旧时有很多宗教场所，其中以佛教道教为主。最出名的是河南北路桥堍天后宫，历史最悠久的要数建于明末的送子庵，七浦路的吉祥寺、高明寺和福建路白玉寺都是佛教寺庙。

在七浦路不远处的锡金公所则是首创全国居士团体的上海佛教居士林所在地。

蔡俭安： 上海佛教居士林于1918年11月在锡金公所成立，后改组为"世界佛教居士林"和"佛教净业社"两大居士团体。在此不得不提两位著名人物——关絅之和赵朴初。关絅之（1879—1942）是湖北人，1904年时出任上海公共租界会审公廨会审官，1905年12月在"大闹公审公堂"案中捍卫国家司法主权而名震上海滩。关絅之是佛教居士林发起人之一并长期担任林务工作。赵朴初是1907年11月生于安庆，是卓越的佛教领袖和杰出社会活动家，也是伟大的爱国主义者。赵朴初于1919年离家到上海求学得到关静之、关絅之姐弟的照顾，并在关絅之的开导下信佛。1927年，他任佛教净业社秘书，1937年，任中国佛教会主任秘书，抗日战争中他积极投身于难民收容救济工作及文化教育等抗日救亡运动。赵朴初在宗教慈善事业上取得的伟大成就就源自佛教居士林。

李东鹏： 谢谢蔡书记！谢谢史老师！

---

① 有关公共租界会审公堂与关絅之的图片，可参见《上海警声月刊》1939年第2期，在本书正文部分已征引，此略。

4. 我与北站地区弄堂旅馆的 30 年

口 述 者：范文妹

采访整理：鲍彦悦，上海市零陵中学历史教师

时　　间：2020 年 5 月 14 日

地　　点：静安区北站艺术中心三楼（上海市静安区天目中路 383 号海文大楼 3—5 楼）

整理者按：范文妹，出生于 1944 年，祖籍江苏盐城，13 岁随家人来上海定居，居住在芷江西路街道。1962 年开始参加工作（临时工），1967 年转为正式工，先后在泰山旅馆、解放旅馆、胜利旅馆、嘉露旅馆等北站地区多家旅馆做服务员工作，曾于 1980 年荣获上海市闸北区服务公司先进员工称号，1995 年退休。作为北站地区旅馆业的老员工，见证了北站地区旅馆业的变迁。

一、我早年的经历

　　我的老家是江苏盐城。父亲在 16 岁的时候就来上海谋生，各种活儿都干过，拉过黄包车、踏过三轮车，后来到长寿路桥那里的工厂做工人。小时候，我一直跟着姆妈在上海盐城两头跑，农忙的时候在乡下种地，农闲时才能到上海和父亲团聚。在我 13 岁的时候姆妈才带着我和阿哥正式在上海定居，那时候我们一家住在徐家宅路 43 弄 11 号，是我父亲自家搭出来的草棚房。说起来也难为情，我之前在乡下的时候都没有上过学，来了上海后公办学校又进不去，所以直到 13 岁才进入民办学校读小学一年级。我还记得那所学校在育婴堂路上，也是个草棚房子，教室都是席子、稻草铺出来的。小学毕业后，我虽然考上了初中，但是由于 1961 年的时候父亲去世，家里一下子没了经济来源，生活都成了问题，学费更是负担不起，于是我便没有继续读书。回想起来，那段时间我家日子过得真的是苦，姆妈、哥哥、嫂嫂都没有工作。好在后来居委干部了解到了我们家的情况，把我哥安排进缫丝厂工作。至于我，本应该下乡去农场的，里弄里照顾我没让我去，1962 年的时候将我安排到闸北区服务公司劳动锻炼，服务公司又把我分配到了泰山旅馆。我得到这个工作机会后特别珍惜，一心想留在那里，就拼命学、拼命做，一天的时间基本都得在旅馆里。后来服务公司的领导也是看

到了我这么卖力，觉得这个小姑娘真的很不错，表示就算里弄不收，服务公司也要把我收下来。就这样，在1967年的时候我成了一名正式的旅馆服务员。就在工作的第二年，家里的草棚房被政府拆除，改建成了公房，再加上我当时已属于大龄女青年，所以政府给我重新分配了位于京江路48弄的一间10平方米的居室。当时上班说远不远、说近不近，要不搭乘13路公交，要不就靠"11路电车"（走路），但怎么样也得花上40分钟。我们上班是倒两班的，早班从早上7点工作到下午5点，夜班则是从下午5点到早上7点，当然下班后还要交接个一小时，所以实际工作时间还要超出一些。

二、旅馆服务员生涯

我们刚参加工作的时候都有师傅带，师傅对我们很严格的。我的师傅叫许二坤，因为家庭成分不好被安排来做服务员，但他特别能干，当时我们旅馆服务行业的规范操作都是照着他做的，他还连续好多年被评为优秀员工。所以常有人寻我开心说："小范啊，你工作做得不错嘛，到底名师出高徒。"现在的酒店员工都各司其职，有细致的分工，我们那时候的旅馆服务员则不一样，打扫卫生、整理房间、烧茶泡水、登记核实、收钱算账，甚至旅馆装修，样样都要做，旅馆所有事务都是我们一手一脚包干掉的。还有对周围交通情况、乘车信息、哪里有吃食店、哪里有澡堂间都要清清楚楚，这样客人问起来，我们才能像活地图一样立刻答出来。

阿拉（我们）泰山旅馆位于山西北路47弄217号，是在老泰安里内的一间弄堂旅馆。这条弄堂建于1921年，旅馆在中华人民共和国成立前就已有了。虽然我们是弄堂旅馆，根据规定，员工一般是不和周边居民多交往的，不过弄堂居民如有需要帮忙的话，我们都会帮，比如会偷偷借给他们打要紧的电话。在不多的接触中，我感觉泰安里的居民还是以江浙人为主。我们旅馆规模不大，是一幢两楼半的石库门建筑。一楼有6间房，二楼

附图1-16　范阿姨曾经工作过的旅馆店招（店名是民国时期为纪念抗战胜利所取的）

有 8 间房，三层阁上对着马路还有两间，总共也就 16 间房，每间房间内床铺数量也不等，有双铺房、三铺房、四铺房还有大通铺间。

客人入住可以包房间也可以单订床铺，平均一元一个床铺，如果包房间的话，则按照房间的床铺数价格不同。由于我们旅馆处的位置好，一直是生意好得不得了，晚上时常还会加铺，如果有人加临时铺便是收三毛、五毛。当时也有来住的人家比较节约，一家门好几口包个小些的房间，床不够分就问我们借点被子铺在地上睡，这点不似现在的酒店管理严格。

当时的旅馆服务设施都比较简单。一般不提供早餐，需要自己去外面买，不过这个对住客们完全不成问题，阿拉旅馆门口旁边都是吃食店，附近还有山西路菜场，内有各种点心店、大饼摊，笃定有得吃。其次基础设施也不比今天，当时除了每个房间都有小电风扇配备外，其他设施都是公用的。整个旅馆只有一部电话，男厕女厕也是全馆各一间。浴室是没有的，要么住客自己拎点水到厕所间冲冲，要么到附近的公共浴室去洗澡。如果客人就想在房间里擦擦弄弄的话，我们可以提供公用面盆，虽是公用但还是很干净的，我们服务员天天会擦拭消毒。也可以提供公用洗脚布，数量基本保证能供应一半以上的客人，也是每天放在大锅里煮一遍消毒。还有就是房务工作，一般痰盂每天倒一次，床单被套三四天为客人换一次。所以我们特别希望有客人按月包房地在这儿长订，特别像那些公社干部、采购员往往会订一间房当作办事处一样，订了有时也不来住，这样我们就能少收拾几间房间，减少很多工作量。

泰山旅馆离苏州河近，所以最初我们的住客以江浙一带的小商贩居多，或者可以称他们为"跑单帮"，在老家种点儿庄稼，带些自家养的鸡，或者拿些农副产品来城里卖，赶不及回去就住在我们这儿。70 年代左右的时候，由于政策收紧，不太见到小商贩们了，那会儿的住客更多的是一些被批斗的干部、知识分子，隔三岔五就会见到被打得鼻青眼肿的人被家属搀扶着过来，和我们打招呼："谢谢你，给他间房间让他看看毛病，谢谢，谢谢。"当时确实我们周边医院多，最近的是北站医院和第一人民医院，长征医院也不远。住客里去第一人民医院看病是最多的，我们给他们指路："喏，前面沿着河走，过了四川中路就是了。"

讲起来老早旅馆的入住流程蛮复杂的。外地旅客乘火车到上海，出了北站想找旅馆入住，需要先去天目路河南路上的服务站登记，然后服务处会根据旅店的客满情况开一张单子，让旅客去指定旅馆。不过我们难得报给服务站有空房，多数都被老客人预订满了。侬勿要看我们这个石库门里的小旅馆，生意来得好，时常爆满，许多人就特别喜欢住我们这样的小旅馆，安静、自由。回头客们想要住了就打个电话给我们："今天给我留个房间哦。"十分方便。不过多少还是会有新客过来，旅客到了旅店后，必须出示服务处的单子、工作证、介绍信，再填写单子经过我们核实才能入住。当时对服务员有一个要求是必须对住客做到"三清八核定"，即登记要登记清楚、照片要看清楚、问要问清楚，核定内容譬如：身份是工人还是干部，口音和籍贯是否相符，照片与工作证是否相符等。假如碰到有人的工作证是借来的，我们当面不会讲穿，立即几个服务员商量一下联系派出所。还有比较多的情况是假夫妻。一般夫妻入住我们会要求看结婚证，但是没有的话我们就看看两个人的工作证来凭经验判断。我们看多了就知道，真正的夫妻相处都是大大方方的，若是假扮的夫妻，女同志多数会表现出难为情的样子。遇上这种情况，我们也不会拆穿，还是打电话给派出所让他们来查。

所以我们旅馆的治安绝对有保障，毕竟直接和派出所挂钩。有时候，派出所也会来抽查，假如说发现了有假夫妻入住，派出所则会查明是于几时几分、哪个服务员办的登记。若是碰到这种旅馆没把好关的情况，相关服务员就是失职，是要吃排头（挨批评）的，严重的上级会警告，有过3次这个服务员会被辞退。所以我们在工作中也比较谨慎，稍许有怀疑，立马报告派出所。

别看我们只是一个弄堂旅馆，名气还是有点儿的。我们旅馆曾被评选为全市先进单位，报刊都登过我们单位的报道。此外，北站走廊的宣传画廊里也有我们泰山旅馆的照片，包括展示我们员工怎样接待客人啊、怎样搞卫生啊等。我自己上班不经过那儿，认识的人常常开玩笑："小范，你工作做到北站去啦！"有人讲起，我才想到去看看。

改革开放后，我们这些弄堂旅馆经历了两次调价，都是由服务公司依据房间的采光、环境等条件来统一评估定价的。比方说同样的四铺房间，二楼能卖到10元，但是像三层阁里斜角的地方，人也站不直，下面只能放张帆布床，这样的环境就只能卖到6元。

我在泰山旅馆一共工作了10年，之后被调到了四海旅馆待了3年。四海旅馆的规模要大一些，条件稍好，房间多，一共有4层，每层楼面都有一间厕所、一间公用洗浴间。洗浴间几点男用、几点女用都是有时间规定的。后来我又去解放旅馆做了两年，这家旅馆原来位于浙江北路321号，后来成为公安派出所驻地。

解放旅馆也是一共4层，两百多个床位，最大的大通铺有20张床位，二楼设有高低铺，但还是生意好到晚上要搭出临时床位。设施也好多了，基本每位住客能配备一张梳妆台，上面放面盆，下面放拖鞋，大房间里还有两台台扇。再之后我又在中华旅馆做了一阵子，这家旅馆比起解放旅馆来说规模更大，设施更好，总共有300多张铺位，且一个楼层就各有一间洗浴间、一间厕所。后来的嘉露旅馆应该属于我工作过的这些旅馆里档次最高的一家，它位于北站马路对面的均益里。这家旅馆天天有有关部门的人来暗访，且客人进来入住，行李都要

附图 1-17 范文妹获得 1980 年优秀服务（营业）员证书

由服务员搬到房间。在这样的高要求、高标准之下,也难怪嘉露旅馆能被评上全国先进单位。我最后工作的旅馆是位于天目路山西路的天目旅馆,从1991年一直做到1995年退休。可以说,北站地区当年那些弄堂旅馆,我基本都工作过。

三、弄堂旅馆的衰落

  1987年以后,新式宾馆造了起来,最早的是新亚宾馆。宾馆,听名称就和旅馆不同,档次上去了,环境服务也不是弄堂旅馆可比,于是弄堂旅馆渐渐都冷清了下来。1989年的时候火车站搬走,连北站旅馆也没有生意了。进入90年代之后,我看着这些熟悉的弄堂旅馆一间一间地消失,那些消失的旅馆有的被原先的旅馆经理等个人承包掉,有的则是直接关门大吉。旅馆关掉,员工则是由服务公司再做安排,分配到延长路新建的宾馆去了——那里的新火车站造起来,人气也便旺了起来。不过说来也奇怪,这边弄堂旅馆没落了,另一边私人旅馆倒是一度火热起来。这些私人旅馆其实就是在屋主的私人住宅里弄个十几张床,出租床铺做生意,没有招牌也没有资质。不过由于价格便宜得很,才10来元,而且老板都是候在火车站直接把客人接过去,免得找路,所以生意竟是很不错,周围有通过开私人旅馆而发家致富的人也不少。

  我刚刚过来的时候,一路边走边看,记忆里那些弄堂旅馆,有的楼还在,只不过改造成了别的用途;有的连带弄堂拆除得都很彻底,但我还是能指出来它原来在哪儿,周围有什么。不过正如我也已经退休了这么多年,这些弄堂旅馆也早已完成了它们的历史使命,交出了接力棒。

附录 2　图片目录索引

图 0-1	北站街道航拍图。摄于 2020 年 10 月 23 日，由北站街道提供	1
图 0-2	明弘治十七年（1504 年）《上海志》所附《上海县地理图》	4
图 0-3	清嘉庆《上海县志》，《乡保区圖图》	4
图 0-4	清同治《上海县志》，《浦西乡保区圖图》	5
图 0-5	清光绪二十一年（1895 年）《江苏全省舆图》中的《上海县图》	7
图 0-6	1917—1918 年间，《上海公共租界西区及闸北分图》	8
图 0-7	1917—1918 年间，《上海南北市全图》	9
图 0-8	1917—1918 年间，《上海英租界分图》	10
图 0-9	1917—1918 年，《上海美租界分图》	10
图 0-11	1910 年，苏州河两岸区域图（局部）。由张秀莉提供	11
图 0-10	《租界略图》，选自民国《上海县续志》	11
图 0-12	《黄浦指南图》	12
图 0-13	《上海地价带图》，选自东亚同文书院编、大谷孝太郎著《外滩南京路的土地房屋经济》（东亚同文书院中国研究所出版，1928 年刊印），由张智慧提供	12
图 0-14	1931 年，《上海地价区划图》，出自张辉：《上海市地价研究》，正中书局 1935 年版	13
图 0-15	1937 年，《上海市区域现状图》（局部）	14
图 0-16	1941 年，《最新大上海地图》（局部）	15
图 0-17	火车站——上海北站被炸成废墟（1937 年）	15
图 0-18	1950 年，《上海市行政区划图》（北站区），选自《上海解放一年》，由解放日报社出版	16
图 0-19	1953 年，《上海分区街道图》（北站区）	17
图 0-20	1968 年，《上海市简图》	17
图 0-21	1971 年，《上海交通简图》	18
图 0-22	约 2010 年，《闸北区北站街道区域图》。由北站街道提供	18
图 0-23	2015 年，《闸北区图》，涉及北站街道区域。由北站街道提供	19

图 0-24	2018 年，《（静安区）北站街道区域图》。由北站街道提供	20
图 0-25	20 世纪 40 年代末苏州河鸟瞰图。由张秀莉提供	22
图 0-26	苏州河北岸街区图，选自《上海市行号路图录》第 22 图	24
图 0-27	苏州河北岸街区图，选自《上海市行号路图录》第 25 图	24
图 0-28	苏州河北岸街区图，选自《上海市行号路图录》第 56 图	25
图 0-29	《袖珍上海里弄分区精图》封面，1946 年刊印	25
图 0-30	上海里弄分区地图今昔路名对照图（局部），选自葛石卿等编纂绘制：《袖珍上海里弄分区精图》	26
图 0-31	苏州河北岸一带金融仓库旧址。摄于 2016 年 3 月 3 日	27
图 0-32	上海总商会旧址。摄于 2018 年 6 月 21 日	28
图 0-33	Японцы заняли Вузунг и Чапей，（《上海柴拉报》），1932 年 1 月 29 日报道：日本人占领了吴淞口和闸北	30
图 0-34	《大上海之毁灭》，北站街区遭受重创，选自《中国的抗战》	31
图 0-35	北站街区航拍图。摄于 2021 年 8 月 5 日	32
图 1-1	清同治《上海县志》卷首，"上海县北境水道图"，吴淞江北岸河道，并标注新闸等	33
图 1-2	吴淞江（苏州河）	33
图 1-3	上海市通志馆于 1935 年刊印的《吴淞江》封面	35
图 1-4	上海市通志馆于 1935 年刊印的《吴淞江》目录（部分）	35
图 1-5	上海市通志馆于 1935 年刊印的《吴淞江》内页	36
图 1-6	志丹苑元代水闸遗址全景。位于普陀区志丹路和延长西路交界处。其于 2001 年被发现，2006 年被评为中国十大考古新发现。该水闸由元代著名水利专家任仁发主持建造，是中国古代水利工程的杰作。由上海博物馆提供	37
图 1-7	《吴淞江图》，选自民国《嘉定县续志》	38
图 1-8	元志丹苑水闸遗址，由上海博物馆提供	38
图 1-9	志丹苑遗址木桩文字，由上海博物馆提供	39
图 1-10	吴淞江与黄浦江历史变迁图	40
图 1-11	《上海港口大全》，1921 年译件	43
图 1-12	《上海港口大全》（1928 年），提及"修浚苏州河之初步计划"	43
图 1-13	《上海港口大全》，1934 年	43
图 1-14	《秦锡田修治吴淞江之意见》，《申报》1922 年 9 月 19 日第 13 版	44

图 1-15	清嘉庆《上海县志》中的"上海县全境图",吴淞江北岸	45
图 1-16	同治《上海县志》卷一"镇市"记载的老闸市、新闸市	46
图 1-17	同治《上海县志》卷三"堰闸"中关于"老闸""新闸"的记载	47
图 1-18	1876年苏州河上新建的韦尔斯桥	48
图 1-19	《老闸图》,选自《上海县续志》	48
图 1-20	《新闸图》,选自《上海县续志》	49
图 1-21	吴淞江(苏州河)老照片	50
图 1-22	吴友如绘《丹凤楼》,选自《申江胜景图》	52
图 1-23	〔清〕崇厚:《为拟请重建上海天后宫事奏折》,选自《清代妈祖档案史料汇编》	53
图 1-24	吴友如绘《迎神入庙》,选自《点石斋画报》第7期	54
图 1-25	《中国东海岸吴淞江上海港图》局部(1866年)	55
图 1-26	《上海英法美租界街道图》局部(1876年)	56
图 1-27	《上海英法美租界街道图》局部(1899年)	56
图 1-28	商船会馆,民国《上海县续志》卷三"建置下·会馆公所"	57
图 1-29	《上海栖流局同仁堂育婴堂商船捐征信录》	58
图 1-30	《沙船停泊图》,选自《江苏海运全案》卷十二	58
图 1-31	天后宫内各小贩设摊贸易情形,《申报》1900年5月12日第3版	59
图 1-32	民国时期的天后宫外墙,上海市档案馆藏	60
图 1-33	《庙貌重新》,《申报》1893年10月29日第3版	61
图 1-34	《新闸赛会》,《申报》1903年4月17日第3版	62
图 2-1	苏州河沿岸景象	64
图 2-2	《租界略图》,选自民国《上海县续志》	66
图 2-3	《上海租界问题》中记载了"苏州河畔海关之设立"	69
图 2-4	上海生丝市价(1928年1月—1931年12月)	72
图 2-5	上海红茶绿茶市价(1928年1月—1931年12月)	73
图 2-6	上海棉纱市价(1928年1月—1931年12月)	74
图 2-7	民国《上海县续志》卷四"水道上"中记载了"吴松(淞)江"	77
图 2-8	《淞北水道图》,选自民国《上海县续志》	78
图 2-9	图中的"苏州河"是水路、铁路联通区域,选自《上海港口大全》1934年英文版	79
图 2-10	苏州河鸟瞰图(20世纪30年代)	80
图 2-11	长三角位置图,《淞浦源委暨江海分关合图》,选自民国《上海县续志》	81

图 2-12	民国《上海县志》卷十二，"交通"（航运、铁路等）	83
图 2-13	20 世纪初的北站，来自纪录片 A BIT OF OLD CHINA，上海音像资料馆藏	84
图 2-14	上海北站。由岳钦韬提供	85
图 2-15	《通车由沪至京之快疾》，《申报》1916 年 9 月 23 日第 10 版	87
图 2-16	《联运货物办法》，《申报》1917 年 2 月 6 日第 10 版	88
图 2-17	《火车运来之鲜茧》，《申报》1920 年 6 月 5 日第 10 版	89
图 2-18	《上海北站动工修建》，《申报》1933 年 5 月 30 日第 23 版	91
图 2-19	《上海北站昨行落成礼》，《申报》1933 年 9 月 11 日第 13 版	93
图 2-20	《沪宁铁路更订行车时刻改良通快车接续开行时刻广告》，《申报》1916 年 8 月 15 日第 9 版	94
图 2-21	《交通部直辖沪宁沪杭甬铁路广告》，《申报》1921 年 5 月 12 日第 10 版	94
图 2-22	人头攒动的上海北站。由岳钦韬提供	95
图 2-23	苏州河上的四川路桥	96
图 2-24	苏州河上的浙江路桥	96
图 2-25	苏州河上的西藏路桥	97
图 2-26	《汇通承运干茧之条款》，《申报》1922 年 5 月 21 日第 14 版	97
图 2-27	《上海市区域图》，出自张辉：《上海市地价研究》，正中书局印行 1935 年版	98
图 2-28	中国银行办事所及堆栈	99
图 2-29	民国《上海县续志》卷二"建置上"街巷、道路（公共租界北区、闸北一带）	100
图 2-30	民国《上海县续志》卷二记载了"闸北水电厂"	100
图 2-31	《上海繁昌记》，记载了"会审公堂"	101
图 2-32	《上海租界问题》记载了"会审公廨"等	102
图 2-33	1899 年，已迁至北浙江路的上海公共租界会审公廨传票（时任正会审官翁延年签署）。由彭晓亮提供	103
图 2-34	上海公共租界会审公廨正会审官关絅之。由彭晓亮提供	106
图 2-35	1925 年 6 月，五卅惨案后，戒备森严的上海公共租界会审公廨门口	107
图 2-36	上海公共租界会审公廨审案情景，中坐者为正会审官关絅之。由彭晓亮提供	108
图 2-37	《今日接收会审公廨》，《申报》1927 年 1 月 1 日第 13 版	109
图 2-38	《沪两租界法院管辖问题》，《申报》1931 年 8 月 19 日第 4 版	109
图 2-39	上海公共租界会审公廨大楼局部现状。摄于 2018 年 11 月 20 日	110
图 3-1	铁路沿线，上海北站	111

图 3-2	上海总商会位置图	112
图 3-3	《上海指南》（商务印书馆版）封面	113
图 3-5	上海总商会，1930年	113
图 3-4	《上海指南》（商务印书馆版）记载了"上海总商会"	113
图 3-6	上海总商会人物（部分）	115
图 3-7	上海总商会记	116
图 3-8	上海总商会图书馆阅览室	118
图 3-9	上海总商会图书馆杂志阅览室	118
图 3-10	上海商务总会第三任总理李云书	121
图 3-12	虞洽卿	121
图 3-11	朱葆三	121
图 3-13	上海总商会总图	123
图 3-14	上海总商会界碑	123
图 3-15	上海总商会议事厅	124
图 3-16	上海总商会议事厅（内部）	124
图 3-17	上海总商会领袖摄于议事厅正门	125
图 3-18	上海总商会商品陈列所第二次国货专题展览会会场	126
图 3-19	上海总商会商品陈列所第三次展览会化工演讲大会会场	127
图 3-20	上海总商会商品陈列所内景（部分）	127
图 3-21	象牌水泥获上海总商会颁发的证书	128
图 3-22	上海总商会档案资料选（1）	128
图 3-23	上海总商会档案资料选（2）	129
图 3-24	上海总商会档案资料选（3）	130
图 3-25	民国初上海钱庄街的街景	133
图 3-26	沪北钱业会馆	134
图 3-27	《上海北市钱业会馆碑记》，选自《钱业月报》第六卷第三号	135
图 3-28	沪北钱业会馆正门	136
图 3-29	沪北钱业会馆内财神殿	137
图 3-30	沪北钱业会馆内先董祠	138
图 3-31	沪北钱业会馆重建钱业先董祠记碑	138
图 3-32	位于河南路的沪北钱业会馆外景	139

图 3-33	民国《上海县志》卷六"商务下"记载了"钱业公会"与《钱业月报》等	140
图 3-34	钱业会馆印戳	141
图 3-35	《重修沪游杂记》	143
图 3-36	徐润：《徐愚斋自叙年谱》	145
图 3-37	《徐愚斋自叙年谱》中关于"未园"的记载	146
图 3-38	《西报论阻路》，《申报》1879 年 12 月 23 日第 4 版	147
图 3-39	汇业公所土地所有权状	148
图 3-40	《道宪设宴》，《申报》1885 年 3 月 15 日第 3 版	149
图 3-41	《设宴娱宾》，《申报》1888 年 9 月 1 日第 3 版	150
图 3-42	《星使行辕纪》，《申报》1899 年 8 月 18 日第 2 版	151
图 3-43	《军麾将去》，《申报》1899 年 8 月 20 日第 2 版	152
图 3-44	苏州河北岸街区图（局部），选自《上海市行号路图录》第 55 图	153
图 3-45	葛石卿等编纂绘制：《袖珍上海里弄分区精图》第 20 图，国光舆地社 1946 年版	154
图 3-46	怡和打包厂	156
图 3-47	中国实业银行仓库	156
图 3-48	交通银行仓库图记样式，上海市档案馆藏	157
图 3-49	交通银行仓库库房	157
图 3-50	浙江兴业银行仓库	158
图 3-51	福新面粉一厂	160
图 3-52	福新面粉厂旧址。摄于 2018 年 12 月 12 日	161
图 3-53	荣宗敬	162
图 3-54	荣德生	162
图 3-55	福新面粉二、四、八厂	163
图 3-56	福新面粉七厂	163
图 3-57	福新面粉厂旧址，摄于 2018 年 12 月 13 日	164
图 4-1	20 世纪 20 年代苏州河繁忙的运输	166
图 4-2	初建时期的商务印书馆，1907 年。由鲍静静提供	167
图 4-3	吴昌硕	168
图 4-4	建筑档案资料选，吴昌硕故居（今山西北路 457 弄 12 号）	169
图 4-5	王一亭	169
图 4-6	吴昌硕字迹，为南洋中学图书馆题写（1919 年）	170

图 4-7	吴昌硕书画（去冬延同虚道人为其治病，既愈，书联为报。《申报》1926年1月13日第17版）	171
图 4-8	吴昌硕所绘独松（《申报》1925年5月28日第21版）	171
图 4-9	吴昌硕故居。摄于2020年11月10日	172
图 4-10	梅兰芳	173
图 4-11	《上海指南》（商务印书馆版）封面	174
图 4-12	《上海指南》中关于"徐园"的记载	174
图 4-13	民国八年（1919年）四月二十九日，及门诸子为丹徒马相伯先生八十祝嘏在徐园摄影，《英语周刊》第195期，1919年6月28日出版	175
图 4-14	《游徐园有作录请棣山仁兄法政》，《申报》1887年8月27日第11版	177
图 4-15	民国《上海县续志》卷二十七"第宅园林"中关于"徐园"的记载	178
图 4-16	《徐园书画社记》，《申报》1889年2月28日第1版	179
图 4-17	《稼云楼题壁》，《申报》1887年1月6日第4版	184
图 4-18	《端阳竞渡》，《申报》1891年6月9日第3版	184
图 4-19	科学名词审查会第十二届审查会内科学组审查员在上海徐园留影，《良友》1926年第7期	185
图 4-20	上海商务印书馆全景	187
图 4-21	《大清帝国全图》封面，上海商务印书馆1910年版	188
图 4-22	姚之鹤编：《华洋诉讼例案汇编》，上海商务印书馆1915年版	188
图 4-23	《上海商务印书馆被毁记》封面	189
图 4-24	《金工》，"小学生文库"，商务印书馆1933年版	189
图 4-25	《上海商务印书馆被毁记》内页	190
图 4-26	商务印书馆、东方图书馆被轰炸图	191
图 4-27	商务印书馆工厂被炸	191
图 4-28	商务印书馆总厂遗迹	192
图 4-29	英文《大美晚报》图片：著名的商务印书馆被毁	192
图 4-30	苏州河北岸街区图（局部），《上海市行号路图录》第24图	193
图 4-31	《热血日报》	195
图 4-32	《热血日报》于1925年6月8日刊登社会各界要求收回会审公堂和租界的报道	195
图 4-33	杭穉英月份牌选。由段炼提供	196
图 4-34	杭穉英月份牌选。由段炼提供	197
图 4-35	杭穉英月份牌选。由段炼提供	198

图 4-36	《穉英画室启事》,《申报》1947 年 9 月 21 日	199
图 4-37	1937 年夏天,一位美军陆战队士兵在苏州河对岸瞭望不远处遭日军轰炸的上海市区	200
图 5-1	陈其美	202
图 5-2	李燮和,《帝制运动始末记》,《东方杂志》第 13 卷第 7 号	204
图 5-3	在北站的上海起义军	205
图 5-4	起义军攻占上海道署	206
图 5-5	1912 年 1 月 1 日,孙中山从北站启程前往南京赴任	207
图 5-6	闸北光复纪念会,《时报》1912 年 11 月 3 日第 5 版	208
图 5-7	1920 年的上海北站	209
图 5-8	在上海的直鲁第八军军长毕庶澄,《天民报图画附刊》1927 年第 26 期	210
图 5-9	纪录片《上海纪事》中的上海第三次工人武装起义选图。上海音像资料馆馆藏	212
图 5-10	施英:《上海工人三月暴动记实》,《向导》1927 年第 193 期	217
图 5-11	1932 年,"一·二八"事变与十九路军抗击日军,选自《1932 年十九路军抗战纪念图册》	218
图 5-12	1932 年,城市电力设施等均遭毁坏	219
图 5-13	1932 年,"一·二八"事变与十九路军抗击日军	220
图 5-14	1932 年,宝山一带被炸后的场景	221
图 5-15	天通庵路一带被炸的情形,选自《1932 年十九路军抗战纪念图册》	221
图 5-16	北站邮局,选自《1932 年十九路军抗战纪念图册》	222
图 5-17	被日军炸毁的民宅,选自《1932 年十九路军抗战纪念图册》	222
图 5-18	1932 年被炸后的铁路上海北站。上海音像资料馆馆藏	224
图 5-19	重修上海北站透视图	227
图 5-20	《上海战区略图》,《生活》临时特刊,1932 年 2 月 20 日	228
图 5-21	闸北大火,《抗敌画报》1937 年第 11 期	229
图 5-22	日军轰炸后的上海北站(1937 年)。西班牙人卡洛斯·莫瑞(Carlos Morell)捐赠给上海市档案馆的照片	230
图 5-23	被炸毁的上海北站,《大抗战画报》1937 年第 3 期	230
图 5-24	英文《大美晚报》图片:闸北被毁。1937 年(1)	231
图 5-25	英文《大美晚报》图片:闸北被毁。1937 年(2)	231
图 5-26	四行仓库的光荣战迹,《良友》1941 年第 166 期	233
图 5-27	孤军据守四行仓库,《抗战建国大画史》,中国文化信托服务社 1948 年版,第 37 页	234
图 5-28	谢晋元	235

图 5-29	杨瑞符	236
图 5-30	谢晋元率部在苏州河边的四行仓库顽强地抗击日军的进攻	236
图 5-31	谢晋元与孤军四连长，《抗战建国大画史》，中国文化信托服务社 1948 年版，第 53 页	237
图 5-32	杨惠敏自述	238
图 5-33	杨惠敏	239
图 5-34	孤军突围时之缺口，《良友》1941 年第 166 期	240
图 5-35	孤军退入租界时，沿路受民众热烈欢迎，《良友》1941 年第 166 期	240
图 5-36	八百壮士队列，《抗战建国大画史》，中国文化信托服务社 1948 年版，第 53 页	242
图 5-37	上海火车北站被炸成废墟，1937 年	244
图 5-38	上海人民和平请愿团	246
图 5-39	1946 年，上海人民和平请愿团从北站出发。上海音像资料馆藏	247
图 5-40	北站头等对号票订售处外观，《京沪周刊》1947 年第 40 期	248
图 5-41	上海学生游行至北站附近，与警局骑巡队相持，《艺文画报》1947 年第 12 期	248
图 5-42	解放军攻打苏州河之敌，上海音像资料馆藏	250
图 5-43	《解放日报》创刊号，1949 年 5 月 28 日第 1 版	252
图 6-2	上海市军事管制委员会发布有关经济政策的布告	256
图 6-1	《祝上海解放》，《人民日报》1949 年 5 月 30 日第 1 版，新华社社论	256
图 6-3	1962 年，闸北区、虹口区关于调整北站街道区划的请示报告（1）	259
图 6-4	1962 年，闸北区、虹口区关于调整北站街道区划的请示报告（2）	260
图 6-5	北站街道档案资料摘选	261
图 6-6	1962 年，《北站街道区域图》	261
图 6-7	1963 年上海站外景，出自上海音像资料馆藏历史影像《今日中国》1963 年第 4 号	262
图 6-8	北站记忆，摄于 2021 年 8 月 5 日	263
图 6-9	《闸北区行政区划图》（1996 年），北站街道区域，选自《闸北区志》。由北站街道提供	264
图 6-10	静安区北站街道办公楼（国庆路 43 号）。摄于 2020 年 4 月 22 日	265
图 6-11	北站街道社区事务受理服务中心，摄于 2022 年 1 月 30 日	266
图 6-12	《北站》创刊号	269
图 6-13	北站街道社会治安综合治理工作中心，摄于 2020 年 4 月 22 日	270
图 6-14	晋元居委会，摄于 2022 年 1 月 30 日	270
图 6-15	中华人民共和国成立初期的苏州河，选自 1951 年纪录片《人民的上海》。上海音像资料馆藏。	272

图 6-16	中华人民共和国成立初期的福建路桥。选自 1951 年纪录片《人民的上海》。上海音像资料馆藏。	272
图 6-17	2、4 街坊靠近福建北路一侧动迁前的全貌。摄于 2010 年 11 月 11 日。由北站街道提供	273
图 6-18	3 街坊动迁前靠近苏州河的俯瞰图。摄于 2010 年 11 月 11 日。由北站街道提供	273
图 6-19	海宁路。摄于 2020 年 4 月 29 日	274
图 6-20	西藏北路街景。摄于 2020 年 4 月 29 日	274
图 6-21	河南北路（前方天桥处为海宁路）。摄于 2020 年 4 月 29 日	275
图 6-22	宝山路、天目东路口街景。摄于 2020 年 4 月 29 日	275
图 6-23	天潼路、河南北路口。摄于 2020 年 4 月 29 日	276
图 6-24	浙江北路街景。摄于 2020 年 4 月 29 日	276
图 6-25	河南路桥。摄于 2020 年 4 月 24 日	277
图 6-26	山西路桥。摄于 2020 年 4 月 24 日	277
图 6-27	福建路桥。摄于 2020 年 4 月 24 日	278
图 6-28	浙江路桥。摄于 2020 年 4 月 24 日	278
图 6-29	西藏路桥。摄于 2020 年 4 月 24 日	279
图 6-31	新闸桥。摄于 2020 年 4 月 24 日	279
图 6-30	乌镇路桥。摄于 2020 年 4 月 24 日	279
图 6-32	南北高架桥。摄于 2020 年 4 月 24 日	279
图 6-33	大统基地旧区改造第一轮居民意愿征询投票。摄于 2011 年 3 月 20 日。由北站街道提供	280
图 6-34	4 街坊靠近山西北路一侧全貌。摄于 2010 年 11 月 11 日。由北站街道提供	281
图 6-35	北站街区航拍图（局部）。摄于 2021 年 8 月 5 日	281
图 6-36	北站地区规划图纸摘选（1）	283
图 6-37	北站地区规划图纸摘选（2）	284
图 6-38	北站地区规划图纸摘选（3）	284
图 6-39	北站地区规划图纸摘选（4）	285
图 6-40	苏州河畔的北站街区（局部）航拍图，摄于 2019 年 11 月 19 日	285
图 6-41	上海总商会旧址。摄于 2020 年 4 月 29 日	286
图 6-42	上海总商会旧址。上海市优秀历史建筑。摄于 2018 年 12 月 12 日	287
图 6-43	上海大陆银行仓库旧址。摄于 2016 年 3 月 3 日	290
图 6-44	新泰仓库旧址。摄于 2008 年 8 月 13 日。由张秀莉提供	291
图 6-45	修缮后的新泰仓库。摄于 2018 年 12 月 12 日	291

图 6-46	北站老照片。由北站街道提供		292
图 6-47	上海铁路博物馆。由北站街道提供		293
图 6-48	四行仓库，1937 年。由马幼炯提供		294
图 6-49	四行仓库旧址。由北站街道提供		294
图 6-50	福新面粉厂旧址。摄于 2018 年 12 月 12 日		295
图 6-51	福新面粉厂旧址。上海市优秀历史建筑。摄于 2018 年 12 月 12 日		295
图 6-52	上海总商会（旧照片）。由北站街道提供		296
图 6-53	上海总商会。由北站街道提供		297
图 6-54	上海总商会旧址。摄于 2018 年 6 月 21 日		297
图 6-55	吴昌硕故居。由北站街道提供		298
图 6-56	吴昌硕故居。摄于 2020 年 11 月 14 日		298
图 6-57	浙江路桥（旧）。由北站街道提供		299
图 6-58	浙江路桥。由北站街道提供		299
图 6-59	静安大悦城。摄于 2022 年 1 月 30 日		300
图 6-60	山西北路 457 弄 61 号梁氏民宅。摄于 2020 年 11 月 10 日		301
图 6-61	梁氏民宅。由北站街道提供		301
图 6-62	山西大戏院。由北站街道提供		302
图 6-63	闸北革命史料陈列馆（中共三大后中央局机关历史纪念馆）。由北站街道提供		303
图 6-64	航拍图。摄于 2020 年 10 月 25 日。由北站街道提供		304
图 6-65	北站街区航拍图。摄于 2021 年 8 月 5 日		305
附图 1-1	四行仓库及周边（老照片）。由马幼炯提供		308
附图 1-2	四行仓库（老照片）。由马幼炯提供		308
附图 1-3	修缮一新的四行仓库旧址。由马幼炯提供		309
附图 1-4	四行仓库抗战纪念馆，一楼，第一展区"浴血奋战"场景。由马幼炯提供		310
附图 1-5	1971 年北站地区交通图		312
附图 1-6	上海总商会大楼旧址航拍，李东鹏摄于 2019 年 11 月 29 日		315
附图 1-7	正在进行拆迁改造的老北站天目东路一带。李东鹏摄于 2019 年 11 月 29 日		316
附图 1-8	20 世纪 60 年代在苏州河桥梁上的"参加爱国卫生运动"宣传标语		317
附图 1-9	1985 年北站外景。据纪录片《上海市城市总体规划》		321
附图 1-10	无轨电车业已开行，《时报》1914 年 11 月 17 日第 10 版		322
附图 1-11	《老垃圾桥改造电车轨道》，《民国日报》1924 年 8 月 8 日第 11 版		323

附图 1-12	1921 年的山西路桥与工部局所立的告示牌	323
附图 1-13	白云寺。选自《上海市行号路图录》第 25 图，1947 年	324
附图 1-14	王震：《世界佛教居士林建立记》，选自《世界佛教居士林林刊》1933 年第 36 期	325
附图 1-15	1922 年，《世界佛教居士林开会纪念》，选自《时报图画周刊》1922 年第 122 期	325
附图 1-16	范阿姨曾经工作过的旅馆店招（店名是民国时期为纪念抗战胜利所取的）	328
附图 1-17	范文妹获得 1980 年优秀服务（营业）员证书	330

附录3 主要参考文献

一、地方志书、指南、行号路名录、资料集等

明弘治《上海志》，〔明〕郭经修，唐锦编纂，弘治十七年（1504年）刊本。

明嘉靖《上海县志》，〔明〕郑洛书修，高企纂，传真社据嘉靖三年（1524年）刊本影印。

明万历《上海县志》，〔明〕颜洪范修，张之象等纂，万历十六年（1588年）刻本。

清乾隆《上海县志》，〔清〕李文耀修，谈起行纂，清乾隆十五年（1750年）刊本。

清嘉庆《松江府志》，〔清〕宋如林等修，孙星衍、莫晋等纂，嘉庆二十二年（1817年）松江府学明伦堂藏版。

嘉庆《上海县志》，〔清〕王大同修，李松林纂，清嘉庆十九年（1814年）刊本。

同治《上海县志》，〔清〕应宝时等修，俞樾等纂，清同治十年（1871年）刊本。

民国《上海县续志》，吴馨等修，姚文枏等纂，民国七年（1918年）南园刻本。

民国《上海县志》，姚文枏、秦锡田等纂，民国二十五年（1936年）排印本。

同治《上海县志札记》，〔清〕秦荣光，《上海府县旧志丛书·上海县卷》，上海古籍出版社2015年版。

《闸北区志》，上海市闸北区志编纂委员会编，上海社会科学院出版社1998年版。

《上海房地产志》，《上海房地产志》编纂委员会编，上海社会科学院出版社1999年版。

《上海外事志》，《上海外事志》编辑室编，上海社会科学院出版社1999年版。

《上海租界志》，《上海租界志》编纂委员会编，上海社会科学院出版社2001年版。

《上海名建筑志》，上海市地方志办公室编著，上海社会科学院出版社2005年版。

《普陀区志》，普陀区地方志编纂委员会编，方志出版社2007年版。

《闸北年鉴（2016）》，上海市静安区地方志编纂委员会编，上海社会科学院出版社2016年版。

《静安年鉴（2016）》，上海市静安区地方志编纂委员会编，上海社会科学院出版社2016年版。

《上海指南》，商务印书馆1909年版。

《旧上海》，振寰书局1914年版。

《上海指南》，商务印书馆编译所编纂，商务印书馆1922年版。

《上海指南》，商务印书馆编译所编纂，商务印书馆1926年版。

《上海指南》，林震编纂，商务印书馆1930年版。

《上海小蓝本》（*The Little Blue Book of Shanghai*），1931年刊印。

《上海统览》，上海统览编纂社编，1948年刊印。

《上海重要人名录》（简称《上海人名录》），许晚成编，上海龙文书店1941年版。

《袖珍上海里弄分区精图》，葛石卿等编纂绘制，国光舆地社1946年版，作者书社发行。

《上海市行号路图录》（上册），鲍士英测绘，顾怀冰等编辑，上海福利营业股份公司编印，1947年再版。

《上海市行号路图录》（下册），鲍士英测绘，顾怀冰等编辑，上海福利营业股份公司编印，1949年版。

《中外旧约章汇编》（第一册），王铁崖编，生活·读书·新知三联书店1957年版。

《中外旧约章汇编》（第二册），北京大学法律系国际法教研室编，生活·读书·新知三联书店1959年版。

《上海钱庄史料》，中国人民银行上海市分行编，上海人民出版社1978年版。

《上海小刀会起义史料汇编》，上海社会科学院历史研究所，上海人民出版社1980年版。

《上海碑刻资料选辑》，上海博物馆图书资料室编，上海人民出版社1980年版。

《上海研究资料》，上海通社编，上海书店1984年。

《上海近代社会经济发展概况》（1882—1931），徐雪筠等译编，上海社会科学院出版社1985年版。

《上海近代贸易经济发展概况》（1854～1898年英国驻上海领事贸易报告汇编），李必樟编译，上海社会科学院出版社1993年版。

《四个月的战争：“八一三”淞沪抗战纪实》，上海市历史博物馆、中共"一大"会址纪念馆、上海淞沪抗战纪念馆编，上海社会科学院出版社2004年版。

《上海总商会组织史资料汇编》（上册），上海市工商业联合会、复旦大学历史系编，上海古籍出版社2004年版。

《上海通志》，上海通志编纂委员会编，上海人民出版社、上海社会科学院出版社2005年版。

《上海生活（1937—1941）》，吴健熙、田一平编，上海社会科学院出版社2006年版。

《走近陈云——口述历史馆藏资料辑录》，陈云故居暨青浦革命历史纪念馆编，中央文献出版社2008年版。

《稀见上海史志资料丛书（1—10册）》，熊月之主编，上海书店出版社2012年版。

《民国上海市通志稿》（第一册），上海市地方志办公室、上海市历史博物馆编，上海古籍出版社2013年版。

《上海党史资料汇编》（第一编），中共上海市委党史研究室编，上海书店出版社2018年版。

《北四行联营机构》（影印版），上海市档案馆、复旦大学中国金融史研究中心编，何品、张慧编注，上海远东出版社2021年版。

二、报纸杂志、档案类

《申报》

《民国日报》

《新闻报》

《兴华》

《工商公报》

《铁道公报》

《商报画刊》

《中央画刊》

《统计月报》

《钱业月报》

《国货月刊（上海）》

《工程周刊》

《国闻周报》

《新商业周刊》

《中外经济周刊》

《社会月刊》

《东方杂志》

《广益杂志》

《商业杂志》

《中国建筑》

《上海战影》

《京沪沪杭甬铁路日刊》

《解放日报》

《文汇报》

英册道契档案，上海市档案馆（上海市房地产管理局档案室）、部分区房产管理部门藏。

国民政府档案，"上宝两邑洋商准转道契各图保之图"，中国第二历史档案馆藏，档号：1612（1927年7月—1929年12月）；"上海市建设委员会规划建设市中心区"，中国第二历史档案馆藏，档号：1614（1928年11月—1929年11月）。

《上海道契》，《上海道契》编辑委员会编，上海古籍出版社1997年、2005年影印版。

《工部局董事会会议录》（全二十八册），上海市档案馆编，上海古籍出版社2001年版。

《清代上海房地档契案汇编》，上海市档案馆编，上海古籍出版社1999年版。

沙逊洋行档案，上海市房地产管理局藏，档号：乙7457。

北站街道等部分石库门住户的户籍档案，相关派出所藏。

石库门有关住宅图纸，上海市城市建设档案馆等藏。

REPORT OF THE ANNUAL MEETING AND SPECIAL MEETING OF RATEPAYERS（1900—1941），上海市档案馆藏档案，上海公共租界西人纳税人年会、特别会议及选举工部局董事与地产委员的材料，档号：U1—1—825 ~ U1—1—875。

《上海公共租界工部局年报》（1904—1943），上海市档案馆藏档案，档案号U1—1—917、972。注：《上海公共租界工部局年报》从1930年起按年出版华文年报，根据英文年报摘要翻译，1934年后为全译本。此前均为英文版。

《上海公共租界工部局年报》（摘译），上海市建设委员会档案室藏。

上海营造厂档案，中央银行委托、京沪区工务局委托调查报告原稿、联合征信所调查报告书等，上海市档案馆藏，档号Q78—2。

上海市营造厂业同业公会档案，上海市档案馆藏，档号：S133—1—1。

上海市营造厂业同业公会会员名册，上海市档案馆藏，档号：S17—4。

《上海市统计（1933年）》，上海市地方协会编辑，商务印书馆1933年版。

上海特别市《土地局年刊》（1930年等）。

《关于做好调整北站地区的区划和单独建立北站街道行政机构的通知》，1962年，静安区档案馆藏，档号：049—01—0001。

《上海市人民委员会关于颁发上海市历史和革命遗迹保护办法及第一批文物保护单位名单的通知》，1959年5月26日，上海市档案馆藏，档号：A54—2—763—3。

三、文集笔记、作品集、回忆录、口述等

《徐愚斋自叙年谱》，香山徐氏校印，1927年版。

《上海生活》，徐国桢编，上海世界书局1930年版。

《沪游杂记》，葛元煦撰，上海古籍出版社1989年版。

《上海洋场竹枝词》，顾炳权编，上海书店出版社1996年版。

《上海轶事大观》，陈伯熙编著，"民国史料笔记丛刊"，上海书店出版社2000年版。

《国军淞沪抗战日记》，著者、出版日期不详。

《上海抗战一月》，1937年9月出版。

《外人目睹中之日军暴行》，[英]田伯烈编著，杨明译，（汉口）国民出版社1938年版。

《我记忆中的北站》，葛剑雄撰，静安区北站街道编《北站》（创刊号），2019年刊印。

《我与北站地区弄堂旅馆的30年》，范文妹口述，鲍彦悦采访整理，2020年5月14日。

《从练江牧场到上海北站：关于码头、车站和街区的记忆》，史胜饶、蔡俭安口述，李东鹏采访整理，2020年5月29日。

《四行仓库抗战纪念馆筹建与北站街区文化遗产的保护》，马幼炯口述，张秀莉采访整理，2020年9月28日。

《一位街道老干部的街区记忆》，苏晋荣口述，李东鹏、鲍彦悦采访整理，2020年10月19日。

四、部分研究著作

《上海地产大全》，陈炎林编著，上海地产研究所1933年版。

《上海市地价研究》，张辉著，正中书局印行1935年版。

《市地评价之研究》，蒋廉著，正中书局印行1935年版。

《吴淞江》，吴静山著，上海市通志馆1935年版。

《中国建筑简史》（第二册），中国建筑史编辑委员会编，中国建筑工业出版社1962年版。

《内港春秋：苏州河码头的变迁》，上海市内河装卸公司工人写作组编，上海人民出版社1975年版。

《清末上海租界社会》，吴圳义著，台湾文史哲出版社1978年版。

《上海公共租界史稿》，蒯世勋编著，上海人民出版社1980年版。

《上海公共租界制度》，徐公肃、丘瑾璋著，上海人民出版社1980年版。

《旧上海人口变迁的研究》，邹依仁著，上海人民出版社1980年版。

《上海—现代中国的钥匙》，[美]罗兹·墨菲著，上海社会科学院历史研究所译，上海人民出版社1986年版。

《里弄建筑》，王绍周、陈志敏著，上海科学技术出版社1987年版。

《上海近代建筑史稿》，陈从周、章明主编，上海市民用建筑设计院编著，上海三联书店1988年版。

《上海近代城市建筑》，王绍周编著，江苏科技出版社1989年版。

《近代上海城市研究》，张仲礼主编，上海人民出版社1990年版。

《西学东渐与晚清社会》，熊月之著，上海人民出版社1994年版。

《上海建筑指南》，罗小未著，上海人民美术出版社1996年版。

《商务印书馆一百年（1897—1997）》，商务印书馆编，商务印书馆1998年版。

《上海近代建筑风格》，郑时龄著，上海教育出版社1999版。

《上海通史》，熊月之主编，上海人民出版社1999年版。

《上海道台研究——转变社会中之联系人物，1843—1890》，梁元生著，陈同译，上海古籍出版社2003年版。

《回眸苏州河畔建筑》，薛顺生编著，同济大学出版社2004年版。

《上海传统民居》，上海市城市建设档案馆编，上海人民美术出版社2005年版。

《上海历史上的苏州河》，郑祖安编著，上海社会科学院出版社2006年版。

《异质文化交织下的上海都市生活》，熊月之著，上海辞书出版社2008年版。

《上海百年建筑史（1840—1949）》（第二版），伍江著，同济大学出版社2008年版。

《出入于中西之间：近代上海买办社会生活》，马学强、张秀莉著，上海辞书出版社2009年版。

《千年苏州河》，娄承浩编，上海科学技术文献出版社2012年版。

《〈密勒斯评论报〉总目与研究》，马学强、王海良主编，上海辞书出版社2015年版。

《遗失在西方的中国史：〈伦敦新闻画报〉记录的晚清（1842—1873）》，沈弘编译，北京时代华文书局2014年版。

《遗失在西方的中国史：〈伦敦新闻画报〉记录的民国1926—1949》，沈弘编译，北京时代华文书局2016年版。

《上海会审公堂与工部局》，郭泰纳夫著，朱华译，上海书店出版社2016年版。

《抗战时期上海铁路损失及其影响研究》，岳钦韬、王争宵著，上海社会科学院出版社2017年版。

《商务印书馆120年大事记（1897—2017）》，商务印书馆编，商务印书馆2017年版。

五、部分外文著述

The North China Herald.

The North China Daily News.

The North China Desk Hong List.

The North China Hong List.

The China Weekly Review.

China Press.

Shanghai Mercury.

The "Shanghai" of 1924.

Twentieth Century Impressions of Hongkong, Shanghai, and other Treaty Ports of China: Their History, People, Commerce, Industries, and Resources, Editor-in-Chief: Arnold Wright, Lloyd's Greater Britain Publishing Company, Ltd.,1908.

Far Eastern Commercial and Industrial Activity—1924, Compiled by E.J.Burgoyne, Edited by F.S.Ramplin, The Commercial

Encyclopedia Co. (London, Shanghai, Hongkong, Singapore),1924.

Leaders of Commerce, Industry and Thought in China (Shanghai)，Compiled by S.Ezekiel, Published by Geo.T.Lioyd, Shanghai,1924.

The Short History of Shanghai, By F.L.HAWKS POTT, D.D. Author of a Sketch of Chinese History, KELLY & WALSH, Limited. Shanghai, 1928.

Four Mothths of War（《字林西报画册·中日战争四个月》，1945、1946年）英文版，字林西报馆编辑出版。反映1937年8月—1937年12月间中日在上海及周边地区有关战事的照片新闻。

英文版《中日战争史迹》（1937年7月—1938年3月），《大美晚报》（*Shanghai Evening Post and Mercury*）出版。

Le Journal de Shanghai（法文《上海日报》）

佐藤武夫·武基雄『中支に於ける邦人住宅事情』（調査報告），『建築学会論文集』第30号，1943年9月。

《支那事变写真全辑》（中上海战线），朝日新闻社发行。

《支那事变上海战线写真帖》，昭和十二年（1937年）刊行。

后　记

近代以来，吴淞江作为上海与江南（长三角）地区联通的重要通道，其地缘优势与商贸地位逐渐显现出来。在近代上海独特的口岸制度导引下，这里逐渐建立起来加工业、仓储—金融体系，由此，苏州河沿岸的街区格局发生重大变化。近年来，这一区域又发生了重大变化，尤其是随着"苏河湾"等概念的提出，结合这些年苏州河滨水区域的整体塑造，就北站区域而言，从空间形态到功能结构，都进行了重新定位，重新布局。苏州河畔北站一带街区的演变，也是上海城市变迁的一个缩影。

上海社会科学院城市史研究团队与静安区北站街道合作，专门成立课题组，以北站街区为研究对象，依循其形成脉络与演变逻辑，从独特的视角揭示苏州河与近现代上海城市崛起的关联性，并以此为整体观照，依据大量原始档案文献，结合社会调查、口述访谈，对北站街区进行全面、系统的梳理，通过深入的"细部"研究考察街区的内部构造。

我们的研究工作就是紧扣北站街区在形成与发展中的特点，突出商贸活动中的"码头"角色，社会文化演进中的"源头"地位，进而解析这一区域特有的人口结构、经济样态与功能嬗变，尝试以空间与文化相结合的形式，展现北站所蕴含的独特内涵，凸显在多种视域中这一滨水地带演变的机理与逻辑。在深化、细化北站街区史研究的同时，对其研究的价值也注重强调从当代城市发展的需求出发来探究城市历史与人文遗产，将学术与实践有效结合，并致力于将相关的研究成果运用于城市更新之中。

书稿包括导读、正文六章与附录。撰稿人的具体分工如下：导读，马学强；第一章，马学强等，其中第一节、第三节分别由叶舟、王健撰写；第二章，马学强等，其中第三节由彭晓亮撰写；第三章、

第四章，张秀莉；第五章，李东鹏；第六章，马学强、简军等，一些章节的资料由北站街道办事处的朱璇笠、汤琰、吴越、张纬、张豪、金晶提供。附录部分，马学强、张秀莉、李东鹏、鲍彦悦、龚浩、颜晓霞等。最后，由马学强进行统稿、配图。

本书主编为马学强、简军；张颖、张秀莉任副主编。

书稿由文字和图片两部分组成。从我们收集的千余幅图片中，选取其中的二三百幅，编选时采取以图带文、以文释图的形式，通过对大量具有代表性图片的解读，反映不同时期苏州河畔北站街区的形态与景象。书中的这些图片主要有几个来源：一为历史图片，从海内外相关机构收藏的中外文历史资料、档案文献中翻拍。二为一些单位或个人提供的照片。三为课题组多年来陆续拍摄的现场照片。北站街道为课题组的街景拍摄提供了很多便利。书稿中所附图片，除特别注明相关部门或个人外，均为课题组提供，具体由鲍世望拍摄。

在本书撰写与图片收集的过程中，得到了国家图书馆、中国第二历史档案馆、上海图书馆、上海博物馆、上海市档案馆、复旦大学图书馆、华东师范大学图书馆、上海社会科学院图书馆、静安区档案馆、上海社会科学院历史研究所图书资料室、上海社会科学院经济研究所图书资料室等单位的支持与帮助。在口述采访中，得到了静安区北站街道党工委、北站街道办事处及所辖社区居民的大力协助。上海社会科学院出版社的蓝天、张晶、黄婧昉、霍覃等，为本书的出版做了大量工作。在此一并表示最诚挚的谢意！

马学强
2021 年 12 月 18 日
于上海社会科学院

图书在版编目（CIP）数据

码头与源头：苏州河畔的北站街区 / 马学强等著
. — 上海：上海社会科学院出版社，2022
ISBN 978-7-5520-3576-6

Ⅰ.①码… Ⅱ.①马… Ⅲ.①城市道路—介绍—上海
Ⅳ.① K925.1

中国版本图书馆 CIP 数据核字（2022）第 038907 号

码头与源头
——苏州河畔的北站街区

著　　者：马学强　张秀莉　李东鹏　等
主　　编：马学强　简　军
责任编辑：蓝　天　张　晶
封面设计：黄婧昉
美术设计：霍　覃
出版发行：上海社会科学院出版社
　　　　　地　　址：上海顺昌路 622 号　　邮　　编：200025
　　　　　电话总机：021-63315947　　　　销售热线：021-53063735
　　　　　http://www.sassp.cn　　　　　　E-mail：sassp@sassp.cn
印　　刷：上海万卷印刷股份有限公司
开　　本：889 毫米 x1194 毫米　1/16
印　　张：22.75
字　　数：498 千
版　　次：2022 年 8 月第 1 版　2022 年 8 月第 1 次印刷

ISBN 978-7-5520-3576-6 / K·655　　　　定　价：168.00 元

版权所有　翻印必究